WEIGHT WATCHERS® KOCHBUCH

Gesund und schlank durchs ganze Jahr

Mosaik Verlag

An der Erstellung dieses Kochbuches haben sich viele Personen mit großer Begeisterung beteiligt.
Von Heike Theiß wurden die Rezepte und Wochenpläne ausgedacht, ausprobiert und koordiniert. Sie wurde unterstützt von Iris Denker, Ursel Kälber und Isa Lübbers.
Die begleitenden Texte schrieb Gabriele Weckopp.
Außerdem haben Adelheid Böhnke, Brigitte Esser und Edith Krebber an der Vorbereitung dieses Buches mitgewirkt.
Ihnen allen gilt unser herzlicher Dank.

Adrian Simon

Einbandfotos und Innenteil: Versuchsküche und Studio Köhnen
Satz: Filmsatz Schröter GmbH, München
Gesamtherstellung: Mohndruck Graphische Betriebe GmbH, Gütersloh
ISBN 3-570-02031-2 · Printed in Germany

Inhalt

Vorwort

Lieber Leser!

Sie haben ein Kochbuch erworben, das nach einem besonderen Ernährungsprogramm erstellt wurde.
Ziel des Ernährungsprogrammes ist, übergewichtigen Menschen zu helfen, Gewicht zu verlieren, und es dann – nach erfolgreicher Abnahme – auch zu halten. Ein von Medizinern und Ernährungswissenschaftlern ausgearbeitetes Ernährungsprogramm bildet die Grundlage zur Gewichtsreduktion. Der Akzent liegt auf Ausgewogenheit, Abwechslung und Vielfalt.
Nachdem fast eine Million Menschen in der Bundesrepublik und West-Berlin erfolgreich nach diesem Konzept abgenommen haben, war es naheliegend, ein Kochbuch zu veröffentlichen, das zur Unterstützung der Gewichtsreduktion beitragen soll. Nach unseren Erfahrungen ist gerade die Essenslangweile ein Grund für nicht zu Ende geführte Diäten. Dieses Kochbuch stellt eine zusätzliche Hilfe für alle diejenigen dar, die daran interessiert sind, nach diesem Konzept abzunehmen. Es bietet nicht nur köstliche und abwechslungsreiche Rezepte an, sondern enthält im ersten Teil des Buches einen ausgewogenen und sehr schmackhaften Menüplan für 365 Tage.
Jeder dieser 52 Wochenmenüpläne basiert auf einer nach den neuesten ernährungswissenschaftlich Erkenntnissen zusammengestellten Nahrungsaufnahme für sieben Tage. Sie können innerhalb einer Woche zwar den einen gegen den anderen Tag austauschen, aber Sie sollten auf jeden Fall die Mahlzeiten des ganzen Tages nehmen, damit die Ausgewogenheit bestehen bleibt. Ebenso können Sie den Menüplan für die 3. Woche statt des Planes für 2. oder 4. Woche anwenden. Doch auch hier sollten Sie dann die ganze Woche genau befolgen und z. B. nicht den Plan für Mittwoch der 1. Woche mit Mittwoch der 2. Woche austauschen.
Ob Sie abnehmen wollen oder Ihr Gewicht halten möchten, Sie werden in diesem Buch einen Fundus an schmackhaften Vorschlägen und Rezepten für ein ganzes Jahr finden, und sich dabei gesund und schlank fühlen.

Menüplan für 365 Tage

Wichtige Informationen

1. Die im Anschluß folgenden Wochenpläne basieren auf dem Ernährungprogramm für Frauen und sehen pro Tag ca. 1200 Kalorien vor. Für Männer sind 1600 Kalorien und für Jugendliche ca. 1700 Kalorien (männlich 11–17 Jahre, weiblich 11–14 Jahre) vorgesehen. Die zusätzlichen Rationen sind im Anschluß an den Speiseplan jeden Tages angegeben.
2. Die Wochenpläne sind für eine Person berechnet. Die vorgesehenen fettgedruckten Gerichte finden Sie im Rezeptteil. Die Wochenpläne enthalten jeweils *eine* Portion des Rezeptes. Wenn Rezepte für mehr Portionen berechnet sind, darf nur eine verzehrt werden.
3. Es ist unbedingt notwendig, sich genau an die im Rezept angegebenen Mengen zu halten. Denken Sie daran, jedes zusätzliche Gramm eines Lebensmittels hat zusätzliche Kalorien.
4. Die in den Wochenplänen und Rezepten angegebenen Obst- und Gemüsemengen entsprechen dem eßbaren Anteil.
5. Ist bei Speisequark oder Hüttenkäse kein Fettgehalt angegeben, so dürfen diese Produkte einen Fettgehalt von höchstens 20% haben. Bei Weich-, Schmelz- oder Hartkäse beträgt der Höchstgehalt 45% Fett i. d. Tr.
6. Verwenden Sie nur Fertigprodukt-Kartoffelpüree, das bereits Milch enthält, und nur noch mit Wasser zubereitet wird.
7. Beachten Sie bei Fleisch, Fisch und Geflügel: Entfernen Sie *vor* dem Wiegen das sichtbare Fett. Verwenden Sie nur ganz mageres Fleisch. Das in den Wochenplänen und Rezepten angegebene Gewicht bezieht sich auf das verzehrfertige Produkt (zubereitet, ohne Haut, Knochen und Fett), es sei denn, es wird ausdrücklich erwähnt, daß es sich um Rohgewicht handelt.
8. Sofern für die Zubereitung Margarine oder Öl angegeben ist, sollten Sie immer rein *pflanzliche* Produkte verwenden.
9. Die in den Wochenplänen und Rezepten angegebenen Tee- und Eßlöffelmaße sind gestrichene Abmessungen.
10. Es wird empfohlen, täglich mindestens 1½ bis 2 Liter Wasser zu trinken.
11. Wie bereits erwähnt, basiert dieses Kochbuch auf einer täglichen Kalorienzufuhr von ca. 1200. Deshalb entfällt für Sie im allgemeinen das Kalorienzählen. Da aber zwischenzeitlich sehr viele kalorienreduzierte Produkte im Handel sind, die wir auch in unser Programm aufgenommen haben, ist hier ein Ausrechnen der Kalorien und ein genaues Abmessen der Menge notwendig. Es handelt sich dabei um konserviertes Obst, Käse, Wurst, Getränke, Marmelade, Salat- und Dessertsaucen. Diese Produkte müssen mit »kalorienarm« oder »-reduziert« gekennzeichnet und der Kaloriengehalt muß auf dem Etikett angegeben sein.

1. Woche

Krabben (Garnelen, Granat) sind für die Schlankheitskost etwa so wertvoll wie Magerquark. Außer hochwertigem Eiweiß enthalten sie wichtige Mineralstoffe, Vitamine und Nicotinsäure; letztere sorgt für den Eiweiß-, Fett- und Kohlenhydrateabbau im Körper. Da frische Krabben teuer sind, empfiehlt es sich, auf konservierte Ware zurückzugreifen. Die Kombination von Krabben und Ei ist geradezu ideal. Salate oder Krabbencocktails sollte man mit Dill verfeinern. Spargel und Champignons sind ebenfalls als Zutaten geeignet.
Für Samstagabend ist ein »Krabbensalat mit Ei« vorgesehen.
Wir wünschen Ihnen guten Appetit!

Montag

Frühstück

Kefir-Müsli (siehe Rezept S. 253), Getränk nach Wunsch

Mittagessen

Gefüllte Paprikaschoten »Provence« (siehe Rezept S. 202), 20 kcal Limonade (kalorienarm)

Zwischenmahlzeit

100 g Speisequark (Magerstufe), 100 g Orange

Abendessen

90–120 g Hering in Meerrettichsauce (Sauce nicht mitessen), 30 g Vollkornbrot, 1 TL Margarine, 100 g Tomate, 100 g Chicoree, Marinade aus: 2 TL Öl, Essig

Zwischenmahlzeit

¼ l Tomatensaft

Männer zusätzlich: 125 g Apfel, 60 g Banane, 60 g zubereiteter Reis, 30 g Vollkornbrot, am Mittag 30 g Tatar, am Abend 30 g Hering

Jugendliche zusätzlich: 125 g Apfel, 60 g Banane, 60 g zubereiteter Reis, 30 g Vollkornbrot, 200 ml Milch (1,5% Fett)

Donnerstag

Frühstück

½ Grapefruit, 1 Ei, 30 g Brötchen, 1 TL Butter, Marmelade, Getränk nach Wunsch

Mittagessen

Pikantes Seelachsfilet (siehe Rezept S. 186), 60 g Banane

Zwischenmahlzeit

20 g Knäckebrot, 20 kcal Marmelade (kalorienarm)

Abendessen

200 kcal fettreduzierter Käse, 20 g Crisp-Brot, 100 g Gewürzgurke, 100 g Paprika, 1 TL Margarine

Zwischenmahlzeit

100 g Speisequark (Magerstufe), 175 g Joghurt (1,5% Fett), 20 g Rosinen

Männer zusätzlich: 15 g getrocknete Datteln, 100 g Orange, 60 g zubereiteter Reis, 20 g Crisp-Brot, am Mittag 30 g Seelachsfilet

Jugendliche zusätzlich: 15 g getrocknete Datteln, 100 g Orange, 60 g zubereiteter Reis, 20 g Crisp-Brot, 175 g Joghurt (1,5% Fett), 200 ml Dickmilch (1,5% Fett)

Freitag

Frühstück

100 g Birne, 1 Ei, 30 g Brötchen, 1 TL Butter, 1 TL Honig, Getränk nach Wunsch

Mittagessen

90–120 g gegrilltes, enthäutetes Hähnchenfleisch, 100 g Erbsen, 100 g Möhren, 100 g Kartoffeln, 100 g Kopfsalat, Marinade aus: 1 TL Öl, Essig

Zwischenmahlzeit

200 ml Kefir (1,5% Fett), 100 g Kiwi

Abendessen

Thunfischaufstrich (siehe Rezept S. 122), dazu: 20 g Knäckebrot, 100 g Tomate, 100 g Gurke

Zwischenmahlzeit

175 g Joghurt (1,5% Fett), 125 g Apfel, 20 kcal Fruchtnektar (kalorienarm)

Männer zusätzlich: 125 ml Grapefruitsaft (ungesüßt), 100 g Ananas, 100 g Kartoffeln, 20 g Knäckebrot, am Mittag 30 g Hähnchen, am Abend 30 g Thunfisch

Jugendliche zusätzlich: 125 ml Grapefruitsaft (ungesüßt), 100 g Ananas, 100 g Kartoffeln, 20 g Knäckebrot, 250 ml Buttermilch (1% Fett)

Dienstag

Frühstück

125 g Apfel, 20 g Crisp-Brot, 1 Ei, 2 TL Halbfettbutter, Getränk nach Wunsch

Mittagessen

Käserösti (siehe Rezept S. 217), dazu: 100 g Endiviensalat, 20 kcal Salatsauce (kalorienarm), 100 g Bohnensalat (Glaskonserve ohne Fett)

Zwischenmahlzeit

200 ml Dickmilch (1,5% Fett), 60 g Banane

Abendessen

90–120 g mageres Kotelett (Gewicht ohne Knochen), gebraten in 1 TL Margarine, 200 g Broccoli, 1 TL geriebener Käse, 100 g eßfertiges Kartoffelpüree (Fertigprodukt)

Zwischenmahlzeit

125 g Grapefruit, 200 ml Milch (1,5% Fett), 2 TL Kakao

Männer zusätzlich: 100 g Orange, 20 g getrocknete Feigen, 100 g Kartoffeln, 100 g eßfertiges Kartoffelpüree (Fertigprodukt), am Abend 30 g Kotelett

Jugendliche zusätzlich: 100 g Orange, 20 g getrocknete Feigen, 100 g Kartoffeln, 100 g eßfertiges Kartoffelpüree (Fertigprodukt), 250 ml Buttermilch (1% Fett)

Mittwoch

Frühstück

100 g Kiwi, 20 g Frühstücksflocken, 100 ml Milch (1,5% Fett), Getränk nach Wunsch

Mittagessen

90–120 g Leber, gebraten in 1 TL Margarine, 100 g Zwiebeln, 125 g Apfel, 100 g Kartoffeln, 100 g Kopfsalat, Marinade aus: 1 TL Öl, Essig

Zwischenmahlzeit

Rosinen-Quark (siehe Rezept S. 260), dazu: 20 g Zwieback

Abendessen

Hot dogs (siehe Rezept S. 142), dazu: 200 g Möhren

Zwischenmahlzeit

20 g einfache Kekse, 100 g Joghurt (0,3% Fett), 1 TL geraspelte Kokosnuß

Männer zusätzlich: 100 g Ananas, 250 ml Gemüsesaft, 100 g Kartoffeln, 20 g Zwieback, am Mittag 30 g Leber, am Abend 30 g Würstchen

Jugendliche zusätzlich: 100 g Ananas, 250 ml Gemüsesaft, 100 g Kartoffeln, 20 g Zwieback, 200 g Schokoladenpudding (kalorienarm)

Samstag

Frühstück

100 g Mango oder 100 g Orange, 75 g Speisequark, 20 g Zwieback, 20 kcal Marmelade (kalorienarm), Getränk nach Wunsch

Mittagessen

Hacksteak mit Oliven (siehe Rezept S. 136), dazu: 100 g Kartoffeln, 100 g Bohnensalat (Glaskonserve ohne Fett)

Zwischenmahlzeit

250 ml Buttermilch (1% Fett), 75 g Trauben

Abendessen

Krabbensalat mit Ei (siehe Rezept S. 243), dazu: 20 g Crisp-Brot

Zwischenmahlzeit

100 ml Milch (1,5% Fett), 1 TL Kakao, 100 g Ananas

Männer zusätzlich: 250 ml Tomatensaft, 100 g Birne, 100 g Kartoffeln, 20 g Crisp-Brot am Mittag 30 g Tatar, am Abend 15 g Krabbenfleisch

Jugendliche zusätzlich: 250 ml Tomatensaft, 100 g Birne, 100 g Kartoffeln, 20 g Crisp-Brot 200 ml Dickmilch (1,5% Fett), 200 ml Milch (1,5% Fett)

Sonntag

Frühstück

125 ml Orangensaft (ungesüßt), 40 g Frühstücksflocken, 100 ml Milch (1,5% Fett), Getränk nach Wunsch

Mittagessen

Kümmelbraten (siehe Rezept S. 139) und **Apfel-Rotkohl** (siehe Rezept S. 197), dazu: 100 g Kartoffeln

Zwischenmahlzeit

100 g Speisequark (Magerstufe)

Abendessen

Kalbssteak mit Ananas (siehe Rezept S. 146)

Zwischenmahlzeit

100 ml Milch (1,5% Fett), 100 g Ananas

Männer zusätzlich: 125 g Apfel, 20 g getrocknete Feigen, 100 g Kartoffeln, 20 g Zwieback, am Mittag 30 g Schweinebraten, am Abend 30 g Kalbssteak

Jugendliche zusätzlich: 125 g Apfel, 20 g getrocknete Feigen, 100 g Kartoffeln, 20 g Zwieback, 200 g Vanillepudding (kalorienarm)

2. Woche

Ananas läßt sich auf vielseitige Weise verwenden; für süße und pikante Gerichte und vor allem für Speisen aus der fernöstlichen Küche. Ananas sollten möglichst reif gekauft werden, dann haben sie ihr bestes Aroma. Frische Früchte haben eine fruchtige, pikante Säure, die allerdings durch längeres Erhitzen verlorengeht. In diesen Fällen sollte man auf Dosenananas zurückgreifen. Frische Ananas besitzen das Ferment Bromelin, das Eiweiß spaltet und die Verdauung anregt, das aber auch verhindert, daß Gelatine fest wird – auch hier sollte man auf konservierte Ananas ausweichen. Unser »Ananas-Cocktail« aus frischer Frucht zubereitet, ist ein erfrischender, köstlicher Nachtisch.

Montag

Frühstück

20 g Rosinen, 20 g Grieß, 200 ml Milch (1,5% Fett), Getränk nach Wunsch

Mittagessen

Käsepuffer (siehe Rezept S. 219)

Zwischenmahlzeit

Salat aus: 100 g Ananas, 50 g Fenchel, Marinade aus: Süßstoff und Zitronensaft

Abendessen

90–120 g mageres Schweinekotelett (Gewicht ohne Knochen), gebraten in ½ TL Öl, 300 g Sauerkraut
Dessert: 125 g Grapefruit

Zwischenmahlzeit

20 g Knäckebrot, 1 TL Butter, 20 kcal Marmelade (kalorienarm)

Männer zusätzlich: 100 g Mandarine, 125 g Apfel, 60 g Vollkornbrot, am Abend 30 g Kotelett

Jugendliche zusätzlich: 100 g Mandarine, 125 g Apfel, 60 g Vollkornbrot, 200 g Joghurt (0,3% Fett)

Donnerstag

Frühstück

125 ml Grapefruitsaft (ungesüßt), 75 g Quark, 30 g Vollkornbrot, 1 TL Margarine, 20 kcal Marmelade (kalorienarm), Getränk nach Wunsch

Mittagessen

Feuriger Paprika-Schmorbraten (siehe Rezept S. 127), dazu: 100 g Kartoffeln, 200 g grüne Bohnen
Dessert: 100 g Birne

Zwischenmahlzeit

200 ml Milch (1,5% Fett), 1 TL Honig

Abendessen

200 kcal fettreduzierter Käse, 20 g Roggenknäckebrot, 200 g Rettich, 100 g Tomate, 2 TL Halbfettmargarine

Zwischenmahlzeit

200 g Joghurt (0,3% Fett), 75 g Trauben

Männer zusätzlich: 100 g Mandarinen, 20 g getrocknete Aprikosen, 100 g Kartoffeln, 20 g Knäckebrot, am Mittag 30 g Rinderbraten

Jugendliche zusätzlich: 100 g Mandarinen, 20 g getrocknete Aprikosen, 100 g Kartoffeln, 20 g Knäckebrot, 250 ml Buttermilch (1% Fett)

Freitag

Frühstück

20 g getrocknete Aprikosen, 30 g Hartkäse, 30 g Vollkornbrot, 1 TL Margarine, Getränk nach Wunsch

Mittagessen

Matjes-Heringe »Hausfrauenart« (siehe Rezept S. 188), dazu: 100 g Pellkartoffeln, Dessert: 20 kcal Fruchtnektar (kalorienarm)

Zwischenmahlzeit

50 g Mandarinen, 100 g Speisequark (Magerstufe)

Abendessen

Thunfisch-Pizzabrot (siehe Rezept S. 187)

Zwischenmahlzeit

250 ml Tomatensaft

Männer zusätzlich: 100 g Kiwi, 100 g Birne, 100 g Pellkartoffeln, 20 g Zwieback, am Mittag 30 g Matjes, am Abend 15 g Thunfisch

Jugendliche zusätzlich: 100 g Kiwi, 100 g Birne, 100 g Pellkartoffeln, 20 g Zwieback, 200 g Schokoladenpudding (kalorienarm)

Dienstag

Frühstück

100 g Birne, 30 g Brötchen, 1 TL Margarine, 1 Ei, Getränk nach Wunsch

Mittagessen

Fischröllchen »Florentine« (siehe Rezept S. 181), dazu: 10 g Knäckebrot

Zwischenmahlzeit

100 g Speisequark (Magerstufe), 100 g Mandarinen

Abendessen

Pikanter Wurstsalat (siehe Rezept S. 145) dazu: 20 g Knäckebrot, 1 TL Margarine
Dessert: 200 ml Dickmilch (1,5% Fett), ½ TL Zucker, Zimt

Zwischenmahlzeit

100 g Orange

Männer zusätzlich: 200 g Honigmelone, 60 g Banane, 20 g Knäckebrot, 30 g Vollkornbrot, am Mittag 30 g Fischfilet, am Abend 30 g Bierschinken

Jugendliche zusätzlich: 200 g Honigmelone, 60 g Banane, 20 g Knäckebrot, 30 g Vollkornbrot, 200 g Joghurt (0,3% Fett)

Mittwoch

Frühstück

200 g Honigmelone, 20 g Haferflocken, 175 g Joghurt (1,5% Fett), 20 g Knäckebrot, 2 TL Halbfettmargarine, 20 kcal Marmelade (kalorienarm), Getränk nach Wunsch

Mittagessen

Leberfrikassee (siehe Rezept S. 164), dazu: 100 g eßfertiges Kartoffelpüree (Fertigprodukt)

Zwischenmahlzeit

100 g Orange

Abendessen

Salat aus: 90–120 g gekochtem Rotbarschfilet, 100 g Senfgurke, 100 g Paprikaschoten, 60 g Banane, 1 TL Mayonnaise (80% Fett), 30 g Vollkornbrot

Zwischenmahlzeit

100 g Speisequark (Magerstufe), 1 TL Kakao, Süßstoff

Männer zusätzlich: 125 g Apfel, 20 g getrocknete Feigen, 100 g eßfertiges Kartoffelpüree (Fertigprodukt), 30 g Vollkornbrot, am Mittag 30 g Leber, am Abend 30 g Rotbarschfilet

Jugendliche zusätzlich: 125 g Apfel, 20 g getrocknete Feigen, 100 g eßfertiges Kartoffelpüree (Fertigprodukt), 30 g Vollkornbrot, 200 ml Milch (1,5% Fett)

Samstag

Frühstück

Haferflockenmüsli (siehe Rezept S. 254), Getränk nach Wunsch

Mittagessen

Spaghetti mit italienischer Sauce (siehe Rezept S. 138), dazu: 50 g Blattsalat, 20 kcal Salatsauce (kalorienarm)

Zwischenmahlzeit

100 g Mango oder 100 g Orange

Abendessen

30 g Toastbrot, 1 TL Margarine, 300 g Spargel (Dosenware), 45–60 g Putenbraten, belegt mit 1 Ei, gebraten in 1 TL Margarine
Dessert: **Ananas-Cocktail** (siehe Rezept S. 286)

Zwischenmahlzeit

200 ml Milch (1,5% Fett), 1 TL geraspelte Kokosnuß, Süßstoff

Männer zusätzlich: 100 g Orange, 125 ml Apfelsaft (ungesüßt), 60 g zubereitete Spaghetti, 30 g Vollkornbrot, am Mittag 30 g Rinderhack, am Abend 15 g Putenbraten

Jugendliche zusätzlich: 100 g Orange, 125 ml Apfelsaft (ungesüßt), 60 g zubereitete Spaghetti, 30 g Vollkornbrot, 200 ml Sauermilch (1,5% Fett)

Sonntag

Frühstück

100 g Kiwi, 1 Ei, 30 g Brötchen, 1 TL Margarine, Getränk nach Wunsch

Mittagessen

Geflügelragout (siehe Rezept S. 154)
Dessert: 125 g Erdbeeren (Tiefkühlware)

Zwischenmahlzeit

100 g Schokoladenpudding (kalorienarm)

Abendessen

Salat aus: 90–120 g Krabbenfleisch, 100 g Spargel (Dosenware), 100 g Champions (Dosenware), 100 g Joghurt (0,3% Fett), 1 TL Mayonnaise (80% Fett); 30 g Vollkornbrot

Zwischenmahlzeit

100 g Speisequark (Magerstufe), 60 g Banane, 1 TL geraspelte Kokosnuß

Männer zusätzlich: 15 g getrocknete Datteln, 125 g Grapefruit, 60 g zubereiteter Reis, 30 g Vollkornbrot, am Mittag 30 g Hähnchenbrust, am Abend 30 g Krabben

Jugendliche zusätzlich: 15 g getrocknete Datteln, 125 g Grapefruit, 60 g zubereiteter Reis, 30 g Vollkornbrot, 175 g Joghurt (1,5% Fett)

3. Woche

Aus der Normandie (Frankreich) kommt der »Cidre«, ein leichter, moussierender Apfelwein. Er hat nur 2% Alkohol und ist ein erfrischendes Getränk. Es gibt ihn in zwei Geschmacksrichtungen: herb (brut) und lieblich. Zum Kochen sollte man den herben Wein verwenden. Sollten Sie keinen Cidre bekommen, können Sie statt dessen auch deutschen Apfelwein nehmen, der vorwiegend aus Hessen kommt.
In dieser Woche haben wir »Hähnchenkeulen in Cidre« für Sie ausprobiert, eine etwas preiswertere Variante des berühmten französischen »Coq au vin«.

Montag

Frühstück

20 g getrocknete Aprikosen, 30 g Käse, 30 g Vollkornbrot, 1 TL Halbfettmargarine, Getränk nach Wunsch

Mittagessen

Holländisches Fischgulasch (siehe Rezept S. 182), dazu: 100 g Kartoffeln, 100 g Rosenkohl, 100 g Kopfsalat, Marinade aus: 100 g Joghurt (0,3% Fett), Zitronensaft

Zwischenmahlzeit

Honigmilch (siehe Rezept S. 185), dazu: 20 g Knäckebrot, 1 TL Halbfettmargarine

Abendessen

Salat aus: 90–120 g gegrilltem, enthäuteten Hähnchenfleisch, 200 g Chicorée, 100 Mandarinen, Marinade aus: 50 g Joghurt (0,3% Fett)

Zwischenmahlzeit

50 g Joghurt (0,3% Fett), 100 g Orange

Männer zusätzlich: 125 ml Orangensaft (ungesüßt), 60 g Banane, 100 g Kartoffeln, 30 g Vollkornbrot, am Mittag 30 g Kabeljaufilet, am Abend 30 g Hähnchenfleisch

Jugendliche zusätzlich: 125 ml Orangensaft (ungesüßt), 60 g Banane, 100 g Kartoffeln, 30 g Vollkornbrot, 100 g Speisequark (Magerstufe)

Donnerstag

Frühstück

125 g Apfel, 20 g Grieß, 200 ml Milch (1,5% Fett), Getränk nach Wunsch

Mittagessen

Überbackenes Fischfilet »Helgoland« (siehe Rezept S. 183), dazu: 100 g Blumenkohl, 50 g Broccoli

Zwischenmahlzeit

20 g Knäckebrot, 2 TL Halbfettmargarine, 20 kcal Marmelade (kalorienarm)

Abendessen

Panierte Schweineschnitzel (siehe Rezept S. 139), dazu: 45 g Brötchen, 100 g Salatgurke, 50 g Eisbergsalat, 50 g Radieschen, Marinade aus: Zitronensaft, Süßstoff
Dessert: 125 ml Apfelsaft (ungesüßt)

Zwischenmahlzeit

200 g Vanillepudding (kalorienarm)

Männer zusätzlich: 20 g Feigen, 100 g Mandarinen, 60 g Vollkornbrot, am Mittag 30 g Rotbarschfilet, am Abend 30 g Schweineschnitzel

Jugendliche zusätzlich: 20 g Feigen, 100 g Mandarinen, 60 g Vollkornbrot, 200 g Joghurt (0,3% Fett)

Freitag

Frühstück

20 g getrocknete Pflaumen, 75 g Speisequark, 30 g Vollkornbrot, 20 kcal Marmelade (kalorienarm), Getränk nach Wunsch

Mittagessen

Rheinischer Sauerbraten mit Rosinen (siehe Rezept S. 126), dazu: 250 g Rotkohl, 80 g eßfertige Kartoffelklöße (Fertigprodukt)

Zwischenmahlzeit

100 g Speisequark (Magerstufe), 100 g Orange

Abendessen

90–120 g gegrilltes Kalbskotelett (Gewicht ohne Knochen), 100 g Kartoffeln, 150 g Feldsalat, Marinade aus: 2 TL Öl, Essig

Zwischenmahlzeit

250 ml Buttermilch (1% Fett), Zitronensaft, Süßstoff

Männer zusätzlich: 125 ml Apfelsaft (ungesüßt), 100 g Ananas, 80 g eßfertige Kartoffelklöße (Fertigprodukt), 100 g Kartoffeln, am Mittag 30 g Rinderbraten, am Abend 30 g Kotelett

Jugendliche zusätzlich: 125 ml Apfelsaft (ungesüßt), 100 g Ananas, 80 g eßfertige Kartoffelklöße (Fertigprodukt), 100 g Kartoffeln, 200 ml Dickmilch (1,5% Fett)

Dienstag

Frühstück

125 g Grapefruit, 1 Ei, 30 g Brötchen, 1 TL Margarine, Getränk nach Wunsch

Mittagessen

90–120 g gegrillte Leber, 50 g gegrillte Zwiebeln, 125 g gegrillter Apfel, 100 g eßfertiges Kartoffelpüree (Fertigprodukt), dazu: **Feldsalat mit Chicorée und Kresse** (siehe Rezept S. 222)

Zwischenmahlzeit

100 g Speisequark (Magerstufe), 20 g Rosinen

Abendessen

Hähnchenkeulen in Cidre (siehe Rezept S. 155), dazu: 60 g zubereiteter Reis

Zwischenmahlzeit

200 ml Dickmilch (1,5% Fett), Zimt, Süßstoff

Männer zusätzlich: 125 g Apfel, 100 g Birne, 100 g eßfertiges Kartoffelpüree (Fertigprodukt), 60 g zubereiteter Reis, am Mittag 30 g Leber, am Abend 30 g Hähnchen

Jugendliche zusätzlich: 125 g Apfel, 100 g Birne, 100 g eßfertiges Kartoffelpüree (Fertigprodukt), 60 g zubereiteter Reis, 200 ml Milch (1,5% Fett)

Mittwoch

Frühstück

125 g Banane, 20 g Frühstücksflocken, 125 ml Milch (0,3% Fett), 250 ml Tomatensaft, Getränk nach Wunsch

Mittagessen

Eier-Ragout mit Champignons (siehe Rezept S. 216), dazu: 150 g Kartoffeln
Dessert: 100 g Ananas

Zwischenmahlzeit

125 ml Milch (0,3% Fett), 1 TL Kakao, Süßstoff

Abendessen

Roastbeef-Brot (siehe Rezept S. 115), dazu: Salat aus 100 g Schwarzwurzeln, 200 g Möhren, Salz, Pfeffer, Essig

Zwischenmahlzeit

200 ml Dickmilch (1,5% Fett)

Männer zusätzlich: 20 g Rosinen, 100 g Orange, 30 g Vollkornbrot, 20 g Knäckebrot, am Abend 30 g Roastbeef

Jugendliche zusätzlich: 20 g Rosinen, 100 g Orange, 30 g Vollkornbrot, 20 g Knäckebrot, 250 ml Buttermilch (1% Fett), 100 g Speisequark (Magerstufe)

Samstag

Frühstück

125 g Grapefruit, 1 Ei, 20 g Knäckebrot, 2 TL Halbfettmargarine, Getränk nach Wunsch

Mittagessen

180 g zubereitete weiße Bohnen, 200 g Tomaten (Dosenware), Salz, Thymian, Rosmarin
Dessert: 200 ml Dickmilch (1,5% Fett), Zimt, Süßstoff

Zwischenmahlzeit

30 g Brötchen, 2 TL Halbfettmargarine, 20 kcal Marmelade (kalorienarm)

Abendessen

Überbackenes Kassler (siehe Rezept S. 143), dazu: 100 g Kartoffeln, 125 ml Wein,
Dessert: 125 g Apfel

Zwischenmahlzeit

175 g Joghurt (1,5% Fett), 75 g Trauben

Männer zusätzlich: 250 ml Gemüsesaft, 15 g Datteln, 30 g Brötchen, 100 g Kartoffeln, am Mittag 60 g weiße Bohnen, am Abend 30 g Kassler

Jugendliche zusätzlich: 250 ml Gemüsesaft, 15 g Datteln, 30 g Brötchen, 100 g Kartoffeln, 200 ml Sauermilch (1,5% Fett), statt Wein 20 g einfache Kekse

Sonntag

Frühstück

100 g Birne, 30 g Käse, 30 g Weißbrot, 2 TL Halbfettmargarine, Getränk nach Wunsch

Mittagessen

Filetgulasch »Sonja« (siehe Rezept S. 126), dazu: 60 g zubereiteter Reis

Zwischenmahlzeit

200 g Honigmelone, 100 g Speisequark (Magerstufe)

Abendessen

90 g Räucherforelle (Gewicht ohne Kopf und Gräten), 30 g Weißbrot, 2 TL Halbfettbutter, 200 g Bohnensalat (Glaskonserve ohne Fettzusatz), 100 g Tomate

Zwischenmahlzeit

100 g Kiwi, 200 ml Milch (1,5% Fett), 2 TL Kakao, Süßstoff

Männer zusätzlich: 125 g Grapefruit, 125 g Apfel, 60 g zubereiteter Reis, 30 g Vollkornbrot, am Mittag 30 g Rinderfilet, am Abend 30 g Forelle

Jugendliche zusätzlich: 125 g Grapefruit, 125 g Apfel, 60 g zubereiteter Reis, 30 g Vollkornbrot, 200 g Joghurt (0,3% Fett)

4. Woche

Hülsenfrüchte zeichnen sich durch einen hohen Stärke- und Eiweißgehalt aus. Dadurch haben sie einen entsprechend großen Sättigungswert. Da das pflanzliche Eiweiß biologisch nicht vollwertig ist, kann es vom Körper erst dann ausgenutzt werden, wenn dem Essen entweder tierisches Eiweiß zugefügt oder als Nachtisch eine Milchspeise gereicht wird.
Linsen z. B. haben einen hohen Vitamin-B-Gehalt. Schon im Altertum gehörten sie anscheinend zu den Lieblingsspeisen. Man denke daran, daß Esau für ein Linsengericht sein Erstgeburtsrecht vergab. Unser köstlicher »Elsässer Linsentopf« am Dienstag wird hoffentlich nicht so schwerwiegende Folgen haben.

Montag

Frühstück

80 ml Traubensaft (ungesüßt), 30 g Käse, 30 g Brötchen, 2 TL Halbfettmargarine, Getränk nach Wunsch

Mittagessen

Spinat-Thunfisch-Pfanne (siehe Rezept S. 198), dazu: 100 g Kartoffeln
Dessert: 100 g Orange

Zwischenmahlzeit

100 g Speisequark (Magerstufe)

Abendessen

Tatar (siehe Rezept S. 115), dazu: 100 g Salatgurke, 100 g Tomate, 100 g Paprikaschoten
Dessert: 60 g Passionsfrucht oder 125 g Apfel

Zwischenmahlzeit

125 ml Buttermilch (1% Fett)

Männer zusätzlich: 125 g Grapefruit, 125 g Apfel, 100 g Kartoffeln, 30 g Vollkornbrot, am Mittag 30 g Thunfisch, am Abend 30 g Tatar

Jugendliche zusätzlich: 125 g Grapefruit, 125 g Apfel, 100 g Kartoffeln, 30 g Vollkornbrot, 200 ml Milch (1,5% Fett)

Donnerstag

Frühstück

100 g Orange, 1 Ei, 30 g Brötchen, 1 TL Halbfettmargarine, Getränk nach Wunsch.

Mittagessen

90–120 g mageres Rindergeschnetzeltes, in 1 TL Öl gebraten, je 100 g Zwiebeln, Dosentomaten und Champignons mitschmoren, mit 1 EL saurer Sahne und Gerwürzen abschmecken
Dessert: 100 g konservierter Fruchtcocktail (ohne Zukker) mit 2 EL Saft

Zwischenmahlzeit

100 g Speisequark (Magerstufe)

Abendessen

Gefüllte Käse-Eier (siehe Rezept S. 208), dazu: 20 g Knäckebrot, 1 TL Halbfettmargarine, 100 g Möhrensalat (Glaskonserve ohne Fett), 125 ml Apfelwein
Dessert: 80 ml Pflaumensaft (ungesüßt)

Zwischenmahlzeit

200 ml Dickmilch (1,5% Fett)

Männer zusätzlich: 125 g Grapefruit, 20 g getrocknete Pflaumen, 80 g eßfertige Kartoffelklöße (Fertigprodukt), 20 g Knäckebrot, am Mittag 30 g Rindfleisch

Jugendliche zusätzlich: 125 g Grapefruit, 20 g getrocknete Pflaumen, 80 g eßfertige Kartoffelklöße (Fertigprodukt), 20 g Knäckebrot, 250 ml Milch (0,3% Fett), statt Apfelwein 60 g Banane

Freitag

Frühstück

20 g Rosinen, 100 g Speisequark (Magerstufe), 20 g Cornflakes, Getränk nach Wunsch

Mittagessen

Backfisch mit Kräuterbutter (siehe Rezept S. 185), dazu: 100 g Kartoffeln, 200 g Blattspinat
Dessert: 100 g Orange

Zwischenmahlzeit

200 ml Milch (1,5% Fett), 1 TL Kako

Abendessen

Käsebrötchen (siehe Rezept S. 217), dazu: Salat aus 100 g Eisbergsalat, 50 g Salatgurke, 50 g Radieschen, 100 g Tomate, Marinade aus: 1 TL Öl, Essig
Dessert: 100 g Birne

Zwischenmahlzeit

20 kcal Fruchtnektar (kalorienarm)

Männer zusätzlich: 100 g Orange, 80 ml Traubensaft (ungesüßt), 100 g Kartoffeln, am Mittag 30 g Fischfilet

Jugendliche zusätzlich: 100 g Orange, 80 ml Traubensaft (ungesüßt), 100 g Kartoffeln, 250 ml Buttermilch (1% Fett)

Dienstag

Frühstück

125 g Apfel, 20 g Haferflocken, 200 g Joghurt (0,3% Fett), Getränk nach Wunsch

Mittagessen

Elsässer Linsentopf (siehe Rezept S. 201)
Dessert: 200 ml Dickmilch (1,5% Fett), 1 TL Zimt, ½ TL Zucker

Zwischenmahlzeit

250 ml Tomatensaft

Abendessen

90–120 g Leber, in 1 TL Öl gebraten, 200 g Tomaten (Dosenware), püriert mit 100 g Paprikaschoten und 1 TL Instantbrühe als Lebergulasch, 60 g zubereitete Nudeln

Zwischenmahlzeit

20 g Knäckebrot, 1 TL Margarine, 60 g Passionsfrucht oder 60 g Banane

Männer zusätzlich: 100 g Birne, 100 g Mandarinen, 60 g zubereitete Nudeln, 20 g Knäckebrot, am Mittag 60 g Linsen, am Abend 30 g Leber

Jugendliche zusätzlich: 100 g Birne, 100 g Mandarinen, 60 g zubereitete Nudeln, 20 g Knäckebrot, 100 g Speisequark (Magerstufe)

Mittwoch

Frühstück

125 g Grapefruit, 75 g Hüttenkäse, 30 g Vollkornbrot, 20 kcal Marmelade (kalorienarm)

Mittagessen

Fischstäbchen (siehe Rezept S. 183), dazu: 100 g eßfertiges Kartoffelpüree (Fertigprodukt), 100 g Erbsen, 200 g Möhren
Dessert: 60 g Banane, 20 g getrockenete Aprikosen

Zwischenmahlzeit

10 g Zwieback, 125 ml Sauerkrautsaft

Abendessen

Quark-Schinken-Rollen (siehe Rezept S. 218), dazu: 200 g Chicorée, Marinade aus 2 TL Öl, Essig

Zwischenmahlzeit

200 g Vanillepudding (kalorienarm)

Männer zusätzlich: 250 ml Tomatensaft, 125 g Erdbeeren (Tiefkühlware), 100 g eßfertiges Kartoffelpüree (Fertigprodukt), 30 g Vollkornbrot, am Mittag 30 g Seelachs, am Abend 30 g Schinken

Jugendliche zusätzlich: 250 ml Tomatensaft, 125 g Erdbeeren (Tiefkühlware), 100 g eßfertiges Kartoffelpüree (Fertigprodukt), 30 g Vollkornbrot, 250 ml Milch (0,3% Fett)

Samstag

Frühstück

100 g Mango oder 100 g Orange, 1 Ei, 20 g Knäckebrot, Getränk nach Wunsch

Mittagessen

90 g Matjeshering, 100 g Kartoffeln, 200 g grüne Bohnen

Zwischenmahlzeit

Käsekuchen (siehe Rezept S. 279)

Abendessen

Salat aus: 90–120 g enthäutetes Hähnchenfleisch, 100 g Sellerie, 200 g Chicorée, 75 g Trauben, Salz, Pfeffer, Zitrone, 1½ TL Mayonnaise (80% Fett)

Zwischenmahlzeit

20 kcal Limonade (kalorienarm)

Männer zusätzlich: 100 g Birne, 125 g Erdbeeren (Tiefkühlware), 100 g Kartoffeln, 30 g Vollkornbrot, am Mittag 30 g Matjes, am Abend 30 g Hähnchen

Jugendliche zusätzlich: 100 g Birne, 125 g Erdbeeren (Tiefkühlware), 100 g Kartoffeln, 30 g Vollkornbrot, 200 g Vanillepudding (kalorienarm)

Sonntag

Frühstück

100 g Birne, 30 g Käse, 1 TL Margarine, 30 g Brötchen, Getränk nach Wunsch

Mittagessen

Geschnetzeltes vom Schwein (siehe Rezept S. 139), dazu: 120 g zubereitete Nudeln, 200 g Kopfsalat, 20 kcal Salatsauce (kalorienarm)

Zwischenmahlzeit

175 g Joghurt (1,5% Fett)

Abendessen

90–120 g gegrilltes Kalbssteak, 200 g Spargel, überbacken mit 1 TL geriebenem Käse und 1 TL Margarine
Dessert: 100 g Ananas

Zwischenmahlzeit

100 g Speiseqaruk (Magerstufe), 100 g Orange

Männer zusätzlich: 250 ml Tomatensaft, 100 g Mandarinen, 30 g Brötchen, 30 g Toastbrot, am Mittag 30 g Schweineschnitzel, am Abend 30 g Kalbssteak

Jugendliche zusätzlich: 250 ml Tomatensaft, 100 g Mandarinen, 30 g Brötchen, 30 g Toastbrot, 200 ml Dickmilch (1,5% Fett)

5. Woche

Wußten Sie, daß die meisten Kohlsorten reich an wichtigen Vitaminen und Spurenelementen sind – und wenig Kalorien haben? Es kommt nur auf die richtige Zubereitung an. Wenn Großmutters Grünkohlrezept reichlich Gänseschmalz vorsieht, so wissen wir heute, daß Grünkohl, mit Bouillon zubereitet, ausgezeichnet schmeckt und gesünder und bekömmlicher ist. Wer Kohl generell schlecht verträgt, sollte ihm Kümmel zufügen. Rosenkohl ist eines der Vitamin-C-reichsten Gemüse und reich an Phosphor und Kalium. Aber auch typische Wintersalate, wie Feldsalat und Chicorée sind vorzügliche Vitaminspender. Wenn Ihnen Chicorée zu bitter ist, schneiden Sie den Keil am unteren Ende heraus. Niemals zum Entbittern ins Wasser legen. Dieses Verfahren hat den Verlust wichtiger Nährstoffe zur Folge.

Montag

Frühstück

100 g Kiwi, 75 g Speisequark, 30 g Vollkornbrot, 20 kcal Marmelade (kalorienarm), Getränk nach Wunsch

Mittagessen

90–120 g Rindersteak, in 1 TL Öl gebraten, 300 g Weißkohl, 100 g Kartoffeln

Zwischenmahlzeit

100 g Ananas, 175 g Joghurt (1,5% Fett)

Abendessen

Griechischer Salat (siehe Rezept S. 223), dazu: 20 g Knäckebrot

Zwischenmahlzeit

20 g Rosinen, 100 g Speisequark (Magerstufe)

Männer zusätzlich: 125 g Apfel, 60 g Banane, 100 g Kartoffeln, 20 g Knäckebrot, am Mittag 30 g Rindersteak

Jugendliche zusätzlich: 125 g Apfel, 60 g Banane, 100 g Kartoffeln, 20 g Knäckebrot, 200 ml Dickmilch (1,5% Fett)

Donnerstag

Frühstück

125 ml Grapefruitsaft (ungesüßt), 30 g Käse, 20 g Knäckebrot, 2 TL Halbfettmargarine, Getränk nach Wunsch

Mittagessen

Tomaten-Käse-Eier (siehe Rezept S. 213), dazu:
20 kcal Limonade (kalorienarm)
Dessert: 125 g Apfel

Zwischenmahlzeit

Orangen-Zwieback (siehe Rezept S. 264)

Abendessen

90–120 g Schollenfilets, in 1 TL Margarine gebraten, 100 g Kartoffeln, 100 g Tomaten, 100 g Paprikaschoten, 100 g Zwiebeln, Marinade aus: 1 TL Öl, Essig

Zwischenmahlzeit

200 ml Dickmilch (1,5% Fett), 1 TL Zimt, Süßstoff

Männer zusätzlich: 250 ml Gemüsesaft, 125 g Grapefruit, 30 g Vollkornbrot, 100 g Kartoffeln, am Abend 30 g Schollenfilet

Jugendliche zusätzlich: 250 ml Gemüsesaft, 125 g Grapefruit, 30 g Vollkornbrot, 100 g Kartoffeln, 200 g Joghurt (0,3% Fett)

Freitag

Frühstück

75 g Trauben, 20 g Haferlocken, 200 ml Milch (1,5% Fett), Getränk nach Wunsch

Mittagessen

Pasta Asciutta (siehe Rezept S. 138), dazu: 50 g Endiviensalat, Marinade aus: 1 TL Öl, Essig

Zwischenmahlzeit

250 ml Buttermilch (1% Fett), 60 g Banane

Abendessen

90 g geräuchertes Forellenfilet, 30 g Toastbrot, 1 TL Butter, 100 g Blumenkohl, 100 g Broccoli, Getränk nach Wunsch

Zwischenmahlzeit

125 g Erdbeeren (Tiefkühlware), 20 g einfache Kekse

Männer zusätzlich: 200 g Honigmelone, 60 g Banane, 60 g zubereitete Nudeln, 30 g Toastbrot, am Mittag 30 g Tatar, am Abend 30 g Forellenfilet

Jugendliche zusätzlich: 200 g Honigmelone, 60 g Banane, 60 g zubereitete Nudeln, 30 g Toastbrot, 200 ml Dickmilch (1,5% Fett)

Dienstag

Frühstück

125 g Apfel, 20 g Cornflakes, 200 ml Dickmilch (1,5% Fett), Getränk nach Wunsch

Mittagessen

Curry-Leber (siehe Rezept S. 173), dazu: 120 g zubereiteter Reis, 100 g Chicorée, 50 g Feldsalat, Marinade aus: 1 TL Öl, 50 g Joghurt (0,3% Fett)

Zwischenmahlzeit

150 g Joghurt (0,3% Fett), 100 g Orange

Abendessen

90–120 g Tatar (Beefsteakhack), 20 g Knäckebrot, 2 TL Halbfettmargarine, 100 g Gewürzgurke, 100 g Tomate

Zwischenmahlzeit

Grießsuppe (siehe Rezept S. 13)

Männer zusätzlich: 100 g Orange, 250 ml Tomatensaft, 20 g Knäckebrot, am Mittag 30 g Leber, am Abend 30 g Tatar

Jugendliche zusätzlich: 100 g Orange, 250 ml Tomatensaft, 20 g Knäckebrot, 250 ml Milch (0,3% Fett)

Mittwoch

Frühstück

125 g Grapefruit, 1 Ei, 30 g Brötchen, 2 TL Halbfettbutter, Getränk nach Wunsch

Mittagessen

Krustenfisch (siehe Rezept S. 181), dazu: 10 g Knäckebrot, 200 g Porree, 75 g Rosenkohl, 1 TL Margarine

Zwischenmahlzeit

Quark-Banane (siehe Rezept S. 261)

Abendessen

90 g Brühwürstchen, 300 g Sauerkraut, 100 g eßfertiges Kartoffelpüree (Fertigprodukt)

Zwischenmahlzeit

200 ml Milch (1,5% Fett) mit Süßstoff, Vanilleextrakt und Nestargel als Pudding

Männer zusätzlich: 125 ml Grapefruitsaft (ungesüßt), 100 g Birne, 20 g Knäckebrot, 100 g eßfertiges Kartoffelpüree (Fertigprodukt), am Mittag 30 g Fisch, am Abend 30 g Brühwürstchen

Jugendliche zusätzlich: 125 ml Grapefruitsaft (ungesüßt), 100 g Birne, 20 g Knäckebrot, 100 g eßfertiges Kartoffelpüree (Fertigprodukt), 250 ml Buttermilch (1% Fett)

Samstag

Frühstück

100 g Kiwi, 20 g Grieß, 200 ml Milch (1,5% Fett), Getränk nach Wunsch

Mittagessen

Mexikanischer Salat (siehe Rezept S. 239), dazu: 30 g Vollkornbrot

Zwischenmahlzeit

100 g Speisequark (Magerstufe), 100 g Ananas

Abendessen

Champignon-Kotelett (siehe Rezept S. 145), dazu: 100 g Kartoffeln, 50 g Feldsalat, Marinade aus: 1 TL Öl, Essig

Zwischenmahlzeit

125 g Apfel, 20 kcal Limonade (kalorienarm)

Männer zusätzlich: 100 g Kiwi, 100 g Kartoffeln, am Mittag 30 g Putenfleisch, am Abend 30 g Kalbskotelett

Jugendliche zusätzlich: 100 g Kiwi, 100 g Orange, 30 g Vollkornbrot, 100 g Kartoffeln, 175 g Joghurt (1,5% Fett)

Sonntag

Frühstück

250 ml Tomatensaft, 1 Ei, 30 g Brötchen, 2 TL Halbfettmargarine, Getränk nach Wunsch

Mittagessen

Osso Buco (siehe Rezept S. 146), dazu: 60 g zubereiteter Reis

Zwischenmahlzeit

200 g Honigmelone, 100 g Speisequark (Magerstufe)

Abendessen

200 kcal fettreduzierter Käse, 20 g Crisp-Brot, 2 TL Halbfettmargarine, 100 g Möhrensalat (Glaskonserve ohne Fett)

Zwischenmahlzeit

20 g getrocknete Aprikosen, 200 ml Milch (1,5% Fett), 1 TL Kakao

Männer zusätzlich: 75 g Trauben, 60 g Banane, 60 g zubereiteter Reis, 20 g Crisp-Brot, am Mittag 30 g Kalbshaxe

Jugendliche zusätzlich: 75 g Trauben, 60 g Banane, 60 g zubereiteter Reis, 20 g Crisp-Brot, 200 ml Milch (1,5% Fett)

6. Woche

Gerade in den Wintermonaten sollte man von dem Angebot an Zitrusfrüchten Gebrauch machen, die dann überall auch recht preisgünstig auf dem Markt sind. Die Anwendungsmöglichkeiten von Zitronen sind praktisch unbegrenzt. Ein paar Tropfen Zitronensaft geben salzigen und süßen Speisen das gewisse Etwas. Viele Köche verwenden grundsätzlich für Salatsaucen Zitronensaft an Stelle von Essig. Sie können auch Ihren Orangensaft mit dem Saft von Zitronen verlängern. Dies ist ein Getränk, das selbst die größten Morgenmuffel munter macht. Zitronensaft sollte nach Möglichkeit nicht erhitzt werden, da sonst das so wichtige Vitamin C verlorengeht. Limetten sind die kleinen, grünen Verwandten der Zitronen. Sie sind kleiner, haben dafür aber doppelt soviel Saft.

Montag

Frühstück

Bircher Müsli (siehe Rezept S. 253), dazu: 20 kcal Fruchtnektar (kalorienarm), Getränk nach Wunsch

Mittagessen

Eierfrikassee mit Broccoli (siehe Rezept S. 213), dazu: 100 g eßfertiges Kartoffelpüree (Fertigprodukt)
Dessert: 100 g Birne, 100 g Ananas

Zwischenmahlzeit

125 g Apfel

Abendessen

Salat aus: 90–120 g Thunfisch (konserviert in Wasser), 100 g Tomate, 50 g Gewürzgurke, 100 g Paprikaschoten, 50 g Zwiebeln, 2 TL Mayonnaise (80% Fett)

Zwischenmahlzeit

50 g Orange, 200 g Vanillepudding (kalorienarm)

Männer zusätzlich: 60 g Banane, 100 g Birne, 100 g eßfertiges Kartoffelpüree (Fertigprodukt), 30 g Vollkornbrot, am Abend 30 g Thunfisch

Jugendliche zusätzlich: 60 g Banane, 100 g Birne, 100 g eßfertiges Kartoffelpüree (Fertigprodukt), 30 g Vollkornbrot, 250 ml Milch (0,3% Fett)

Donnerstag

Frühstück

100 g Orange, 75 g Speisequark, 30 g Vollkornbrot, 20 kcal Marmelade (kalorienarm), Getränk nach Wunsch

Mittagessen

Goldbarschfilet »Jägerart« (siehe Rezept S. 187), dazu: 100 g Kartoffeln, 1 TL Margarine

Zwischenmahlzeit

200 g Joghurt (0,3% Fett), 20 g Cornflakes, Süßstoff

Abendessen

Geflügelsalat mit Käse (siehe Rezept S. 238)

Zwischenmahlzeit

100 ml Dickmilch (1,5% Fett), 100 g Birne

Männer zusätzlich: 100 g Ananas, 20 g Rosinen, 100 g Kartoffeln, 30 g Vollkornbrot, am Mittag 30 g Goldbarsch, am Abend 15 g Hähnchenfleisch

Jugendliche zusätzlich: 100 g Ananas, 20 g Rosinen, 100 g Kartoffeln, 30 g Vollkornbrot, 200 ml Milch (1,5% Fett)

Freitag

Frühstück

20 g Rosinen, 20 g Gries, 200 ml Milch (1,5% Fett), Getränk nach Wunsch

Mittagessen

Lammtopf »Izmir« (siehe Rezept S. 153)
Dessert: 100 g Kiwi, 30 g Fruchtgummi

Zwischenmahlzeit

175 g Joghurt (1,5% Fett), 1 TL geraspelte Kokosnuß

Abendessen

90–120 g Bismarckhering, 60 g Brötchen, 2 TL Mayonnaise (80% Fett), 100 g Gewürzgurke

Zwischenmahlzeit

100 g Ananas

Männer zusätzlich: 250 ml Tomatensaft, 125 g Apfel, 100 g Kartoffeln, am Mittag 30 g Lammfleisch, am Abend 30 g Bismarckhering

Jugendliche zusätzlich: 250 ml Tomatensaft, 125 g Apfel, 100 g Kartoffeln, 250 ml Buttermilch (1% Fett), 200 g Vanillepudding (kalorienarm)

Dienstag

Frühstück

125 g Grapefruit, 30 g Käse, 30 g Brötchen, 2 TL Halbfettmargarine, 20 kcal Marmelade (kalorienarm), Getränk nach Wunsch

Mittagessen

90–120 g Leber, in 1 TL Öl gebraten, 200 g Paprikaschoten, 100 g Tomaten, 1 EL Tomatenmark, 60 g zubereiteter Reis

Zwischenmahlzeit

250 ml Buttermilch (1% Fett), 60 g Banane

Abendessen

Nudelsalat mit Schinken (siehe Rezept S. 235)

Zwischenmahlzeit

200 ml Kefir (1,5% Fett), 125 g Apfel

Männer zusätzlich: 100 g Orange, 250 ml Gemüsesaft, 60 g zubereiteter Reis, 60 g zubereitete Nudeln, am Mittag 30 g Leber, am Abend 30 g Schinken

Jugendliche zusätzlich: 100 g Orange, 250 ml Gemüsesaft, 60 g zubereiteter Reis, 60 g zubereitete Nudeln, 200 g Joghurt (0,3% Fett)

Mittwoch

Frühstück

75 g Trauben, 20 g Cornflakes, 175 g Joghurt (1,5% Fett), 100 g Tomate, Getränk nach Wunsch

Mittagessen

Gemüseeintopf mit Reis (siehe Rezept S. 205), dazu: 125 ml Sauerkrautsaft
Dessert: 100 g Birne

Zwischenmahlzeit

20 g Knäckebrot, 2 TL Halbfettbutter, 20 kcal Marmelade (kalorienarm)

Abendessen

Bunter Salat (siehe Rezept S. 226), dazu: 200 kcal fettreduzierter Käse, 30 g Vollkornbrot, 1 TL Margarine
Dessert: 200 ml Dickmilch (1,5% Fett), 1 EL Weizenkleie

Zwischenmahlzeit

Würziger Appetizer (siehe Rezept S. 284)

Männer zusätzlich: 100 g Kiwi, 100 g Orange, 60 g Vollkornbrot, am Mittag 30 g Rindfleisch

Jugendliche zusätzlich: 100 g Kiwi, 100 g Orange, 60 g Vollkornbrot, 200 ml Dickmilch (1,5% Fett)

Samstag

Frühstück

100 g Mango oder 100 g Orange, 1 Ei, 20 g Knäckebrot, 1 TL Butter, 20 kcal Marmelade (kalorienarm), Getränk nach Wunsch

Mittagessen

90–120 g Kotelett (Gewicht ohne Knochen), in 1 TL Öl gebraten, 300 g Rotkohl, 100 g eßfertiges Kartoffelpüree (Fertigprodukt)

Zwischenmahlzeit

125 ml Sauerkrautsaft

Abendessen

30 g Vollkornbrot, 90–120 g Roastbeef, dazu: **Waldorfsalat** (siehe Rezept S. 224)

Zwischenmahlzeit

300 ml Dickmilch (1,5% Fett), 1 EL Weizenkleie

Männer zusätzlich: 125 g Grapefruit, 60 g Banane, 100 g eßfertiges Kartoffelpüree (Fertigprodukt), 30 g Vollkornbrot, am Mittag 30 g Kotelett, am Abend 30 g Roastbeef

Jugendliche zusätzlich: 125 g Grapefruit, 60 g Banane, 100 g eßfertiges Kartoffelpüree (Fertigprodukt), 30 g Vollkornbrot, 100 g Speisequark (Magerstufe)

Sonntag

Frühstück

125 g Grapefruit, 1 Ei, 30 g Weißbrot, 1 TL Butter, Getränk nach Wunsch

Mittagessen

Mexikanisches Filetsteak (siehe Rezept S. 123), dazu: 50 g Feldsalat, 50 g Endiviensalat, Marinade aus: 50 g Joghurt (0,3% Fett), Zitronensaft

Zwischenmahlzeit

200 ml Milch (1,5% Fett), 1 TL Kakao

Abendessen

90–120 g enthäutetes, gegrilltes Hähnchenfleisch, 100 g Bohnensalat (Glaskonserve ohne Fett), 30 g Vollkornbrot, 1 TL Margarine
Dessert: 125 g Apfel

Zwischenmahlzeit

150 g Schokoladenpuddig (kalorienarm), 100 g Birne, 2 TL geraspelte Kokosnuß

Männer zusätzlich: 80 ml Traubensaft (ungesüßt), 100 g Orange, 30 g Vollkornbrot, am Mittag 30 g Filetsteak, am Abend 30 g Hähnchen

Jugendliche zusätzlich: 80 ml Traubensaft (ungesüßt), 100 g Orange, 30 g Vollkornbrot, 200 ml Milch (1,5% Fett)

7. Woche

Trauben oder Weinbeeren sind äußerst gesund. Sie enthalten alle wichtigen Vitamine und reichlich Mineralstoffe, vor allem Phosphor, Kalzium und Eisen. Es lohnt sich auch, die Kerne mitzuessen. Sie enthalten ein wertvolles Öl, das dabei hilft, den Cholesterinspiegel im Blut zu senken. Weintrauben wurden schon im Altertum angebaut, dienten früher jedoch ausschließlich der Weinzubereitung. Erst in diesem Jahrhundert lernte man sie auch als Obst schätzen. Trauben lassen sich in der Küche vielseitig verwenden, z. B. unter rohes oder gekochtes Sauerkraut gemischt, zu Wildgeflügel (Fasan). Verschiedenen Salaten geben sie erst den richtigen Pfiff, und sie lassen sich ausgezeichnet mit Käse kombinieren.
In dieser Woche sind sie Bestandteil eines »Weingelees«.

Montag

Frühstück

20 g getrocknete Feigen, 20 g Grieß, 200 ml Milch (1,5% Fett), Getränk nach Wunsch

Mittagessen

Käse-Spinat-Suppe (siehe Rezept S. 114), dazu: 30 g Weißbrot, 2 TL Halbfettmargarine

Zwischenmahlzeit

125 ml Orangensaft (ungesüßt), 100 g Speisequark (Magerstufe), Süßstoff

Abendessen

90–120 g Kalbsschnitzel, in 1 TL Öl gebraten, 100 g Rotkohl, 100 g Salzkartoffeln

Zwischenmahlzeit

125 g Apfel

Männer zusätzlich: 125 g Grapefruit, 30 g Weißbrot, 100 g Kartoffeln, am Abend 30 g Kalbsschnitzel

Jugendliche zusätzlich: 125 g Grapefruit, 30 g Weißbrot, 100 g Kartoffeln, 175 g Joghurt (1,5% Fett)

Donnerstag

Frühstück

125 g Apfel, 20 g Cornflakes, 125 ml Milch (0,3% Fett), Getränk nach Wunsch

Mittagessen

Serbischer Fleischtopf (siehe Rezept S. 142), dazu: 90 g gegarter Reis

Zwischenmahlzeit

125 g gefrorene Himbeeren, 25 g Magermilchpulver mit Zitronensaft und Süßstoff zu Eiscreme schlagen

Abendessen

30 g Vollkornbrot, 1 TL Margarine, 150 g Hüttenkäse, 2 TL Ketchup, 3 Oliven, 100 g Weißkohl als Salat, Marinade aus: 1 TL Öl, Essig, 100 g Joghurt (0,3% Fett), Schnittlauch

Zwischenmahlzeit

250 ml Tomatensaft

Männer zusätzlich: 100 g Orange, 60 g gegarter Reis, 30 g Vollkornbrot, am Mittag 30 g Schweinefilet

Jugendliche zusätzlich: 100 g Orange, 60 g gegarter Reis, 30 g Vollkornbrot, 200 ml Milch (1,5% Fett)

Freitag

Frühstück

125 ml Orangensaft (ungesüßt), 75 g Speisequark (Magerstufe), 20 g Knäckebrot, 1 TL Margarine, Getränk nach Wunsch

Mittagessen

90 g geräucherte Putenbrust, 80 g eßfertige Kartoffelklöße (Fertigprodukt), 100 g Grünkohl
Dessert: 100 g Ananas, 175 g Joghurt (1,5% Fett)

Zwischenmahlzeit

60 g Banane, 1 TL Marmelade, 1 TL geraspelte Kokosnuß, 20 kcal Limonade (kalorienarm)

Abendessen

Heringspaste (siehe Rezept S. 122), dazu: 30 g Weißbrot, 50 g Gewürzgurke, 100 g Tomaten

Zwischenmahlzeit

125 ml Buttermilch (1% Fett)

Männer zusätzlich: 125 g Apfel, 30 g Weißbrot, am Mittag 30 g Putenfleisch, am Abend 30 g Fisch

Jugendliche zusätzlich: 125 g Apfel, 30 g Weißbrot, 250 ml Buttermilch (1% Fett)

Dienstag

Frühstück

Schinkenbananen (siehe Rezept S. 144), dazu: 30 g Weißbrot, Getränk nach Wunsch

Mittagessen

90–120 g mageres gegrilltes Rindfleisch
200 g Möhren, 100 Salzkartoffeln
Dessert: 200 ml Dickmilch (1,5% Fett)

Zwischenmahlzeit

20 g Zwieback, 1 TL Margarine, ½ TL Honig, 20 kcal Fruchtnektar (kalorienarm)

Abendessen

Fischsalat (siehe Rezept S. 241)

Zwischenmahlzeit

175 g Joghurt (1,5% Fett), 100 g Birne

Männer zusätzlich: 100 g Orange, 100 g Kartoffeln, 30 g Vollkornbrot, am Mittag 30 g Rindfleisch, am Abend 30 g Rotbarschfilet

Jugendliche zusätzlich: 100 g Orange, 125 g Apfel, 100 g Salzkartoffeln, 30 g Vollkornbrot, 100 g Speisequark (Magerstufe)

Mittwoch

Frühstück

125 g Grapefruit, ½ TL Zucker, 1 Ei, 30 g Vollkornbrot, 1 TL Butter, Getränk nach Wunsch

Mittagessen

90–120 Leber, in 1 TL Öl gebraten, 100 g eßfertiges Kartoffelpüree (Fertigprodukt), vermengt mit Kräutern, 100 g Rosenkohl

Zwischenmahlzeit

Weingelee (siehe Rezept S. 259)

Abendessen

20 g Knäckebrot, 2 TL Halbfettmargarine, 60 g Hartkäse, dazu: **Süßer Eisbergsalat** (siehe Rezept S. 224)

Zwischenmahlzeit

300 ml Milch (1,5% Fett), 1 TL Kakao, Süßstoff

Männer zusätzlich: 100 g Ananas, 100 g eßfertiges Kartoffelpüree (Fertigprodukt), 20 g Knäckebrot, am Mittag 30 g Leber

Jugendliche zusätzlich: 100 g eßfertiges Kartoffelpüree, 20 g Knäckebrot, 100 g Ananas, 200 g Dickmilch (1,5% Fett)

Samstag

Frühstück

20 g Rosinen, 20 g Haferflocken, 125 ml Milch (0,3% Fett), Getränk nach Wunsch

Mittagessen

Eier in Senfsauce (siehe Rezept S. 215), dazu: 100 g Kartoffeln, 200 g Kopfsalat, Marinade aus: 175 g Joghurt (1,5% Fett), Zitronensaft und Kräutern

Zwischenmahlzeit

100 g Kiwi, 20 kcal Fruchtnektar (kalorienarm)

Abendessen

Schweinesülze (siehe Rezept S. 142), dazu: 100 g Kartoffeln, 25 g Zwiebel, gebraten in 1 TL Öl
Dessert: 100 g Mandarinen

Zwischenmahlzeit

100 ml Milch (1,5% Fett), Zimt, Süßstoff

Männer zusätzlich: 125 ml Orangensaft (ungesüßt), 60 g Banane, 30 g Vollkornbrot, 20 g Knäckebrot, am Abend 30 g Schweinebraten

Jugendliche zusätzlich: 125 ml Orangensaft (ungesüßt), 60 g Banane 30 g Vollkornbrot, 20 g Knäckebrot, 100 g Speisequark (Magerstufe)

Sonntag

Frühstück

75 g Trauben, 30 g Camembert, 30 g Brötchen, 1 TL Butter, ½ TL Marmelade, Getränk nach Wunsch

Mittagessen

Brühe aus: 1 kleiner Brühwürfel mit 95–110 g gekochtem Hühnerfleisch, 100 g Spargel, 100 g Erbsen
Dessert: **Windbeutel mit Erdbeersauce** (siehe Rezept S. 276)

Zwischenmahlzeit

Tee-Punsch (siehe Rezept S. 286)

Abendessen

90 g geräuchertes Forellenfilet, 30 g Vollkornbrot, 1 TL Margarine, 100 g Tomaten, 50 g Gewürzgurke

Zwischenmahlzeit

100 g Joghurt (0,3% Fett), 100 g Speisequark (Magerstufe), vermengen mit Schnittlauch, 20 kcal Fruchtnektar (kalorienarm)

Männer zusätzlich: 125 g Grapefruit, 30 g Brötchen, am Mittag 15 g Hühnerfleisch, am Abend 30 g Forelle

Jugendliche zusätzlich: 125 g Grapefruit, 30 g Brötchen, 200 ml Milch (1,5% Fett)

8. Woche

Die Kartoffel hatte es in Europa sehr schwer, die ihr gebührende Anerkennung zu finden. Sie wurde von den spanischen Eroberern Südamerikas mitgebracht, und es dauerte lange, ehe man ihre Vorzüge entdeckte. Heute ist sie fester Bestandteil unserer Mahlzeiten. Kartoffeln sind gesund und leicht verdaulich. Die in ihnen enthaltenen Vitamine und Mineralstoffe sind durchaus wertvoll, und daher gehören sie auch zu einer ausgewogenen Ernährung. Die gesündeste Art der Zubereitung ist das Kochen mit der Schale, damit die Nährstoffe erhalten bleiben. Dies ist auch der Fall, wenn sie, geschält, Aufläufen und Eintöpfen beigegeben werden. Bei Salzkartoffeln gehen diese wertvollen Bestandteile in das Kochwasser über und sind daher verloren.

Der »Kartoffeleintopf« ist eine wohlschmeckende, kalorienarme Variante der unzähligen Kartoffelgerichte.

Montag

Frühstück

125 g Apfel, 20 g Cornflakes, 125 ml Milch (0,3% Fett), Getränk nach Wunsch

Mittagessen

Kartoffeleintopf (siehe Rezept S. 206)

Zwischenmahlzeit

Chinakohl mit Orangen (siehe Rezept S. 222), 125 ml Sauerkrautsaft

Abendessen

20 g Knäckebrot, 1 TL Margarine, 90–120 g Roastbeef, 200 g Tomaten, 1 TL Coktailsauce

Zwischenmahlzeit

250 ml Buttermilch (1% Fett), 100 g konservierte Ananas mit 2 EL Saft

Männer zusätzlich: 100 g Birne, 20 g Rosinen, 20 g Cornflakes, 20 g Knäckebrot, am Mittag 30 g Wurst, am Abend 30 g Roastbeef

Jugendliche zusätzlich: 100 g Birne, 20 g Rosinen, 20 g Cornflakes, 20 g Knäckebrot, 200 ml Milch (1,5% Fett)

Donnerstag

Frühstück

100 g Birne, 75 g Speisequark, Vanillearoma, Süßstoff, 30 g Vollkornbrot, 1 TL Margarine, Getränk nach Wunsch

Mittagessen

60 g gegarter Reis, gebraten in 1 TL Öl, 2 Eier verquirlen und hinzugeben, 2 TL Ketchup, 200 g Spinat, gewürzt mit 1 TL geriebenem Käse

Zwischenmahlzeit

Petersilienmilch (siehe Rezept S. 285)

Abendessen

Schweinekoteletts in japanischer Marinade (siehe Rezept S. 140), dazu: 30 g Weißbrot, 100 g konservierter Selleriesalat

Dessert: 100 g Kiwi

Zwischenmahlzeit

200 ml Dickmilch (1,5% Fett), vermengt mit 125 g kleingeschnittenem Apfel, Süßstoff, 20 kcal Dessertsauce (kalorienarm)

Männer zusätzlich: 100 g Orange, 30 g Vollkornbrot, am Abend 30 g Kotelett

Jugendliche zusätzlich: 100 g Orange, 30 g Vollkornbrot, 175 g Joghurt (1,5% Fett)

Freitag

Frühstück

100 g Mandarinen, 30 g Mischbrot, 2 TL Halbfettmargarine, 30 g Hartkäse, Getränk nach Wunsch

Mittagessen

Gegrillte Heringe (siehe Rezept S. 194), dazu: 100 g Pellkartoffeln

Zwischenmahlzeit

Obstsalat aus: 125 g Grapefruit, 62,5 g Apfel, 30 g Honig, 1 TL geraspelte Kokosnuß, 25 g Schlagsahne

Abendessen

90–120 g Putenschnitzel, gebraten in 1 TL Öl, 200 g Rotkohl, 100 g eßfertiges Kartoffelpüree (Fertigprodukt)

Zwischenmahlzeit

100 g Eisbergsalat, Marinade aus: 1 TL Öl, Essig, 100 g Speisequark (Magerstufe); 20 kcal Limonade (kalorienarm)

Männer zusätzlich: 30 g Mischbrot, 250 ml Tomatensaft, am Mittag 30 g Fisch, am Abend 30 g Putenschnitzel

Jugendliche zusätzlich: 30 g Mischbrot, 250 ml Tomatensaft, 200 ml Kefir (1,5% Fett)

Dienstag

Frühstück

60 g Banane, 1 Ei, 2 TL Halbfettmargarine, 30 g Vollkornbrot, Getränk nach Wunsch

Mittagessen

30 g Toastbrot, 1 TL Margarine, 90–120 g gegrilltes Rindersteak, überbacken mit 2 TL geriebenem Käse, Getränk nach Wunsch

Zwischenmahlzeit

100 g Birne, 175 g Joghurt (1,5% Fett), 1 TL Kakao, Süßstoff, 20 kcal Sirup (Kalorienarm)

Abendessen

Fischgulasch auf ungarische Art (siehe Rezept S. 175), dazu: 60 g zubereiteter Reis

Zwischenmahlzeit

250 ml Tomatensaft, 100 g Speisequark (Magerstufe), vermischt mit Kräutern

Männer zusätzlich: 20 g Aprikosen, 30 g Toastbrot, am Mittag 30 g Rindersteak, am Abend 30 g Fisch

Jugendliche zusätzlich: 20 g Aprikosen, 30 g Toastbrot, 250 ml Buttermilch (1% Fett)

Mittwoch

Frühstück

100 g Orange, 75 g Hüttenkäse, 20 kcal Marmelade (kalorienarm), 20 g Knäckebrot, 1 TL Margarine, Getränk nach Wunsch

Mittagessen

Geflügelleber mit Pilzen (siehe Rezept S. 167), dazu: 120 g gegarte Nudeln
Dessert: 200 ml Dickmilch (1,5% Fett), 2 TL geraspelte Kokosnuß, Süßstoff

Zwischenmahlzeit

Apfelkompott (siehe Rezept S. 264)

Abendessen

90–120 g Schweinesteak, gebraten in 1 TL Öl, 100 g Blumenkohl, 100 g grüne Bohnen

Zwischenmahlzeit

200 ml Kefir (1,5% Fett), ½ TL Honig

Männer zusätzlich: 125 g Apfel, 20 g Knäckebrot, am Mittag 30 g Leber, am Abend 30 g Schweinesteak

Jugendliche zusätzlich: 125 g Apfel, 20 g Knäckebrot, 100 g Speisequark (Magerstufe)

Samstag

Frühstück

Ananas-Aprikosen-Müsli (siehe Rezept S. 254), Getränk nach Wunsch

Mittagessen

Spaghetti mit Hackfleisch-Sauce (siehe Rezept S. 138),

Zwischenmahlzeit

100 ml Sauermilch (bis zu 1,5% Fett)

Abendessen

90–120 g gegrillter Schweinebraten, 30 g Vollkornbrot, 2 TL Halbfettmargarine, 100 g Salatgurke, 200 g Tomate, 1 TL Mayonnaise

Zwischenmahlzeit

175 g Joghurt (1,5% Fett), 20 kcal Marmelade (kalorienarm), 125 ml Orangensaft (ungesüßt)

Männer zusätzlich: 60 g Banane, 30 g Vollkornbrot, 60 g zubereitete Nudeln, am Mittag 30 g Hackfleisch, am Abend 30 g Schweinebraten

Jugendliche zusätzlich: 60 g Banane, 30 g Vollkornbrot, 60 g zubereitete Nudeln, 175 g Joghurt (1,5% Fett)

Sonntag

Frühstück

125 ml Grapefruitsaft (ungesüßt), 30 g Brötchen, 1 Ei, 1 TL Butter, Getränk nach Wunsch

Mittagessen

Schweinefilet in Biersauce (siehe Rezept S. 142), dazu: 80 g eßfertige Kartoffelklöße, 200 g Möhren, 50 g Erbsen, 100 Kohlrabi
Dessert: 60 g Banane

Zwischenmahlzeit

200 ml Milch (1,5% Fett), Zimt, Süßstoff, 10 g einfache Kekse

Abendessen

90–120 g Krabben, 30 g Vollkornbrot, 1 TL Margarine, 1 TL Cocktailsauce

Zwischenmahlzeit

Gemüse-Joghurt-Drink (siehe Rezept S. 285)

Männer zusätzlich: 50 kcal Kirschen (kalorienreduziert), 30 g Brötchen, am Mittag 30 g Schweinefilet, am Abend 30 g Krabben

Jugendliche zusätzlich: 50 kcal Kirschen (kalorienreduziert), 30 g Brötchen, 100 g Speisequark (Magerstufe)

9. Woche

Sauerkraut ist eine Variante des Weißkohls und entsteht durch die Vergärung von Milchzucker, der im Weißkohl enthalten ist. Die Milchsäure wirkt verdauungsfördernd und stoffwechselbelebend. Sauerkraut ist sehr gesund und in den Wintermonaten ein wichtiger Vitamin-C-Spender. Es hat viele Mineralien und ist außerdem kalorienarm. Wenn Sauerkraut gekocht wird, sollte man etwas rohes Kraut aufbewahren und vor dem Verzehr untermischen, damit das Gemüse vitaminreicher wird. In einigen Haushalten wird Sauerkraut noch selbst eingelegt, es schmeckt besser als Dosensauerkraut, da bei fabrikmäßiger Herstellung die Milchsäuregärung vorzeitig gestoppt und das Kraut blanchiert und pasteurisiert wird. Dadurch verliert es sehr viel Geschmack und Aroma. In dieser Woche haben wir eine etwas ungewöhnliche Zusammenstellung für Sie ausgesucht: Das Sauerkraut ist die Beilage zu »Seelachsfilet mit Äpfeln«, für alle, die gerne säuerlich-pikante Gerichte mögen.

Montag

Frühstück

20 g getrocknete Aprikosen, 20 g Rice-Crispis, 125 ml Milch (0,3% Fett), Getränk nach Wunsch

Mittagessen

Südländisches Omelette (siehe Rezept S. 217), dazu: 30 g Vollkornbrot, 1 TL Halbfettmargarine

Zwischenmahlzeit

200 ml Dickmilch (1,5% Fett), 1 TL Marmelade, 20 g Zwieback

Abendessen

Champignonsalat (siehe Rezept S. 233), dazu: 20 g Knäckebrot, 1 TL Halbfettmargarine, 60 g Edelpilzkäse, 250 ml Tomatensaft

Zwischenmahlzeit

100 g Joghurt (0,3% Fett), 1 EL Kleie, 20 kcal Fruchtnektar (kalorienarm)

Männer zusätzlich: 100 g Orange, 30 g Vollkornbrot, 20 g Knäckebrot

Jugendliche zusätzlich: 100 g Orange, 30 g Vollkornbrot, 20 g Knäckebrot, 175 g Joghurt (1,5% Fett)

Donnerstag

Frühstück

20 g getrocknete Pflaumen, 20 g Haferflocken, 200 ml Milch (1,5% Fett), ½ TL Honig, Getränk nach Wunsch

Mittagessen

Provençalische Linsensuppe (siehe Rezept S. 117), 20 kcal Mandarinennektar (kalorienarm)

Zwischenmahlzeit

Bananen-Dickmilch (siehe Rezept S. 285)

Abendessen

2 Eier, 30 g Vollkornbrot, 2 TL Halbfettmargarine, 125 ml Grapefruitsaft (ungesüßt)

Zwischenmahlzeit

200 g Tomaten, 4 Oliven, 70 g Mais (Dosenware), 100 g Paprikaschoten als Salat, Marinade aus: 2 TL Öl, Essig

Männer zusätzlich: 100 g Birne, 100 g Ananas, 20 g Haferflocken, am Mittag 60 g Linsen

Jugendliche zusätzlich: 100 g Birne, 100 g Ananas, 20 g Haferflocken, 100 g Speisequark (Magerstufe)

Freitag

Frühstück

100 g Orange, 75 g Speisequark (Magerstufe), Süßstoff, Getränk nach Wunsch

Mittagessen

90 g geräucherte Makrele, 10 g Knäckebrot, 1 TL Margarine, 200 g Kopfsalat, 20 kcal Salatsauce (kalorienarm)

Zwischenmahlzeit

Zimtkaffee (siehe Rezept S. 286), 175 g Joghurt (1,5% Fett)

Abendessen

Spargel-Schinken-Toast (siehe Rezept S. 144), dazu: 250 ml Gemüsesaft

Zwischenmahlzeit

200 ml Sauermilch (1,5% Fett), 75 g Trauben

Männer zusätzlich: 125 g Apfel, 20 g Knäckebrot, am Mittag 30 g Makrele, am Abend 30 g Schinken

Jugendliche zusätzlich: 125 g Apfel, 20 g Knäckebrot, 200 ml Milch (1,5% Fett)

Dienstag

Frühstück

125 ml Apfelsaft (ungesüßt), 20 g Knäckebrot, 30 g Schmelzkäse, 1 TL Margarine, Getränk nach Wunsch

Mittagessen

1 große (100 g) Kartoffel, in Alufolie gebacken, 150 g Speisequark (Magerstufe), 50 g feingehackte Zwiebeln, 2 TL Ketchup
Dessert: 125 g Grapefruit

Zwischenmahlzeit

Honig-Joghurt (siehe Rezept S. 260)

Abendessen

Seelachsfilet mit Äpfeln (siehe Rezept S. 175), dazu: 100 g eßfertiges Kartoffelpüree (Fertigprodukt)

Zwischenmahlzeit

250 ml Buttermilch (1% Fett), 10 g Rosinen, Süßstoff, 100 g Kopfsalat, Marinade aus: 1 TL Öl, Essig.

Männer zusätzlich: 60 g Banane, 125 ml Orangensaft (ungesüßt), 100 g Kartoffeln, am Abend 30 g Seelachs

Jugendliche zusätzlich: 60 g Banane, 125 ml Orangensaft (ungesüßt), 100 g Kartoffeln, 200 ml Milch (1,5% Fett)

Mittwoch

Frühstück

100 g Kiwi, 75 g Schichtkäse, 30 g Graubrot, 2 TL Halbfettmargarine, 2 Oliven, Getränk nach Wunsch

Mittagessen

Kalbsleber mit Salbei (siehe Rezept S. 164), dazu: 120 g gegarter Reis, 125 ml Weißwein, 50 g Erbsen, 100 g Möhren

Zwischenmahlzeit

200 g Schokoladenpudding (kalorienarm), 100 g Birne

Abendessen

90–120 g gegrilltes Schweineschnitzel, 100 g Eisbergsalat, 50 g eingelegter Kürbis, Marinade: Zitronensaft, 175 g Joghurt (1,5% Fett), 1 TL Öl, Süßstoff

Zwischenmahlzeit

100 g Fruchtcocktail (konserviert ohne Zucker) mit 2 EL Saft, 2 TL geraspelte Kokosnuß, 20 kcal Limonade (kalorienarm)

Männer zusätzlich: 125 g Grapefruit, 60 g Banane, 20 g Knäckebrot, 30 g Graubrot, am Mittag 30 g Leber, am Abend 30 g Schweineschnitzel

Jugendliche zusätzlich: 125 g Grapefruit, 60 g Banane, 20 g Knäckebrot, 30 g Graubrot, 200 ml Dickmilch (1,5% Fett)

Samstag

Frühstück

100 g Birne, 75 g Hüttenkäse, ½ TL Marmelade, 30 g Vollkornbrot, Getränk nach Wunsch

Mittagessen

Zwiebelfleisch auf Reis (siehe Rezept S. 128), dazu: 100 g Feldsalat, Marinade aus: Zitronensaft, Süßstoff

Zwischenmahlzeit

125 g Apfel, 300 ml Milch (1,5% Fett), ½ TL Honig

Abendessen

90–120 g Tatar (Beefsteakhack), 30 g Graubrot, 1 TL Margarine, 50 g Gewürzgurke, 50 g eingelegte Paprikaschoten, 1 Olive, Getränk nach Wunsch

Zwischenmahlzeit

Gurkensalat mit Minze (siehe Rezept S. 227), 125 ml Orangensaft (ungesüßt)

Männer zusätzlich: 125 ml Orangensaft (ungesüßt), 60 g zubereiteter Reis, 30 g Graubrot, am Mittag 30 g Rindfleisch, am Abend 30 g Tatar

Jugendliche zusätzlich: 125 ml Orangensaft (ungesüßt), 60 g zubereiteter Reis, 30 g Graubrot, 175 g Joghurt (1,5% Fett)

Sonntag

Frühstück

60 g gegrillte Banane mit 1 TL Kakao, 1 TL geraspelter Kokosnuß bestreuen, 30 g Brötchen, 1 TL Butter, 30 g Putenbrust, Getränk nach Wunsch

Mittagessen

Schollenfilet mit Mais (siehe Rezept S. 176), dazu: 100 g Salzkartoffeln

Zwischenmahlzeit

200 g Chicorée, 100 g Orange als Salat, Marinade aus: 1 TL Öl, 175 g Joghurt (1,5% Fett), Zitronensaft, Senf

Abendessen

45–60 g gekochtes Rindfleisch, 100 g Speisequark (Magerstufe), mit 125 g kleingeschnittenem Apfel und Meerrettich vermengt

Zwischenmahlzeit

20 kcal Apfelfruchtsaftgetränk (kalorienarm), 100 g Möhren in Brühe aus 1 kleinen Brühwürfel gegart

Männer zusätzlich: 125 g Apfel, 30 g Brötchen, 100 g Kartoffeln, am Mittag 30 g Scholle, am Abend 15 g Rindfleisch

Jugendliche zusätzlich: 125 g Apfel, 30 g Brötchen, 100 g Kartoffeln, 200 ml Milch (1,5% Fett)

10. Woche

Über die Entstehung des Karnevals oder Faschings sind sich die Geschichtsforscher noch nicht ganz klar. Er könnte heidnischen Ursprungs sein und die Austreibung böser Geister bezweckt haben oder im Christentum verankert sein, um den Gläubigen vor der langen Fastenzeit noch einmal Gelegenheit zu geben, mit fröhlicher Ausgelassenheit zu feiern. Das Brauchtum des Karnevals blickt auf eine lange Tradition zurück und wird je nach Gegend anders gefeiert. Die ursprünglichen Volks- und Straßenfeste wurden zum Teil aus geschichtlich-politischen Gründen, z. B. während der napoleonischen Besetzung in Säle verlegt, und die dort gehaltenen Büttenreden waren trotz ihrer närrischen Darbietung versteckt geäußerter Widerstand gegen die französischen Eindringlinge.
Der Karneval beeinflußte auch das Essen. Es entstanden Spezialitäten, wie z. B. Faschingskrapfen oder -waffeln, die man dem auf der Straße feiernden Volk zum Verzehr anbot.

Montag

Frühstück

125 ml Orangensaft (ungesüßt), 75 g Speisequark (Magerstufe), 20 g Vollkornbrot, 20 kcal Marmelade (kalorienarm), Getränk nach Wunsch

Mittagessen

75–90 g Rinderhack (Rohgewicht) mit ½ Ei und 25 g Zwiebeln vermengen, als Frikadellen grillen, 200 g Blumenkohl
Dessert: **Faschingswaffeln** (siehe Rezept S. 275)

Zwischenmahlzeit

175 g Joghurt (1,5% Fett), 1 TL Kakao, ½ TL Kaffeepulver, ½ TL geraspelte Kokosnuß, 50 g Ananas (konserviert ohne Zucker) mit 1 EL Saft

Abendessen

Bunter Wurstsalat (siehe Rezept S. 234), dazu: 30 g Brötchen, Dessert: 75 g Speisequark (Magerstufe), ½ TL geraspelte Kokosnuß

Zwischenmahlzeit

Rosenmontagsräder (siehe Rezept S. 119), dazu: 125 ml Apfelwein

Männer zusätzlich: 125 ml Orangensaft (ungesüßt), 100 g Birne, 30 g Vollkornbrot, 30 g Brötchen, am Mittag 15 g Rinderhack, am Abend 30 g gekochter Schinken

Jugendliche zusätzlich: 125 ml Orangensaft (ungesüßt), 100 g Birne, 30 g Vollkornbrot, 30 g Brötchen, 175 g Joghurt (1,5% Fett)

Donnerstag

Frühstück

125 g Grapefruit, 20 kcal Marmelade (kalorienarm), 20 g Bran Buds, 100 ml Milch (1,5% Fett), Getränk nach Wunsch

Mittagessen

90–120 g gegrillte Schweineleber, 30 g Mischbrot, 2 TL Halbfettmargarine, 100 g Kopfsalat, 50 g Paprikaschote, 100 g Tomate, 2 Oliven als Salat, Marinade aus: 1 TL Öl, Essig

Zwischenmahlzeit

20 g Zwieback, 100 g Speisequark (Magerstufe), Vanillearoma, Süßstoff, 100 g Birne, 1 TL geraspelte Kokosnuß

Abendessen

Fischrouladen (siehe Rezept S. 181), dazu: 100 g eßfertiges Kartoffelpüree

Zwischenmahlzeit

100 ml Milch (1,5% Fett), 125 g Apfel

Männer zusätzlich: 125 ml Apfelsaft (ungesüßt), 30 g Mischbrot, 100 g eßfertiges Kartoffelpüree (Fertigprodukt), am Mittag 30 g Leber, am Abend 30 g Goldbarschfilet

Jugendliche zusätzlich: 125 ml Apfelsaft (ungesüßt), 30 g Mischbrot, 100 g eßfertiges Kartoffelpüree (Fertigprodukt), 250 ml Buttermilch (1% Fett)

Freitag

Frühstück

20 g getrocknete Feigen, 75 g Hüttenkäse, Süßstoff, 20 g Knäckebrot, Getränk nach Wunsch

Mittagessen

90–120 g Thunfisch (konserviert in Wasser), 70 g Mais (Dosenware), 50 g Zwiebeln, 1 TL Mayonnaise (80% Fett), 100 g Joghurt (0,3% Fett), Essig, als Salat
Dessert: 100 g Orange

Zwischenmahlzeit

Exotische Bananen (siehe Rezept S. 264), 20 kcal Fruchtnektar (kalorienarm)

Abendessen

90–120 g Putenbrust, in 1 TL Öl gebraten, 1 TL Relish, 100 g Bohnen, 50 g Schwarzwurzeln, 100 g Salzkartoffeln
Dessert: 200 ml Kefir (1,5% Fett) ½ TL Honig

Zwischenmahlzeit

Sportlerdrink (siehe Rezept S. 284)

Männer zusätzlich: 60 g Banane, 100 g Orange, 20 g Knäckebrot, 100 g Kartoffeln, am Mittag 30 g Thunfisch, am Abend 30 g Putenbrust

Jugendliche zusätzlich: 60 g Banane, 100 g Orange, 20 g Knäckebrot, 100 g Kartoffeln, 175 g Joghurt (1,5% Fett)

Dienstag

Frühstück

20 g getrocknete Aprikosen, 20 g Grieß, 200 ml Milch (1,5% Fett), ½ TL brauner Zucker zum Bestreuen, Getränk nach Wunsch

Mittagessen

Matjesröllchen (siehe Rezept S. 120) dazu: 30 g Weißbrot, 1 TL Butter
Dessert: 200 g Vanillepudding (kalorienarm), 50 g Mandarine

Zwischenmahlzeit

20 g Zwieback, 2 TL Halbfettmargarine, 20 kcal Marmelade (kalorienarm)

Abendessen

90–120 g Kalbskotelett (ohne Knochen), in 1 TL Öl gebraten, 100 g Sellerie, 100 g Porree, 100 g Möhren, 100 g Salzkartoffeln, 2 TL Steaksauce

Zwischenmahlzeit

250 ml Tomatensaft

Männer zusätzlich: 125 g Grapefruit, 100 g Orange, 20 g Zwieback, 100 g Kartoffeln, am Mittag 30 g Matjesfilet, am Abend 30 g Kalbfleisch

Jugendliche zusätzlich: 125 g Grapefruit, 100 g Orange, 20 g Zwieback, 100 g Kartoffeln, 100 g Speisequark (Magerstufe)

Mittwoch

Frühstück

125 ml Orangensaft (ungesüßt), 30 g Vollkornbrot, 2 TL Halbfettmargarine, 30 g Camembert, Getränk nach Wunsch

Mittagessen

Gelbes Huhn (siehe Rezept S. 159), dazu: 60 g gegarter Reis

Zwischenmahlzeit

Himbeertraum (siehe Rezept S. 260)

Abendessen

200 kcal fettreduzierter Käse, 20 g Knäckebrot, 1 TL Margarine, 200 g Tomaten, 125 ml Sauerkrautsaft

Zwischenmahlzeit

20 kcal Pfirsichnektar (kalorienarm), 200 ml Dickmilch (1,5% Fett), ½ TL Marmelade

Männer zusätzlich: 125 g Apfel, 30 g Vollkornbrot, 60 g gegarter Reis, am Mittag 30 g Hühnerfleisch

Jugendliche zusätzlich: 125 g Apfel, 30 g Vollkornbrot, 60 g gegarter Reis, 200 g Schokoladenpudding (kalorienarm), 200 ml Milch (1,5% Fett)

Samstag

Frühstück

250 ml Tomatensaft, 30 g Vollkornbrot, 30 g Hartkäse, 2 TL Halbfettmargarine, Getränk nach Wunsch

Mittagessen

Eier im Spinatbeet (siehe Rezept S. 208), dazu: 100 g Kartoffeln,

Zwischenmahlzeit

100 g Fruchtcocktail (konserviert ohne Zucker) mit 2 EL Saft

Abendessen

90–120 g gegrilltes Rindersteak, 30 g Mischbrot, 1 TL Margarine, **Rohkost** (siehe Rezept S. 225)
Dessert: 175 g Joghurt (1,5% Fett), 20 kcal Marmelade (kalorienarm)

Zwischenmahlzeit

100 g Speisequark (Magerstufe), 1 TL Kakao, Süßstoff

Männer zusätzlich: 100 g Kiwi, 30 g Vollkornbrot, 100 g Kartoffeln, am Abend 30 g Rindersteak

Jugendliche zusätzlich: 100 g Kiwi, 30 g Vollkornbrot, 100 g Kartoffeln, 250 ml Milch (0,3% Fett), 200 ml Kefir (1,5% Fett)

Sonntag

Frühstück

125 ml Apfelsaft (ungesüßt), 1 Ei, 30 g Mohnbrötchen, 1 TL Butter, Getränk nach Wunsch

Mittagessen

90–120 g Wild, ohne Fett zubereitet, 200 g Rotkohl, 80 g eßfertige Kartoffelklöße (Fertigprodukt), 100 g Birne, in Wasser und Süßstoff gedünstet, 20 kcal Marmelade (kalorienarm), 125 ml Rotwein

Zwischenmahlzeit

Schokokugeln (siehe Rezept S. 282)

Abendessen

Süßsaurer Fleischsalat (siehe Rezept S. 235)
Dessert: 100 g Kiwi, 200 ml Dickmilch (1,5% Fett)

Zwischenmahlzeit

200 ml Milch (1,5% Fett), ½ TL Honig

Männer zusätzlich: 125 g Grapefruit, 125 g Apfel, 80 g eßfertige Kartoffelklöße, am Mittag 30 g Wild, am Abend 30 g Rindfleisch

Jugendliche zusätzlich: 125 g Grapefruit, 125 g Apfel, 80 g eßfertige Kartoffelklöße, 100 g Speisequark (Magerstufe), statt Rotwein 30 g Früchte

11. Woche

Oliven sind die kugeligen oder eiförmigen Früchte des Öl- oder Olivenbaums, der in Europa in den Mittelmeerländern kultiviert wird. Es gibt sie in den Farben Grün, Schwarz und Violett. Der Geschmack der reifen Olive ist etwas herb und leicht bitter. Die Früchte werden in Essig oder Salzwasser konserviert. Sie kommen in Gläsern oder Klarsichtbeuteln in den Handel, mit oder ohne Kern, ungefüllt oder gefüllt mit Paprika, Mandeln, Sardellen oder Zwiebeln. Man verwendet sie als Garnitur, in Salaten und Füllungen (z. B. Hackfleisch) und kleingehackt in Saucen oder, wie bei unserem Montagsvorschlag, in einem Cocktail.
Es ist in einigen Ländern auch üblich, Oliven als Vorspeise anzubieten, z. B. in Restaurants zur Überbrückung der Wartezeit, bis das bestellte Essen kommt.

Montag

Frühstück

Buttermilchsuppe (siehe Rezept S. 116), Getränk nach Wunsch

Mittagessen

90–120 g Schweineschnitzel, in 1 TL Öl gebraten, 100 g Blumenkohl, 100 g Erbsen, 100 g Möhren, 100 g Kartoffeln, Getränk nach Wunsch

Zwischenmahlzeit

125 ml Grapefruitsaft (ungesüßt)

Abendessen

60 g Camembert, 60 g Vollkornbrot, 2 TL Margarine, 100 g Tomaten, 250 ml Tomatensaft

Zwischenmahlzeit

Olivencocktail (siehe Rezept S. 285), 20 kcal Fruchtnektar (kalorienarm)

Männer zusätzlich: 100 g Orange, 100 g Kartoffeln, am Mittag 30 g Schweineschnitzel

Jugendliche zusätzlich: 100 g Orange, 100 g Kartoffeln, 100 g Speisequark (Magerstufe)

Donnerstag

Frühstück

100 g Kiwi, 30 g Vollkonrbrot, 30 g Hartkäse, 2 TL Halbfettmargarine, Getränk nach Wunsch

Mittagessen

Orientalischer Lebertopf (siehe Rezept S. 168), dazu: 60 g gegarter Reis

Zwischenmahlzeit

20 g Zwieback, 1 TL Margarine, 1 TL Marmelade, 80 ml Traubensaft (ungesüßt)

Abendessen

90–120 g gekochtes Lammfleisch, 200 g Kopfsalat, Marinade aus: 175 g Joghurt (1,5% Fett), Kräutern

Zwischenmahlzeit

100 g Birne, 200 ml Kefir (1,5% Fett), 1 EL Weizenkleie, 20 kcal Konfitüre (kalorienarm)

Männer zusätzlich: 100 g Orange, 60 g Banane, 60 g zubereiteter Reis, 30 g Vollkornbrot, am Mittag 30 g Leber, am Abend 30 g Lammfleisch

Jugendliche zusätzlich: 100 g Orange, 60 g Banane, 60 g zubereiteter Reis, 30 g Vollkornbrot, 200 ml Milch (1,5% Fett)

Freitag

Frühstück

250 ml Tomatensaft, 1 Ei, 30 g Brötchen, 1 TL Halbfettbutter, Getränk nach Wunsch

Mittagessen

90–120 g gedünstetes Kabeljaufilet, 100 g eßfertiges Kartoffelpüree (Fertigprodukt), dazu: **Roter Salat** (siehe Rezept S. 225)
Dessert: 200 ml Dickmilch (1,5% Fett)

Zwischenmahlzeit

Ananas mit Haube (siehe Rezept S. 263)

Abendessen

90 g geräucherte Zunge, 20 g Knäckebrot, 1 TL Halbfettmargarine, 100 g Tomaten, 20 kcal Salatsauce (kalorienarm)

Zwischenmahlzeit

200 ml Milch (1,5% Fett), Süßstoff, Zimt

Männer zusätzlich: 100 g Birne, 100 g eßfertiges Kartoffelpüree (Fertigprodukt), 20 g Knäckebrot, am Mittag 30 g Kabeljaufilet, am Abend 30 g Zunge

Jugendliche zusätzlich: 100 g Birne, 100 g eßfertiges Kartoffelpüree (Fertigprodukt), 20 g Knäckebrot, 100 g Speisequark (Magerstufe)

Dienstag

Frühstück

60 g Banane, 30 g Roastbeef, 30 g Weißbrot, 1 TL Margarine, Getränk nach Wunsch

Mittagessen

90–120 g Bismarckhering, 100 g Pellkartoffeln, 100 g Gewürzgurke
Dessert: 75 g Trauben

Zwischenmahlzeit

125 g gefrorene Erdbeeren, 25 g Magermilchpulver, mit Zitronensaft und Süßstoff zu Eiscreme geschlagen

Abendessen

Eiersalat »Hongkong« (siehe Rezept S. 235), dazu: 20 g Knäckebrot, 20 kcal Fruchtnecktar (kalorienarm)

Zwischenmahlzeit

200 ml Dickmilch (1,5% Fett), 1 TL Honig, 1 TL geraspelte Kokosnuß

Männer zusätzlich: 125 g Apfel, 125 g Grapefruit, 100 g Pellkartoffeln, 20 g Knäckebrot, am Mittag 30 g Bismarckhering

Jugendliche zusätzlich: 125 g Apfel, 125 g Grapefruit, 100 g Pellkartoffeln, 20 g Knäckebrot, 200 ml Milch (1,5% Fett), 200 g Vanillepudding (kalorienarm)

Mittwoch

Frühstück

20 g Rosinen, 20 g Haferflocken, 200 ml Milch (1,5% Fett), 1 TL Weizenkeime, Getränk nach Wunsch

Mittagessen

Bohneneintopf (siehe Rezept S. 205)

Zwischenmahlzeit

200 g Schokoladenpudding (kalorienarm), 125 ml Orangensaft (ungesüßt)

Abendessen

60 g Vollkornbrot, 1 TL Margarine, 150 g Speisequark (Magerstufe), 2 TL Barbecuesauce, 200 g Eisbergsalat, Marinade aus: 2 TL Öl, Essig

Zwischenmahlzeit

125 g Apfel

Männer zusätzlich: 20 g Rosinen, 125 ml Apfelsaft (ungesüßt), 100 g Kartoffeln, am Mittag 30 g Rindfleisch

Jugendliche zusätzlich: 20 g Rosinen, 125 ml Apfelsaft (ungesüßt), 100 g Kartoffeln, 175 g Joghurt (1,5% Fett)

Samstag

Frühstück

20 g getrocknete Aprikosen, 75 g Hüttenkäse, 1 TL Kakao, 20 g Knäckebrot, 1 TL Margarine, 20 kcal Konfitüre (kalorienarm), Getränk nach Wunsch

Mittagessen

90–120 g aufgeschnittener Schweinebraten, 100 g Kartoffeln, 200 g Rotkohl, 100 g Rosenkohl

Zwischenmahlzeit

100 g Speisequark (Magerstufe), 125 g Himbeeren (Tiefkühlware), Süßstoff

Abendessen

Krabbencocktail (siehe Rezept S. 241), dazu: 30 g Weißbrot, 1 TL Butter, 125 ml Weißwein

Zwischenmahlzeit

100 g Orange

Männer zusätzlich: 125 g Himbeeren, 100 g Kartoffeln, 30 g Weißbrot, am Mittag 30 g Schweinebraten, am Abend 30 g Krabben

Jugendliche zusätzlich: 125 g Himbeeren, 100 g Kartoffeln, 30 g Weißbrot, 200 ml Dickmilch (1,5% Fett)

Sonntag

Frühstück

100 g Mandarine, 75 g Schichtkäse, 1 TL Margarine, 30 g Graubrot, Getränk nach Wunsch

Mittagessen

95–110 g gekochtes Kalbfleisch, 100 g Spargel (Dosenware), 100 g Möhren, in Brühe von 1 kleinen Brühwürfel gegart
Dessert: **Orangen-Crêpes** (siehe Rezept S. 267)

Zwischenmahlzeit

175 g Joghurt (1,5% Fett), 1 TL Kakao, Süßstoff

Abendessen

30 g Vollkornbrot, 2 TL Margarine, 60 g Hartkäse, 50 g Radieschen, 125 ml Gemüsesaft

Zwischenmahlzeit

150 ml Sauermilch (1,5% Fett), 125 g Grapefruit

Männer zusätzlich: 125 g Grapefruit, 30 g Graubrot, 30 g Vollkornbrot, am Mittag 15 g Kalbfleisch

Jugendliche zusätzlich: 125 g Grapefruit, 30 g Graubrot, 30 g Vollkornbrot, 200 g Vanillepudding (kalorienarm)

12. Woche

Sahne ist nicht gerade kalorienarm, enthält aber – wie alle Milchprodukte – hochwertiges Eiweiß mit allen lebenswichtigen Aminosäuren. Außerdem finden sich in der Sahne reichlich Mineralstoffe, wie Kalzium und Phosphor, und die fettlöslichen Vitamine A und D. Die drei bekanntesten Sorten sind: Saure Sahne, süße oder Schlagsahne und Crème fraîche. Saure Sahne hat einen Fettgehalt von mindestens 10–35 Prozent. Sie ist durch spezielle Milchsäurebakterien gesäuert. Unter Hitzeeinwirkung gerinnt das Milcheiweiß, und die Sahne flockt aus, was weniger dem Geschmack als dem Aussehen schadet.

Schlagsahne wird hauptsächlich für Kuchen und Süßspeisen verwendet. Achten Sie darauf, daß sie vor dem Schlagen eiskalt ist, sonst wird sie nicht steif.

Crème fraîche kommt ursprünglich aus Frankreich. Inzwischen gibt es sie auch von deutschen Herstellern. Sie ist mild, kaum sauer und eignet sich vorzüglich zum Binden feiner Saucen, wie z. B. bei »Züricher Sahne-Geschnetzeltes«.

Montag

Frühstück

125 g Apfel, 20 g Grieß, 200 ml Milch (1,5% Fett), Getränk nach Wunsch

Mittagessen

Gemüse-Allerlei (siehe Rezept S. 197), dazu: 90 g Brühwürstchen

Zwischenmahlzeit

60 g Banane, 20 g Knäckebrot, 1 TL Margarine, ½ TL Honig, 20 kcal Limonade (kalorienarm)

Abendessen

90–120 g Rinderhack, in 1 TL Öl gebraten, 100 g Tomaten (Dosenware), 60 g zubereitete Nudeln, 1 TL geriebener Käse

Zwischenmahlzeit

125 ml Orangensaft (ungesüßt), 100 g Speisequark (Magerstufe)

Männer zusätzlich: 80 ml Traubensaft (ungesüßt), 60 g Banane, 20 g Knäckebrot, 60 g zubereitete Nudeln, am Mittag 30 g Würstchen, am Abend 30 g Rinderhack

Jugendliche zusätzlich: 80 ml Traubensaft (ungesüßt), 60 g Banane, 20 g Knäckebrot, 60 g zubereitete Nudeln, 250 ml Milch (0,3% Fett)

Donnerstag

Frühstück

100 g Orange, 1 Ei, 1 TL Butter, 30 g Vollkornbrot, Getränk nach Wunsch

Mittagessen

95–110 g gedünstetes Kabeljaufilet, 100 g Möhren, 100 g Erbsen, 100 g Blumenkohl
Dessert: **Apfelpfannkuchen** (siehe Rezept S. 267); 20 kcal Fruchtnektar (kalorienarm)

Zwischenmahlzeit

125 ml Buttermilch (1% Fett), 100 g Fruchtcocktail (konserviert ohne Zucker) mit 2 EL Saft

Abendessen

90–120 g enthäutete Hühnerbrust, ohne Fett zubereitet, 30 g Weißbrot, 1 TL Margarine, 100 g Rettich, 100 g Tomaten

Zwischenmahlzeit

125 g Apfel, 200 ml Milch (1,5% Fett)

Männer zusätzlich: 125 g Grapefruit, 30 g Vollkornbrot, 30 g Weißbrot, am Mittag 15 g Kabeljaufilet, am Abend 30 g Hühnerfleisch

Jugendliche zusätzlich: 125 g Grapefruit, 30 g Vollkornbrot, 30 g Weißbrot, 175 g Joghurt (1,5% Fett)

Freitag

Frühstück

100 g Kiwi, 75 g Hüttenkäse, Süßstoff, Getränk nach Wunsch

Mittagessen

90–120 g Schweineschnitzel, in 1 TL Öl gebraten, 200 g Sauerkraut, 100 g eßfertiges Kartoffelpüree (Fertigprodukt)

Zwischenmahlzeit

175 g Joghurt (1,5% Fett), 1 TL Kakao, 1 TL geraspelte Kokosnuß, Süßstoff, Rumaroma

Abendessen

Geflügelleberpastete (siehe Rezept S. 120), dazu: 30 g Weißbrot, 2 TL Margarine

Zwischenmahlzeit

100 g Speisequark (Magerstufe), 20 g getrocknete Aprikosen, 20 kcal Limonade (kalorienarm)

Männer zusätzlich: 125 ml Orangensaft (ungesüßt), 125 ml Grapefruit, 20 g Knäckebrot, 30 g Weißbrot, am Mittag 30 g Schweineschnitzel, am Abend 30 g Leber

Jugendliche zusätzlich: 125 ml Orangensaft (ungesüßt), 125 g Grapefruit, 20 g Knäckebrot, 30 g Weißbrot, 175 g Joghurt (1,5% Fett)

Dienstag

Frühstück

80 ml Traubensaft (ungesüßt), 30 g Brie-Käse, 30 g Vollkornbrot, 1 TL Margarine, Getränk nach Wunsch

Mittagessen

Schellfisch in bunter Remouladensauce (siehe Rezept S. 181), dazu: 100 g Pellkartoffeln

Zwischenmahlzeit

200 ml Dickmilch (1,5% Fett), 1 TL Kakao, Süßstoff, 20 g Rosinen, 1 TL geraspelte Kokosnuß

Abendessen

45–60 g Tatar (Beefsteakhack), 1 hartgekochtes Ei, 30 g Vollkornbrot, 1 TL Margarine, 2 Oliven, 100 g Salatgurke, 20 kcal Salatsauce (kalorienarm)

Zwischenmahlzeit

Teufelsdrink (siehe Rezept S. 284)

Männer zusätzlich: 125 g Apfel, 30 g Vollkornbrot, 100 g Kartoffeln, am Mittag 30 g Schellfisch, am Abend 15 g Tatar

Jugendliche zusätzlich: 125 g Apfel, 30 g Vollkornbrot, 100 g Kartoffeln, 200 ml Sauermilch (1,5% Fett), 200 g Joghurt (0,3% Fett)

Mittwoch

Frühstück

Früchte-Müsli (siehe Rezept S. 254), Getränk nach Wunsch

Mittagessen

90–120 g Rindersteak, in 1 TL Öl gebraten, 100 g Rosenkohl, 100 g grüne Bohnen, 100 g mit Petersilie bestreute Salzkartoffeln

Zwischenmahlzeit

200 ml Milch (1,5% Fett), 1 ½ TL Gelatine, Vanillearoma, Süßstoff, als Pudding

Abendessen

Käsesalat (siehe Rezept S. 244)

Zwischenmahlzeit

125 ml Grapefruitsaft (ungesüßt), 100 g Joghurt (0,3% Fett)

Männer zusätzlich: 100 g Ananas, 100 g Orange, 100 g Kartoffeln, 30 g Vollkornbrot, am Mittag 30 g Rindersteak

Jugendliche zusätzlich: 100 g Ananas, 100 g Orange, 100 g Kartoffeln, 30 g Vollkornbrot, 100 g Speisequark (Magerstufe), 200 ml Milch (1,5% Fett)

Samstag

Frühstück

250 ml Tomatensaft, 30 g Roastbeef, 30 g Vollkornbrot, 1 TL Margarine, 1 TL Cocktailsauce, Getränk nach Wunsch

Mittagessen

Züricher Sahne-Geschnetzeltes (siehe Rezept S. 148), dazu: 60 g zubereitete Nudeln, 100 g Blumenkohl, 1 TL geriebenen Käse

Zwischenmahlzeit

60 g Banane, 200 ml Milch (1,5% Fett), Vanillearoma, als Milchshake

Abendessen

1 Ei, 30 g Schmelzkäse, 20 g Knäckebrot, 1 TL Margarine, 200 g Kopfsalat, Marinade aus: 175 g Joghurt (1,5% Fett), Zitronensaft, Süßstoff

Zwischenmahlzeit

125 ml Apfelsaft (ungesüßt)

Männer zusätzlich: 100 g Orange, 60 g zubereitete Nudeln, 20 g Knäckebrot, am Mittag 30 g Kalbsschnitzel

Jugendliche zusätzlich: 100 g Orange, 60 g zubereitete Nudeln, 20 g Knäckebrot, 250 ml Milch (0,3% Fett)

Sonntag

Frühstück

125 ml Orangensaft (ungesüßt), 30 g Edelpilzkäse, 30 g Brötchen, 1 TL Butter, Getränk nach Wunsch

Mittagessen

Chinesischer Rotbarsch (siehe Rezept S. 183), dazu: 60 g zubereiteter Reis
Dessert: 100 g Ananas (konserviert ohne Zucker) mit 2 EL Saft, 200 ml Dickmilch (1,5% Fett)

Zwischenmahlzeit

20 g einfache Kekse

Abendessen

150 g Speisequark (Magerstufe), vermengt mit Kräutern, 50 g Kartoffeln, in Alufolie gebacken, 100 g Eisbergsalat, 100 g Tomaten, Marinade aus: 1 TL Öl, Essig

Zwischenmahlzeit

250 ml Gemüsesaft, 175 g Joghurt (1,5% Fett), 20 kcal Marmelade (kalorienarm)

Männer zusätzlich: 100 g Kiwi, 60 g Banane, 60 g zubereiteter Reis, am Mittag 30 g Rotbarschfilet

Jugendliche zusätzlich: 100 g Kiwi, 60 g Banane, 60 g zubereiteter Reis, 200 g Vanillepudding (kalorienarm)

13. Woche

»Ein Hauch genügt«, so wird der Gebrauch von Knoblauch in vielen lukullischen Beiträgen gefordert. Jedoch nur ein geringer Prozentsatz hält sich noch an den »Hauch«. Man fügt dem Braten eine Knoblauchzehe hinzu, die hinterher aber wieder entfernt wird, oder man reibt eine Salatschüssel mit der Schnittfläche einer Zehe aus. Inzwischen stehen sich zwei erbitterte Lager gegenüber: Die Knoblauchfans und die Knoblauchgegner.
Die letzteren stören sich vor allen Dingen an dem durchdringenden scharfen Geruch.
Aber Knoblauch ist gesund und gibt vielen Gerichten den letzten Pfiff. Seine ätherischen Schwefelöle helfen, den Körper zu entgiften, verbessern dessen Durchblutung und halten Stoffwechsel und Kreislauf intakt. Durch die vielen italienischen, spanischen und griechischen Restaurants und nicht zuletzt auch durch die deutschen Urlauber, die ihre Ferien in diesen Ländern verbringen, hat der Knoblauch inzwischen auch in unseren Gefilden seinen Siegeszug angetreten.
Wir stellen Ihnen in dieser Woche ein italienisches Rezept – »Spaghetti Calamari« – vor, das durch das Hinzufügen von Knoblauch erst den typischen »südlichen« Geschmack erhält.

Montag

Frühstück

125 g Grapefruit, ½ TL Zucker, 20 g Cornflakes, 200 ml Milch (1,5% Fett), Getränk nach Wunsch

Mittagessen

Spaghetti Calamari (siehe Rezept S. 194)

Zwischenmahlzeit

200 ml Dickmilch (1,5% Fett), 1 TL Kakao, 20 g Rosinen, Rumaroma, Süßstoff, 20 kcal Limonade (kalorienarm)

Abendessen

200 kcal Käse (kalorienarm), 30 g Vollkornbrot, 2 TL Halbfettmargarine, 2 TL Barbecuesauce
Dessert: 125 g Apfel

Zwischenmahlzeit

100 Gurke, Marinade aus: 1 TL Öl, Zitronensaft, Süßstoff, Schnittlauch

Männer zusätzlich: 60 g Banane, 125 g Apfel, 20 g Cornflakes, 30 g Vollkornbrot, am Mittag 30 g Tintenfisch

Jugendliche zusätzlich: 60 g Banane, 125 g Apfel, 20 g Cornflakes, 30 g Vollkornbrot, 250 ml Buttermilch (1% Fett)

Donnerstag

Frühstück

125 g Apfel, 20 g Haferflocken, 200 ml Milch (1,5% Fett), Getränk nach Wunsch

Mittagessen

90–120 g Leber, in 1 TL Öl gebraten, 200 g Sauerkraut, 100 g eßfertiges Kartoffelpüree (Fertigprodukt)

Zwischenmahlzeit

20 g Zwieback, 1 TL Margarine, ½ TL Honig, ½ TL Marmelade, 20 kcal Fruchtnektar (kalorienarm)

Abendessen

Fisch in Tomatenaspik (siehe Rezept S. 122), dazu: 30 g Vollkornbrot, 1 TL Margarine

Zwischenmahlzeit

125 g Grapefruit, 200 ml Kefir (1,5% Fett), 50 g Fruchtcocktail (konserviert ohne Zucker) mit 1 EL Saft

Männer zusätzlich: 100 g Orange, 125 g Apfel, 20 g Haferflocken, 30 g Vollkornbrot, am Mittag 30 g Leber, am Abend 30 g Fisch

Jugendliche zusätzlich: 100 g Orange, 125 g Apfel, 20 g Haferflocken, 30 g Vollkornbrot, 200 g Schokoladenpudding (kalorienarm)

Freitag

Frühstück

125 ml Orangensaft (ungesüßt), 20 g Knäckebrot, 1 TL Margarine, 30 g Schmelzkäse, Getränk nach Wunsch

Mittagessen

Frankfurter Gemüsepfanne (siehe Rezept S. 202)

Zwischenmahlzeit

175 g Joghurt (1,5% Fett), ½ TL Marmelade

Abendessen

90–120 g Bismarckhering, 100 g Pellkartoffeln, 1 TL Butter, 100 g Kopfsalat, 1 ½ EL Salatdressing

Zwischenmahlzeit

60 g Banane, ½ TL Honig, 200 ml Milch (1,5% Fett) als Milchmix-Getränk

Männer zusätzlich: 125 ml Apfelsaft (ungesüßt), 100 g Birne, 20 g Knäckebrot, 100 g Pellkartoffeln, am Mittag 30 g Wurst, am Abend 30 g Bismarckhering

Jugendliche zusätzlich: 125 ml Apfelsaft (ungesüßt), 100 g Birne, 20 g Knäckebrot, 100 g Pellkartoffeln, 200 ml Milch (1,5% Fett)

Dienstag

Frühstück

60 g Banane, 30 g Vollkornbrot, 1 TL Margarine, 30 g Roastbeef, 1 TL Meerrettich, Getränk nach Wunsch

Mittagessen

90–120 g Schweinebraten, ohne Fett zubereitet, 200 g Feldsalat, Marinade aus: 2 TL Öl, Essig
Dessert: 200 g Vanillepudding (kalorienarm), 20 kcal Dessertsauce (kalorienarm)

Zwischenmahlzeit

175 ml Buttermilch (1% Fett), 125 ml Orangensaft (ungesüßt) als Milchmixgetränk

Abendessen

Apfel-Käse-Mousse (siehe Rezept S. 262)

Zwischenmahlzeit

100 g Erbsen, 100 g Möhren, in Brühe aus 1 kleinen Brühwürfel gegart

Männer zusätzlich: 100 g Orange, 100 Birne, 30 g Vollkornbrot, 20 g Knäckebrot, am Mittag 30 g Schweinebraten.

Jugendliche zusätzlich: 100 g Orange, 100 g Birne, 20 g Vollkornbrot, 20 g Knäckebrot, 100 g Speisequark (Magerstufe)

Mittwoch

Frühstück

20 g getrocknete Aprikosen, 75 g Speisequark (Magerstufe), 20 g Vollkornknäckebrot, 1 TL Margarine, 20 kcal Marmelade (kalorienarm), Getränk nach Wunsch

Mittagessen

90–120 g gegrilltes Kalbskotelett (Gewicht ohne Knochen), 200 g Rotkohl
Dessert: 100 g Orange

Zwischenmahlzeit

Ananas-Kokosnuß-Plätzchen (siehe Rezept S. 281)

Abendessen

2 Eier, 30 g Vollkornbrot, 1 TL Butter, 100 g Tomate, 50 g Gewürzgurke
Dessert: 125 ml Milch (0,3% Fett), 1 TL Kakao

Zwischenmahlzeit

Frühlingssalat (siehe Rezept S. 223) mit **Joghurt-Tomaten-Dressing** (siehe Rezept S. 247), dazu: 125 ml Gemüsesaft

Männer zusätzlich: 125 g Grapefruit, 20 g Knäckebrot, 100 g Kartoffeln, am Mittag 30 g Kalbskotelett

Jugendliche zusätzlich: 125 g Grapefruit, 20 g Knäckebrot, 100 g Kartoffeln, 175 g Joghurt (1,5% Fett)

Samstag

Frühstück

80 ml Traubensaft (ungesüßt), 1 Ei, 1 TL Butter, 30 g Vollkornbrot, ½ TL Honig, Getränk nach Wunsch

Mittagessen

90–120 g Hähnchenschnitzel, in 1 TL Öl gebraten, 100 g Chicorée, Marinade aus: 175 g Joghurt (1,5% Fett), Zitronensaft, Süßstoff

Zwischenmahlzeit

125 g Himbeeren (Tiefkühlware), 25 g Schlagsahne, ½ TL Zucker

Abendessen

30 g Brötchen, 60 g Hartkäse, 1 TL Halbfettmargarine, dazu: **Tomaten mit Kartoffelberg** (siehe Rezept S. 199), 250 ml Tomatensaft

Zwischenmahlzeit

175 ml Dickmilch (1,5% Fett), 1 EL Weizenkleie

Männer zusätzlich: 125 g Himbeeren, 30 g Vollkornbrot, 30 g Brötchen, am Mittag 30 g Hähnchen

Jugendliche zusätzlich: 125 g Himbeeren, 30 g Vollkornbrot, 30 g Brötchen, 200 ml Dickmilch (1,5% Fett), 100 g Speisequark (Magerstufe)

Sonntag

Frühstück

100 g Birne, 75 g Hüttenkäse, ½ TL Marmelade, 20 g Knäckebrot, 1 TL Margarine, Getränk nach Wunsch

Mittagessen

Schweinekotelett in Aprikosensauce (siehe Rezept S. 140), dazu: 60 g zubereiteter Reis, 100 g Feldsalat, Marinade aus: 1 TL Öl, Essig, 25 g Zwiebeln

Zwischenmahlzeit

125 ml Orangensaft (ungesüßt), 200 ml Dickmilch (1,5% Fett)

Abendessen

1 hartgekochtes Ei, 45–60 g Krabben, 100 g Spargel, als Salat; Marinade aus: 1 TL Mayonnaise (80% Fett), Gemüsewasser, 1 TL Cocktailsauce, 30 g Weißbrot; 125 ml Weißwein

Zwischenmahlzeit

200 g Joghurt (0,3% Fett), 20 kcal Sirup (kalorienarm)

Männer zusätzlich: 125 g Grapefruit, 125 g Apfel, 60 g zubereiteter Reis, 30 g Vollkornbrot, am Mittag 30 g Kotelett, am Abend 15 g Krabben

Jugendliche zusätzlich: 125 g Grapefruit, 125 g Apfel, 60 g zubereiteter Reis, 30 g Vollkornbrot, 200 g Joghurt (0,3% Fett), 200 ml Milch (1,5% Fett), statt Weißwein 30 g Fruchtgummi

14. Woche

Senf ist eines der beliebtesten Gewürze, doch nur wenige wissen, wie er hergestellt wird.
Die Senfpflanze war schon bei den alten Griechen und Römern ein beliebtes Gewürz. Sie brachten diese Pflanze später nach England und Frankreich. Die Herstellungsweise ist recht einfach. Aus den Samen des schwarzen (scharfen) und des weißen (weniger scharfen) Senfs gewinnt man Senfpulver, das naß mit Essig, Wein oder Most gemahlen wird. Daraus entsteht der Speisesenf, der dann noch mit allerlei Zutaten, z. B. Kräutern und Gewürzen, versehen wird. Senf wirkt außerordentlich verdauungsfördernd, denn das darin enthaltene Senföl regt die Absonderung der Magen- und Darmsäfte an. Wir stellen Ihnen in dieser Woche eine »Altdeutsche Senfsauce« vor, die hervorragend zu gedünstetem Fisch paßt. Senf gibt auch der Marinade des Eiersalats den letzten Pfiff, den wir für Dienstagabend vorgesehen haben, und der Sauce der Fischpfanne am Mittwoch. Und natürlich darf er bei den Rouladen nicht fehlen, die am Sonntag auf dem Plan stehen.

Montag

Frühstück

125 g Apfel, 75 g Speisequark (Magerstufe), 30 g Vollkornbrot, 1 TL Margarine, 20 kcal Marmelade (kalorienarm), Getränk nach Wunsch

Mittagessen

90–120 g gedünsteter Heilbutt, 150 g Kopfsalat, Marinade aus: Zitronensaft, Süßstoff; 100 g mit Petersilie bestreute Pellkartoffeln

Zwischenmahlzeit

200 ml Dickmilch (1,5% Fett), 1 EL Weizenkleie, 125 g Grapefruit, ½ TL Zucker

Abendessen

90 g Brühwürstchen, dazu: **Kartoffelsalat** (siehe Rezept S. 234)

Zwischenmahlzeit

200 g Joghurt (0,3% Fett), 100 g Ananas, 1 TL geraspelte Kokosnuß

Männer zusätzlich: 100 g Ananas, 100 g Pellkartoffeln, am Mittag 30 g Heilbutt, am Abend 30 g Würstchen

Jugendliche zusätzlich: 100 g Ananas, 100 g Pellkartoffeln, 250 ml Milch (0,3% Fett)

Donnerstag

Frühstück

100 g Orange, 75 g Hüttenkäse, 30 g Vollkornbrot, 1 TL Margarine, ½ TL Marmelade, Getränk nach Wunsch

Mittagessen

90–120 g Leber, in 1 TL Margarine gebraten, 80 g eßfertige Kartoffelklöße (Fertigprodukt), 150 g Blumenkohl, 1 TL Margarine

Zwischenmahlzeit

Mokka-Cremespeise (siehe Rezept S. 261), 125 ml Apfelsaft (ungesüßt)

Abendessen

90–120 g gedünsteter Dorsch, dazu: **Altdeutsche Senfsauce** (siehe Rezept S. 247), 100 g Kartoffeln, 100 g Kopfsalat, Marinade aus: Zitronensaft, Süßstoff

Zwischenmahlzeit

100 ml Milch (1,5% Fett), 100 g Fruchtcocktail (konserviert ohne Zucker) mit 2 EL Saft

Männer zusätzlich: 125 g Grapefruit, 100 g Orange, 100 g Kartoffeln, am Mittag 30 g Leber, am Abend 30 g Dorsch

Jugendliche zusätzlich: 125 g Grapefruit, 100 g Kartoffeln, **Himbeertraum** (siehe Rezept S. 260)

Freitag

Frühstück

20 g Rosinen, 40 g Haferflocken, 200 ml Milch (1,5% Fett), Getränk nach Wunsch

Mittagessen

90–120 g Kalbfleisch, in 1 TL Öl gebraten, 100 g Kartoffeln, 150 g Broccoli

Zwischenmahlzeit

150 g Joghurt (0,3% Fett), 2 TL Weizenkeime, 125 ml Gemüsesaft

Abendessen

Thunfischsalat (siehe Rezept S. 240), dazu: 30 g Toastbrot

Zwischenmahlzeit

100 g Kiwi

Männer zusätzlich: 60 g Banane, **Teufelsdrink** (siehe Rezept S. 284), 30 g Toastbrot, am Mittag 30 g Kalbfleisch, am Abend 30 g Thunfisch

Jugendliche zusätzlich: 60 g Banane, 100 g Orange, 30 g Toastbrot, 200 ml Sauermilch (1,5% Fett)

Dienstag

Frühstück

100 g Mango oder 125 ml Grapefruitsaft (ungesüßt), 30 g Camembert, 30 g Brötchen, 2 TL Margarine, Getränk nach Wunsch

Mittagessen

90–120 g gegrilltes Schweinekotelett (Gewicht ohne Knochen), 100 g eßfertiges Kartoffelpüree (Fertigprodukt), 200 g Rotkohl, 2 TL Steaksauce

Zwischenmahlzeit

200 ml Kefir (1,5% Fett), 50 kcal Pfirsich (kalorienreduziert)

Abendessen

Eiersalat (siehe Rezept S. 235), dazu: 30 g Vollkornbrot

Zwischenmahlzeit

250 ml Milch (0,3% Fett), 2 TL Kakao, 250 g Rhabarber als Kompott, Süßstoff

Männer zusätzlich: 100 g Orange, 60 g Banane, 30 g Brötchen, 30 g Vollkornbrot, am Mittag 30 g Kotelett

Jugendliche zusätzlich: 100 g Orange, 60 g Banane, 30 g Brötchen, 30 g Vollkornbrot, 200 g Vanillepudding (kalorienarm), 175 g Joghurt (1,5% Fett)

Mittwoch

Frühstück

100 g Birne, 40 g Cornflakes, 250 ml Milch (0,3% Fett), Getränk nach Wunsch

Mittagessen

90–120 g Putensteak, in 1 TL Öl gebraten, 2 TL Chilisauce, 200 g Kopfsalat, 50 g Radieschen, 1½ EL Salatdressing

Zwischenmahlzeit

20 g Knusperbrot, 1 TL Margarine, ½ TL Marmelade, ½ TL Honig, 20 kcal Fruchtnektar (kalorienarm)

Abendessen

Fischpfanne mit Champignons (siehe Rezept S. 180)
Dessert: 60 g Banane

Zwischenmahlzeit

125 g gefrorene Erdbeeren, 25 g Magermilchpulver, mit Zitronensaft und Süßstoff zu »Eiscreme« schlagen

Männer zusätzlich: 125 g Erdbeeren, 100 g Kartoffeln, am Mittag 30 g Putensteak, am Abend 30 g Fischfilet

Jugendliche zusätzlich: 125 g Erdbeeren, 100 g Kartoffeln, 100 g Speisequark (Magerstufe)

Samstag

Frühstück

125 g Grapefruit, 30 g Edelpilzkäse, 30 g Vollkornbrot, 1 TL Margarine, Getränk nach Wunsch

Mittagessen

Käsetorte (siehe Rezept S. 277)

Zwischenmahlzeit

250 ml Buttermilch (1% Fett), 1 EL Weizenkleie

Abendessen

90–120 g gegrilltes Beefsteak, 200 g Spargel, 100 g Zwiebeln, in 1 TL Butter gebraten
Dessert: 125 g Apfel

Zwischenmahlzeit

50 kcal Pfirsiche (kalorienreduziert), 125 ml Weißwein

Männer zusätzlich: 50 kcal Pfirsiche (kalorienreduziert), 30 g Vollkornbrot, am Abend 30 g Beefsteak

Jugendliche zusätzlich: 50 kcal Pfirsiche (kalorienreduziert), 30 g Vollkornbrot, 175 g Joghurt (1,5% Fett), 200 ml Milch (1,5% Fett), statt Weißwein 30 g Lakritze

Sonntag

Frühstück

125 ml Orangensaft (ungesüßt), 1 Ei, 30 g Brtöchen, 1 TL Margarine, ½ TL Marmelade, Getränk nach Wunsch

Mittagessen

Rinderouladen (siehe Rezept S. 127), dazu: 100 g Kartoffeln, 150 g grüne Bohnen

Zwischenmahlzeit

200 g Pudding (kalorienarm), 125 g gefrorene Himbeeren, 20 kcal Limonade (kalorienarm)

Abendessen

90–120 g gegrilltes Hähnchen (Gewicht ohne Knochen und Haut); 30 g Vollkornbrot, 1 TL Butter, 100 g Tomaten, 2 TL Steaksauce

Zwischenmahlzeit

250 ml Milch (0,3% Fett), 60 g Banane, 20 g einfache Kekse

Männer zusätzlich: 125 g Apfel, 60 g Banane, 100 g Kartoffeln, 30 g Vollkornbrot, am Mittag 30 g Rinderroulade, am Abend 30 g Hähnchen

Jugendliche zusätzlich: 125 g Apfel, 60 g Banane, 100 g Kartoffeln, 30 g Vollkornbrot, 200 g Schokoladenpudding (kalorienarm)

15. Woche

Fisch – frisch oder tiefgekühlt? Bei Seefischen spielt es keine Rolle, ob Sie ihn frisch oder tiefgekühlt verwenden. Inzwischen ist Tiefkühlware preisgünstiger geworden und frischer Fisch nur in Sonderangeboten billig. Daher lohnt es sich auch, diese wahrzunehmen, größere Portionen einzukaufen und sie dann portionsweise einzufrieren. Denken Sie bei Frischfisch an die drei berühmten »S«: Säubern, Säuern, Salzen. Das Säubern und Säuern kann bei Tiefkühlfisch entfallen, und auch Auftauen ist nicht notwendig. Wenn Sie Stücke würfeln oder in Streifen schneiden wollen, genügt es, sie nur ganz kurz aufzutauen.
Übrigens können Sie jetzt preisgünstig auf frische Forellen zurückgreifen, die im Gegensatz zu Seefisch aromatischer schmecken. Geräucherte Forellen gelten schon immer als Delikatesse, aber auch frisch, mit Kräutern gefüllt und in Alufolie eingewickelt, sind sie gegrillt überaus wohlschmeckend. Feinschmecker schätzen die Bäckchen im Fischkopf und die Augen.
Unser Tip: Wenn Sie Fisch grillen, setzen Sie ihn auf Alufolie. So wird das Ansetzen und Auseinanderfallen vermieden.

Montag

Frühstück

100 g Birne, 30 g Edamer, 30 g Vollkornbrot, 1 TL Margarine, 20 kcal Marmelade (kalorienarm), Getränk nach Wunsch

Mittagessen

Hühnerfrikassee (siehe Rezept S. 154), dazu: 60 g zubereiteter Reis, 100 g Kopfsalat, Marinade aus: Zitronensaft, Süßstoff; 125 ml Orangensaft (ungesüßt)

Zwischenmahlzeit

100 g Speisequark (Magerstufe), 50 kcal Sauerkirschen (kalorienreduziert), Süßstoff

Abendessen

60 g Hartkäse, 1 TL Margarine, 30 g Mischbrot, 100 g Tomate, Getränk nach Wunsch

Zwischenmahlzeit

250 ml Milch (0,3% Fett), 1 TL Kakao, Süßstoff

Männer zusätzlich: 100 g Ananas, 60 g zubereiteter Reis, am Mittag 30 g Hühnerfleisch

Jugendliche zusätzlich: 100 g Ananas, 60 g zubereiteter Reis, **Bananen-Dickmilch-Drink** (siehe Rezept S. 285)

Donnerstag

Frühstück

125 g Grapefruit, 30 g Roastbeef, 30 g Brötchen, 1 TL Margarine, 20 kcal Marmelade (kalorienarm), Getränk nach Wunsch

Mittagessen

90–120 g gedünstetes Rotbarschfilet, 100 g Kartoffeln, 200 g Broccoli

Zwischenmahlzeit

200 ml Kefir (1,5% Fett), 1 EL Weizenkleie

Abendessen

Kalbsleber mit Bananen (siehe Rezept S. 164), dazu: 60 g zubereiteter Curryreis, 100 g Eisbergsalat, Marinade aus: 1 TL Öl, Essig

Zwischenmahlzeit

200 g Joghurt (0,3% Fett), 100 g Ananas, Süßstoff, 1 TL geraspelte Kokosnuß

Männer zusätzlich: 125 g Apfel, 100 g Kartoffeln, am Mittag 30 g Rotbarschfilet, am Abend 30 g Leber

Jugendliche zusätzlich: 125 g Apfel, 100 g Kartoffeln, 250 ml Milch (0,3% Fett), 100 g Speisequark (Magerstufe)

Freitag

Frühstück

100 g Orange, 75 g Hüttenkäse, 30 g Vollkornbrot, 1 TL Margarine, Getränk nach Wunsch

Mittagessen

90–120 g Schweinebraten, ohne Fett zubereitet, 100 g Kartoffeln, 150 g Blumenkohl, 2 TL Steaksauce
Dessert: 75 g Trauben

Zwischenmahlzeit

100 g Speisequark (Magerstufe), 20 g getrocknete Aprikosen, ½ TL Honig, 20 kcal Limonade (kalorienarm)

Abendessen

Schnitzelgulasch (siehe Rezept S. 140), dazu: 60 g zubereitete Nudeln, 100 g Chicorée als Salat, Marinade aus: 1 TL Öl, Essig, Senf

Zwischenmahlzeit

250 ml Buttermilch (1% Fett), 1 TL Weizenkeime

Männer zusätzlich: 125 g Grapefruit, 75 g Trauben, 60 g zubereitete Nudeln, am Mittag 30 g Schweinebraten, am Abend 30 g Gulasch

Jugendliche zusätzlich: 125 g Grapefruit, 75 g Trauben, 60 g zubereitete Nudeln, 200 ml Sauermilch (1,5% Fett)

Dienstag

Frühstück

20 g Rosinen, 20 g Cornflakes, 250 ml Milch (0,3% Fett), Getränk nach Wunsch

Mittagessen

90 g geräucherte Forelle, 30 g Vollkornbrot, 1 TL Margarine, 100 g Salatgurke, 100 g Radieschen
Dessert: 125 g Apfel

Zwischenmahlzeit

20 g Knäckebrot, 1 TL Margarine, ½ TL Honig, ½ TL Marmelade, 20 kcal Limonade (kalorienarm)

Abendessen

Gebeiztes Grillsteak mit Grilltomate (siehe Rezept S. 123), dazu: 30 g Weißbrot

Zwischenmahlzeit

200 g Joghurt (0,3% Fett), 125 g gefrorene Erdbeeren, Süßstoff

Männer zusätzlich: 100 g Birne, 20 g Rosinen, 30 g Vollkornbrot, am Mittag 30 g Forelle, am Abend 30 g Steak

Jugendliche zusätzlich: 100 g Birne, 20 g Rosinen, 30 g Vollkornbrot, 100 g Speisequark (Magerstufe)

Mittwoch

Frühstück

100 g Mango oder 125 ml Orangensaft (ungesüßt), 75 g Speisequark (Magerstufe), 30 g Vollkornbrot, 1 TL Margarine, ½ TL Honig, Getränk nach Wunsch

Mittagessen

Eierpfannkuchen mit Blaubeeren (siehe Rezept S. 218), dazu: 150 g Kopfsalat, Marinade aus: Zitronensaft, Süßstoff

Zwischenmahlzeit

125 g gefrorene Himbeeren, 25 g Magermilchpulver, mit Zitronensaft und Süßstoff zu »Eiscreme« schlagen, dazu: 25 g Schlagsahne

Abendessen

90–120 g gegrilltes Schweinekotelett (Gewicht ohne Knochen), 100 g Kartoffeln, 150 g Spinat, 1 TL Margarine, 2 TL Steaksauce

Zwischenmahlzeit

200 ml Milch (1,5% Fett)

Männer zusätzlich: 100 g Kiwi, 60 g Banane, 30 g Vollkornbrot, 100 g Kartoffeln, am Abend 30 g Kotelett

Jugendliche zusätzlich: 100 g Kiwi, 60 g Banane, 30 g Vollkornbrot, 100 g Kartoffeln, 175 Joghurt (1,5% Fett)

Samstag

Frühstück

125 g Apfel, 30 g Brie-Käse, 30 g Brötchen, 1 TL Margarine, Getränk nach Wunsch

Mittagessen

Kassler mit Ananas (siehe Rezept S. 143), dazu: 100 g eßfertiges Kartoffelpüree (Fertigprodukt), 100 g Erbsen, 100 g Möhren

Zwischenmahlzeit

250 ml Milch (0,3% Fett), 1 TL Kakao

Abendessen

1 Ei, 75 g Speisequark (Magerstufe), 30 g Vollkornbrot, 1 TL Butter, 100 g Tomate, 2 Oliven, 125 ml Grapefruitsaft (ungesüßt)

Zwischenmahlzeit

200 g Pudding (kalorienarm), 1 TL geraspelte Kokosnuß 20 kcal Dessertsauce (kalorienarm), 200 ml Bier

Männer zusätzlich: 100 Orange, 100 g Birne, 30 g Brötchen, 100 g eßfertiges Kartoffelpüree (Fertigprodukt), am Mittag 30 g Kassler

Jugendliche zusätzlich: 100 g Orange, 100 g Birne, 30 g Brötchen, 100 g eßfertiges Kartoffelpüree (Fertigprodukt), 175 g Joghurt (1,5% Fett), statt 200 ml Bier 20 g einfache Kekse

Sonntag

Frühstück

100 g Kiwi, 1 Ei, 30 g Vollkornbrot, 1 TL Butter, ½ TL Honig, Getränk nach Wunsch

Mittagessen

Paprikaschoten mit Gulaschfüllung (siehe Rezept S. 141), dazu: 60 g zubereiteter Reis
Dessert: 200 g Melone

Zwischenmahlzeit

200 ml Dickmilch (1,5% Fett), 50 kcal Blaubeeren (kalorienreduziert), 20 g einfache Kekse

Abendessen

90–120 g gegrillter Schellfisch, 100 g Kartoffeln, 150 g Feldsalat, Marinade aus: 1 TL Öl, Essig

Zwischenmahlzeit

250 ml Milch (0,3% Fett), 1 TL Kakao, Süßstoff

Männer zusätzlich: 75 g Trauben, 100 g Ananas, 60 g zubereiteter Reis, 100 g Kartoffeln, am Mittag 30 g Gulasch, am Abend 30 g Schellfisch

Jugendliche zusätzlich: 75 g Trauben, 100 g Ananas, 60 g zubereiteter Reis, 100 g Kartoffeln, 100 g Speisequark (Magerstufe), 200 g Joghurt (0,3% Fett)

16. Woche

Beim Ostereierfärben sind der Phantasie keine Grenzen gesetzt. Es soll vorkommen, daß auf diesem Gebiet besonders begabte Künstler ihre Werke bis Ostersonntag verstecken, um sie dann als gelungene Überraschung auf dem Frühstückstisch zu präsentieren. Es versteht sich von selbst, daß man dem Künstler die erwartete Begeisterung und Bewunderung entgegenbringt. Dies gibt uns Anlaß, die Eier etwas genauer unter die Lupe zu nehmen.
Am besten schmecken Eier, die ca. 4 Tage alt sind. Bei sachgemäßer Lagerung schmeckt ein 10 Tage altes Ei auch noch gut zum Frühstück. Eier, die länger als 10 Tage lagern, sollte man anderweitig verwenden. An der Größe der Luftblase erkennt man das Alter. Je kleiner die Luftblase, um so frischer das Ei. Deshalb kann man relativ einfach feststellen, ob Eier auch wirklich frisch sind; man macht die Wasserprobe: Wenn sich Eier in kaltem Wasser aufrichten, sollte man diese nicht mehr zum Frühstück verzehren. Schwimmende Eier sollte man überhaupt nicht verwenden. Bei aufgeschlagenen Eiern muß der Dotter kugelig und von einer festen Eiweißschicht umgeben sein.

Montag

Frühstück

100 g Orange, 75 g Speisequark (Magerstufe), 30 g Brötchen, 1 TL Margarine, 20 kcal Marmelade (kalorienarm), Getränk nach Wunsch

Mittagessen

90–120 g gegrilltes Putenfleisch, bestrichen mit ½ TL Öl, 30 g Toastbrot, dazu: **Spinatsalat** (siehe Rezept S. 225)

Zwischenmahlzeit

175 g Joghurt (1,5% Fett), 50 kcal Kirschen (kalorienreduziert)

Abendessen

Muscheltopf (siehe Rezept S. 195), dazu: 30 g Vollkornbrot, 1 TL Halbfettmargarine, 125 ml Weißwein

Zwischenmahlzeit

125 ml Buttermilch (1% Fett), 125 g Apfel

Männer zusätzlich: 125 ml Grapefruitsaft (ungesüßt), 50 kcal Birnen (kalorienreduziert), 30 g Brötchen, 30 g Vollkornbrot, am Mittag 30 g Putenfleisch, am Abend 30 g Muschelfleisch

Jugendliche zusätzlich: 125 ml Grapefruitsaft (ungesüßt), 50 kcal Birnen (kalorienreduziert), 30 g Brötchen, 30 g Vollkornbrot, 250 ml Milch (0,3% Fett), statt Weißwein 20 g einfache Kekse

Donnerstag

Frühstück

100 g Mango oder 125 g Grapefruit, 30 g Hartkäse, 30 g Vollkornbrot, 1 TL Margarine, Getränk nach Wunsch

Mittagessen

90–120 g Rotbarschfilet, in 1 TL Öl gebraten, 100 g Kartoffeln, 200 g grüne Bohnen
Dessert: **Rhabarber-Kirsch-Grütze** (siehe Rezept S. 263), dazu: 100 ml Milch (1,5% Fett)

Zwischenmahlzeit

Buttermilch-Zitronenspeise (siehe Rezept S. 260) mit **Vanillesauce** (siehe Rezept S. 261)

Abendessen

45–60 g Tatar (Beefsteakhack), 1 Ei, 30 g Vollkornbrot, 1 TL Margarine, 30 g Zwiebeln, 100 g Radieschen, 50 g Tomaten

Zwischenmahlzeit

20 kcal Fruchtnektar (kalorienarm), 125 g Apfel

Männer zusätzlich: 100 g Birne, 100 g Orange, 100 g Kartoffeln, am Mittag 30 g Rotbarschfilet, am Abend 15 g Tartar

Jugendliche zusätzlich: 100 g Birne, 100 g Orange, 100 g Kartoffeln, 175 g Joghurt (1,5% Fett), 200 ml Sauermilch (1,5% Fett)

Freitag

Frühstück

100 g Papaya oder 100 g Orange, 75 g Hüttenkäse, 30 g Vollkornbrot, 1 TL Margarine, 20 kcal Marmelade (kalorienarm), Getränk nach Wunsch

Mittagessen

90–120 g enthäutetes Hähnchenfleisch, in 1 TL Öl gebraten, 100 g eßfertiges Kartoffelpüree (Fertigprodukt), 75 g Erbsen, 100 g Möhren
Dessert: 200 g Vanillepudding (kalorienarm), 50 kcal Pflaumen (kalorienreduziert)

Zwischenmahlzeit

200 g Joghurt (0,3% Fett), 1 TL Marmelade (kalorienarm)

Abendessen

Räucherfischsalat »Pastorenart« (siehe Rezept S. 241), dazu: 30 g Vollkornbrot, 1 TL Halbfettmargarine

Zwischenmahlzeit

250 ml Tomatensaft

Männer zusätzlich: 125 g Apfel, 100 g eßfertiges Kartoffelpüree (Fertigprodukt), am Mittag 30 g Hähnchenfleisch, am Abend 30 g Räucherfisch

Jugendliche zusätzlich: 125 g Apfel, 100 g eßfertiges Kartoffelpüree (Fertigprodukt), 100 g Speisequark (Magerstufe)

Dienstag

Frühstück

125 ml Grapefruitsaft (ungesüßt), 30 g Roastbeef, 30 g Vollkornbrot, 1 TL Margarine, ½ TL Honig, Getränk nach Wunsch

Mittagessen

Kartoffel-Tomaten-Auflauf (siehe Rezept S. 205)
Dessert: 20 kcal Fruchtnektar (kalorienarm), 20 g einfache Kekse

Zwischenmahlzeit

100 g Speisequark (Magerstufe), 60 g pürierte Banane mit Zitronensaft und Süßstoff

Abendessen

Überbackener Toast aus: 45–60 g gegrilltem Putenfleisch, 30 g Hartkäse, 30 g Toastbrot, 1 TL Margarine, 50 kcal Birnen (kalorienreduziert), dazu: 100 g Möhren

Zwischenmahlzeit

200 ml Milch (1,5% Fett)

Männer zusätzlich: 125 g Apfel, 100 g Orange, 30 g Vollkornbrot, 30 g Toastbrot, am Abend 15 g Putenfleisch

Jugendliche zusätzlich: 125 g Apfel, 100 g Orange, 30 g Vollkornbrot, 30 g Toastbrot, 175 g Joghurt (1,5% Fett)

Mittwoch

Frühstück

20 g Rosinen, 20 g Haferflocken, 100 g Speisequark (Magerstufe), Süßstoff, Getränk nach Wunsch

Mittagessen

Lebertopf Peking (siehe Rezept S. 173)
Dessert: 100 g Guave oder 100 g Orange mit 100 ml Sauermilch (1,5% Fett)

Zwischenmahlzeit

20 g Zwieback, 1 TL Margarine, 20 kcal Marmelade (kalorienarm), 125 ml Sauerkrautsaft

Abendessen

90–120 g magerer Schweinebraten, ohne Fett zubereitet, 30 g Vollkornbrot, 1 TL Margarine, 100 g Kopfsalat, 100 g Tomaten, 100 g Gurke, Marinade aus: 100 g Joghurt (0,3% Fett), Kräuter

Zwischenmahlzeit

250 ml Tomatensaft

Männer zusätzlich: 60 g Banane, 20 g Zwieback, 30 g Vollkornbrot, am Mittag 30 g Leber, am Abend 30 g Schweinebraten

Jugendliche zusätzlich: 60 g Banane, 20 g Zwieback, 30 g Vollkornbrot, 200 ml Milch (1,5% Fett), 200 ml Dickmilch (1,5% Fett)

Samstag

Frühstück

50 kcal Pfirsiche (kalorienreduziert), 20 g Cornflakes, 200 ml Milch (1,5% Fett), Getränk nach Wunsch

Mittagessen

Kümmel-Kartoffel-Suppe (siehe Rezepte S. 114)
Dessert: 100 g Orange

Zwischenmahlzeit

175 g Joghurt (1,5% Fett), 20 kcal Marmelade (kalorienarm)

Abendessen

60 g Käse, 60 g Vollkornbrot, 2 TL Butter, 2 Oliven, 100 g eingelegte rote Paprikaschoten

Zwischenmahlzeit

75 g Trauben

Männer zusätzlich: 60 g Banane 125 g Grapefruit, 20 g Cornflakes, am Mittag 30 g Würstchen

Jugendliche zusätzlich: 60 g Banane, 125 g Grapefruit, 20 g Cornflakes, 200 ml Milch (1,5% Fett), 200 g Vanillepudding (kalorienarm)

Sonntag

Frühstück

125 ml Orangensaft (ungesüßt), 1 Ei, 30 g Vollkornbrot, 1 TL Butter, ½ TL Marmelade (kalorienarm), 20 kcal Fruchtnektar (kalorienarm), Getränk nach Wunsch

Mittagessen

Feine Gemüsesuppe mit viel Einlage (siehe Rezept S. 113)
Festtagsbraten für Langschläfer (siehe Rezept S. 141), dazu: 50 g Kartoffeln, 150 g grüne Bohnen
Dessert: 100 g Schokoladenpudding (kalorienarm) mit 25 kcal Birnen (kalorienreduziert) und 1 TL geraspelte Kokosnuß

Zwischenmahlzeit

200 ml Dickmilch (1,5% Fett), Zimt, Süßstoff

Abendessen

90–120 g gegrilltes Kalbssteak, mit ½ TL Öl bestrichen, 30 g Vollkornbrot, 1 TL Halbfettmargarine, 50 g Radieschen, 50 g Gurke, 50 g Möhren

Zwischenmahlzeit

100 g Schokoladenpudding (kalorienarm), 25 kcal Birnen (kalorienreduziert)

Männer zusätzlich: 125 g Grapefruit, 50 kcal Pfirsiche (kalorienreduziert), 30 g Vollkornbrot, 100 g Kartoffeln, am Mittag 30 g Schweinefilet, am Abend 30 g Kalbssteak

Jugendliche zusätzlich: 125 g Grapefruit, 50 kcal Pfirsiche (kalorienreduziert), 30 g Vollkornbrot, 100 g Kartoffeln, 100 g Speisequark (Magerstufe)

17. Woche

Ein geradezu traditionelles Osteressen ist der Lammbraten. Und dies aus gutem Grund: Ab Mitte März bis Mitte Mai ist frisches Lammfleisch am zartesten, weil die Tiere nur mit Muttermilch ernährt wurden. Das Fleisch ist zu dieser Zeit besonders wohlschmeckend.
Lammfleisch sollte 3–7 Tage abgehangen sein, bevor es zubereitet wird. Außerdem: Bringen Sie das Fleisch so heiß wie möglich auf den Tisch.
Die besten Stücke sind die Keule und der Rücken, die nach dem Braten innen möglichst noch rosa sein sollten. Bei der Zubereitung sollte man darauf achten, daß Lammfleisch geradezu danach verlangt, mit Thymian, Rosmarin und Knoblauch gewürzt zu werden.
Tiefgefrorenes Lammfleisch kommt hauptsächlich aus Neuseeland, ist von hervoragender Qualität und billiger als frisches Fleisch. Unser Lammgericht am Montag ist mit Pfirsichen und Spinatsalat eine besonders raffinierte Variante.

Montag

Frühstück

125 g Grapefruit, 1 Ei, 30 g Mohnbrötchen, 1 TL Halbfettmargarine, ½ TL Mayonnaise (80% Fett), 50 g Speisequark (Magerstufe), 20 kcal Marmelade (kalorienarm), Süßstoff, Getränk nach Wunsch

Mittagessen

Pfirsich-Lamm auf Spinatsalat (siehe Rezept S. 153)

Zwischenmahlzeit

Bunte Obsttorte (siehe Rezept S. 278)

Abendessen

75 g eingelegte rote Bete, 90 g Matjesfilet, dazu: **Aprikosensauce Pikanta** (siehe Rezept S. 247)

Zwischenmahlzeit

100 g Möhren, in Brühe von 1 kleinen Brühwürfel gegart

Männer zusätzlich: 250 ml Tomatensaft, 125 g Apfel, 30 g Brötchen, 30 g Vollkornbrot, am Mittag 30 g Lammfleisch, am Abend 30 g Matjesfilet

Jugendliche zusätzlich: 250 ml Tomatensaft, 125 g Apfel, 30 g Brötchen, 30 g Vollkornbrot, 200 g Vanillepudding (kalorienarm)

Donnerstag

Frühstück

100 g Orange, 30 g geräuchertes Hähnchen, 30 g Vollkornbrot, 2 TL Halbfettmargarine, Getränk nach Wunsch

Mittagessen

90–120 g Kalbfleisch, in 1 TL Öl gebraten, dann mit 125 ml Wasser ablöschen und 25 g Magermilchpulver einrühren; 150 g Broccoli in Brühe von 1 kleinen Brühwürfel dünsten, 20 g Kartoffelklöße (Rohgewicht)

Zwischenmahlzeit

⅛ l Sauerkrautsaft

Abendessen

Pikante Zunge im Salatnest (siehe Rezept S. 236)

Zwischenmahlzeit

150 g Joghurt (0,3% Fett), Vanillearoma, Süßstoff, 50 g Mandarinen (konserviert ohne Zucker) mit 1 EL Saft, 20 kcal Dessertsauce (kalorienarm)

Männer zusätzlich: 125 g Grapefruit, 250 ml Gemüsesaft, 30 g Vollkornbrot, am Mittag 30 g Kalbfleisch, am Abend 30 g Zunge

Jugendliche zusätzlich: 125 g Grapefruit, 250 ml Gemüsesaft, 30 g Vollkornbrot, 100 g Speisequark (Magerstufe), 250 ml Milch (0,3% Fett)

Freitag

Frühstück

30 g Toastbrot, 1 TL Margarine, 100 g Birne, mit 30 g Tilsiter überbacken und mit 20 kcal Marmelade (kalorienarm) garniert

Mittagessen

Cuxhavener Rotbarschröllchen (siehe Rezept S. 186)

Zwischenmahlzeit

250 ml Tomatensaft mit 250 ml Buttermilch (1% Fett) verquirlen, Pfeffer, Salz

Abendessen

2 hartgekochte Eier, 100 g Rosenkohl (Dosenware), 60 g zubereitete Vollkornnudeln, 50 g eingelegte Tomatenpaprika, alles vermengen, dazu: **Sauce Hawaii** (siehe Rezept S. 248)

Zwischenmahlzeit

50 g Speisequark (Magerstufe), 1 TL Kakao, Rumaroma, Süßstoff

Männer zusätzlich: 100 g Orange, 60 g Banane, 60 g zubereitete Nudeln, am Mittag 30 g Rotbarsch

Jugendliche zusätzlich: 100 g Orange, 60 g Banane, 60 g zubereitete Nudeln, 175 g Joghurt (1,5% Fett), 200 ml Sauermilch (1,5% Fett)

Dienstag

Frühstück

60 g Banane, 40 g Vollkornhaferflocken, 200 ml Dickmilch (1,5% Fett), Getränk nach Wunsch

Mittagessen

90–120 g Seelachsfilet, in 1 TL Pflanzencreme gebraten, 100 g Lauch, in Brühe aus 1 kleinen Brühwürfel gedünstet, garnieren mit 100 g Orange, ½ TL Mayonnaise

Zwischenmahlzeit

1 TL Halbfettmargarine, 10 g Knäckebrot, 20 kcal Marmelade (kalorienarm)

Abendessen

Drei-Länder-Käsesalat (siehe Rezept S. 244)
Dessert: **Süßer Früchtereis** (siehe Rezept S. 266)

Zwischenmahlzeit

200 g Joghurt (0,3% Fett), Bittermandelaroma, Süßstoff

Männer zusätzlich: 125 g Grapefruit, 20 g Knäckebrot, 30 g Vollkornbrot am Mittag 30 g Seelachsfilet

Jugendliche zusätzlich: 125 g Grapefruit, 20 g Knäckebrot, 30 g Vollkornbrot, 250 ml Milch (0,3% Fett)

Mittwoch

Frühstück

125 ml Grapefruitsaft (ungesüßt), 1 TL Butter, 30 g Roggenbrötchen, 30 g Krabben, Getränk nach Wunsch

Mittagessen

Gefüllte Eierkuchen mit Champignonsauce
(siehe Rezept S. 214)

Zwischenmahlzeit

100 g Speisequark (Magerstufe), ½ TL Kakao, ½ TL Honig, Rumaroma, Süßstoff, 20 g getrocknete Pflaumen

Abendessen

150 g Hüttenkäse, 100 g Tomaten, 100 g Gurke
Dessert: 200 g Vanillepudding (kalorienarm), 50 kcal Stachelbeeren (kalorienreduziert)

Zwischenmahlzeit

1 TL Halbfettmargarine, 30 g Toastbrot, 100 g Gewürzgurke, ½ TL Mayonnaise (80% Fett), 20 kcal Limonade (kalorienarm)

Männer zusätzlich: 20 g getrocknete Feigen, 125 g Apfel, 30 g Brötchen, am Mittag 15 g Tatar

Jugendliche zusätzlich: 20 g getrocknete Feigen, 125 g Apfel, 30 g Brötchen, 200 ml Milch (1,5% Fett)

Samstag

Frühstück

125 ml Orangensaft (ungesüßt), 30 g Roastbeef, 1 TL Margarine, 30 g Vollkornbrot, 50 g Cornichons, Getränk nach Wunsch

Mittagessen

90–120 g Leber, in 1 TL Öl gebraten, 100 g eßfertiges Kartoffelpüree (Fertigprodukt), 100 g Blumenkohl, Sauce aus: 25 g Schlagsahne, Pfeffer, Salz, Muskat (leicht erwärmt)

Zwischenmahlzeit

20 g getrocknete Feigen, 200 ml Kefir (1,5% Fett), Süßstoff

Abendessen

Französische Hühnereintopf (siehe Rezept S. 158)

Zwischenmahlzeit

200 g Vanillepudding (kalorienarm), 125 g Grapefruit, 20 kcal Sirup (kalorienarm), Süßstoff

Männer zusätzlich: 125 ml Grapefruitsaft (ungesüßt), 60 g Banane, 30 g Vollkornbrot, 100 g eßfertiges Kartoffelpüree (Fertigprodukt), am Mittag 30 g Leber, am Abend 30 g Hühnerfleisch

Jugendliche zusätzlich: 125 ml Grapefruitsaft (ungesüßt), 60 g Banane, 30 g Vollkornbrot, 100 g eßfertiges Kartoffelpüree (Fertigprodukt), 200 ml Milch (1,5% Fett)

Sonntag

Frühstück

125 g Erdbeeren, 75 g Speisequark (Magerstufe), Vanillearoma, Süßstoff, Getränk nach Wunsch

Mittagessen

90–120 g gegrilltes Putenschnitzel, je 100 g grüner Salat, Tomate, Salatgurke, 1 TL Öl, Zitronensaft, Gewürze, 30 g Weißbrot

Zwischenmahlzeit

3 TL Halbfettmargarine mit 2 TL Kakao und Süßstoff verrühren, damit 20 g Zwieback bestreichen und 1 TL geraspelte Kokosnuß darüberstreuen

Abendessen

1 TL Halbfettmargarine, 30 g Vollkornbrot, 90–120 g Roastbeef, 20 kcal Salatsauce (kalorienarm), 100 g Gewürzgurke, 50 g Zwiebel, Petersilie; Dessert: 200 g Schokoladenpudding (kalorienarm), 125 g gefrorene Himbeeren

Zwischenmahlzeit

60 g Banane, ½ TL Kaffeepulver, Zitronensaft, Süßstoff, 250 ml Milch (0,3% Fett)

Männer zusätzlich: 250 ml Tomatensaft, 100 g Kiwi, 60 g zubereiteter Reis, 30 g Vollkornbrot, am Mittag 30 g Putenfleisch, am Abend 30 g Roastbeef

Jugendliche zusätzlich: 250 ml Tomatensaft, 100 g Kiwi, 60 g zubereiteter Reis, 30 g Vollkornbrot, 100 g Speisequark (Magerstufe)

18. Woche

Tomaten sind ein äußerst gesundes und kalorienarmes Gemüse. Sie enthalten die Vitamine C und A. Trotz des leicht süßlichen Geschmacks enthalten sie soviel Säure, daß man bei Tomatensalat auf den Essig verzichten kann. Es gibt verschiedene Tomatensorten:
Runde Tomaten haben den Nachteil, daß sie viel Saft und Kerne haben und etwas wäßrig schmekken. Man sollte gerippte oder Fleischtomaten vorziehen. Sie haben ein intensives Fruchtaroma, viel Fruchtfleisch und wenig Saft. Sie eignen sich vorzüglich für Salate und Gemüsegerichte sowie ausgehöhlt zum Füllen. Flaschentomaten haben dunkelrotes Fleisch, wenig Saft, und die Haut läßt sich leicht abziehen. Diese Tomaten entfalten ihren Saft beim Kochen und werden deshalb hauptsächlich konserviert angeboten.
Wir haben in dieser Woche gleich dreimal Tomaten auf dem Programm: Am Sonntagmittag als Sauce zu Spaghetti und Saltimbocca sowie am Donnerstagabend zu Chili con carne.

Montag

Frühstück

60 g Passionsfrucht *oder* 100 g Orange, 75 g Speisequark (Magerstufe), 30 g Vollkornbrot, 1 TL Butter, 20 kcal Marmelade (kalorienarm), Getränk nach Wunsch

Mittagessen

90–120 g Steak in 1 TL Öl gebraten, 100 g Pellkartoffeln, 50 g Speisequark (Magerstufe), Kräuter, 200 g Spargel, 4 Oliven

Zwischenmahlzeit

175 g Joghurt (1,5% Fett), 1 TL Kakao, Süßstoff, 3–4 getrocknete Pflaumen (20 g)

Abendessen

Gebackene Forelle (siehe Rezept S. 193), dazu: 30 g geröstetes Weißbrot, 1 TL Butter, 100 g Tomaten, 125 ml Weißwein

Zwischenmahlzeit

100 ml Sauermilch (1,5% Fett), 100 g Guave *oder* 100 g Orange

Männer zusätzlich: 250 ml Gemüsesaft, 60 g Banane, 30 g Vollkornbrot, 100 g Kartoffeln, am Mittag 30 g Steak, am Abend 30 g Forelle

Jugendliche zusätzlich: 250 ml Gemüsesaft, 60 g Banane, 30 g Vollkornbrot, 100 g Kartoffeln, 200 g Schokoladenpudding (kalorienarm), statt Weißwein 30 g Weingummi

Donnerstag

Frühstück

100 g Birne, 1 Ei, 30 g Vollkornbrot, 1 TL Margarine, ½ TL Marmelade (kalorienarm), Getränk nach Wunsch

Mittagessen

90–120 g Kalbsleber, in 1 TL Öl gebraten, 200 g grüne Bohnen, 100 g eßfertiges Kartoffelpüree (Fertigprodukt)
Dessert: 175 g Joghurt (1,5% Fett), 20 kcal Marmelade (kalorienarm)

Zwischenmahlzeit

Grütze aus: 250 g Rhabarber, 3 Blatt Gelatine, Süßstoff, Vanilleextrakt, dazu: 100 ml Milch (1,5% Fett)

Abendessen

Chili con carne (siehe Rezept S. 138), dazu: 125 ml Orangensaft (ungesüßt)

Zwischenmahlzeit

100 ml Milch (1,5% Fett)

Männer zusätzlich: 100 g Kiwi, 125 g Apfel, 30 g Vollkornbrot, 100 g eßfertiges Kartoffelpüree (Fertigprodukt), am Mittag 30 g Leber, am Abend 15 g gehacktes Rindfleisch und 30 g Kidneybohnen

Jugendliche zusätzlich: 100 g Kiwi, 125 g Apfel, 30 g Vollkornbrot, 100 g eßfertiges Kartoffelpüree (Fertigprodukt), 200 g Vanillepudding (kalorienarm)

Freitag

Frühstück

Frühstücks-Müsli (siehe Rezept S. 253), Getränk nach Wunsch

Mittagessen

90–120 g Schellfisch, in 1 TL Margarine gebraten, 100 g Erbsen, 60 g zubereiteter Reis
Dessert: 125 g Grapefruit, ½ TL Zucker

Zwischenmahlzeit

Himbeercreme (siehe Rezept S. 259)

Abendessen

90–120 g magerer Schweinebraten, 30 g Vollkornbrot, 30 g Mischbrot, 2 TL Halbfettmargarine
Salat aus: 100 g Eisbergsalat, 50 g grüne Gurken, 100 g Tomaten, 1 TL Öl, Essig, Salz, Pfeffer, Kräutern

Zwischenmahlzeit

200 ml Bier *oder* 125 ml Wein

Männer zusätzlich: 125 g Grapefruit, 30 g Vollkornbrot, am Mittag 30 g Schellfisch, am Abend 30 g Schweinebraten

Jugendliche zusätzlich: 125 g Grapefruit, 30 g Vollkornbrot, 100 g Speisequark (Magerstufe), statt Bier oder Wein 30 g Lakritze

Dienstag

Frühstück

50 kcal konservierte Pfirsiche (kalorienreduziert), 20 g Grieß, 100 ml Milch (1,5% Fett), Getränk nach Wunsch

Mittagessen

45–60 g gekochtes, enthäutetes Hühnerfleisch, 100 g Möhren, 50 g Erbsen, 25 g Sellerie, in Brühe von 1 kleinen Brühwürfel
Apfelpfannkuchen (siehe Rezept S. 267)

Zwischenmahlzeit

10 g Knäckebrot, 1 TL Halbfettmargarine, 20 kcal Marmelade (kalorienarm), 125 ml Grapefruitsaft (ungesüßt)

Abendessen

90 g geräuchertes Rotbarschfilet, 45 g Vollkornbrot, 1 ½ TL Margarine, 100g Tomate

Zwischenmahlzeit

200 ml Kefir (1,5% Fett), Zitronensaft, Süßstoff, 250 ml Sauerkrautsaft

Männer zusätzlich: 125 g Apfel, 125 g Grapefruit, 20 g Knäckebrot, 30 g Vollkornbrot, am Mittag 15 g Hühnerfleisch, am Abend 30 g Rotbarsch

Jugendliche zusätzlich: 125 g Apfel, 125 g Grapefruit, 20 g Knäckebrot, 30 g Vollkornbrot, 200 ml Dickmilch (1,5% Fett)

Mittwoch

Frühstück

125 g Grapefruit, 30 g Roastbeef, 30 g Vollkornbrot, 1 TL Margarine, ½ TL Honig, Getränk nach Wunsch

Mittagessen

90–120 g Schnitzel, in 1 TL Margarine gebraten, 200 g Blumenkohl, 100 g Kartoffeln
Dessert: 100 g Speisequark (Magerstufe), 125 g Apfel, Zimt, Süßstoff

Zwischenmahlzeit

125 ml Buttermilch (1% Fett)

Abendessen

Hühner-Gemüse-Salat (siehe Rezept S. 239), dazu: 10 g Knäckebrot, 1 TL Halbfettmargarine
Dessert: 100 g Ananas

Zwischenmahlzeit

20 kcal Fruchtnektar (kalorienarm)

Männer zusätzlich: 100 g Birne, 30 g Vollkornbrot, 100 g Kartoffeln, am Mittag 30 g Schnitzel, am Abend 30 g Hühnerfleisch

Jugendliche zusätzlich: 100 g Birne, 30 g Vollkornbrot, 100 g Kartoffeln, 250 ml Milch (0,3% Fett)

Samstag

Frühstück

250 ml Tomatensaft, 30 g Camembert, 30 g Brötchen, 2 TL Margarine, ½ TL Marmelade (kalorienarm), Getränk nach Wunsch

Mittagessen

Chinakohleintopf (siehe Rezept S. 204)
Dessert: 200 ml Kefir (1,5% Fett), gemixt mit 20 kcal Fruchtnektar (kalorienarm)

Zwischenmahlzeit

100 g Joghurt (0,3% Fett), 50 g Speisequark (Magerstufe), 50 kcal Heidelbeeren (kalorienreduziert), 3 Blatt Gelatine

Abendessen

2 gekochte Eier, 200 g Spinat, 1 TL Margarine, 30 g Vollkornbrot

Zwischenmahlzeit

60 g Banane

Männer zusätzlich: 125 g Grapefruit, 100 g Orange, 30 g Brötchen, 30 g Vollkornbrot, am Mittag 30 g Rindfleisch

Jugendliche zusätzlich: 125 g Grapefruit, 100 g Orange, 30 g Brötchen, 30 g Vollkornbrot, 175 g Joghurt (1,5% Fett), 250 ml Milch (0,3% Fett)

Sonntag

Frühstück

100 g Orange, 20 g Schmelzflocken, 100 ml Milch (1,5% Fett), 20 kcal Fruchtnektar (kalorienarm), Getränk nach Wunsch

Mittagessen

Spaghetti mit Meeresfrüchten (siehe Rezept S. 195)
Saltimbocca (siehe Rezept S. 147)
Dessert: Pfirsichquark aus 50 kcal Pfirsich (kalorienreduziert), 90 g Speisequark (Magerstufe), mit 1 EL Mineralwasser, Zitronensaft und Süßstoff verrührt

Zwischenmahlzeit

Bananenkuchen (siehe Rezept S. 277)

Abendessen

90 g geräuchertes Hähnchen, 20 g Vollkornbrot, 1 TL Margarine
Rohkost aus: 100 g geraspelten Möhren, 100 g geraspeltem Knollensellerie, Zitronensaft, Süßstoff, 1 TL Mayonnaise (80% Fett)

Zwischenmahlzeit

100 ml Sauermilch (1,5% Fett)

Männer zusätzlich: 60 g Banane, 125 ml Orangensaft (ungesüßt), 30 g Vollkornbrot, 60 g zubereitete Nudeln, am Mittag 30 g Kalbsschnitzel, am Abend 30 g Hähnchen

Jugendliche zusätzlich: 60 g Banane, 125 ml Orangensaft (ungesüßt), 30 g Vollkornbrot, 60 g zubereitete Nudeln, 175 g Joghurt (1,5% Fett)

19. Woche

Die Spargelsaison wird von allen Feinschmeckern lange erwartet; sie beginnt Mitte April und endet normalerweise am Johannistag, dem 24. Juni.
Der teure Preis hat seine Ursache in der komplizierten Spargelzucht. Die Pflanze benötigt insgesamt vier Jahre, bis sie während einer Saison, und dann auch nur bei einer bestimmten Temperatur, gestochen werden kann. Es muß schwül und feuchtwarm sein, denn bei diesem Wetter wachsen die Stangen in einer Stunde bis zu 4 cm.
Da hierzulande hauptsächlich weißer Spargel geschätzt wird, muß man ihn dann stechen, wenn er durch die Erde zu dringen beginnt. Die kühle Morgenluft läßt die Spargelköpfe blau, die Sonne dagegen die Stangen grün werden. Zwischen dem teuren weißen und dem etwas billigeren blauen gibt es keinen geschmacklichen Unterschied.
Für das am Dienstagabend vorgesehene Frühlingssalatrezept können Sie auch Bruchspargel nehmen, der erheblich preisgünstiger ist.

Montag

Frühstück

125 g Himbeeren, 20 g Grieß, 125 ml Milch (0,3% Fett), Vanillearoma, 1 TL Butter, Süßstoff, Getränk nach Wunsch

Mittagessen

Beschwipster Kohlrabiauflauf (siehe Rezept S. 199)
Dessert: 125 g Erdbeeren mit 30 ml Weißwein übergießen, in 100 g Joghurt (0,3% Fett) einrühren, Süßstoff

Zwischenmahlzeit

20 g Vollkornknäckebrot, 1 TL Halbfettmargarine, 20 kcal Marmelade (kalorienarm), 60 g Banane

Abendessen

150 g Speisequark (Magerstufe), ½ EL saure Sahne, Petersilie, Dill, Schnittlauch, Pfeffer, Salz, Süßstoff, 30 g Toastbrot

Zwischenmahlzeit

1 TL Kakao, Süßstoff mit 2 TL Halbfettmargarine verrühren und 20 g Zwieback damit bestreichen, 1 TL geraspelte Kokosnuß zum Bestreuen, 250 ml Milch (0,3% Fett)

Männer zusätzlich: 100 g Birne, 250 ml Gemüsesaft, 30 g Vollkornbrot, 20 g Knäckebrot, am Mittag 15 g Tatar

Jugendliche zusätzlich: 100 g Birne, 250 ml Gemüsesaft, 30 g Vollkornbrot, 20 g Knäckebrot, 200 g Vanillepudding (kalorienarm)

Donnerstag

Frühstück

250 ml Tomatensaft, 1 Ei mit 3 g Vollkornmehl, Schnittlauch, Dill und Salz verrühren, in 1 TL Pflanzencreme braten, Getränk nach Wunsch

Mittagessen

90 g Wiener Würstchen, Kartoffelsalat aus: 100 g Pellkartoffeln, 100 g Joghurt (0,3% Fett), 25 g Zwiebel, Kräuteressig, Süßstoff, 1 TL Mayonnaise (80% Fett)

Zwischenmahlzeit

50 g Mandarinen (konserviert ohne Zucker) mit 1 EL Saft, 125 g Apfel, 1 TL geraspelte Kokosnuß, Zimt, Süßstoff, 25 g Magermilchpulver mit 6 EL Eiswasser u. Süßstoff als »Sahne« schlagen, 20 kcal Dessertsauce (kalorienarm)

Abendessen

Putenleber mit Mandarinencreme (siehe Rezept S. 168), dazu: 100 g Karottensalat (im Glas ohne Fett), 60 g zubereiteter Reis

Zwischenmahlzeit

100 g Champignons in Brühe von 1 kleinen Brühwürfel, mit 2 TL Kondensmilch (4% Fett) verrührt

Männer zusätzlich: 75 g Kirschen, 100 g Ananas, 100 g Kartoffeln, 60 g zubereiteter Reis, am Mittag 30 g Würstchen, am Abend 30 g Leber

Jugendliche zusätzlich: 75 g Kirschen, 100 g Ananas, 100 g Kartoffeln, 60 g zubereiteter Reis, 200 g Schokoladenpudding (kalorienarm), 200 ml Milch (1,5% Fett)

Freitag

Frühstück

100 g Mango *oder* 100 g Orange, 75 g Speisequark (Magerstufe), 1 TL Honig, 30 g Toastbrot, 1 TL Halbfettmargarine, Getränk nach Wunsch

Mittagessen

Neptunschmaus (siehe Rezept S. 180)

Zwischenmahlzeit

20 kcal Orangensaft (kalorienarm)

Abendessen

60 g Camembert, 30 g Vollkornbrot, 1 TL Margarine, 50 g Tomate, 100 g Birne

Zwischenmahlzeit

75 g Kirschen, 300 ml Dickmilch (1,5% Fett), Süßstoff

Männer zusätzlich: 125 g Grapefruit, 30 g Vollkornbrot, 30 g Weißbrot, am Mittag 30 g Schellfisch

Jugendliche zusätzlich: 125 g Grapefruit, 30 g Vollkornbrot, 30 g Weißbrot, 200 ml Milch (1,5% Fett)

Dienstag

Frühstück

125 ml Orangensaft (ungesüßt), 30 g Roastbeef, 30 g Vollkornbrot, 1 TL Halbfettmargarine, ½ TL Mayonnaise (80% Fett), Senf, Getränk nach Wunsch

Mittagessen

90–120 g Kotelett, in 10 g Paniermehl gewälzt und in 1 TL Öl gebraten, 75 g Rosenkohl, 20 g eingelegte Tomatenpaprika, 20 kcal Salatsauce (kalorienarm)

Zwischenmahlzeit

125 ml Sauerkrautsaft

Abendessen

Krabbeneier mit Frühlingssalat (siehe Rezept S. 242)
Dessert: **Knusperquark** (siehe Rezept S. 260)

Zwischenmahlzeit

20 g Cornflakes, ½ TL Honig, 60 g Banane, 200 ml Kefir (1,5% Fett)

Männer zusätzlich: 250 ml Tomatensaft, 125 g Grapefruit, 100 g Kartoffeln, am Mittag 30 g Kotelett, am Abend 15 g Krabbenfleisch

Jugendliche zusätzlich: 250 ml Tomatensaft, 125 g Grapefruit, 100 g Kartoffeln, 175 g Joghurt (1,5% Fett), 250 ml Milch (0,3% Fett)

Mittwoch

Frühstück

125 g Grapefruit, 30 g Gouda, 20 g Vollkornknäckebrot, 2 TL Halbfettmargarine, 50 g Radieschen, Getränk nach Wunsch

Mittagessen

Italienische Rindfleischpfanne (siehe Rezept S. 129)

Zwischenmahlzeit

250 ml Buttermilch (1% Fett), Zitronenaroma, Süßstoff

Abendessen

90–120 g Thunfisch (konserviert in Wasser), 50 g Ananas (ohne Zucker konserviert) mit 1 EL Saft, 50 g Gurke, 50 g rote Paprikaschote, 100 g Erbsen als Salat, 2 TL Cocktailsauce, dazu: 2 TL Halbfettmargarine, 30 g Roggenbrötchen

Zwischenmahlzeit

200 g Vanillepudding (kalorienarm), 50 kcal Stachelbeeren (kalorienreduziert), 20 kcal Dessertsauce (kalorienarm)

Männer zusätzlich: 100 g Orange, 125 g Apfel, 30 g Vollkornbrot, 60 g zubereitete Nudeln, am Mittag 30 g Rindfleisch, am Abend 30 g Thunfisch

Jugendliche zusätzlich: 100 g Orange, 125 g Apfel, 30 g Vollkornbrot, 60 g zubereitete Nudeln, 100 g Speisequark (Magerstufe)

Samstag

Frühstück

125 ml Grapefruitsaft (ungesüßt), 1 Ei, 2 TL Halbfettmargarine, 30 g Mohnbrötchen, Getränk nach Wunsch

Mittagessen

90–120 g Rinderbraten, ohne Fett zubereitet, Sauce aus: 100 ml Wasser, 1 TL Instantbrühe, 20 g Vollkornmehl, 2 TL Rotwein, 1 EL Tomatenmark; 150 g grüne Bohnen als Salat, Marinade aus: 25 g Zwiebeln, Kräuteressig, Kräutern, Süßstoff

Zwischenmahlzeit

100 g Speisequark (Magerstufe), ½ TL Kaffeepulver, Rumaroma, Süßstoff

Abendessen

Hähnchensalat Caracas ((siehe Rezept S. 238)

Zwischenmahlzeit

20 g getrocknete Pflaumen, 150 g Joghurt (0,3% Fett), Süßstoff, 20 kcal Sirup (kalorienarm)

Männer zusätzlich: 125 ml Orangensaft (ungesüßt), 250 ml Tomatensaft, 30 g Vollkornbrot, 30 g Toastbrot, am Mittag 30 g Rinderbraten, am Abend 30 g Hühnerfleisch

Jugendliche zusätzlich: 100 ml Orangensaft (ungesüßt), 250 ml Tomatensaft, 30 g Vollkornbrot, 30 g Toastbrot, 200 ml Joghurt (0,3% Fett), 200 ml Milch (1,5% Fett)

Sonntag

Frühstück

65 ml Orangensaft (ungesüßt), 30 g Roastbeef, 30 g Vollkornbrot, 1 TL Halbfettmargarine, 50 g Orange zum Garnieren, Getränk nach Wunsch

Mittagessen

Wachteleier im Nest (siehe Rezept S. 208), dazu:
Kräutersauce (siehe Rezept S. 246),
Kalbfleisch Toledo (siehe Rezept S. 148),
Dessert: 150 g Schokoladenpudding (kalorienarm), 60 g Himbeeren (Tiefkühlware)

Zwischenmahlzeit

Rhabarbertörtchen mit Sahne (siehe Rezept S. 278)

Abendessen

90 g Räucherlachs, 1 TL Halbfettmargarine, 30 g Brötchen, 1 TL Meerrettich, Petersilie, 150 g frischer Spargel

Zwischenmahlzeit

250 ml Milch (0,3% Fett)

Männer zusätzlich: 125 g Apfel, 60 g Banane, 30 g Vollkornbrot, 30 g Brötchen, am Mittag 15 g Kalbfleisch, am Abend 30 g Lachs

Jugendliche zusätzlich: 125 g Apfel, 60 g Banane, 30 g Vollkornbrot, 30 g Brötchen, 200 g Joghurt (0,3% Fett), 250 ml Milch (0,3% Fett)

20. Woche

Kapern sind die erbsengroßen, runden, grünbraunen Blütenknospen des Kapernstrauchs. Der etwa 1 m hohe, stachelige Strauch, der eigentlich wild im Mittelmeergebiet wächst, wird aber auch in unseren Gebieten angebaut.
Kapern schmecken würzig-herb und werden in Salzwasser, Essig oder Öl eingelegt. Die kleinsten sind übrigens auch die feinsten.
Kapern verfeinern Saucen und Ragouts. Als Zutaten sind sie unerläßlich zu Königsberger Klopsen und Tatar.
Pikant: Kapernbutter zu Fisch.
Am Dienstagabend finden Sie ein köstliches Leberrezept mit Kapern.

Montag

Frühstück

60 g Banane, 20 g Cornflakes, 200 ml Milch (1,5% Fett), Getränk nach Wunsch

Mittagessen

Hackfleischtasche (siehe Rezept S. 137), dazu: 100 g eßfertiges Kartoffelpüree (Fertigprodukt), 1 TL Butter

Zwischenmahlzeit

Obstsalat aus: 50 g Orange, 50 g Ananas (konserviert ohne Zucker), 125 g Erdbeeren, 1 EL Ananassaft, Zitronensaft, ½ TL Honig

Abendessen

60 g Hartkäse, 2 Oliven, 30 g Vollkornbrot, 1 TL Margarine, 50 g Radieschen, 100 g Tomaten
Dessert: 200 ml Dickmilch (1,5% Fett), 20 kcal Marmelade (kalorienarm)

Zwischenmahlzeit

150 ml Bier

Männer zusätzlich: 100 g Orange, 250 ml Gemüsesaft, 20 g Knäckebrot, 30 g Vollkornbrot, am Mittag 30 g Hackfleisch

Jugendliche zusätzlich: 100 g Orange, 250 ml Gemüsesaft, 20 g Knäckebrot, 30 g Vollkornbrot, 175 g Joghurt (1,5% Fett), statt Bier 30 g Fruchtgummi

Donnerstag

Frühstück

20 g Rosinen, 20 g Haferflocken, 125 ml Milch (0,3% Fett), Getränk nach Wunsch

Mittagessen

Schäfertopf (siehe Rezept S. 133)
Dessert: 100 g Joghurt (0,3% Fett), 50 kcal Pfirsiche (kalorienreduziert)

Zwischenmahlzeit

20 g Grieß, 1 TL Margarine, 200 ml Milch (1,5% Fett), 125 g Erdbeeren, 1 TL geraspelte Kokosnuß

Abendessen

150 g Speisequark mit Kräutern, 100 g Pellkartoffeln, 100 g Kopfsalat, Marinade aus: 2 TL Öl, Essig

Zwischenmahlzeit

20 kcal Limonade (kalorienarm)

Männer zusätzlich: 250 ml Tomatensaft, 125 g Erdbeeren, 20 g Haferflocken, 100 g Kartoffeln, am Mittag 15 g Rindfleisch

Jugendliche zusätzlich: 250 ml Tomatensaft, 125 g Erdbeeren, 20 g Haferflocken, 100 g Kartoffeln, 200 ml Milch (1,5% Fett), 200 g Joghurt (0,3% Fett)

Freitag

Frühstück

100 g Orange, 30 g Roastbeef, 1 TL Margarine, 30 g Vollkornbrot, 50 g Gewürzgurke, Getränk nach Wunsch

Mittagessen

75 g Speisequark, 30 g Edelpilzkäse, 30 g Brötchen, 1 TL Margarine, 200 g Tomate

Zwischenmahlzeit

200 g Vanillepudding (kalorienarm), 50 kcal Aprikosen (kalorienreduziert)

Abendessen

Thunfisch Indische Art (siehe Rezept S. 187), dazu: 60 g zubereiteter Reis

Zwischenmahlzeit

200 ml Dickmilch (1,5% Fett), 1 TL Weizenkeime, ½ TL Honig

Männer zusätzlich: 50 kcal Aprikosen (kalorienreduziert), 100 g Orange, 30 g Brötchen, 60 g zubereiteter Reis, am Abend 30 g Thunfisch

Jugendliche zusätzlich: 50 kcal Aprikosen (kalorienreduziert), 100 g Orange, 30 g Brötchen, 60 g zubereiteter Reis, 200 ml Milch (1,5% Fett)

Dienstag

Frühstück

20 g getrocknete Aprikosen, 75 g Hüttenkäse, 20 g Knäckebrot, 1 TL Margarine, Getränk nach Wunsch

Mittagessen

2 Eier, in einer beschichteten Pfanne gebraten, 200 g Kohlrabi, gewürzt mit 1 TL geriebenen Käse, 30 g Weißbrot
Dessert: 125 ml Orangensaft (ungesüßt), 200 ml Milch (1,5% Fett), Süßstoff, als Milch-Mix-Getränk

Zwischenmahlzeit

175 g Joghurt (1,5% Fett), ½ TL Kakao, ½ TL Marmelade, Süßstoff

Abendessen

Leber mit Kapern (siehe Rezept S. 166), dazu: 200 g Blumenkohl, 100 g Salzkartoffeln

Zwischenmahlzeit

Grüner Salat (siehe Rezept S. 222), 20 kcal Fruchtnektar (kalorienarm)

Männer zusätzlich: 125 g Grapefruit, 60 g Banane, 30 g Weißbrot, 100 g Kartoffeln, am Abend 30 g Leber

Jugendliche zusätzlich: 125 g Grapefruit, 60 g Banane, 30 g Weißbrot, 100 g Kartoffeln 200 ml Milch (1,5% Fett)

Mittwoch

Frühstück

Traubenknäcke (siehe Rezept S. 217), Getränk nach Wunsch

Mittagessen

90–120 g Kabeljaufilet, in 10 g Mehl gewendet und 1 TL Öl gebraten, 90 g zubereitete Nudeln, 100 g pürierte Tomaten (Dosenware) als Sauce
Dessert: 100 g Ananas (konserviert ohne Zucker) mit 2 EL Saft

Zwischenmahlzeit

200 ml Sauermilch (1,5% Fett)

Abendessen

70–85 g Schweineschnitzel, in 1 TL Öl gebraten, 200 g Kohlrabi, dazu: **Käsesauce** (siehe Rezept S. 247)

Zwischenmahlzeit

125 g Grapefruit, 1 TL Zucker, Zimt, 100 ml Milch (1,5% Fett)

Männer zusätzlich: 60 g Banane, 100 g Orange, 60 g zubereitete Nudeln, 30 g Vollkornbrot, am Mittag 30 g Kabeljaufilet, am Abend 15 g Schweineschnitzel

Jugendliche zusätzlich: 60 g Banane, 100 g Orange, 60 g zubereitete Nudeln, 30 g Vollkornbrot, 200 g Vanillepudding (kalorienarm)

Samstag

Frühstück

125 g Grapefruit, 75 g Speisequark (Magerstufe), 20 g Vollkornknäckebrot, Getränk nach Wunsch

Mittagessen

Tomaten-Rühreier (siehe Rezept S. 213), dazu: 300 g Spinat
Dessert: **Gegrillter Schokoladenpudding** (siehe Rezept S. 255)

Zwischenmahlzeit

60 g Banane (zermust) auf 20 g Zwieback streichen, 100 ml Milch (1,5% Fett)

Abendessen

90–120 g Tatar (Beefsteakhack), 30 g Vollkornbrot, 1 TL Margarine, 50 g Paprikaschote, 50 g Radieschen, 50 g Tomate, 100 g Kopfsalat, Marinade aus: 2 TL Öl, Essig, Kresse

Zwischenmahlzeit

125 g Himbeeren (Tiefkühlware) und 25 g Magermilchpulver mit Zitronensaft und Süßstoff zu »Eiscreme« schlagen

Männer zusätzlich: 125 g Apfel, 125 g Grapefruit, 20 g Knäckebrot 30 g Vollkornbrot, am Abend 30 g Tatar

Jugendliche zusätzlich: 125 g Apfel, 125 g Grapefruit, 20 g Knäckebrot 30 g Vollkornbort, 75 g Joghurt (1,5% Fett)

Sonntag

Frühstück

100 g Mango *oder* 100 g Orange, 30 g Roastbeef, 1 TL Margarine, 30 g Brötchen, ½ TL Marmelade, Getränk nach Wunsch

Mittagessen

Kabeljauschaschlik (siehe Rezept S. 179), dazu: 100 g Kartoffeln, in Aluminiumfolie gebacken, **Eisbergsalat Hawaii** (siehe Rezept S. 224)
Dessert: 175 g Joghurt (1,5% Fett), 20 kcal Gelee (kalorienarm)

Zwischenmahlzeit

Kaffee-Kokosnuß-Kugeln (siehe Rezept S. 282)

Abendessen

90 g Geflügelwurst, 30 g Vollkornbrot, 1 TL Margarine, 50 g Gewürzgurke
Dessert: 75 g Birne

Zwischenmahlzeit

250 ml Apfelwein

Männer zusätzlich: 125 g Apfel, 250 ml Tomatensaft, 30 g Brötchen, 30 g Vollkornbrot, am Mittag 30 g Kabeljaufilet, am Abend 30 g Geflügelwurst

Jugendliche zusätzlich: 125 g Apfel, 250 ml Tomatensaft, 30 g Brötchen, 30 g Vollkornbrot, 100 g Speisequark (Magerstufe)

21. Woche

Wenn man die Lieblingsspeise einer Nation nach der Häufigkeit des Verzehrs bestimmt, so steht in unserem Land das Hähnchen an erster Stelle. Da dieses Geflügel am liebsten schon im gegrillten Zustand gekauft wird – man spart dadurch Strom, und die Zubereitung entfällt –, ist es ein ideales warmes Essen für Berufstätige.
Schon vorgekochte Hühner in der Dose eignen sich vorzüglich für Geflügelsalate. Tiefgefrorene Hähnchen haben den Vorteil, daß sie preisgünstiger angeboten werden. Einzelteile wie Schenkel und Brust sind, wenn man sie grillt, ein schnelles und kalorienarmes Essen.
Das magere weiße Fleisch von Hühnern und Puten ist besonders zart und wohlschmeckend, außerdem eiweißreich, leicht verdaulich und sehr bekömmlich.
Ob man Geflügel grillt, in der Folie oder in der Tonform gart oder schmort, die vielfachen Zubereitungsmöglichkeiten bereichern den Speiseplan. Unser Lieblingsrezept dieser Woche ist »Hähnchen in Rotweinsauce«.

Montag

Frühstück

125 g Pfirsiche, 20 g Cornflakes, 200 ml Milch (1,5% Fett), Getränk nach Wunsch

Mittagessen

Rinderleber »Singapore« (siehe Rezept S. 168), dazu: 60 g zubereiteter Reis

Zwischenmahlzeit

100 g Orange, 100 g Speisequark (Magerstufe), ½ TL Kakao, Süßstoff

Abendessen

60 g Edamer, ½ TL Margarine, 30 g Vollkornbrot, 100 g Gurke, 100 g Rettich

Zwischenmahlzeit

20 g Zwieback, 1 TL Margarine, 20 kcal Fruchtnektar (kalorienarm)

Männer zusätzlich: 125 ml Orangensaft (ungesüßt), 200 g Wassermelone, 20 g Cornflakes, 30 g Vollkornbrot, am Mittag 30 g Leber

Jugendliche zusätzlich: 125 ml Orangensaft (ungesüßt), **Ananas-Bananen-Milchshake** (siehe Rezept, S. 286), 20 g Cornflakes, 30 g Vollkornbrot

Donnerstag

Frühstück

125 g Grapefruit, 30 g Tatar (Beefsteakhack), 1 TL Margarine, 30 g Vollkornbrot, 25 g Zwiebel, Getränk nach Wunsch

Mittagessen

Hähnchen in Rotweinsauce (siehe Rezept S. 156), dazu: 100 g Kartoffeln
Dessert: 100 g Speisequark (Magerstufe)

Zwischenmahlzeit

10 g einfache Kekse, 80 ml Traubensaft (ungesüßt)

Abendessen

90–120 g aufgeschnittener magerer Schweinebraten, 1 TL süßer Senf, 30 g Mischbrot, 1 TL Margarine
Dessert: 200 ml Milch (1,5% Fett), ½ TL Kakao

Zwischenmahlzeit

200 g Kopfsalat, 20 kcal Salatsauce (kalorienarm), 125 g Apfel

Männer zusätzlich: 125 g Erdbeeren, 125 g Apfel, 100 g Kartoffeln, 30 g Mischbrot, am Mittag 30 g Hähnchen, am Abend 30 g Schweinebraten

Jugendliche zusätzlich: 125 g Erdbeeren, 125 g Apfel, 100 g Kartoffeln, 30 g Mischbrot, 175 g Joghurt (1,5% Fett), 200 ml Milch (1,5% Fett)

Freitag

Frühstück

125 g Erdbeeren, 20 g Grieß, 200 ml Milch (1,5% Fett), Getränk nach Wunsch

Mittagessen

90–120 g gegrilltes Rindersteak, 200 g grüne Bohnen, 100 g Kartoffeln
Dessert: 100 g Joghurt (0,3% Fett), 20 kcal Konfitüre (kalorienarm)

Zwischenmahlzeit

20 g Knäckebrot, 2 TL Halbfettmargarine, ½ TL Honig, ½ TL Marmelade

Abendessen

Amsterdamer Tomatensuppe (siehe Rezept S. 113), 1 hartgekochtes Ei, 30 g Vollkornbrot, 1 TL Margarine
Dessert: 50 kcal Aprikosen (kalorienreduziert)

Zwischenmahlzeit

20 g getrocknete Pflaumen, 125 ml Milch (0,3% Fett), ½ TL Kakao, Süßstoff

Männer zusätzlich: 100 g Kiwi, 60 g Banane, 100 g Kartoffeln, 30 g Vollkornbrot, am Mittag 30 g Rindersteak

Jugendliche zusätzlich: 100 g Kiwi, 60 g Banane, 100 g Kartoffeln, 30 g Vollkornbort, 100 g Speisequark (Magerstufe)

Dienstag

Frühstück

125 ml Orangensaft (ungesüßt), 20 g Knäckebrot, 1 TL Margarine, 30 g Camembert, 2 Oliven, 50 g Radieschen, Getränk nach Wunsch

Mittagessen

90–120 g Putenschnitzel, in 1 TL Öl gebraten, 100 g Kartoffeln, 100 g Erbsen, 100 g Möhren

Zwischenmahlzeit

100 g Honigmelone, 200 ml Kefir (1,5% Fett)

Abendessen

Fischsalat »Rosana« (siehe Rezept S. 242), dazu: 30 g Vollkornbrot

Zwischenmahlzeit

150 g Joghurt (0,3% Fett), 20 kcal Marmelade (kalorienarm), 1 EL Weizenkleie

Männer zusätzlich: 60 g Banane, 125 g Apfel, 100 g Kartoffeln, 30 g Vollkornbrot, am Mittag 30 g Putenschnitzel, am Abend 30 g Rotbarschfilet

Jugendliche zusätzlich: 60 g Banane, 125 g Apfel, 100 g Kartoffeln, 30 g Vollkornbrot, 200 ml Milch (1,5% Fett), 100 g Speisequark (Magerstufe)

Mittwoch

Frühstück

250 ml Tomatensaft, 1 Ei, 30 g Brötchen, 1 TL Butter, Getränk nach Wunsch

Mittagessen

150 g Speisequark (Magerstufe), verrührt mit 1 EL Tomatenmark, 100 g Pellkartoffeln, 100 g Rote Bete (Glas)

Zwischenmahlzeit

Joghurt-Frucht-Pudding (siehe Rezept S. 255)

Abendessen

90–120 g Bismarckhering, 100 g eßfertiges Kartoffelpüree (Fertigprodukt), 50 g Gewürzgurke, 100 g Kopfsalat, 50 g Radieschen, 100 g Tomaten, Marinade aus: 2 TL Öl, Essig, Kräutern

Zwischenmahlzeit

200 ml Dickmilch (1,5% Fett), kalorienarme Dessertsauce (20 kcal)

Männer zusätzlich: 100 g Orange, 80 ml Traubensaft (ungesüßt), 30 g Brötchen, 100 g eßfertiges Kartoffelpüree (Fertigprodukt), am Abend 30 g Bismarckhering

Jugendliche zusätzlich: 100 g Orange, 80 ml Traubensaft (ungesüßt), 30 g Brötchen, 100 g eßfertiges Kartoffelpüree (Fertigprodukt), 200 g Schokoladenpudding (kalorienarm)

Samstag

Frühstück

125 g Apfel, 30 g Roastbeef, 1 TL Halbfettmargarine, 30 g Brötchen, 1 TL Meerrettich, Getränk nach Wunsch

Mittagessen

Überraschungsauflauf (siehe Rezept S. 218), dazu: 100 g Kopfsalat, 20 kcal Salatsauce (kalorienarm)

Zwischenmahlzeit

Erdbeer-Mango-Creme (siehe Rezept S. 258)

Abendessen

90 g geräucherte Forelle, 30 g Vollkornbrot, 1 TL Halbfettmargarine, 50 g Gewürzgurke
Dessert: 60 g Banane, 25 g süße Sahne, ½ TL Kaffeepulver, Süßstoff

Zwischenmahlzeit

10 g Haferflocken, 50 ml Dickmilch (1,5% Fett)

Männer zusätzlich: 125 g Grapefruitsaft (ungesüßt), 100 g Orange, 30 g Brötchen, 30 g Vollkornbrot, am Mittag 15 g Schinken, am Abend 30 g Forelle

Jugendliche zusätzlich: 125 g Grapefruitsaft (ungesüßt), 100 g Orange, 30 g Brötchen, 30 g Vollkornbrot, 175 g Joghurt (1,5% Fett)

Sonntag

Frühstück

100 g Kiwi, 1 Ei, 1 TL Halbfettbutter, 30 g Mohnbrötchen, Getränk nach Wunsch

Mittagessen

Curry-Kalbfleisch (siehe Rezpt S. 147), dazu: 60 g zubereiteter Reis
Dessert: 100 g Speisequark (Magerstufe), 20 kcal Marmelade (kalorienarm)

Zwischenmahlzeit

Rotweinspeise (siehe Rezept S. 256)

Abendessen

30 g Schmelzkäse, 45–60 g Roastbeef, 1 TL Halbfettmargarine, 30 g Vollkornbrot, 2 Oliven, 50 g eingelegte Artischocken, 100 g Kopfsalat, 100 g Tomaten, Marinade aus: 1 TL Öl, Essig

Zwischenmahlzeit

125 ml Milch (0,3% Fett), ½ TL Kakao, Süßstoff, 100 g Wassermelone

Männer zusätzlich: 125 g Pfirsiche, 250 ml Gemüsesaft, 60 g zubereiteter Reis, 30 g Vollkornbrot, am Mittag 30 g Kalbsschnitzel, am Abend 15 g Roastbeef

Jugendliche zusätzlich: 125 g Pfirsiche, 250 ml Gemüsesaft, 60 g zubereiteter Reis, 30 g Vollkornbrot, 300 ml Milch (1,5% Fett)

22. Woche

Petersilie, Dill und Schnittlauch liegen an der Spitze des Kräuterverbrauchs. Sie sind neben Zitronenmelisse, Kresse und Borretsch die bekanntesten und enthalten sehr viel Vitamin C und Mineralstoffe. Deshalb sind sie bei einer Reduktionskost von großer Bedeutung. In den letzten Jahren haben sich aber auch Kräuter wie Basilikum, Oregano, Rosmarin, Salbei und Thymian in unserer Küche durchgesetzt. Diese Kräuter gehören zu typischen südländischen Speisen und sind frisch auf gut sortierten Märkten zu finden. Sie haben ein besonders ausgeprägtes Aroma und sollten deshalb im getrockneten Zustand dosiert verwendet werden.
Getrocknete Kräutermischungen, wie z. B. »Kräuter der Provence«, findet man heute in allen Supermärkten. Sie sind, gut verschlossen aufbewahrt, praktisch unbegrenzt haltbar.

Montag

Frühstück

20 g Rosinen, 75 g Speisequark, Süßstoff, 20 g Knäckebrot, Getränk nach Wunsch

Mittagessen

Leberspieße (siehe Rezept S. 174), dazu: 60 g zubereiteter Reis
Dessert: 175 g Joghurt (1,5% Fett), ½ TL Marmelade

Zwischenmahlzeit

125 g Erdbeeren mit 25 g Magermilchpulver pürieren, 1 TL geraspelte Kokosnuß zum Bestreuen

Abendessen

60 g Hartkäse, 1 TL Margarine, 30 g Vollkornbort, 100 g Radieschen

Zwischenmahlzeit

200 g Gurke, Marinade aus: 2 TL Öl, Zitronensaft, Schnittlauch, 20 kcal Limonade (kalorienarm)

Männer zusätzlich: 100 g Nektarinen, 125 g Apfel, 60 g zubereiteter Reis, 30 g Vollkornbrot, am Mittag 30 g Leber

Jugendliche zusätzlich: 100 g Nektarinen, 125 g Apfel, 60 g zubereiteter Reis, 30 g Vollkornbrot, 100 g Speisequark (Magerstufe), 200 ml Milch (1,5% Fett)

Donnerstag

Frühstück

125 g Apfel, 30 g Edamer, 1 TL Margarine, 30 g Vollkornbrot, Getränk nach Wunsch

Mittagessen

150 g Speisequark vermengt mit Kräutern, 30 g Vollkornbrot, 2 TL Halbfettmargarine, 100 g Gurken, 100 g Tomaten, 100 g Kopfsalat, 4 Oliven, 20 kcal Salatsauce (kalorienarm)

Zwischenmahlzeit

Bananen-Dickmilch-Drink (siehe Rezept S. 285)

Abendessen

Putensteaks in Zitrone (siehe Rezept S. 162), dazu: 75 g eßfertiges Kartoffelpüree (Fertigprodukt)
Dessert: 175 g Joghurt (1,5% Fett)

Zwischenmahlzeit

125 g Grapefruit, 100 g Möhren in Brühe von ½ kleinen Brühwürfel, 200 ml Bier

Männer zusätzlich: 125 g Pflirsche, 60 g Banane, 30 g Vollkornbrot, 100 g eßfertiges Kartoffelpüree (Fertigprodukt), am Abend 30 g Putensteak

Jugendliche zusätzlich: 125 g Pfirsiche, 60 g Banane, 30 g Vollkornbrot, 100 g eßfertiges Kartoffelpüree (Fertigprodukt), 200 ml Dickmlich (1,5% Fett), statt Bier 30 g Lakritze

Freitag

Frühstück

60 g Banane, 20 g Haferflocken, ½ TL Sesamkörner, 125 ml Milch (0,3% Fett), Getränk nach Wunsch

Mittagessen

Schellfischfilet in Alufolie (siehe Rezept S. 179), dazu: 100 g eßfertiges Kartoffelpüree (Fertigprodukt)
Dessert: 100 ml Sauermilch (1,5% Fett), 20 kcal Fruchtnektar (kalorienarm)

Zwischenmahlzeit

200 ml Milch (1,5% Fett), 1 TL Kakao, Süßstoff

Abendessen

75 g Hüttenkäse, 60 g Vollkornbrot, 1 TL Margarine, **Spinatsalat mit Äpfeln** (siehe Rezept S. 224)

Zwischenmahlzeit

125 ml Orangensaft (ungesüßt)

Männer zusätzlich: 125 g Grapefruit, 20 g getrocknete Pflaumen, 100 g eßfertiges Kartoffelpüree (Fertigprodukt), 20 g Knäckebrot, am Mittag 30 g Schellfisch

Jugendliche zusätzlich: 125 g Grapefruit, 20 g getrocknete Pflaumen, 100 g eßfertiges Kartoffelpüree (Fertigprodukt), 20 g Knäckebrot, 175 g Joghurt (1,5% Fett)

Dienstag

Frühstück

125 g Pfirsiche, 20 g Cornflakes, 200 ml Milch (1,5% Fett), Getränk nach Wunsch

Mittagessen

90–120 g Schweinesteak, in 1 TL Öl gebraten, 200 g Broccoli, 100 g Kartoffeln, 1 TL geriebener Käse

Zwischenmahlzeit

200 ml Dickmilch (1,5% Fett), 100 g Orange, 1 TL geraspelte Kokosnuß

Abendessen

Schinken mit Mainzer Spargel (siehe Rezept S. 145), dazu: 100 g Kartoffeln

Zwischenmahlzeit

250 ml Gemüsesaft, 10 g Knäckebrot, 1 TL Margarine, ½ TL Honig

Männer zusätzlich: 125 g Erdbeeren, 100 g Orange, 100 g Kartoffeln, 20 g Knäckebrot, am Mittag 30 g Schweinesteak, am Abend 15 g Schinken

Jugendliche zusätzlich: 125 g Erdbeeren, 100 g Orange, 100 g Kartoffeln, 20 g Knäckebrot, 200 g Vanillepudding (kalorienarm), 175 g Joghurt (1,5% Fett)

Mittwoch

Frühstück

Käsetoast (siehe Rezept S. 220), dazu: 100 g Birne, Getränk nach Wunsch

Mittagessen

90 g geräuchertes Rotbarschfilet, 30 g Vollkornbrot, 1 TL Margarine, 100 g Tomate

Zwischenmahlzeit

100 g Speisequark (Magerstufe), 20 g getrocknete Aprikosen, 1 TL Kakao, Rumaroma, 20 kcal Fruchtnektar (kalorienarm)

Abendessen

Südländischer Fleischtopf (siehe Rezept S. 127), dazu: 60 g zubereitete Nudeln

Zwischenmahlzeit

125 ml Grapefruitsaft (ungesüßt), 250 ml Buttermilch (1,0% Fett) als Milchmixgetränk

Männer zusätzlich: **Apfelkompott** (siehe Rezept S. 264), 30 g Vollkornbrot, 60 g zubereitete Nudeln, am Mittag 30 g Rotbarschfilet, am Abend 30 g Rindergulasch

Jugendliche zusätzlich: **Apfelkompott** (siehe Rezept S. 264), 30 g Vollkornbrot, 60 zubereitete Nudeln, 250 ml Milch (0,3% Fett)

Samstag

Frühstück

250 ml Tomatensaft, 1 Ei, 30 g Vollkornbrot, 1 TL Margarine, Getränk nach Wunsch

Mittagessen

Pikante Hamburger (siehe Rezept S. 136), 100 g Kopfsalat, 100 g Gurke, 20 kcal Salatsauce (kalorienarm)
Dessert: 175 g Joghurt (1,5% Fett), 50 kcal Stachelbeeren (kalorienreduziert)

Zwischenmahlzeit

20 g Zwieback, 1 TL Halbfettmargarine, ½ TL Marmelade (kalorienarm)

Abendessen

90–120 g Roastbeef, 1 TL Meerrettich, 100 g Kartoffel und 50 g Zwiebeln, in 1 TL Öl gebraten, 50 g Gewürzgurken

Zwischenmahlzeit

200 ml Dickmilch (1,5% Fett), ½ TL Kaffeepulver, Süßstoff, 20 g getrocknete Pflaumen

Männer zusätzlich: 50 kcal Stachelbeeren (kalorienreduziert), 125 g Apfel, 20 g Zwieback, 100 g Kartoffeln, am Mittag 30 g Rinderhack, am Abend 30 g Roastbeef

Jugendliche zusätzlich: 50 kcal Stachelbeeren (kalorienreduziert), 125 g Apfel, 20 g Zwieback, 100 g Kartoffeln, 250 ml Milch (0,3% Fett)

Sonntag

Frühstück

125 g Grapefruit, 1 Ei, 30 g Brötchen, 1 TL Butter, Getränk nach Wunsch

Mittagessen

90 g geräucherte Austern (konserviert in Wasser), 30 g Toastbrot, 1 TL Margarine, 50 g eingelegter Kürbis
Dessert: 125 g Apfel

Zwischenmahlzeit

125 g Erdbeeren, 25 g süße Sahne

Abendessen

Hähnchen »Provencal« (siehe Rezept S. 159), dazu: 60 g zubereiteter Reis
Dessert: 100 g Speisequark (Magerstufe), 1 TL Kakao, Süßstoff

Zwischenmahlzeit

200 g Schokoladenpudding (kalorienarm), 20 kcal Dessertsauce (kalorienarm)

Männer zusätzlich: 60 g Banane, 125 g Grapefruit, 30 g Toastbrot, 60 g zubereiteter Reis, am Mittag 30 g Austern, am Abend 30 g Hähnchen

Jugendliche zusätzlich: 60 g Banane, 125 g Grapefruit, 30 g Toastbrot, 60 g zubereiteter Reis, 175 g Joghurt (1,5%), 200 ml Milch (1,5% Fett)

23. Woche

Feiertage können während einer Reduktionskost problematisch werden. Das liegt zum Teil daran, daß man an alten und liebgewonnenen Gewohnheiten hängt. Ein ausgedehntes Frühstück, Festtagsmenü, anschließend Kaffee und Kuchen und dann noch ein üppiges Abendessen sorgen dafür, daß die Waage in den nächsten Tagen weiter ausschlägt als erwünscht. Daß dies nicht sein muß, sieht man an den Speisen, die für Pfingsten vorgeschlagen werden.
Die Rezepte, die Sie hier vorfinden, sind nicht nur auf bewußt kalorienarme und trotzdem wohlschmeckende Mahlzeiten ausgelegt, sondern auch darauf, den Streß abzubauen, mit dem jede Hausfrau an solchen Feiertagen fertig werden muß. Ihre Familie wird es Ihnen danken.

Montag

Frühstück

100 g Aprikosen, 30 g Vollkornbrot, 30 g Schmelzkäse, 2 TL Halbfettmargarine, 2 Oliven, Getränk nach Wunsch

Mittagessen

Hüttenkäse mit Gemüse (siehe Rezept S. 118) dazu: 30 g Weißbrot, 1 TL Margarine

Zwischenmahlzeit

100 g Speisequark (Magerstufe), 1 TL Kakao, Rumaroma, 100 g Sauerkirschen, Süßstoff

Abendessen

90 g geräucherte Putenbrust, 100 g Kartoffeln, 200 g Kohlrabi, 1 TL geriebener Käse, 1 TL Margarine
Dessert: 150 g Joghurt (0,3% Fett), 20 kcal Konfitüre (kalorienarm)

Zwischenmahlzeit

250 ml Tomatensaft

Männer zusätzlich: 125 g Apfel, 125 g Pfirsiche, 30 g Vollkornbrot, 100 g Kartoffeln, am Abend 30 g Putenbrust

Jugendliche zusätzlich: 125 g Apfel, 125 g Pfirsiche, 30 g Vollkornbrot, 100 g Kartoffeln, 200 ml Milch (1,5% Fett), 200 ml Sauermilch (1,5% Fett)

Donnerstag

Frühstück

125 g Grapefruit, 1 Ei, 1 TL Butter, 30 g Brötchen, Getränk nach Wunsch

Mittagessen

90–120 g Leber und 125 g Apfel, in 1 TL Öl gebraten, 100 g eßfertiges Kartoffelpüree (Fertigprodukt), dazu: **Relish-Salat** (siehe Rezept S. 225)

Zwischenmahlzeit

200 ml Dickmilch (1,5% Fett), 20 g einfache Kekse, 20 kcal Limonade (kalorienarm)

Abendessen

90–120 g Thunfisch (konserviert in Wasser), 25 g Zwiebel, 70 g Mais und 4 Oliven als Salat, Marinade aus: Zitronensaft, Süßstoff
Dessert: 100 g Nektarinen

Zwischenmahlzeit

200 ml Milch (1,5% Fett), 1 TL Kakao, Süßstoff

Männer zusätzlich: 200 g Honigmelone, 100 g Orange, 100 g eßfertiges Kartoffelpüree (Fertigprodukt), 30 g Vollkornbrot, am Mittag 30 g Leber, am Abend 30 g Thunfisch

Jugendliche zusätzlich: 200 g Honigmelone, 100 g Orange, 100 g eßfertiges Kartoffelpüree (Fertigprodukt), 30 g Vollkornbrot, 175 g Joghurt (1,5% Fett)

Freitag

Frühstück

20 g Rosinen, 20 g Grieß, 200 ml Milch (1,5% Fett) Süßstoff, Zimt, Getränk nach Wunsch

Mittagessen

90–120 g gegrilltes Schweineschnitzel, 30 g Weißbrot, 1 TL Margarine, 200 g Kopfsalat, 20 kcal Salatsauce (kalorienarm)
Dessert: 175 g Joghurt (1,5% Fett)

Zwischenmahlzeit

20 g Zwieback, 1 TL Margarine, 1 TL Honig, 100 g Kiwi

Abendessen

90–120 g Rinderhack, vermengt mit 25 g gegrillten Zwiebeln, dazu: **Gemüserouladen** (siehe Rezept S. 203)

Zwischenmahlzeit

60 g Banane, in 1 TL Butter gebraten, mit 1 TL Kakao bestreut

Männer zusätzlich: 60 g Banane, 250 ml Tomatensaft, 30 g Weißbrot, 20 g Zwieback, am Mittag 30 g Schweineschnitzel, am Abend 30 g Rinderhack

Jugendliche zusätzlich: 60 g Banane, 250 ml Tomatensaft, 30 g Weißbrot, 20 g Zwieback, 200 ml Milch (1,5% Fett)

Dienstag

Frühstück

125 g Pfirsiche, 20 g Cornflakes 125 ml Milch (0,3% Fett), Getränk nach Wunsch

Mittagessen

Schollenfilets in Orangensauce (siehe Rezept S. 184), dazu: 60 g zubereiteter Reis

Zwischenmahlzeit

175 g Joghurt (1,5% Fett), 30 g Banane, Süßstoff, ½ TL Sesamkörner

Abendessen

90–120 g Tatar (Beefsteakhack), 25 g Zwiebeln, 60 g Vollkornbrot, 3 TL Halbfettmargarine, 100 g Radieschen, 100 g Tomaten, 1 TL Relish

Zwischenmahlzeit

125 g Grapefruit, 100 ml Kefir (1,5% Fett), 20 kcal Fruchtnektar (kalorienarm)

Männer zusätzlich: 100 g Nektarinen, 100 g Sauerkirschen, 60 g zubereiteter Reis, 30 g Vollkornbrot, am Mittag 30 g Schollenfilet, am Abend 30 g Tatar

Jugendliche zusätzlich: 100 g Nektarinen, 100 g Sauerkirschen, 60 g zubereiteter Reis, 30 g Vollkornbrot, 200 g Schokoladenpudding (kalorienarm)

Mittwoch

Frühstück

125 ml Orangensaft (ungesüßt), 20 g Knäckebrot, 75 g Schichtkäse, 1 TL Margarine, 20 kcal Konfitüre (kalorienarm), Getränk nach Wunsch

Mittagessen

90–120 g Kalbssteak, in 1 TL Öl gebraten, 100 g Erbsen, 100 g Spargel, 100 g Kartoffeln

Zwischenmahlzeit

Bananencreme (siehe Rezept S. 257)

Abendessen

2 Spiegeleier, in 1 TL Öl gebraten, 30 g Vollkornbrot, 200 g Gurken als Salat, Marinade aus: 175 g Joghurt (1,5% Fett), Senf, Kräutern

Zwischenmahlzeit

200 g Wassermelone, 125 ml Sauerkrautsaft

Männer zusätzlich: 100 g Ananas, 100 g Kiwi, 100 g Kartoffeln, 30 g Vollkornbrot, am Mittag 30 g Kalbssteak

Jugendliche zusätzlich: 100 g Ananas, 100 g Kiwi, 100 g Kartoffeln, 30 g Vollkornbrot, 100 g Speisequark (Magerstufe)

Samstag

Frühstück

125 ml Apfelsaft (ungesüßt), **Honig-Kokosnuß-Toast** (siehe Rezept S. 268), Getränk nach Wunsch

Mittagessen

90–120 g gedünstetes Goldbarschfilet, 100 g Kartoffeln, 200 g Blumenkohl, 1 TL Margarine, 1 TL geriebener Käse

Zwischenmahlzeit

100 g Ananas, 190 ml Milch (1,5% Fett)

Abendessen

60 g Gouda, 20 g Knäckebrot, 1 TL Margarine, 200 g Kopfsalat, Marinade aus: 175 g Joghurt (1,5% Fett), Zitronensaft, Süßstoff

Zwischenmahlzeit

100 g Papaya oder 100 g Orange 125 ml Weißwein

Männer zusätzlich: 100 g Nektarinen, 125 g Grapefruit, 100 g Kartoffeln, 20 g Knäckebrot, am Mittag 30 g Goldbarschfilet

Jugendliche zusätzlich: 100 g Nektarinen, 125 g Grapefruit, 100 g Kartoffeln, 20 g Knäckebrot, 100 g Speisequark (Magerstufe), 250 ml Milch (0,3% Fett), statt Wein 30 g Weingummi

Sonntag

Frühstück

125 ml Orangensaft (ungesüßt), 30 g Roastbeef, 1 TL Halbfettmargarine, ½ TL Mayonnaise, 30 g Brötchen, ½ TL Marmelade, Getränk nach Wunsch

Mittagessen

250 g Wassermelone, 45 g roher Schinken, **Pfeffersteak mit Knoblauchbutter** (siehe Rezept S. 125), dazu: 200 g Spargel, 100 g Kartoffeln;
Dessert: **Ananasmousse** (siehe Rezept S. 257)

Zwischenmahlzeit

20 kcal Fruchtnektar (kalorienarm), 125 ml Buttermilch (1% Fett) als Milchmixgetränk

Abendessen

150 g Speisequark (Magerstufe), vermengt mit 25 g Zwiebeln und 100 g Paprikaschoten, 20 g Knäckebrot, 1 TL Margarine

Zwischenmahlzeit

250 ml Milch (1,5% Fett)

Männer zusätzlich: 100 g Ananas, 250 ml Gemüsesaft, 100 g Kartoffeln, 20 g Knäckebrot, am Mittag 30 g Rindersteak

Jugendliche zusätzlich: 100 g Ananas, 250 ml Gemüsesaft, 100 g Kartoffeln, 20 g Knäckebrot, 200 g Vanillepudding (kalorienarm)

24. Woche

Obwohl sehr kalorienreich, ist Honig für die menschliche Nahrung recht wertvoll, da er ein direkter Energiespender ist. Er besteht nur aus einem Prozent Rohrzucker, im übrigen aus Frucht- und Traubenzucker und geht deshalb direkt in den Blutkreislauf. Er enthält wichtige Mineralien, aber auch kleine Mengen an Vitaminen aus der B-Gruppe und etwas Vitamin C.
Süßspeisen, die mit Honig gesüßt werden, sind geschmacklich feiner und abgerundeter.
Es gibt viele verschiedene Honigarten, wie z. B. Lindenblüten-, Akazien-, Heide- oder Tannenhonig. Man sollte unbedingt darauf achten, daß es sich um Imkerhonig handelt, denn dann ist gewährleistet, daß er noch alle wertvollen Nährstoffe enthält.
Sie werden feststellen, daß ein Bestandteil der in diesem Kochbuch befindlichen Süßspeisen Honig ist, so z. B. bei vielen Nachspeisen.

Montag

Frühstück

125 g Pfirische, 1 Ei, ½ TL Halbfettbutter, 30 g Brötchen, Getränk nach Wunsch

Mittagessen

Joghurt-Pilz-Cocktail (siehe Rezept S. 119), 45–60 g gedünstetes Kabeljaufilet, 1 TL Meerrettich, 100 g Kartoffeln, 200 g Möhren, 1 TL geschmolzene Halbfettbutter;
Dessert: **Erdbeer-Käse-Torte** (siehe Rezept S. 280)

Zwischenmahlzeit

50 g Kiwi

Abendessen

Blumenkohlcremesuppe (siehe Rezept S. 115), 30 g Edamer und 30 g Camembert in Würfeln mit 75 g Trauben und 2 Oliven als Käsespieße

Zwischenmahlzeit

100 g Kopfsalat, Marinade aus: Zitronensaft, Süßstoff, 25 g Joghurt (0,3% Fett)

Männer zusätzlich: 200 g Melone, 250 ml Tomatensaft, 100 g Kartoffeln, 30 g Vollkornbrot, am Mittag 15 g Kabeljaufilet

Jugendliche zusätzlich: 200 g Melone, 250 ml Tomatensaft, 100 g Kartoffeln, 30 g Vollkornbrot, 250 ml Milch (0,3% Fett)

Donnerstag

Frühstück

100 g Aprikosen, 20 g Haferflocken, 125 ml Milch (0,3% Fett), Getränk nach Wunsch

Mittagessen

Italienischer Fisch (siehe Rezept S. 184), dazu: 60 g zubereiteter Reis

Zwischenmahlzeit

125 g Erdbeeren mit 25 g Magermilchpulver, Zitronensaft und Süßstoff zu »Eiscreme« schlagen, mit 1 TL geraspelter Kokosnuß bestreuen

Abendessen

150 g Speisequark (Magerstufe), 60 g Vollkornbrot, 2 TL Margarine, 100 g Gurke, 100 g Kopfsalat, 20 kcal Salatsauce (kalorienarm)

Zwischenmahlzeit

100 g Joghurt (0,3% Fett), 100 g Ananas, 125 ml Apfelwein

Männer zusätzlich: 60 g Banane, 250 ml Tomatensaft, 60 g zubereiteter Reis, 20 g Knäckebrot, am Mittag 30 g Seelachsfilet

Jugendliche zusätzlich: 60 g Banane, 250 ml Tomatensaft, 60 g zubereiteter Reis, 20 g Knäckebrot, 175 g Joghurt (1,5% Fett), statt Apfelwein 125 g Apfel

Freitag

Frühstück

125 g Apfel, 30 g Schmelzkäse, 30 g Vollkornbrot, 1 TL Margarine, Getränk nach Wunsch

Mittagessen

90–120 g Tatar (Beefsteakhack), 25 g Zwiebeln, 2 Oliven, 30 g Brötchen, 1 TL Halbfettmargarine, 100 g Tomaten

Zwischenmahlzeit

20 g Zwieback, 1 TL Halbfettmargarine, ½ TL Honig, 20 kcal Limonade (kalorienarm)

Abendessen

Kalte Hühnchen-Platte (siehe Rezept S. 159)
Dessert: 125 g Grapefruit

Zwischenmahlzeit

75 g Kirschen, 300 ml Kefir (1,5% Fett)

Männer zusätzlich: 100 g Nektarinen, 75 g Trauben, 30 g Brötchen, 30 g Vollkornbrot, am Mittag 30 g Tatar, am Abend 30 g Hühnerfleisch

Jugendliche zusätzlich: 100 g Nektarinen, 75 g Trauben, 30 g Brötchen, 30 g Vollkornbrot, 100 g Speisequark (Magerstufe)

Dienstag

Frühstück

60 g Banane, 20 g Cornflakes, 125 ml Milch (0,3% Fett), Getränk nach Wunsch

Mittagessen

150 g Hüttenkäse, 30 g Vollkornbrot, 1 TL Margarine, 200 g Tomaten als Salat, Marinade aus: 1 TL Öl, Essig, Schnittlauch

Zwischenmahlzeit

200 ml Dickmilch (1,5% Fett), 1 TL Honig, 20 kcal Fruchtnektar (kalorienarm)

Abendessen

Leber-Nudel-Kasserolle (siehe Rezept S. 166), dazu: 100 g Kopfsalat, Marinade aus: Zitronensaft, Süßstoff
Dessert: 100 g Kiwi

Zwischenmahlzeit

100 g Aprikosen, 100 ml Sauermilch (1,5% Fett)

Männer zusätzlich: 125 ml Apfelsaft (ungesüßt), 100 g Ananas, 30 g Vollkornbrot, 60 g zubereitete Nudeln, am Abend 30 g Leber

Jugendliche zusätzlich: 125 ml Apfelsaft (ungesüßt), 100 g Ananas, 30 g Vollkornbrot, 60 g zubereitete Nudeln, 200 ml Dickmlich (1,5% Fett)

Mittwoch

Frühstück

200 g Melone, 75 g Hüttenkäse, 20 g Knäckebrot, 1 TL Margarine, 20 kcal Konfitüre (kalorienarm), Getränk nach Wunsch

Mittagessen

90–120 g Seelachsfilet, in 1 TL Öl gebraten, 100 g Erbsen, 100 g Kohlrabi, 100 g eßfertiges Kartoffelpüree (Fertigprodukt)

Zwischenmahlzeit

Bananen-Apfel-Joghurt-Eis (siehe Rezept S. 268)

Abendessen

90 g Kassler, 30 g Vollkornbrot, 1 TL Margarine, 50 g Gewürzgurke, 2 TL Senfsauce

Zwischenmahlzeit

125 g Grapefruit, 250 ml Milch (1,5% Fett), 1 TL Kakao, Rumaroma, Süßstoff

Männer zusätzlich: 75 g Kirschen, 125 g Pfirsiche, 100 g eßfertiges Kartoffelpüree (Fertigprodukt), 30 g Vollkornbrot, am Mittag 30 g Seelachsfilet, am Abend 30 g Kassler

Jugendliche zusätzlich: 75 g Kirschen, 125 g Pfirsiche, 100 g eßfertiges Kartoffelpüree (Fertigprodukt), 30 g Vollkornbrot, 200 ml Milch (1,5% Fett)

Samstag

Frühstück

Ananas-Hüttenkäse (siehe Rezept S. 221), dazu: 30 g Weißbrot, Getränk nach Wunsch

Mittagessen

90–120 g Kalbsschnitzel, in 1 TL Öl gebraten, 200 g Zucchini, ½ TL geriebener Käse

Zwischenmahlzeit

200 ml Sauermilch (1,5% Fett), Vanillearoma, Süßstoff, 100 g Kiwi

Abendessen

30 g Schmelzkäse, 30 g Camembert, 30 g Vollkornbrot, 200 g Tomaten, 25 g Zwiebeln, Marinade aus: 2 TL Öl, Essig

Zwischenmahlzeit

20 g Grieß, 200 ml Milch (1,5% Fett), 100 g Aprikosen, 20 kcal Fruchtnektar (kalorienarm)

Männer zusätzlich: 85 g Pflaumen, 125 g Grapefruit, 100 g Kartoffeln, 30 g Vollkornbrot, am Mittag 30 g Kalbsschnitzel

Jugendliche zusätzlich: 85 g Pflaumen, 125 g Grapefruit, 100 g Kartoffeln, 30 g Vollkornbrot, 200 g Joghurt (0,3% Fett), 200 g Vanillepudding (kalorienarm)

Sonntag

Frühstück

125 ml Orangensaft (ungesüßt), 1 Ei, 30 g Brötchen, 2 TL Halbfettmargarine, Getränk nach Wunsch

Mittagessen

95–110 g Krabbenfleisch, 30 g Weißbrot, 1 TL Cocktailsauce, 1 TL Halbfettmargarine, 100 g Kopfsalat, 20 kcal Salatsauce (kalorienarm)
Dessert: **Salzburger Nockerln** (siehe Rezept S. 265)

Zwischenmahlzeit

100 g Nektarinen

Abendessen

90–120 g gegrilltes Rindersteak, 100 g gegrillte Tomaten, 100 g gegrillte Ananas, 200 g Gurke, Marinade aus: 150 g Joghurt (0,3% Fett), Kräutern

Männer zusätzlich: 250 ml Gemüsesaft, 100 g Aprikosen, 100 g Kartoffeln, 30 g Vollkornbrot, am Mittag 15 g Krabbenfleisch, am Abend 30 g Rindersteak

Jugendliche zusätzlich: 250 ml Gemüsesaft, 100 g Aprikosen, 100 g Kartoffeln, 30 g Vollkornbrot, 250 ml Milch (0,3% Fett)

25. Woche

Jetzt ist Aprikosenzeit! Und das sollte man unbedingt ausnutzen; denn Aprikosen zählen zu den ernährungsmäßig wertvollsten Obstsorten. Sie enthalten reichlich Provitamin A und ansehnliche Mengen Vitamin B_1, B_2 und C, außerdem die Mineralstoffe Kalium, Phosphor, Kalzium und Eisen, die alle eine blutbildende Wirkung haben. Aprikosen werden zwar vorwiegend zu Marmelade und Kompott verarbeitet, aber sie eignen sich auch als Beilage zu verschiedenen Reis-, Lamm- und Geflügelgerichten.
Übrigens: Die Heimat der Aprikose ist Armenien. Rund um den Kaukasus wachsen heute noch viele Aprikosenbäume, aber vermutlich ist sie einst wie viele Kulturpflanzen aus China gekommen.

Montag

Frühstück

125 g Pfirsiche, 20 g Grieß, 200 ml Milch (1,5% Fett), Getränk nach Wunsch

Mittagessen

Gefüllte Zucchini (siehe Rezept S. 200), dazu: 30 g Weißbrot
Dessert: 100 g Kiwi

Zwischenmahlzeit

20 g Zwieback, 1 TL Margarine, ½ TL Honig, ½ TL Marmelade

Abendessen

90–120 g Tatar (Beefsteakhack), 30 g Vollkornbrot, 1 TL Margarine, 25 g Zwiebeln, 100 g Kopfsalat, 20 kcal Salatsauce (kalorienarm)

Zwischenmahlzeit

250 ml Buttermilch (1,0% Fett), 60 g Banane

Männer zusätzlich: 85 g Mirabellen, 250 ml Tomatensaft, 30 g Weißbrot, 30 g Vollkornbrot, am Abend 30 g Tatar

Jugendliche zusätzlich: 85 g Mirabellen, 250 ml Tomatensaft, 30 g Weißbrot, 30 g Vollkornbrot, 200 g Joghurt (0,3% Fett)

Donnerstag

Frühstück

100 g Kiwi, 20 g Cornflakes, 200 ml Milch (1,5% Fett), Getränk nach Wunsch

Mittagessen

90 g Matjesfilet, 175 g Joghurt (1,5% Fett), 125 g Apfel, 25 g Zwiebel, 100 g Pellkartoffeln

Zwischenmahlzeit

Melonensalat (siehe Rezept S. 226), 20 kcal Limonade (kalorienarm)

Abendessen

60 g Vollkornbrot, 2 TL Halbfettmargarine, 4 TL Senfsauce, 100 g Tomaten

Zwischenmahlzeit

250 ml Sauerkrautsaft

Männer zusätzlich: 75 g Trauben, 125 g Grapefruit, 100 g Kartoffeln, 30 g Brötchen, am Mittag 30 g Matjesfilet, am Abend 30 g Kassler

Jugendliche zusätzlich: 75 g Trauben, 125 g Grapefruit, 100 g Kartoffeln, 30 g Brötchen, 200 ml Dickmilch (1,5% Fett)

Freitag

Frühstück

100 g Aprikosen, 20 g Haferflocken, 175 g Joghurt (1,5% Fett), ½ TL Honig, Getränk nach Wunsch

Mittagessen

Thunfischpfanne (siehe Rezept S. 188), dazu: 100 g Kopfsalat, 20 kcal Salatsauce (kalorienarm)

Zwischenmahlzeit

200 ml Dickmilch (1,5% Fett), 200 g Melone

Abendessen

150 g Speisequark (Magerstufe), vermengt mit Kräutern, 100 g Kartoffeln, 100 g Radieschen, 100 g Gurke, 100 g Kopfsalat, Marinade aus: 2 TL Öl, Essig

Zwischenmahlzeit

125 ml Orangensaft (ungesüßt), 125 ml Sekt

Männer zusätzlich: 100 g Kiwi, 100 g Birne, 60 g zubereitete Nudeln, 100 g Kartoffeln, am Mittag 30 g Thunfisch

Jugendliche zusätzlich: 100 g Kiwi, 100 g zubereitete Nudeln, 100 g Kartoffeln, 100 g Speisequark (Magerstufe), statt Sekt 200 g Schokoladenpudding (kalorienarm)

Dienstag

Frühstück

85 g Mirabellen, 30 g Schmelzkäse, 30 g Brötchen, 1 TL Margarine, ½ TL Marmelade, Getränk nach Wunsch

Mittagessen

90–120 g gedünsteter Lengfisch, 100 g Kartoffeln, 1 TL Meerrettich, 200 g Gurken, Marinade aus: 75 g Joghurt (0,3% Fett), Kräutern

Zwischenmahlzeit

125 ml Orangensaft (ungesüßt)

Abendessen

100 g Erbsen und 100 g Möhren in Brühe aus 1 kleinen Brühwürfel, **Quarkplinsen** (siehe Rezept S. 221)
Dessert: 200 g Melone

Zwischenmahlzeit

200 ml Milch (1,5% Fett), 1 TL Kakao

Männer zusätzlich: 75 g Kirschen, 60 g Banane, 100 g Kartoffeln, 20 g Knäckebrot, am Mittag 30 g Lengfsch

Jugendliche zusätzlich: 75 g Kirschen, 60 g Banane, 100 g Kartoffeln, 20 g Knäckebrot, 200 g Joghurt (0,3% Fett), 200 g Schokoladenpudding (kalorienarm)

Mittwoch

Frühstück

250 ml Tomatensaft, 30 g magerer aufgeschnittener Schweinebraten, 30 g Vollkornbrot, 1 TL Halbfettmargarine, ½ TL Mayonnaise (80%), Getränk nach Wunsch

Mittagessen

1 Ei, 30 g Emmentaler, 30 g Vollkornbrot, 2 TL Halbfettmargarine, 4 Oliven
Dessert: 75 g Kirschen

Zwischenmahlzeit

300 ml Milch (0,3% Fett), ½ TL Honig

Abendessen

90–120 g Leber, in 1 TL Öl gebraten, 100 g eßfertiges Kartoffelpüree (Fertigprodukt), 125 g in Zitronensaft gedünsteter Apfel

Zwischenmahlzeit

Gurkenkaltschale (siehe Rezept S. 120), 20 kcal Fruchtnektar (kalorienarm)

Männer zusätzlich: 250 ml Gemüsesaft, 100 g Aprikosen, 30 g Vollkornbrot, 100 g eßfertiges Kartoffelpüree (Fertigprodukt), am Abend 30 g Leber

Jugendliche zusätzlich: 250 ml Gemüsesaft, 100 g Aprikosen, 30 g Vollkornbrot, 100 g eßfertiges Kartoffelpüree (Fertigprodukt), 200 g Joghurt (0,3% Fett)

Samstag

Frühstück

75 g Kirschen, 75 g Hüttenkäse, 20 g Knäckebrot, 1 TL Halbfettmargarine, Getränk nach Wunsch

Mittagessen

90–120 g gegrilltes Schweineschnitzel, 100 g Kartoffeln, 200 g Gurken, Marinade aus: 100 g Joghurt (0,3% Fett), Kräutern, 25 g Zwiebeln

Zwischenmahlzeit

125 g Grapefruit, 1 TL Zucker

Abendessen

90–120 g rohes Roastbeef, dazu: **Holländische Sauce** (siehe Rezept S. 248), 125 g Apfel, 30 g Weißbrot, 1 TL Halbfettmargarine
Dessert: 50 g Speisequark (Magerstufe), 20 kcal Marmelade (kalorienarm)

Zwischenmahlzeit

250 ml Buttermilch (1% Fett) mit Zitronensaft und Süßstoff als Milchmixgetränk, 100 g Porree in Brühe aus 1 kleinen Brühwürfel

Männer zusätzlich: 125 ml Grapefruitsaft (ungesüßt), 100 g Ananas, 100 g Kartoffeln, 30 g Weißbrot, am Mittag 30 g Schweineschnitzel, am Abend 15 g Roastbeef

Jugendliche zusätzlich: 125 ml Grapefruitsaft (ungesüßt), 100 g Ananas, 100 g Kartoffeln, 30 g Weißbrot, 175 g Joghurt (1,5% Fett)

Sonntag

Frühstück

125 ml Orangensaft (ungesüßt), 1 Ei, 1 TL Butter, 30 g Brötchen, 20 kcal Marmelade (kalorienarm), Getränk nach Wunsch

Mittagessen

90–120 g Wild, ohne Fett zubereitet, 80 g eßfertige Kartoffelknödel (Fertigprodukt), 200 g Rotkohl, 25 kcal Birne (kalorienreduziert)

Zwischenmahlzeit

Schokoladenpudding mit Rum-Aprikosen-Sauce (siehe Rezept S. 256)

Abendessen

30 g Schmelzkäse, 30 g Hartkäse, 30 g Vollkornbrot, 1 TL Margarine, 4 Oliven, 200 g Tomaten, 1 TL Mayonnaise (80% Fett)

Zwischenmahlzeit

200 ml Milch (1,5% Fett), 20 g einfache Kekse

Männer zusätzlich: 85 g Pflaumen, 125 g Apfel, 80 g eßfertige Kartoffelklöße (Fertigprodukt), 30 g Vollkornbrot, am Mittag 30 g Wild

Jugendliche zusätzlich: 85 g Pflaumen, 125 g Apfel, 80 g eßfertige Kartoffelklöße (Fertigprodukt), 30 g Vollkornbrot, 100 g Speisequark (Magerstufe)

26. Woche

Melonen sind die idealen Durststiller bei heißem Wetter. Eigentlich werden sie dem Gemüse zugeordnet, denn sie zählen zu den Gurken- oder Kürbisgewächsen. Man kann sie sowohl mit Schinken als Vorspeise als auch als Süßspeise zum Nachtisch verwenden. Man unterscheidet zwischen Wasser- und Zuckermelonen. Zu den letzteren gehören die gelben Honigmelonen, die Ogen-Melonen (benannt nach einem israelischen Kibbuz, wo sie zuerst angebaut wurden), die Netzmelonen sowie die Cantaloup-Melonen. Sie sind kalorienarm, aber reich an Vitaminen und Mineralstoffen. Melonen brauchen viel Wärme zum Reifen. Deshalb sind sie bei uns auch nicht heimisch geworden und müssen importiert werden. Spanien, Italien und Israel sind die Hauptlieferanten dieser Frucht. Wir stellen Ihnen in dieser Woche »Geflügelsalat mit Melone« vor.

Montag

Frühstück

100 g Mango oder 125 ml Orangensaft (ungesüßt), 75 g Speisequark, 30 g Vollkornbrot, 1 TL Halbfettmargarine, Getränk nach Wunsch

Mittagessen

90 g Brühwürstchen, 100 g eßfertiges Kartoffelpüree (Fertigprodukt), 150 g Sauerkraut, 2 TL Ketchup

Zwischenmahlzeit

100 g Joghurt (0,3% Fett), 100 g Birne

Abendessen

Krabben-Trauben-Salat (siehe Rezept S. 245), dazu: 30 g Toastbrot, 1 TL Halbfettmargarine

Zwischenmahlzeit

250 ml Buttermilch (1% Fett), 1 EL Weizenkleie

Männer zusätzlich: 100 g Aprikosen, 60 g Banane, 100 g eßfertiges Kartoffelpüree (Fertigprodukt), 30 g Vollkornbrot, am Mittag 30 g Würstchen, am Abend 30 g Krabben

Jugendliche zusätzlich: 100 g Aprikosen, 60 g Banane, 100 g eßfertiges Kartoffelpüree (Fertigprodukt), 30 g Vollkornbrot, 100 g Speisequark (Magerstufe), 200 g Schokoladenpudding (kalorienarm)

Donnerstag

Frühstück

100 g Birne, 75 g Hüttenkäse, 30 g Vollkornbrot, 1 TL Margarine, 20 kcal Marmelade (kalorienarm), Getränk nach Wunsch

Mittagessen

90–120 g Leber, in 1 TL Butter gebraten, 100 g Kartoffeln, 150 g Broccoli, 2 TL Ketchup

Zwischenmahlzeit

Johannisbeer-Quarkspeise (siehe Rezept S. 260)

Abendessen

90 g geräucherte Forelle, 30 g Graubrot, 100 g Tomaten, 1 TL Margarine

Zwischenmahlzeit

200 ml Milch (1,5% Fett), 60 g Passionsfrucht oder 125 g Apfel

Männer zusätzlich: 125 g Erdbeeren, 200 g Honigmelone, 30 g Vollkornbrot, 100 g Kartoffeln, am Mittag 30 g Leber, am Abend 30 g Forelle

Jugendliche zusätzlich: 125 g Erdbeeren, 200 g Honigmelone, 30 g Vollkornbrot, 100 g Kartoffeln, 250 ml Milch (0,3% Fett), 175 g Joghurt (1,5% Fett)

Freitag

Frühstück

125 g Apfel, 30 g magerer aufgeschnittener Schweinebraten, 30 g Graubrot, 1 TL Butter, Getränk nach Wunsch

Mittagessen

90–120 g gedünsteter Seelachs, 200 g Kopfsalat, Marinade aus: Zitronensaft und Süßstoff; 100 g eßfertiges Kartoffelpüree (Fertigprodukt), 1 TL Margarine

Zwischenmahlzeit

250 ml Buttermilch (1,5% Fett), 2 TL Weizenkeime

Abendessen

Filettopf mit Pfirsichen (siehe Rezept S. 128), dazu: 60 g zubereiteter Reis, 125 ml Weißwein

Zwischenmahlzeit

200 g Vanillepudding (kalorienarm), 125 g Erdbeeren

Männer zusätzlich: 125 g Pfirsiche, 250 ml Tomatensaft, 60 g zubereiteter Reis, 30 g Vollkornbrot, am Mittag 30 g Seelachs, am Abend 30 g Filet

Jugendliche zusätzlich: 125 g Pfirsiche, 250 ml Tomatensaft, 60 g zubereiteter Reis, 30 g Vollkornbrot, 100 g Speisequark (Magerstufe), statt Wein 20 g Kekse

Dienstag

Frühstück

100 g Aprikosen, 30 g Camembert, 30 g Toastbrot, 1 TL Margarine, Getränk nach Wunsch

Mittagessen

1 Ei, 75 Speisequark (Magerstufe), 30 g Vollkornbrot, 150 g Radieschen, 1 TL Margarine

Zwischenmahlzeit

200 ml Kefir (1,5% Fett), 125 g Stachelbeeren, Süßstoff

Abendessen

Hammeleintopf (siehe Rezept S. 148)

Zwischenmahlzeit

100 g Speisequark (Magerstufe), 100 g Sauerkirschen

Männer zusätzlich: 75 g Kirschen, 125 Apfel, 30 g Toastbrot, 30 g Vollkornbrot, am Abend 30 g Hammelbraten

Jugendliche zusätzlich: 75 g Kirschen, 125 g Apfel, 30 g Toastbrot, 30 g Vollkornbrot, 175 g Joghurt (1,5% Fett)

Mittwoch

Frühstück

100 g Orange, 40 g Rice-Crispis, 250 ml Milch (0,3% Fett), Getränk nach Wunsch

Mittagessen

90–120 g gegrillte Hackklöße aus Rinderhack, 100 g Erbsen, 100 g Möhren, 100 g Spargel in Brühe von 1 kleinem Brühwürfel

Zwischenmahlzeit

20 g Knäckebrot, 1 TL Halbfettmargarine, ½ TL Marmelade, ½ TL Honig

Abendessen

Geflügelsalat mit Melone (siehe Rezept S. 238), dazu: 20 g Vollkornbrot, 1 TL Halbfettmargarine

Zwischenmahlzeit

150 g Joghurt (0,3% Fett), 20 kcal Marmelade (kalorienarm)

Männer zusätzlich: 100 g Birne, 100 g Orange, 100 g Kartoffeln, 30 g Toastbrot, am Mittag 30 g Rinderhack, am Abend 30 g Hühnerfleisch

Jugendliche zusätzlich: 100 g Birne, 100 g Orange, 100 g Kartoffeln, 30 g Toastbrot, 200 ml Milch (1,5% Fett)

Samstag

Frühstück

100 g Guave oder 125 g Grapefruit, 30 g Edelpilzkäse, 30 g Brötchen, 1 TL Margarine, Getränk nach Wunsch

Mittagessen

90–120 g gegrilltes Kotelett (Gewicht ohne Knochen), 100 g Kartoffeln, 100 g Prinzeßbohnen mit 1 TL Margarine

Zwischenmahlzeit

200 g Joghurt (0,3% Fett), 75 g Kirschen, 20 kcal Limonade (kalorienarm)

Abendessen

Eier in Gelee (siehe Rezept S. 213), dazu: 30 g Graubrot, 1 TL Margarine
Dessert: 200 g Wassermelone

Zwischenmahlzeit

250 ml Milch (0,3% Fett), 20 g einfache Kekse

Männer zusätzlich: 100 g Ananas, 100 g Aprikosen, 100 g Kartoffeln, 30 g Vollkornbrot, am Mittag 30 g Kotelett

Jugendliche zusätzlich: 100 g Ananas, 100 g Aprikosen, 100 g Kartoffeln, 30 g Vollkornbrot, 200 g Schokoladenpudding (kalorienarm)

Sonntag

Frühstück

100 g Ananas, 1 Ei, 30 g Vollkornbrot, 1 TL Butter, Getränk nach Wunsch

Mittagessen

90–120 g gegrilltes Hähnchen (ohne Haut und Knochen), 200 g Eisbergsalat, 20 kcal Salatsauce (kalorienarm), 30 g Toastbrot

Zwischenmahlzeit

200 ml Milch (1,5% Fett), 2 TL Kakao, Süßstoff

Abendessen

Meeresfrüchtesalat (siehe Rezept S. 243), dazu: 30 g Toastbrot

Zwischenmahlzeit

150 g Joghurt (0,3% Fett), 100 g Fruchtcocktail (konserviert ohne Zucker) mit 2 EL Saft, 15 g Fruchtgummi

Männer zusätzlich: 100 g Nektarinen, 250 ml Gemüsesaft, 30 g Vollkornbrot, 30 g Toastbrot, am Mittag 30 g Hähnchenfleisch, am Abend 30 g Krabbenfleisch

Jugendliche zusätzlich: 100 g Nektarinen, 250 ml Gemüsesaft, 30 g Vollkornbrot, 30 g Toastbrot, 250 ml Milch (0,3% Fett)

27. Woche

Es ist wieder so weit. Jetzt gibt es Beeren in Hülle und Fülle. Glücklich kann sich der schätzen, der aus eigenem Garten erntet. Aber auch Beerensammler können reiche Ernte halten. Die typischen Wildbeeren wie Himbeeren, Erdbeeren und Heidel- (Blau-)Beeren gibt es zwar auch gezüchtet im Handel, doch sind sie geschmacklich nicht mit den im Wald wachsenden zu vergleichen.
Zudem ist der Vitamin- und Mineralstoffgehalt der wildwachsenden Beeren sehr viel höher, und außerdem haben sie noch den Vorteil, heilende Eigenschaften zu besitzen. Man kann sie zu Saft, Gelee oder Kompott verarbeiten oder einfrieren. Die schwarze Johannisbeere enthält sehr viel Vitamin C und ist resistent gegen Hitze- und Sauerstoffeinwirkung, weshalb sie auch noch nach der Verarbeitung sehr vitaminreich ist.

Montag

Frühstück

125 g Pfirsiche, 75 g Speisequark, 1 TL Margarine, 30 g Vollkornbrot, Getränk nach Wunsch

Mittagessen

90–120 g gedünstetes Kabeljaufilet, 1 TL Margarine, 100 g Kartoffeln, 100 g Kopfsalat, 2 Oliven, Marinade aus: 1 TL Öl, Zitronensaft, Süßstoff

Zwischenmahlzeit

200 g Joghurt (0,3% Fett), 125 g Stachelbeeren

Abendessen

90–120 g gegrilltes Kotelett (Gewicht ohne Knochen), 2 TL Barbecuesauce, 30 g Toastbrot, 100 g Bohnensalat (Glaskonserve ohne Fett)

Zwischenmahlzeit

Milchgelee mit Himbeeren (siehe Rezept S. 258)

Männer zusätzlich: 85 g Pflaumen, 100 g Ananas, 30 g Vollkornbrot, 100 g Kartoffeln, am Mittag 30 g Kabeljaufilet, am Abend 30 g Kotelett

Jugendliche zusätzlich: 85 g Pflaumen, 100 g Ananas, 30 g Vollkornbrot, 100 g Kartoffeln, 100 g Speisequark (Magerstufe), 175 g Joghurt (1,5% Fett)

Donnerstag

Frühstück

100 g Guave oder 250 ml Tomatensaft, 30 g Briekäse, 30 g Vollkornbrot, 1 TL Margarine, Getränk nach Wunsch

Mittagessen

Frühlingsquark (siehe Rezept S. 216), dazu: 100 g Pellkartoffeln

Zwischenmahlzeit

100 g gefrorene Blaubeeren und 25 g Magermilchpulver mit Zitronensaft und Süßstoff zu »Eiscreme« geschlagen, 20 kcal Fruchtnektar (kalorienarm)

Abendessen

90–120 g gegrilltes Hähnchen (ohne Haut und Knochen), 2 TL Steaksauce, 30 g Toastbrot, 1 TL Margarine, 100 g Chinakohl, Marinade aus: 1 TL Öl, Essig

Zwischenmahlzeit

150 ml Milch (1,5% Fett), 1 TL Kakao, 250 g Rhabarber als Kompott

Männer zusätzlich: 250 ml Tomatensaft, 100 g Orange, 100 g Kartoffeln, 30 g Toastbrot, am Abend 30 g Hähnchenfleisch

Jugendliche zusätzlich: 250 ml Tomatensaft, 100 g Orange, 100 g Kartoffeln, 30 g Toastbrot, 175 g Joghurt (1,5% Fett)

Freitag

Frühstück

100 g Mango oder 125 g Grapefruit, 20 g Cornflakes, 125 ml Milch (0,3% Fett), Getränk nach Wunsch

Mittagessen

Omelett aus 2 Eiern und 100 g Champignons, in einer beschichteten Pfanne zubereitet
Dessert: 100 g Joghurt (0,3% Fett), 20 kcal Marmelade (kalorienarm)

Zwischenmahlzeit

30 g Brötchen, 2 TL Margarine, ½ TL Marmelade

Abendessen

Seelachsfilet mit gebackenen Bananen (siehe Rezept S. 179), dazu: 100 g eßfertiges Kartoffelpüree (Fertigprodukt), 200 g Eisbergsalat mit 1½ EL Salatdressing

Zwischenmahlzeit

100 g Speisequark (Magerstufe), 75 g Kirschen, 1 TL geraspelte Kokosnuß

Männer zusätzlich: 125 g Grapefruit, 60 g Banane, 20 g Cornflakes, 100 g eßfertiges Kartoffelpüree (Fertigprodukt), am Abend 30 g Seelachsfilet

Jugendliche zusätzlich: 125 g Grapfefruit, 60 g Banane, 20 g Cornflakes, 100 g eßfertiges Kartoffelpüree (Fertigprodukt), 200 ml Milch (1,5% Fett)

Dienstag

Frühstück

85 g Pflaumen, 30 g Edamer, 1 TL Margarine, 30 g Toastbrot, Getränk nach Wunsch

Mittagessen

1 Ei, 75 g Speisequark (Magerstufe), 30 g Vollkornbrot, 1 TL Margarine, 50 g Radieschen, 100 g Tomaten, 20 kcal Salatsauce (kalorienarm)
Dessert: 200 g Schokoladenpudding (kalorienarm)

Zwischenmahlzeit

125 g Erdbeeren, 25 g süße Sahne

Abendessen

Rindfleisch in Aspik (siehe Rezept S. 133), dazu: 30 g Graubrot, 1 TL Margarine
Dessert: 200 g Honigmelone

Zwischenmahlzeit

250 ml Buttermilch (1,0% Fett), 1 EL Weizenkleie

Männer zusätzlich: 100 g Aprikosen, 75 g Kirschen, 30 g Vollkornbrot, 30 g Graubrot, am Abend 30 g Rindfleisch

Jugendliche zusätzlich: 100 g Aprikosen, 75 g Kirschen, 30 g Vollkornbrot, 30 g Graubrot, 250 ml Milch (0,3% Fett), 200 ml Dickmilch (1,5% Fett)

Mittwoch

Frühstück

125 g Grapefruit, 75 g Hüttenkäse, 30 g Brötchen, 1 TL Margarine, Getränk nach Wunsch

Mittagessen

90–120 g Forelle blau (Gewicht ohne Kopf und Gräten), 100 g Kartoffeln, mit Petersilie bestreut, 100 g Kopfsalat, 20 kcal Salatsauce (kalorienarm)

Zwischenmahlzeit

200 g Joghurt (0,3% Fett), 100 g Ananas

Abendessen

Nudelsalat mit Würstchen (siehe Rezept S. 236)

Zwischenmahlzeit

200 ml Milch (1,5% Fett), 2 TL Kakao, 100 g Aprikosen

Männer zusätzlich: 60 g Banane, 100 g Nektarinen, 100 g Kartoffeln, 60 g zubereitete Nudeln, am Mittag 30 g Forelle, am Abend 30 g Würstchen

Jugendliche zusätzlich: 60 g Banane, 100 g Nektarinen, 100 g Kartoffeln, 60 g zubereitete Nudeln, 100 g Speisequark (Magerstufe), 200 ml Kefir (1,5% Fett)

Samstag

Frühstück

100 g Kiwi, 75 g Schichtkäse, 30 g Brötchen, 1 TL Margarine, Getränk nach Wunsch

Mittagessen

Gefüllte Leber (siehe Rezept S. 167), dazu: 50 g eßfertiges Kartoffelpüree (Fertigprodukt), 1 TL Halbfettmargarine

Zwischenmahlzeit

200 ml Sauermilch (1,5% Fett), 100 g Fruchtcocktail (konserviert ohne Zucker) mit 2 EL Saft

Abendessen

90–120 g Putensteak, in 1 TL Margarine gebraten, 80 g eßfertige Kartoffelklöße (Fertigprodukt), 200 g Rotkohl, 2 TL Relish

Zwischenmahlzeit

250 ml Milch (0,3% Fett)

Männer zusätzlich: 125 g Erdbeeren, 100 g Birne, 100 g eßfertiges Kartoffelpüree (Fertigprodukt), 80 g eßfertige Kartoffelklöße (Fertigprodukt), am Mittag 30 g Leber, am Abend 30 g Putensteak

Jugendliche zusätzlich: 125 g Erdbeeren, 100 g Birne, 100 g eßfertiges Kartoffelpüree (Fertigprodukt), 80 g eßfertige Kartoffelklöße (Fertigprodukt), 100 g Speisequark (Magerstufe), 200 g Vanillepudding (kalorienarm)

Sonntag

Frühstück

100 g Papaya oder 125 g Erdbeeren, 1 Ei, 30 g Vollkornbrot, 1 TL Butter, Getränk nach Wunsch

Mittagessen

90–120 g gegrillter, magerer Schweinebraten, 100 g grüne Bohnen, 100 g Kartoffeln, mit Petersilie bestreut, 2 TL Steaksauce

Zwischenmahlzeit

200 ml Kefir (1,5% Fett), 2 TL Weizenkeime, 100 g Birne

Abendessen

Froschschenkel mit Champignons (siehe Rezept S. 121), dazu: 30 g Toastbrot, 1 TL Margarine, 125 ml Weißwein

Zwischenmahlzeit

175 g Joghurt (1,5% Fett), 75 g Trauben

Männer zusätzlich: 85 g Pflaumen, 250 ml Gemüsesaft, 30 g Vollkornbrot, 100 g Kartoffeln, am Mittag 30 g Schweinebraten, am Abend 30 g Froschschenkel

Jugendliche zusätzlich: 85 g Pflaumen, 250 ml Gemüsesaft, 30 g Vollkornbrot, 100 g Kartoffeln, 250 ml Milch (0,3% Fett), statt Wein 20 g Kekse

28. Woche

Die Kochkunst der Chinesen kann auf eine Jahrtausende alte Eßkultur zurückblicken. Nicht ohne Grund sind vor Jahren die China-Restaurants wie Pilze aus dem Boden geschossen. Selbst die Lebensmittelindustrie bietet nicht nur Fertigprodukte, wie Bami- oder Nasi Goreng an, sondern auch Bambus- und Sojabohnensprossen, die unerläßlich für die Zubereitung typisch chinesischer Speisen sind. Zudem entsprechen die Zubereitungsarten in erstaunlich hohem Maße den Erkenntnissen der modernen Ernährungswissenschaft. Die chinesischen Spezialitäten sind leicht und bekömmlich und in vielen Fällen kalorienarm, also eine ideale Reduktionskost.
»Chuck's Huhn« und »Chop Suey« stehen in dieser Woche auf unserem Menüplan.

Montag

Frühstück

250 ml Tomatensaft, 75 g Speisequark (Magerstufe), 30 g Vollkornbrot, 1 TL Margarine, ½ TL Marmelade, Getränk nach Wunsch

Mittagessen

Hühnerherzragout (siehe Rezept S. 160), dazu: 100 g eßfertiges Kartoffelpüree (Fertigprodukt), 100 g Kopfsalat, Marinade aus: Zitronensaft, Süßstoff
Dessert: Milchmix aus 150 ml Milch (1,5% Fett), 60 g zerdrückter Banane, Zitronensaft, Süßstoff

Zwischenmahlzeit

200 ml Sauermilch (1,5% Fett)

Abendessen

2 Eier, ½ TL Margarine, 30 g Vollkornbrot, Rohkost aus: 100 g Kohlrabi, 100 g Möhren, 125 g Apfel, ½TL Öl, Essig, Kräutern

Zwischenmahlzeit

20 kcal Fruchtnektar, (kalorienarm)

Männer zusätzlich: 125 g Grapefruit, 125 g Pfirsiche, 100 g eßfertiges Kartoffelpüree (Fertigprodukt), 30 g Vollkornbrot, am Mittag 30 g Hühnerherz

Jugendliche zusätzlich: 125 g Grapefruit, 125 g Pfirsiche, 100 g eßfertiges Kartoffelpüree (Fertigprodukt), 30 g Vollkornbrot, 100 g Speisequark (Magerstufe), 200 ml Milch (1,5% Fett)

Donnerstag

Frühstück

85 g Pflaumen, 20 g zarte Haferflocken, 100 ml Milch (1,5% Fett), Getränk nach Wunsch

Mittagessen

Anisleber (siehe Rezept S. 165), dazu: 60 g zubereiteter Reis
Dessert: 250 ml Buttermilch (1% Fett), Zitronensaft, Süßstoff

Zwischenmahlzeit

20 g Knäckebrot, 2 TL Halbfettmargarine, 20 kcal Marmelade (kalorienarm)

Abendessen

90–120 g Roastbeef, 30 g Vollkornbrot, 1 TL Margarine, 75 g eingelegte Rote Bete, 100 g Kopfsalat, Marinade aus: 100 g Joghurt (0,3% Fett), Zitronensaft, Kräutern
Dessert: 60 g Banane

Zwischenmahlzeit

125 g Erdbeeren, 25 g süße Sahne

Männer zusätzlich: 125 g Apfel, 100 g Kiwi, 60 g zubereiteter Reis, 30 g Vollkornbrot, am Mittag 30 g Leber, am Abend 30 g Roastbeef

Jugendliche zusätzlich: 125 g Apfel, 100 g Kiwi, 60 g zubereiteter Reis, 30 g Vollkornbrot, 200 ml Dickmilch (1,5% Fett)

Freitag

Frühstück

125 g Pfirsiche, 1 Ei, 30 g Toastbrot, 1 TL Margarine, 1 TL Marmelade (kalorienarm), Getränk nach Wunsch

Mittagessen

90–120 g Schollenfilet in 1 TL Öl gebraten, 100 g eßfertiges Kartoffelpüree (Fertigprodukt), 100 g frische Erbsen, 100 g Möhren
Dessert: 200 ml Dickmilch (1,5% Fett), 20 kcal Marmelade (kalorienarm)

Zwischenmahlzeit

100 g Speisequark (Magerstufe), 125 g Himbeeren

Abendessen

Chuck's Huhn (siehe Rezept S. 155), dazu: 30 g Vollkornbrot

Zwischenmahlzeit

125 ml Orangensaft (ungesüßt)

Männer zusätzlich: 125 g Grapefruit, 100 g Ananas, 100 g eßfertiges Kartoffelpüree (Fertigprodukt), 30 g Vollkornbrot, am Mittag 30 g Schollenfilets, am Abend 30 g Hühnerfleisch

Jugendliche zusätzlich: 125 g Grapefruit, 100 g Ananas, 100 g eßfertiges Kartoffelpüree (Fertigprodukt), 30 g Vollkornbrot, 250 ml Milch (0,3% Fett)

Dienstag

Frühstück

125 g Grapefruit, 20 g Cornflakes, 100 ml Milch (1,5% Fett), Getränk nach Wunsch

Mittagessen

Hähnchentopf »Antje« (siehe Rezept S. 157), Dessert: 200 ml Kefir (1,5% Fett), 1 EL Kleie, 20 kcal Marmelade (kalorienarm)

Zwischenmahlzeit

250 g Rhabarber als Kompott, 100 ml Milch (1,5% Fett)

Abendessen

90–120 g gegrilltes Tatar (Beefsteakhack), mit 50 g Zwiebeln und Gewürzen, 30 g Vollkornbrot, 1 TL Margarine, 2 TL Ketchup, 100 g Blumenkohl

Zwischenmahlzeit

125 ml Sauerkrautsaft, 20 g Knäckebrot, 1 TL Margarine

Männer zusätzlich: 75 g Kirschen, 250 ml Gemüsesaft, 20 g Cornflakes, 30 g Vollkornbrot, am Mittag 30 g Hähnchenfleisch, am Abend 30 g Tatar

Jugendliche zusätzlich: 75 g Kirschen, 250 ml Gemüsesaft, 20 g Cornflakes, 30 g Vollkornbrot, 200 g Vanillepudding (kalorienarm)

Mittwoch

Frühstück

125 ml Grapefruitsaft (ungesüßt), 30 g Hartkäse, 30 g Vollkornbrot, 1 TL Margarine, Getränk nach Wunsch

Mittagessen

90–120 g Putenschnitzel, in 1 TL Margarine gebraten, 200 g grüne Bohnen, 100 g Tomaten, 50 g Zwiebeln, 100 g Kartoffeln
Dessert: Milchmix aus 250 ml Buttermilch (1% Fett), 20 kcal Fruchtnektar (kalorienarm), Süßstoff

Zwischenmahlzeit

Sommerliche Fruchtkaltschale (siehe Rezept S. 263)

Abendessen

90–120 g Krabbenfleisch, 30 g Toastbrot, 1 TL Halbfettmargarine, 100 g Kopfsalat, 50 g Radieschen, 100 g Tomaten, Marinade aus: 2 TL Öl, Essig, Kräutern

Zwischenmahlzeit

200 ml Milch (1,5% Fett), 1 TL Kakao

Männer zusätzlich: 75 g Trauben, 100 g Nektarinen, 100 g Kartoffeln, 20 g Knäckebrot, am Mittag 30 g Putenschnitzel, am Abend 30 g Krabbenfleisch

Jugendliche zusätzlich: 75 g Trauben, 100 g Nektarinen, 100 g Kartoffeln, 20 g Knäckebrot, 175 g Joghurt (1,5% Fett), 100 g Speisequark (Magerstufe)

Samstag

Frühstück

125 ml Orangensaft (ungesüßt), 30 g aufgeschnittener magerer Schweinebraten, 30 g Vollkornbrot, 1 TL Margarine, Getränk nach Wunsch

Mittagessen

Auflauf »Johnny Apfelkern« (siehe Rezept S. 266), dazu: ½ Portion **Vanillesauce** (siehe Rezept S. 261)

Zwischenmahlzeit

200 g Joghurt (0,3% Fett), 20 kcal Marmelade (kalorienarm), 20 g einfache Kekse

Abendessen

60 g Käse, 30 g Vollkornbrot, 1 TL Halbfettmargarine, 150 g Tomaten, 100 g Sellerie, 100 g Möhren, Marinade aus: ½ TL Öl, Essig, Petersilie

Zwischenmahlzeit

200 g Wassermelone

Männer zusätzlich: 250 g Rharbarber als Kompott, 125 ml Apfelsaft (ungesüßt), 60 g Vollkornbrot

Jugendliche zusätzlich: 250 g Rhabarber als Kompott, 125 ml Apfelsaft (ungesüßt), 60 g Vollkornbrot, 250 ml Milch (0,3% Fett), 175 g Joghurt (1,5% Fett)

Sonntag

Frühstück

250 g Rhabarber, 20 g Grieß, 200 ml Milch (1,5% Fett), Getränk nach Wunsch

Mittagessen

Chop Suey (siehe Rezept S. 133), dazu: 60 g zubereiteter Reis
Dessert: 80 g Lychees oder 75 g Kirschen

Zwischenmahlzeit

30 g Vollkornbrot, 1 TL Margarine, 50 g Speisequark (Magerstufe), 20 kcal Marmelade (kalorienarm)

Abendessen

90 g geräucherte Forellenfilets, 30 g Toastbrot, 1 TL Butter, 50 g Radieschen, 150 g Gewürzgurke, 2 Oliven, 125 ml weißer Tafelwein

Zwischenmahlzeit

125 g rote Johannisbeeren, 100 g Joghurt (0,3% Fett)

Männer zusätzlich: 100 g Birne, 75 g Trauben, 60 g zubereiteter Reis, 30 g Vollkornbrot, am Mittag 30 g Rindfleisch, am Abend 30 g Forelle

Jugendliche zusätzlich: 100 g Birne, 75 g Trauben, 60 g zubereiteter Reis, 30 g Vollkornbrot, 200 g Schokoladenpudding (kalorienarm), statt Weißwein 125 g Apfel und 125 g Erdbeeren

29. Woche

In den Sommermonaten ziehen die Grilldüfte von Balkon zu Balkon, von Garten zu Garten, denn Grillen ist inzwischen ein Volkshobby geworden. Grillpartys sind zu dieser Jahreszeit eine beliebte Form der Gästebewirtung. Eine derartige Party kann man fast überall veranstalten: Am Strand, an einem windgeschützten, sandigen Platz, kann man aus ein paar Steinen und dem Rost aus dem Backofen den Grill selber bauen. Das gleiche gilt für idyllische Flußufer und schöne Naturflecken. (Vorsicht ist im Wald geboten. Dort sollte man nur an den ausdrücklich dafür markierten Plätzen grillen.) Zu Hause sind Grillgeräte problemloser und sicherer. In dieser Woche können Sie nach Herzenslust grillen. Außer den angebotenen Fleisch- und Geflügelmahlzeiten eignen sich dazu auch Gemüse wie Tomaten, Auberginen, Champignons und Zwiebeln. Doch auch der Nachtisch kann gegrillt werden. Probieren Sie es einmal mit Ananas oder Bananen.

Montag

Frühstück

100 g Aprikosen, 30 g Putenbrust, 30 g Brötchen, 1 TL Margarine, ½ TL Honig, Getränk nach Wunsch

Mittagessen

1 ½ hartgekochte Eier, 100 g eßfertiges Kartoffelpüree (Fertigprodukt), 1 TL Margarine, 200 g Spinat, 50 g Zwiebeln, 1 TL Parmesankäse
Dessert: **Eisbecher mit Erdbeeren und Sahne** (siehe Rezept S. 273)

Zwischenmahlzeit
250 ml Gemüsesaft

Abendessen

90–120 g Heringsfilets (konserviert in Tomatensauce, Sauce nicht mitessen), 30 g Vollkornbrot, 1 TL Halbfettmargarine, 150 g Tomaten, 50 g Radieschen
Dessert: 100 ml Sauermilch (1,5% Fett)

Zwischenmahlzeit

Arabische Joghurtsuppe (siehe Rezept S. 116)

Männer zusätzlich: 125 ml Orangensaft (ungesüßt), 85 g Pflaumen, 100 g eßfertiges Kartoffelpüree (Fertigprodukt), 30 g Vollkornbrot, am Abend 30 g Heringsfilet

Jugendliche zusätzlich: 125 ml Orangensaft (ungesüßt), 85 g Pflaumen, 100 g eßfertiges Kartoffelpüree (Fertigprodukt), 30 g Vollkornbrot, 100 g Speisequark (Magerstufe), 200 ml Milch (1,5% Fett)

Donnerstag

Frühstück

125 g Apfel, 30 g Schmelzkäse, 30 g Vollkornbrot, 1 TL Margarine, Getränk nach Wunsch

Mittagessen

150 g Speisequark (Magerstufe), 100 g Pellkartoffeln, 50 g Zwiebeln, 50 g Radieschen, 100 g Tomaten, Schnittlauch

Zwischenmahlzeit

Buttermilchdrink (siehe Rezept S. 286)

Abendessen

Leberwurstaufstrich (siehe Rezept S. 121), dazu: 20 g Knäckebrot, 2 TL Margarine, 100 g Tomate, 200 ml Bier
Dessert: 125 g Stachelbeeren als Kompott

Zwischenmahlzeit

200 ml Milch (1,5% Fett), 1 TL Honig

Männer zusätzlich: 125 g Grapefruit, 100 g Birne, 100 g Kartoffeln, 20 g Knäckebrot

Jugendliche zusätzlich: 125 g Grapfefruit, 100 g Birne, 100 g Kartoffeln, 20 g Knäckebrot, 250 ml Milch (0,3% Fett), 200 g Joghurt (0,3% Fett), statt Bier 20 g einfache Kekse

Freitag

Frühstück

100 g Nektarinen, 20 g Weizenkeime, 100 ml Milch (1,5% Fett), Getränk nach Wunsch

Mittagessen

Thunfisch-Käse-Auflauf (siehe Rezept S. 186)

Zwischenmahlzeit

125 g Erdbeeren, 200 ml Milch (1,5% Fett)

Abendessen

90–120 g Dorschleber (konserviert in Öl, Öl nicht mitessen!), 30 g Vollkornbrot, 1 TL Margarine, 100 g Gurke

Zwischenmahlzeit

10 g Knäckebrot, 1 TL Margarine, 50 g Speisequark (Magerstufe), 20 kcal Marmelade (kalorienarm), 50 g Aprikosen

Männer zusätzlich: 75 g Trauben, 60 g Banane, 30 g Vollkornbrot, 20 g Knäckebrot, am Mittag 30 g Thunfisch, am Abend 30 g Dorschleber

Jugendliche zusätzlich: 75 g Trauben, 60 g Banane, 30 g Vollkornbrot, 20 g Knäckebrot, 200 ml Milch (1,5% Fett)

Dienstag

Frühstück

Erdbeeren mit Joghurtsauce (siehe Rezept S. 262), dazu: 20 g Bran Buds (oder Cornflakes), Getränk nach Wunsch

Mittagessen

90–120 g Steak, in ½ TL Öl gebraten, 200 g grüne Bohnen, 30 g Graubrot, 1 TL Halbfettmargarine

Zwischenmahlzeit

Schokoladenpudding (siehe Rezept S. 255), 75 g Kirschen

Abendessen

60 g Hartkäse, 75 g Weintrauben, 45 g Vollkornbrot, 2 TL Margarine, 200 g Tomaten, 100 g Gurke

Zwischenmahlzeit

100 ml Dickmilch (1,5% Fett), 20 kcal Marmelade (kalorienarm)

Männer zusätzlich: 125 g Apfel, 60 g Banane, 20 g Knäckebrot, 30 g Vollkornbrot, am Mittag 30 g Steak

Jugendliche zusätzlich: 125 g Apfel, 60 g Banane, 20 g Knäckebrot, 30 g Vollkornbrot, 175 g Joghurt (1,5% Fett)

Mittwoch

Frühstück

125 g rote Johannisbeeren, 20 g Grieß, 200 ml Milch (1,5% Fett), Getränk nach Wunsch

Mittagessen

Putenschnitzel »Hinrich« (siehe Rezept S. 161), dazu: 60 g zubereiteter Reis, 200 g Spargel

Zwischenmahlzeit

100 g Heidelbeeren, 175 g Joghurt, (0,3% Fett)

Abendessen

90 g geräucherte Rotbarschfilets, 30 g Vollkornbrot, 30 g Mischbrot, 2 TL Margarine, 50 g Rettich, 100 g Bohnensalat (konserviert ohne Fett)

Zwischenmahlzeit

100 g Cantaloup-Melone, 20 kcal Limonade (kalorienarm)

Männer zusätzlich: 125 ml Apfelsaft (ungesüßt), 100 g Aprikosen, 60 g zubereiteter Reis, 30 g Vollkornbrot, am Mittag 30 g Putenschnitzel, am Abend 30 g Rotbarschfilet

Jugendliche zusätzlich: 125 ml Apfelsaft (ungesüßt), 100 g Aprikosen, 60 g zubereiteter Reis, 30 g Vollkornbrot, 200 g Vanillepudding (kalorienarm)

Samstag

Frühstück

125 ml Grapefruitsaft (ungesüßt), 75 g Hüttenkäse, 30 g Toastbrot, 1 TL Margarine, Getränk nach Wunsch

Mittagessen

90 g eingeweichte Linsen, 45–60 g gekochtes Rindfleisch, 1 TL Margarine, 100 g Porree, 100 g Möhren, 50 g Sellerie, 50 g Kartoffeln als Eintopf

Zwischenmahlzeit

20 kcal Fruchtnektar (kalorienarm)

Abendessen

Grillplatte für Gartenfreunde (siehe Rezept S. 123), **Sommertraum-Salat** (siehe Rezept S. 227), **Tsasiki** (siehe Rezept S. 119)

Zwischenmahlzeit

200 ml Sauermilch (1,5% Fett)

Männer zusätzlich: 250 ml Gemüsesaft, 125 g Grapefruit, 60 g Vollkornbrot, am Mittag 30 g Rindfleisch, am Abend 30 g Kotelett

Jugendliche zusätzlich: 250 ml Gemüsesaft, 125 g Grapefruit, 60 g Vollkornbrot, 200 g Joghurt (0,3% Fett)

Sonntag

Frühstück

Frühstückspfannkuchen (siehe Rezept S. 216), 20 kcal Fruchtnektar (kalorienarm), Getränk nach Wunsch

Mittagessen

90–120 g Kalbsschnitzel, in 1 TL Margarine gebraten, 50 g Kartoffeln, 200 g Blumenkohl, 180 ml Milch (1,5% Fett)

Zwischenmahlzeit

Pflaumenkuchen (siehe Rezept S. 276), dazu: 25 g süße Sahne

Abendessen

90–120 g gegrilltes, enthäutetes Hähnchenfilet, 30 g Vollkornbrot, 1 TL Halbfettmargarine, 100 g grüne Paprikaschote, 100 g Kohlrabi, 4 Oliven

Zwischenmahlzeit

250 ml Tomatensaft

Männer zusätzlich: 125 g Apfel, 60 g Banane, 100 g Kartoffeln, 30 g Vollkornbrot, am Mittag 30 g Kalbsschitzel, am Abend 30 g Hähnchenfilet

Jugendliche zusätzlich: 125 g Apfel, 60 g Banane, 100 g Kartoffeln, 30 g Vollkornbrot, **Mango-Aprikosen-Joghurt** (siehe Rezept S. 261)

30. Woche

Die Aubergine oder Eierfrucht, wie man sie in England und Amerika nennt, hat einer Farbe – einem dunklen Violett – ihren Namen gegeben. Auberginen sind Nachtschattengewächse und kommen ursprünglich aus Asien. Seit dem 17. Jahrhundert baut man sie in den südlichen Regionen Europas an, denn sie lieben heißes Klima. In rohem Zustand sind sie – ähnlich wie grüne Bohnen – ungenießbar, ja sogar giftig. Sie müssen gedünstet oder geschmort werden, damit die Giftstoffe entweichen. Da sich die Vitamine der äußerst kalorienarmen Aubergine mehr in der Schale als im Fruchtfleisch befinden, sollte man sie nicht schälen.
Unser Mittagessen am Samstag ist eine schmackhafte Zusammenstellung aus Auberginen mit Kalbfleisch.

Montag

Frühstück

125 g Himbeeren, 75 g Speisequark, ½ TL Honig, Vanillearoma, Süßstoff, Getränk nach Wunsch

Mittagessen

Wirsing »Surprise« mit Zwiebacksauce (siehe Rezept S. 202)

Zwischenmahlzeit

20 g Mehl mit Selterswasser, Süßstoff und 1 TL Pflanzencreme mischen und als Pfannkuchen in 1 TL Pflanzencreme braten, mit 100 g schwarzen Johannisbeeren und ½ TL Puderzucker essen, 250 ml Milch (0,3% Fett)

Abendessen

Salat aus: 90–120 g Thunfisch (konserviert in Wasser), 100 g Ananas, 100 g Erbsen, 50 g Radieschen, 20 kcal Salatsauce (kalorienarm); 1 TL Margarine, 30 g Vollkornbrot

Zwischenmahlzeit

250 ml Buttermilch (1% Fett), Zitronensaft, Süßstoff

Männer zusätzlich: 125 g Stachelbeeren, 100 g konservierter Fruchtcocktail (ohne Zucker) mit 2 EL Saft, 100 g Kartoffeln, 30 g Vollkornbrot, am Mittag 30 g Tatar, am Abend 30 g Thunfisch

Jugendliche zusätzlich: 125 g Stachelbeeren, 100 g Kartoffeln, 30 g Vollkornbrot, 200 ml Milch (1,5% Fett)

Donnerstag

Frühstück

125 g Grapefruit, 2 TL Halbfettmargarine, 30 g Brötchen, 30 g Krabbenfleisch, 1 TL Cocktailsauce, 20 kcal Marmelade (kalorienarm), Getränk nach Wunsch

Mittagessen

Spargelcremesuppe (siehe Rezept S. 117), **Sauerkraut-Salat mit Kassler** (siehe Rezept S. 237)
Dessert: 200 g Vanillepudding (kalorienarm),

Zwischenmahlzeit

Meloneneis (siehe Rezept S. 268)

Abendessen

90–120 g Leber, in 1 TL Öl gebraten, mit 125 ml Wasser abgelöscht und mit 1 EL Tomatenmark gewürzt, mit 10 g Vollkornmehl angedickt; 100 g Bleichsellerie, 100 g Salatgurke
Dessert: 100 g Joghurt (0,3% Fett)

Zwischenmahlzeit

1 mittlerer Maiskolben, 2 TL Halbfettbutter

Männer zusätzlich: 250 ml Gemüsesaft, 100 g Kiwi, 30 g Brötchen, 100 g Kartoffeln, am Mittag 30 g Kassler, am Abend 30 g Leber

Jugendliche zusätzlich: 250 ml Gemüsesaft, 100 g Kiwi, 30 g Brötchen, 100 g Kartoffeln, 250 ml Milch (0,3% Fett)

Freitag

Frühstück

125 g Stachelbeeren, 40 g Vollkornhaferflocken, 200 ml Kefir (1,5% Fett), Süßstoff, Getränk nach Wunsch

Mittagessen

Salat »Südsee« (siehe Rezept S. 233), 30 g Toastbrot, 2 TL Halbfettbutter, 20 kcal Fruchtsaft, (kalorienarm)

Zwischenmahlzeit

100 g Joghurt (0,3% Fett), 125 g Grapefruit

Abendessen

150–180 g gegrillte Makrele (mit Kopf und Gräten) mit 2 TL Mayonnaise (80% Fett), 1 EL Tomatenmark und getrockneten Kräutern bestreichen, dazu: **Rettichsalat** (siehe Rezept S. 228), 30 g Weißbrot

Zwischenmahlzeit

100 g Möhren in Brühe von 1 kleinen Brühwürfel

Männer zusätzlich: 100 g Ananas, 125 g Apfel, 30 g Toastbrot, 30 g Vollkornbrot, am Abend 30 g Makrele

Jugendliche zusätzlich: 100 g Ananas, 125 g Apfel, 30 g Toastbrot, 30 g Vollkornbrot, 200 g Joghurt (0,3%)

Dienstag

Frühstück

100 g Aprikosen, 2 TL Halbfettmargarine, 30 g Toastbrot, 1 Ei, 20 kcal Marmelade (kalorienarm), Getränk nach Wunsch

Mittagessen

Putengulasch »Florian« (siehe Rezept S. 161)
Dessert: **Pflaumenmus »Boris«** (siehe Rezept S. 258)

Zwischenmahlzeit

75 g Kirschen, 100 g Speisequark (Magerstufe) Süßstoff

Abendessen

2 TL Halbfettbutter, 30 g Roggenbrötchen, 60 g Tilsiter, 150 g grüne Bohnen, Marinade aus: 2 TL Kondensmilch (4% Fett), Essig, Pfeffer, Salz, Dill, Süßstoff

Zwischenmahlzeit

100 g Kiwi, 200 g Joghurt (0,3% Fett), 1 TL geraspelte Kokosnuß, Bittermandelaroma, Süßstoff

Männer zusätzlich: 250 ml Tomatensaft, 60 g Bananen, 60 g zubereiteter Reis, 30 g Vollkornbrot, am Mittag 30 g Putenfleisch

Jugendliche zusätzlich: 250 ml Tomatensaft, 60 g Bananen, 60 g zubereiteter Reis, 30 g Vollkornbrot, 200 ml Milch (1,5% Fett)

Mittwoch

Frühstück

125 ml Orangensaft (ungesüßt), 2 TL Halbfettmargarine, 20 g Vollkornknäckebrot, 30 g gegrilltes, enthäutetes Hähnchenfleisch, Getränk nach Wunsch

Mittagessen

90 g geräucherte Putenbrust, 200 g Blumenkohl, 2 TL Halbfettmargarine, 2 TL geriebener Käse, 100 g eßfertiges Kartoffelpüree (Fertigprodukt)

Zwischenmahlzeit

125 ml Sauerkrautsaft

Abendessen

Fischfrikadellen mit Eskimokuß (siehe Rezept S. 185), 225 ml Buttermilch (1% Fett)

Zwischenmahlzeit

100 g Fruchtcocktail (konserviert ohne Zucker) mit 2 EL Saft, 25 g Magermilchpulver mit 6 EL Eiswasser und Süßstoff zu »Sahne« geschlagen, 20 kcal Dessertsauce (kalorienarm)

Männer zusätzlich: 125 g Erdbeeren, 125 g Pfirsiche, 100 g eßfertiges Kartoffelpüree (Fertigprodukt), 30 g Vollkornbrot, am Mittag 30 g geräucherte Putenbrust, am Abend 15 g Schellfischfilet

Jugendliche zusätzlich: 125 g Erdbeeren, 125 g Pfirsiche, 100 g eßfertiges Kartoffelpüree (Fertigprodukt), 30 g Vollkornbrot, 200 g Vanillepudding (kalorienarm)

Samstag

Frühstück

250 ml Tomatensaft, 1 TL Halbfettmargarine, 20 g Vollkornknäckebrot, 30 g Roastbeef, Meerrettich, ½ TL Mayonnaise (80% Fett), Getränk nach Wunsch

Mittagessen

Auberginenschiffchen mit Kalbfleischfülle (siehe Rezept S. 200)

Zwischenmahlzeit

Rosinenflocken (siehe Rezept S. 282)

Abendessen

90–120 g gegrilltes Hähnchen (Gewicht ohne Haut und Knochen), 200 g Rotkohl mit 60 g roten Johannisbeeren, 1 TL Pflanzencreme, Rauchsalz und Süßstoff gekocht, 125 ml Milch (0,3% Fett)

Zwischenmahlzeit

75 g Speisequark (Magerstufe), 1 TL Honig, Süßstoff, 75 g Trauben, 20 kcal Dessertsauce (kalorienarm)

Männer zusätzlich: 125 ml Orangensaft (ungesüßt), 100 g Nektarinen, 60 g zubereiteter Reis, 100 g Kartoffeln, am Mittag 30 g Kalbfleisch, am Abend 30 g Hähnchen

Jugendliche zusätzlich: 125 ml Orangensaft (ungesüßt), 100 g Nektarinen, 60 g zubereiteter Reis, 100 g Kartoffeln, 200 g Joghurt (0,3% Fett)

Sonntag

Frühstück

125 ml Grapefruitsaft (ungesüßt), 1 TL Halbfettmargarine, 30 g Vollkornbrot, 30 g Käse, Getränk nach Wunsch

Mittagessen

Steakhouse-Teller (siehe Rezept S. 124)
Dessert: **Pfirsich »Astrid«** (siehe Rezept S. 265)

Zwischenmahlzeit

60 g Erdbeeren, 200 g Schokoladenpudding (kalorienarm)

Abendessen

90 g geräuchertes Forellenfilet, 100 g Kohlrabi, 1 TL Halbfettmargarine, 30 g Roggenbrot, 20 kcal Limonade (kalorienarm)

Zwischenmahlzeit

50 g Joghurt (0,3% Fett), 2 TL Kakao, ½ TL Kaffeepulver, Süßstoff, 20 g einfache Kekse

Männer zusätzlich: 100 g Aprikosen, 125 g Erdbeeren, 60 g Vollkornbrot, am Mittag 30 g Rumpsteak, am Abend 30 g Forelle

Jugendliche zusätzlich: 100 g Aprikosen, 125 g Erdbeeren, 60 g Vollkornbrot, 200 ml Sauermilch (1,5% Fett)

31. Woche

Eine besonders unterhaltsame Art, liebe Gäste zu bewirten, ist die Einladung zu einem Fondue. Daß dies auch kalorienbewußt möglich ist, beweisen wir Ihnen am Samstagabend. Pate zu unserem Fondue stand der »Chinesische Feuertopf«. Dabei werden die Fleischwürfel nicht in siedendes Fett getaucht wie beim »Fondue Bourguignonne«, sondern man gart hauchdünne Fleischscheibchen in einer köchelnden Brühe. Unser Rezept ist zwar ein reines Fleischfondue, es gibt jedoch noch andere Variationen, so z. B. mit Geflügel, Fisch oder Krabben.
An anderer Stelle in diesem Buch stellen wir Ihnen ein Käsefondue vor.
Zu einem Fondue gehören unbedingt pikante Beilagen: In unserem Rezept sind es Mixed Pickles und eingelegte Zwiebeln. Ihre Gäste werden begeistert sein.

Montag

Frühstück

100 g Aprikosen, 2 TL Halbfettmargarine, 30 g Brötchen, 1 Ei, 20 kcal Marmelade (kalorienarm), Getränk nach Wunsch

Mittagessen

Hähnchen »August« (siehe Rezept S. 155), dazu: 30 g Graubrot

Zwischenmahlzeit

200 g Joghurt (0,3% Fett) mit Süßstoff und 125 g roten Johannisbeeren

Abendessen

60 g Gouda, 1 TL Butter, 30 g Vollkornbrot, 100 g Birne, 150 g grüne Bohnen, Marinade aus: Essig, Dill und 1 TL Öl

Zwischenmahlzeit

250 ml Milch (0,3% Fett), 1 ½ TL Kakao, Süßstoff

Männer zusätzlich: 100 g Kiwi, 60 g Bananen, 60 g Vollkornbrot, am Mittag 30 g Hähnchenfleisch

Jugendliche zusätzlich: 100 g Kiwi, 60 g Bananen, 60 g Vollkornbrot, 100 g Speisequark (Magerstufe)

Donnerstag

Frühstück

125 ml Grapefruitsaft (ungesüßt), 1 TL Halbfettmargarine, 20 g Vollkornknäckebrot, 30 g Roastbeef, ½ Mayonnaise (80% Fett), Getränk nach Wunsch

Mittagessen

Zwiebelhäuschen (siehe Rezept S. 200)
Dessert: **Mokkadessert** (siehe Rezept S. 258), 250 ml Milch (0,3% Fett)

Zwischenmahlzeit

60 g Banane mit 20 kcal Fruchtsaft (kalorienarm) im Mixer verquirlen

Abendessen

150 g Pellkartoffeln, 4 TL Halbfettmargarine und 150 g Speisequark (Magerstufe) vermengen mit Petersilie, Schnittlauch, Dill, Pfeffer, Salz und Süßstoff; 200 g Lauch, gedünstet in Brühe von 1 kleinen Brühwürfel

Zwischenmahlzeit

200 g Vanillepudding (kalorienarm), ½ TL Kakao, 75 g Trauben

Männer zusätzlich: 100 g Brombeeren, 100 g Ananas, 60 g zubereiteter Reis, 30 g Vollkornbrot, am Mittag 15 g Tatar

Jugendliche zusätzlich: 100 g Brombeeren, 100 g Ananas, 60 g zubereiteter Reis, 30 g Vollkornbrot, 100 g Speisequark (Magerstufe), 200 ml Dickmilch (1,5% Fett)

Freitag

Frühstück

100 g Fruchtckocktail (konserviert ohne Zucker) mit 2 EL Saft, 20 g parboiled Reis in 75 ml Milch (0,3% Fett) kochen, 1 Eigelb, 1 TL Pflanzencreme, Vanille, Zimt, Süßstoff einrühren und 1 steifgeschlagenes Eiweiß unterheben, Getränk nach Wunsch

Mittagessen

Chinesische Fischpfanne (siehe Rezept S. 179), 250 ml Tomatensaft

Zwischenmahlzeit

175 ml Milch (0,3% Fett), 1 TL Honig, 20 g Zwieback

Abendessen

30 g Vollkornbrot, 60 g Camembert, 1 TL Margarine, 100 g Preiselbeeren, 100 g eingelegte Rote Bete, 100 g Rettich, 20 kcal Salatsauce (kalorienarm)

Zwischenmahlzeit

100 g Speisequark (Magerstufe), mit 2 TL Kondensmilch (4% Fett) und Süßstoff verrühren, 125 g Grapefruit

Männer zusätzlich: 250 ml Tomatensaft, 60 g Banane, 60 g Vollkornbrot, am Mittag 30 g Kabeljau

Jugendliche zusätzlich: 250 ml Tomatensaft, 60 g Banane, 60 g Vollkornbrot, 250 ml Milch (0,3% Fett), 175 g Joghurt (1,5% Fett)

Dienstag

Frühstück

125 g Himbeeren, 40 g Grieß, 250 ml l Milch (0,3% Fett), Vanillestange, Süßstoff, 2 TL Halbfettmargarine, Getränk nach Wunsch

Mittagessen

90–120 g Seelachsfilet, gebraten in 1 TL Öl; 100 g Kopfsalat, Marinade aus: 25 g Zwiebeln, Zitronensaft und Süßstoff; 1 TL Margarine, 30 g Vollkornbrot

Zwischenmahlzeit

125 g Pfirsich

Abendessen

Spießchen mit buntem Reis (siehe Rezept S. 124), 20 kcal Limonade (kalorienarm)

Zwischenmahlzeit

100 g Speisequark (Magerstufe), 1 TL Kakao, ½ TL Kaffeepulver, Süßstoff, 125 g Stachelbeeren

Männer zusätzlich: 125 g Himbeeren, 125 g Apfel, 60 g zubereiteter Reis (Rohgewicht), 30 g Vollkornbrot, am Mittag 30 g Seelachs, am Abend 30 g Rinderfilet

Jugendliche zusätzlich: 125 g Himbeeren, 125 g Apfel, 60 g Reis (Rohgewicht), 30 g Vollkornbrot, 250 ml Milch (0,3% Fett)

Mittwoch

Frühstück

100 g Kiwi, 1 TL Halbfettmargarine, 30 g Vollkornbrot, 30 g Putenbrust, ½ TL Mayonnaise (80% Fett), Getränk nach Wunsch

Mittagessen

Kräuterleber (siehe Rezept S. 166), dazu: 50 g eßfertiges Kartoffelpüree (Fertigprodukt), 200 g Möhrensalat (Glaskonserve ohne Fett), 250 ml Buttermilch (1% Fett)

Zwischenmahlzeit

60 g Banane, 25 g süße Sahne, Süßstoff, 20 kcal Dessertsauce (kalorienarm), ½ TL geraspelte Kokosnuß

Abendessen

30 g Roggentoast, 90–120 g aufgeschnittener magerer Schweinebraten, 1 TL Margarine, 100 g Gewürzgurke

Zwischenmahlzeit

200 ml Kefir (1,5% Fett), ½ TL Honig, Süßstoff, 85 g Pflaumen

Männer zusätzlich: 125 g Stachelbeeren, 85 g Pflaumen, 100 g eßfertiges Kartoffelpüree (Fertigprodukt), 30 g Toastbrot, am Mittag 30 g Leber, am Abend 30 g Schweinebraten

Jugendliche zusätzlich: 125 g Stachelbeeren, 85 g Pflaumen, 100 g eßfertiges Kartoffelpüree (Fertigprodukt), 30 g Toastbrot, 175 g Joghurt (1,5% Fett)

Samstag

Frühstück

100 g Sauerkirschen, 1 TL Margarine, 20 g Vollkornknäckebrot, 30 g Krabben, 20 kcal Marmelade (kalorienarm), Getränk nach Wunsch

Mittagessen

105–120 g Lammkotelett (Rohgewicht mit Knochen), panieren mit 20 g Paniermehl und 1 Ei, in 1 TL Öl braten; 100 g Weißkohlsalat (Glaskonserve ohne Fett)
Dessert: 200 g Schokoladenpudding (kalorienarm)

Zwischenmahlzeit

100 g Joghurt (0,3% Fett), 100 g schwarze Johannisbeeren, Süßstoff

Abendessen

Fondue mit Saucen (siehe Rezept S. 134) dazu: **Mixed Pickles** (siehe Rezept S. 248), **Eingelegte Zwiebeln** (siehe Rezept S. 246), 100 g Paprikaschoten, 50 g Radieschen, 2 TL Barbecuesauce, 2 TL Steaksauce, 30 g Weißbrot

Zwischenmahlzeit

200 g Melone

Männer zusätzlich: 125 ml Apfelsaft (ungesüßt), 75 g Trauben, 100 g Kartoffeln, 30 g Weißbrot, am Mittag 15 g Lammfleisch, am Abend 30 g Rindfleisch

Jugendliche zusätzlich: 125 ml Apfelsaft (ungesüßt), 100 g Kartoffeln, 30 g Weißbrot, **Meloneneis** (siehe Rezept S. 268), 175 g Joghurt (1,5% Fett)

Sonntag

Frühstück

125 ml Orangensaft (ungesüßt), 1 TL Halbfettmargarine, 30 g Roggenbrötchen, 30 g Putenbrust, 2 Oliven, Getränk nach Wunsch

Mittagessen

30 g Toastbrot mit 1 TL Butter und 50 g Kopfsalat belegen, 90 g Räucherlachs und 100 g Spargel (Dosenware) wickeln, mit ½ TL Mayonnaise (80% Fett) verzieren, 50 g Erbsen
Dessert: 100 g Speisequark (Magerstufe), 1 TL Honig, Rumaroma, Süßstoff, 85 g Pflaumen

Zwischenmahlzeit

100 g Brombeeren im Mixer pürieren, mit 25 g Schlagsahne und Süßstoff mischen

Abendessen

Würstchenpfanne (siehe Rezept S. 143)

Zwischenmahlzeit

250 ml Milch (0,3% Fett) mit 20 kcal Fruchtsaft (kalorienarm) vermischen

Männer zusätzlich: 100 g konservierter Fruchtcocktail (ohne Zucker) mit 2 EL Saft, 250 ml Gemüsesaft, 60 g Vollkornbrot, am Mittag 30 g Räucherlachs, am Abend 30 g Würstchen

Jugendliche zusätzlich: 100 g konservierter Fruchtcocktail (ohne Zucker) mit 2 EL Saft, 250 ml Gemüsesaft, 60 g Vollkornbrot, 250 ml Buttermilch (1% Fett)

32. Woche

Crêpes sind hauchdünne, zarte Eierpfannkuchen. Sie kommen aus Frankreich und werden dort auf Spezialplatten gebacken, damit sie besonders leicht und luftig werden.
Bei uns bekommt man Crêpes-Pfannen in guten Haushaltswarengeschäften. Es gibt sie in verschiedener Ausführung, entweder aus Gußstahl oder beschichtet, damit der Teig nicht anhängt.
In der Bretagne findet man überall sogenannte Crèperien, die Crêpes von süß bis salzig anbieten. Mit Orangen- oder Schokoladensauce übergossen, ergeben sie einen vorzüglichen Nachtisch; mit Spinat oder Pilzen gefüllt, eine leicht bekömmliche Hauptmahlzeit. Wir stellen Ihnen am Mittwochabend eine raffinierte Füllung vor: Broccoli, Champignons und Hähnchenfleisch werden von Crêpes umhüllt, mit Sauce übergossen und im Ofen überbacken.

Montag

Frühstück

125 g rote Johannisbeeren, 75 g Speisequark (Magerstufe), Süßstoff, 20 g Knäckebrot, Getränk nach Wunsch

Mittagessen

90–120 g Leber, in 1 TL Öl gebraten, 200 g Blumenkohl, 100 g Porree, 100 g Kartoffeln

Zwischenmahlzeit

200 ml Dickmilch (1,5% Fett), 20 kcal Dessertsauce (kalorienarm)

Abendessen

Krabben-Käse-Salat (siehe Rezept S. 242), dazu: 30 g Weißbrot, 1 TL Margarine
Dessert: 175 g Joghurt (1,5% Fett), 1 TL Kakao, 1 TL geraspelte Kokosnuß

Zwischenmahlzeit

125 g Pfirsiche

Männer zusätzlich: 75 g Trauben, 60 g Bananen, 100 g Kartoffeln, 30 g Weißbrot, am Mittag 30 g Leber, am Abend 15 g Krabben

Jugendliche zusätzlich: 75 g Trauben, 60 g Banane, 100 g Kartoffeln, 30 g Weißbrot, 100 g Speisequark (Magerstufe)

Donnerstag

Frühstück

125 ml Orangensaft (ungesüßt), 1 Ei, 30 g Brötchen, 1 TL Halbfettbutter, Getränk nach Wunsch

Mittagessen

90 g deutsches Cornedbeef, 30 g Vollkornbrot, 1 TL Halbfettmargarine, 50 g Radieschen, 50 g Rettich

Zwischenmahlzeit

Stachelbeercreme (siehe Rezept S. 259)

Abendessen

90–120 g kaltes, gekochtes und enthäutetes Hähnchenfleisch, dazu: **Andalusische Sauce** (siehe Rezept S. 246), 100 g Kopfsalat, Marinade aus: Zitronensaft, Süßstoff; 30 g Vollkornbrot

Zwischenmahlzeit

175 g Joghurt (1,5% Fett), 100 g Brombeeren

Männer zusätzlich: 85 g Pflaumen, 100 g Birnen, 30 g Brötchen, 30 g Vollkornbrot, am Mittag 30 g Cornedbeef, am Abend 30 g Hähnchen

Jugendliche zusätzlich: 85 g Pflaumen, 100 g Birne, 30 g Brötchen, 30 g Vollkornbrot, 200 g Schokoladenpudding (kalorienarm)

Freitag

Frühstück

200 g Wassermelone, 30 g Hartkäse, 20 g Knäckebrot, 1 TL Margarine, ½ TL Marmelade, Getränk nach Wunsch

Mittagessen

90–120 g Putenschnitzel in 1 TL Öl gebraten, 2 TL Ketchup, 100 g grüne Bohnen, 100 g Kartoffeln
Dessert: 100 ml Kefir (1,5% Fett), 20 kcal Marmelade (kalorienarm)

Zwischenmahlzeit

125 g gefrorene Erdbeeren mit 25 g Magermilchpulver, Zitronensaft und Süßstoff zu »Eiscreme« schlagen

Abendessen

Sommer-Matjes (siehe Rezept S. 240), dazu: 100 g Pellkartoffeln
Dessert: 85 g Mirabellen

Zwischenmahlzeit

125 ml Sauerkrautsaft

Männer zusätzlich: 125 g Stachelbeeren, 100 g Nektarinen, 100 g Kartoffeln, 20 g Knäckebrot, am Mittag 30 g Putenschnitzel, am Abend 30 g Matjes

Jugendliche zusätzlich: 125 g Stachelbeeren, 100 g Nektarinen, 100 g Kartoffeln, 20 g Knäckebrot, 250 ml Milch (0,3% Fett)

Dienstag

Frühstück

75 g Trauben, 30 g Camembert, 30 g Vollkornbrot, 1 TL Margarine, ½ TL Marmelade, Getränk nach Wunsch

Mittagessen

Schweinefleisch »Meister Ribbeck« (siehe Rezept S. 140)

Zwischenmahlzeit

125 ml Milch (0,3% Fett)

Abendessen

100 g grüne Erbsen, 100 g grüne Bohnen in Brühe von 1 kleinen Brühwürfel, 90 g geräuchertes Rotbarschfilet, 30 g Vollkornbrot, 1 TL Margarine, 100 g Kopfsalat; Marinade aus: 100 g Joghurt (0,3% Fett), Zitronensaft, Süßstoff

Zwischenmahlzeit

100 g Speisequark (Magerstufe), 20 kcal Marmelade (kalorienarm), 250 ml Tomatensaft

Männer zusätzlich: 125 g Grapefruit, 100 g Kiwi, 60 g Vollkornbrot, am Mittag 30 g Schweineschnitzel, am Abend 30 g Rotbarsch

Jugendliche zusätzlich: 125 g Grapefruit, 100 g Kiwi, 60 g Vollkornbrot, 200 g Vanillepudding (kalorienarm)

Mittwoch

Frühstück

85 g Pflaumen, 20 g Grieß, 200 ml Milch (1,5% Fett), Getränk nach Wunsch

Mittagessen

90–120 g Kalbssteak, in 1 TL Öl gebraten, 100 g gegrillte Tomate, 30 g Vollkornbrot

Zwischenmahlzeit

20 g Zwieback, 1 TL Margarine, ½ TL Honig, 20 kcal Fruchtnektar (kalorienarm)

Abendessen

Crêpes »Divan« (siehe Rezept S. 157)
Dessert: 150 ml Sauermilch (1,5% Fett)

Zwischenmahlzeit

Obstsalat aus: 50 g Aprikosen, 30 g Banane, 100 g Kiwi, Zitronensaft, ½ TL geraspelte Kokosnuß

Männer zusätzlich: 200 g Honigmelone, 125 g Apfel, 30 g Vollkornbrot, 20 g Zwieback, am Mittag 30 g Kalbssteak, am Abend 15 g Hühnerfleisch

Jugendliche zusätzlich: 200 g Honigmelone, 125 g Apfel, 30 g Vollkornbrot, 20 g Zwieback, 175 g Joghurt (1,5% Fett)

Samstag

Frühstück

125 Pfirsiche, 20 g Cornflakes, 200 ml Milch (1,5% Fett), Getränk nach Wunsch

Mittagessen

90–120 g Kabeljaufilet in 10 g Mehl gewendet und in 1 TL Öl gebraten, 4 TL Ketchup, 60 g zubereiteter Reis, dazu: **Blumenkohlsalat** (siehe Rezept S. 234)

Zwischenmahlzeit

10 g Knäckebrot, 1 TL Margarine, 20 kcal Marmelade (kalorienarm), 125 g Erdbeeren

Abendessen

1 hartgekochtes Ei mit 75 g Hüttenkäse, 100 g Paprikaschote, 100 g Tomate und 25 g Zwiebeln vermengen, 30 g Vollkornbrot

Zwischenmahlzeit

200 g Schokoladenpudding (kalorienarm), 100 g Birne, 25 g Schlagsahne

Männer zusätzlich: 60 g Banane, 125 ml Orangensaft (ungesüßt), 60 g zubereiteter Reis, 20 g Knäckebrot, am Mittag 30 g Kabeljau

Jugendliche zusätzlich: 60 g Banane, 125 ml Orangensaft (ungesüßt), 20 g Knäckebrot, 60 g zubereiteter Reis, 200 ml Dickmilch (1,5% Fett)

Sonntag

Frühstück

125 ml Grapefruitsaft (ungesüßt), **Sonntagstoast mit Ei** (siehe Rezept S. 216), Getränk nach Wunsch

Mittagessen

90–120 g gegrilltes Rindersteak, 100 g Zwiebeln, in 1 TL Öl gebraten, 200 g Tomaten, 100 g Kartoffeln
Dessert: 60 g Banane

Zwischenmahlzeit

200 g Vanillepudding (kalorienarm), 20 kcal Dessertsauce (kalorienarm)

Abendessen

60 g Edelpilzkäse, 30 g Vollkornbrot, 1 TL Margarine, 4 Oliven, 200 g Gurken, 125 ml Rotwein

Zwischenmahlzeit

150 ml Milch (1,5% Fett), 125 g Himbeeren, Süßstoff

Männer zusätzlich: 250 ml Gemüsesaft, 100 g Ananas, 100 g Ananas, 100 g Kartoffeln, 30 g Vollkornbrot, am Mittag 30 g Rindersteak

Jugendliche zusätzlich: 250 ml Gemüsesaft, 100 g Ananas, 100 g Kartoffeln, 30 g Vollkornbrot, 100 g Speisequark (Magerstufe), statt Rotwein 100 g Kiwi und 125 g Pfirsiche

33. Woche

Gemessen an anderen Ländern ist der Verzehr von Fisch bei uns relativ gering. Dabei ist Fisch äußerst gesund und unentbehrlich für alle, die abnehmen wollen. Er ist, bis auf wenige Ausnahmen, kalorienarm, vitaminreich und enthält biologisch hochwertiges Eiweiß. In den meisten Restaurants wird Fisch entweder als fader, ausgelaugter Koch- oder Backfisch angeboten, was sicherlich dazu beigetragen hat, daß er bei uns nicht so geschätzt wird, wie er es eigentlich verdient. Der Besuch eines guten Fischspezialitäten-Restaurants strapaziert den Geldbeutel erheblich. Aber es gibt unzählige Möglichkeiten, Fisch preiswert und doch wohlschmeckend zuzubereiten.
In dieser Woche stellen wir Ihnen einige interessante Rezepte vor. Unser Lieblingsgericht ist die »Kapitänsflunder«.

Montag

Frühstück

100 g Birne, 75 g Speisequark (Magerstufe), Vanillearoma, 20 g Zwieback, Getränk nach Wunsch

Mittagessen

Hähnchenkeulen in Orangensauce (siehe Rezept S. 157), dazu: 60 g zubereiteter Reis
Dessert: 175 g Joghurt (1,5% Fett)

Zwischenmahlzeit

200 ml Dickmilch (1,5% Fett), 20 kcal Marmelade (kalorienarm)

Abendessen

90–120 g Tatar (Beefsteakhack), 30 g Vollkornbrot, 2 TL Halbfettmargarine, 100 g Tomaten, 100 g Gurke, 2 Oliven

Zwischenmahlzeit

100 g Kiwi, 100 g Kopfsalat, Marinade aus: 1 TL Öl, Essig

Männer zusätzlich: 125 g Apfel, 250 ml Tomatensaft, 60 g zubereiteter Reis, 30 g Vollkornbrot, am Mittag 30 g Hähnchen, am Abend 30 g Tatar

Jugendliche zusätzlich: 125 g Apfel, 250 ml Tomatensaft; 60 g zubereiteter Reis, 30 g Vollkornbrot; 250 ml Milch (0,3% Fett)

Donnerstag

Frühstück

100 g Aprikosen, 30 g aufgeschnittener magerer Schweinebraten, 30 g Brötchen, 2 TL Halbfettmargarine, Getränk nach Wunsch

Mittagessen

45–60 g gekochtes mageres Rindfleisch und 200 g Möhren in Brühe von 1 kleinen Brühwürfel
Dessert: **Biskuitkuchen** (siehe Rezept S. 277)

Zwischenmahlzeit

125 ml Orangensaft (ungesüßt)

Abendessen

60 g Tilsiter, 45 g Vollkornbrot, 2 TL Margarine, 100 g Tomate, 100 g Radieschen, 125 ml Rotwein
Dessert: 100 g Joghurt (0,3% Fett)

Zwischenmahlzeit

250 ml Buttermilch (1% Fett)

Männer zusätzlich: 125 g Apfel, 75 g Trauben, 30 g Brötchen, 20 g Knäckebrot, am Mittag 15 g Rindfleisch

Jugendliche zusätzlich: 125 g Apfel, 75 g Trauben, 30 g Brötchen, 20 g Knäckebrot, 100 g Speisequark (Magerstufe), statt Wein 30 g Fruchtgummi

Freitag

Frühstück

125 g Erdbeeren, 20 g Grieß, 200 ml Milch (1,5% Fett), Getränk nach Wunsch

Mittagessen

90–120 g Putenschnitzel, in 1 TL Öl gebraten, 2 TL Steaksauce, 100 g Kartoffeln, 200 g Weißkohl

Zwischenmahlzeit

150 ml Milch (1,5% Fett), 1 TL Kakao, 75 g Trauben

Abendessen

Käse-Nudel-Laib (siehe Rezept S. 240)

Zwischenmahlzeit

100 g Birne, 125 ml Sauerkrautsaft

Männer zusätzlich: 125 ml Orangensaft (ungesüßt), 60 g Banane, 20 g Knäckebrot, 100 g Kartoffeln, am Mittag 30 g Putenschnitzel

Jugendliche zusätzlich: 125 ml Orangensaft (ungesüßt), 60 g Banane, 20 g Knäckebrot, 100 g Kartoffeln, 200 g Vanillepudding (kalorienarm)

Dienstag

Frühstück

100 g Nektarinen, 30 g Edelpilzkäse, 30 g Vollkornbrot, 1 TL Margarine, 1 TL Marmelade, Getränk nach Wunsch

Mittagessen

Tomaten-Eier-Quark (siehe Rezept S. 214), dazu: 30 g Vollkornbrot, 1 TL Margarine
Dessert: 125 g Erdbeeren, Streusüße

Zwischenmahlzeit

125 ml Apfelsaft (ungesüßt)

Abendessen

90 g mageres Kassler, 200 g Blumenkohl, 1 TL geriebener Käse, 100 g Kartoffeln, 1 TL Margarine

Zwischenmahlzeit

200 ml Milch (1,5% Fett)

Männer zusätzlich: 200 g Wassermelone, 60 g Banane, 30 g Vollkornbrot, 100 g Kartoffeln, am Abend 30 g Kassler

Jugendliche zusätzlich: 200 g Wassermelone, 60 g Banane, 30 g Vollkornbrot, 100 g Kartoffeln, 200 g Schokoladenpudding (kalorienarm)

Mittwoch

Frühstück

125 g Apfel, 20 g Cornflakes, 200 ml Milch (1,5% Fett), Getränk nach Wunsch

Mittagessen

90–120 g Leber, in 1 TL Öl gebraten, 100 g eßfertiges Kartoffelpüree (Fertigprodukt), 200 g grüne Bohnen

Zwischenmahlzeit

125 g Stachelbeeren, 20 kcal Fruchtnektar (kalorienarm)

Abendessen

Roter Heringssalat (siehe Rezept S. 240), dazu: 45 g Vollkornbrot

Zwischenmahlzeit

50 g Aprikosen, 75 g Speisequark (Magerstufe), 1 TL Kakao, 1 TL geraspelte Kokosnuß

Männer zusätzlich: 100 g Aprikosen, 100 g Birne, 100 g eßfertiges Kartoffelpüree, (Fertigprodukt), 20 g Knäckebrot, 200 ml Milch (1,5% Fett), am Mittag 30 g Leber, am Abend 30 g Matjesfilet

Jugendliche zusätzlich: 100 g Aprikosen, 100 g Birnen, 100 g eßfertiges Kartoffelpüree (Fertigprodukt), 20 g Knäckebrot, 200 ml Milch (1,5% Fett), 175 g Joghurt (1,5% Fett)

Samstag

Frühstück

125 g Grapefruit, ½ TL Zucker, 1 Ei, 30 g Vollkornbrot, 2 TL Halbfettbutter, Getränk nach Wunsch

Mittagessen

Kapitänsflunder (siehe Rezept S. 182), dazu: 60 g zubereiteter Reis
Dessert: 60 g Banane

Zwischenmahlzeit

125 g gefrorene Himbeeren mit 25 g Magermilchpulver, Zitronensaft und Süßstoff zu »Eiscreme« schlagen

Abendessen

90–120 g Roastbeef, 1 TL Meerrettich, 10 g Knäckebrot, 100 g Radieschen, 100 g Tomaten
Dessert: 125 ml Milch (0,3% Fett), ½ TL Honig

Zwischenmahlzeit

200 g Gurke, Marinade aus: 100 g Joghurt (0,3% Fett), Kräutern; 125 g Erdbeeren

Männer zusätzlich: 250 ml Gemüsesaft, 100 g Birne, 60 g zubereiteter Reis, 20 g Knäckebrot, am Mittag 30 g Schollenfilet, am Abend 30 g Roastbeef

Jugendliche zusätzlich: 250 ml Gemüsesaft, 100 g Birne, 60 g zubereiteter Reis, 20 g Knäckebrot, 200 ml Milch (1,5% Fett)

Sonntag

Frühstück

100 g Kiwi, 30 g Krabben, 1 TL Halbfettmargarine, ½ TL Mayonnaise (80% Fett), 30 g Weißbrot, 50 g Speisequark (Magerstufe), 20 kcal Marmelade (kalorienarm), 1 TL geraspelte Kokosnuß, Getränk nach Wunsch

Mittagessen

90–120 g Rindersteak und 100 g Zwiebeln, in 1 TL Öl gebraten, 100 g Kartoffeln, 200 g grüne Bohnen, 100 g gegrillte Tomaten mit 1 TL geriebenen Käse bestreut

Zwischenmahlzeit

200 g Vanillepudding (kalorienarm)

Abendessen

200 g Honigmelone, 90 g geräucherte Forellenfilets, 30 g Vollkornbrot, 1 TL Butter, 50 g Radieschen
Dessert: **Erdbeer-Apfel-Frost** (siehe Rezept S. 273)

Zwischenmahlzeit

200 ml Bier

Männer zusätzlich: 125 g Pfirsiche, 75 g Trauben, 100 g Kartoffeln, 30 g Vollkornbrot, am Mittag 30 g Rindersteak, am Abend 30 g Forellenfilet

Jugendliche zusätzlich: 125 g Pfirsiche, 75 g Trauben, 100 g Kartoffeln, 30 g Vollkornbrot, 200 ml Dickmilch (1,5% Fett), statt Bier 30 g Lakritze

34. Woche

Der Monat August wird vielfach als der Monat der »Hundstage« bezeichnet, ein Monat also mit extrem hohen Temperaturen. Hier versteht es sich von selbst, die Mahlzeiten leicht und einfach zu gestalten. Erfrischende Speisen und Getränke werden bevorzugt. Der Grapefruit-Longdrink ist ein idealer Durststiller, der »Joghurtdip« eine bekömmliche, vitaminreiche Zwischenmahlzeit. Abgekühlter Tee mit Zitronensaft und Mineralwasser sind die richtigen Getränke, um den durch das Schwitzen entstehenden Flüssigkeitsverlust auszugleichen. Die »Thunfisch-Ratatouille« ist eine typische hochsommerliche Mahlzeit, die Ihnen sicherlich schmecken wird.

Montag

Frühstück

125 g Apfel, 75 g Speisequark, 20 g Knäckebrot, 1 TL Margarine, ½ TL Honig, Getränk nach Wunsch

Mittagessen

90–120 g Rotbarschfilet, in 1 TL Öl gebraten, 200 g Kohlrabi, 1 TL geriebener Käse, 100 g Kartoffeln, 125 ml Sauerkrautsaft

Zwischenmahlzeit

Mango-Aprikosen-Joghurt (siehe Rezept S. 261)

Abendessen

90–120 g gegrilltes Rinderhack, 200 g pürierte Tomaten (Dosenware), 60 g zubereitete Nudeln, 100 g Kopfsalat, Marinade aus: 1 TL Öl, Essig
Dessert: 200 g Schokoladenpudding (kalorienarm), 20 kcal Dessertsauce (kalorienarm)

Zwischenmahlzeit

Longdrink aus: 250 ml Grapefruitsaft mit Mineralwasser, Eiswürfel, Süßstoff

Männer zusätzlich: 85 g Pflaumen, 100 g Birne, 100 g Kartoffeln, 60 g zubereitete Nudeln, am Mittag 30 g Rotbarschfilet, am Abend 30 g Rinderhack

Jugendliche zusätzlich: 85 g Pflaumen, 100 g Birne, 100 g Kartoffeln, 60 g zubereitete Nudeln, 200 ml Milch (1,5% Fett)

Donnerstag

Frühstück

85 g Pflaumen, 20 g Grieß, 200 ml Milch (1,5% Fett), ½ TL Marmelade, Getränk nach Wunsch

Mittagessen

Käse-Reis-Pfanne (siehe Rezept S. 219), dazu: 100 g Kopfsalat, 20 kcal Salatsauce (kalorienarm)

Zwischenmahlzeit

60 g Bananen, 200 ml Dickmilch (1,5% Fett), ½ TL Honig

Abendessen

90–120 g Kalbssteak, in 1 TL Öl gebraten, 200 g Paprikaschoten, 100 g Kartoffeln, 1 TL Margarine, 125 ml Weißwein

Zwischenmahlzeit
125 g Grapefruit

Männer zusätzlich: 125 ml Apfelsaft (ungesüßt), 85 g Pflaumen, 100 g Kartoffeln, 30 g Vollkornbrot, am Abend 30 g Kalbssteak

Jugendliche zusätzlich: 125 ml Apfelsaft (ungesüßt), 85 g Pflaumen, 100 g Kartoffeln, 30 g Vollkornbrot, 100 g Speisequark (Magerstufe), statt Weißwein 30 g Fruchtgummi

Freitag

Frühstück

100 g Aprikosen, 1 Ei, 1 TL Halbfettmargarine, ½ TL Mayonnaise (80% Fett), 30 g Vollkornbrot, Getränk nach Wunsch

Mittagessen

Krabbenauflauf (siehe Rezept S. 196), dazu: 45 g Weißbrot 100 g Tomaten

Zwischenmahlzeit

250 ml Dickmilch (1,5% Fett), 125 g Stachelbeeren, 20 kcal Fruchtnektar (kalorienarm)

Abendessen

90–120 g Leber, in 1 TL Öl gebraten, 4 TL Ketchup, 200 g Blumenkohl
Dessert: 100 g Birne

Zwischenmahlzeit

Joghurtdip (siehe Rezept S. 247), dazu: 100 g Bleichsellerie, 50 g Möhren, 50 g Champignons, 50 g Blumenkohl, 50 g Paprikaschoten, 50 g Broccoli

Männer zusätzlich: 125 g Apfel, 60 g Banane, 60 g Vollkornbrot, am Mittag 15 g Krabben, am Abend 30 g Leber

Jugendliche zusätzlich: 125 g Apfel, 60 g Banane, 60 g Vollkornbrot, 200 g Joghurt (0,3% Fett)

Dienstag

Frühstück

75 g Trauben, 30 g Hartkäse, 30 g Vollkornbrot, 1 TL Margarine, ½ TL Marmelade, Getränk nach Wunsch

Mittagessen

Kohlrouladen (siehe Rezept S. 203), dazu: 75 g Kartoffeln
Dessert: 100 g Kiwi

Zwischenmahlzeit

100 g Joghurt (0,3% Fett), 20 kcal Marmelade (kalorienarm)

Abendessen

200 kcal fettreduzierte Wurst (kalorienarm), 30 g Vollkornbrot, 2 TL Margarine, 1 Olive, 100 g Gurke, 100 g Zucchini, Marinade aus: 100 g Joghurt (0,3% Fett), Kräutern

Zwischenmahlzeit

250 ml Buttermilch (1% Fett), 125 g Pfirsiche

Männer zusätzlich: 60 g Banane, 125 g Pfirsiche, 100 g Kartoffeln, 30 g Vollkornbrot, am Mittag 30 g Tatar

Jugendliche zusätzlich: 60 g Banane, 125 g Pfirsiche, 100 g Kartoffeln, 30 g Vollkornbrot, 200 g Vanillepudding (kalorienarm), 250 ml Milch (0,3% Fett)

Mittwoch

Frühstück

Bananen-Ingwer-Hüttenkäse (siehe Rezept S. 219), dazu: 20 g Knäckebrot, Getränk nach Wunsch

Mittagessen

90–120 g enthäutete Hähnchenbrust, in 1 TL Öl gebraten, 100 g grüne Erbsen, 100 g Möhren, 100 g eßfertiges Kartoffelpüree (Fertigprodukt), 2 TL Ketchup

Zwischenmahlzeit

200 g Vanillepudding (kalorienarm), 125 g Himbeeren, 1 TL geraspelte Kokosnuß

Abendessen

90 g geräuchertes Schellfischfilet, 30 g Vollkornbrot, 1 TL Margarine, 100 g Kopfsalat; Marinade aus: 1 TL Öl, Essig
Dessert: 100 g Speisequark (Magerstufe), 20 kcal Marmelade (kalorienarm)

Zwischenmahlzeit

125 ml Sauerkrautsaft, 100 g Kiwi

Männer zusätzlich: 100 g Aprikosen, 125 g Grapefruit, 20 g Knäckebrot, 30 g Vollkornbrot, am Mittag 30 g Hähnchen, am Abend 30 g Schellfisch

Jugendliche zusätzlich: 100 g Aprikosen, 125 g Grapefruit, 20 g Knäckebrot, 30 g Vollkornbrot, 175 g Joghurt (1,5% Fett)

Samstag

Frühstück

125 ml Orangensaft (ungesüßt), 30 g Roastbeef, 30 g Vollkornbrot, 1 TL Margarine, Getränk nach Wunsch

Mittagessen

150 g Hüttenkäse, 30 g Vollkornbrot, 1 TL Margarine, 50 g Gewürzgurke, 100 g Tomaten, 4 Oliven
Dessert: 75 g Trauben

Zwischenmahlzeit

100 g Speisequark (Magerstufe), 20 kcal Sirup (kalorienarm)

Abendessen

45–60 g gekochtes, enthäutetes Hühnerfleisch und 200 g Möhren in Brühe von 1 kleinen Brühwürfel
Dessert: **Frucht-Brot-Pudding** (siehe Rezept S. 256)

Zwischenmahlzeit

100 g Joghurt (0,3% Fett), 50 g Birne

Männer zusätzlich: 100 g Kiwi, 100 g Brombeeren, 30 g Vollkornbrot, 20 g Knäckebrot, am Abend 15 g Hühnerfleisch

Jugendliche zusätzlich: 100 g Kiwi, 100 g Brombeeren, 30 g Vollkornbrot, 20 g Knäckebrot, 200 g Schokoladenpudding (kalorienarm)

Sonntag

Frühstück

100 g Birne, 30 g aufgeschnittener, magerer Schweinebraten, 30 g Brötchen, 1 TL Butter, 1 TL Marmelade, Getränk nach Wunsch

Mittagessen

Thunfisch-Ratatouille (siehe Rezept S. 185), dazu: 60 g zubereiteter Reis

Zwischenmahlzeit

100 g Brombeeren, 200 ml Milch (1,5% Fett), 20 g einfache Kekse

Abendessen

2 Eier, ½ TL Mayonnaise (80% Fett), 30 g Vollkornbrot, 1 TL Halbfettbutter, 2 TL Senfsauce, 100 g Kopfsalat, 20 kcal Salatsauce (kalorienarm)

Zwischenmahlzeit

100 g Kiwi, 100 g Speisequark (Magerstufe)

Männer zusätzlich: 250 ml Tomatensaft, 125 g Grapefruit, 60 g zubereiteter Reis, 30 g Vollkornbrot, am Mittag 30 g Thunfisch

Jugendliche zusätzlich: 250 ml Tomatensaft, 125 g Grapefruit, 60 g zubereiteter Reis, 30 g Vollkornbrot, 200 g Joghurt (0,3% Fett), 200 ml Dickmilch (1,5% Fett)

35. Woche

Die orientalische Küche findet in unseren Breitengraden kaum Interesse. Das liegt zum Teil an den ungewöhnlichen und uns unbekannten Gewürzen. Für diejenigen jedoch, die pikante Speisen lieben, ist sie eine Abwechslung vom täglichen Speisefahrplan. Ingwer ist ein häufig verwendetes Gewürz der orientalischen Küche. Frisch hat er einen fruchtig-süßlichen, prickelnd-scharfen Geschmack; getrocknet schmeckt er noch schärfer und würziger.
Wir stellen Ihnen in dieser Woche einen »Orientalischen Salat« und ein »Gurken-Paprika-Gemüse« vor. Der Ingwer gibt diesen Speisen erst den »richtigen Pfiff«. Außerdem ist als Nachspeise ein köstliches »Himbeersorbet« vorgesehen. Sorbet, auch Sherbet genannt, stammt aus der türkischen Küche und geht auf das arabische Wort »Scharbat« zurück, was »Trank« bedeutet. Sorbet ist ein gekühltes, äußerst erfrischendes Getränk.

Montag

Frühstück

60 g Banane, 20 g Cornflakes, 175 g Joghurt (1,5% Fett), Getränk nach Wunsch

Mittagessen

Muschel-Reis-Kasserolle (siehe Rezept S. 195)

Zwischenmahlzeit

125 g Stachelbeeren, 20 g einfache Kekse

Abendessen

90–120 g Tatar (Beefsteakhack), 30 g Vollkornbrot, 2 TL Margarine, 50 g Radieschen, 3 Oliven, 100 g Tomaten

Zwischenmahlzeit

200 ml Dickmilch (1,5% Fett), 20 kcal Marmelade (kalorienarm)

Männer zusätzlich: 200 g Wassermelone, 75 g Trauben, 30 g Vollkornbrot, 60 g zubereiteter Reis, am Mittag 30 g Muscheln, am Abend 30 g Tatar

Jugendliche zusätzlich: 200 g Wassermelone, 75 g Trauben, 30 g Vollkornbrot, 60 g zubereiteter Reis, 200 ml Milch (1,5% Fett)

Donnerstag

Frühstück

85 g Pflaumen, 75 g Speisequark (Magerstufe), 20 g Knäkkebrot, 20 kcal Marmelade (kalorienarm), Getränk nach Wunsch

Mittagessen

Süßsaure Eier (siehe Rezept S. 217), dazu: 100 g Kartoffeln

Zwischenmahlzeit

75 g Kirschen

Abendessen

90–120 g Bismarckhering, 100 g Kartoffeln, 100 g Speisequark (Magerstufe), Kräuter 1 TL Mayonnaise (80% Fett)

Zwischenmahlzeit

125 g rote Johannisbeeren, 100 ml Dickmilch (1,5% Fett), 200 g Blumenkohl, in Brühe von 1 kleinen Brühwürfel

Männer zusätzlich: 125 g Apfel, 125 g Pfirsiche, 100 g Kartoffeln, 20 g Knäckebrot, am Abend 30 g Bismarckhering

Jugendliche zusätzlich: 125 g Apfel, 125 g Pfirsiche, 100 g Kartoffeln, 20 g Knäckebrot, 200 g Schokoladenpudding (kalorienarm)

Freitag

Frühstück

100 g Mango oder 125 ml Orangensaft (ungesüßt), 30 g Vollkornbrot, 30 g Hartkäse, 1 TL Margarine, ½ TL Marmelade, Getränk nach Wunsch

Mittagessen

90–120 g gegrilltes, enthäutetes Hähnchenfleisch, 200 g Rettich, 100 g Paprikaschote, Marinade aus: 1 TL Öl, Essig

Zwischenmahlzeit

Kirschsuppe mit Grießklößchen (siehe Rezept S. 262) 20 kcal Fruchtnektar (kalorienarm)

Abendessen

1 Ei, 45 g geräucherte Putenbrust, 30 g Vollkornbrot, 1 TL Butter, 100 g Tomaten, 2 Oliven

Zwischenmahlzeit

250 ml Milch (1,5% Fett), 1 TL Kakao, Rumaroma

Männer zusätzlich: 60 g Banane, 100 g Nektarinen, 60 g Vollkornbrot, am Mittag 30 g Hähnchenfleisch, am Abend 15 g Putenbrust

Jugendliche zusätzlich: 60 g Banane, 100 g Nektarinen, 60 g Vollkornbrot, 200 ml Dickmilch (1,5% Fett)

Dienstag

Frühstück

250 ml Tomatensaft, 30 g Roastbeef, 30 g Vollkornbrot, 1 TL Margarine, Getränk nach Wunsch

Mittagessen

90–120 g gegrilltes Schweinesteak, 100 g eßfertiges Kartoffelpüree (Fertigprodukt), 200 g Möhren, 100 g Erbsen

Zwischenmahlzeit

125 ml Milch (1,5% Fett), 75 g Trauben

Abendessen

Käseragout (siehe Rezept S. 219), dazu: 100 g Kartoffeln, 100 g Kopfsalat, 20 kcal Salatsauce (kalorienarm)

Zwischenmahlzeit

250 ml Buttermilch (1% Fett), 200 g Wassermelone

Männer zusätzlich: 85 g Pflaumen, 100 g Birne, 100 g Kartoffeln, 1 mittelgroßer Maiskolben, am Mittag 30 g Schweinesteak

Jugendliche zusätzlich: 85 g Pflaumen, 100 g Birne, 100 g Kartoffeln, 1 mittelgroßer Maiskolben, 175 g Joghurt (1,5% Fett)

Mittwoch

Frühstück

125 ml Orangensaft (ungesüßt), 20 g Grieß, 200 ml Milch (1,5% Fett), ½ TL Marmelade, Getränk nach Wunsch

Mittagessen

90–120 g gegrillte Leber, dazu- **Gurken-Paprika-Gemüse** (siehe Rezept S. 197)

Zwischenmahlzeit

20 g Zwieback, 1 TL Halbfettmargarine, 1 TL Honig, 125 g Apfel

Abendessen

Fantasie-Salat (siehe Rezept S. 228), dazu: 90–120 g aufgeschnittener, magerer Schweinebraten, 30 g Vollkornbrot, 1 TL Halbfettmargarine

Zwischenmahlzeit

20 g Rice-Crispis, 175 g Joghurt (1,5% Fett), 20 kcal Dessertsauce (kalorienarm)

Männer zusätzlich: 75 g Kirschen, 100 g Nektarinen, 30 g Vollkornbrot, 100 g Kartoffeln, am Mittag 30 g Leber, am Abend 30 g Schweinebraten

Jugendliche zusätzlich: 75 g Kirschen, 100 g Nektarinen, 30 g Vollkornbrot, 100 g Kartoffeln, 100 g Speisequark (Magerstufe), 250 ml Buttermilch (1% Fett)

Samstag

Frühstück

125 g Grapefruit, 1 Ei, 30 g Brötchen, 1 TL Butter, ½ TL Mayonnaise (80% Fett), Getränk nach Wunsch

Mittagessen

90–120 g Rinderhackfleisch, vermengt mit 10 g Paniermehl und 25 g eingelegten Paprikaschoten, als Frikadellen gegrillt; 200 g Möhren, 75 g Erbsen
Dessert: Obstsalat aus 30 g Banane, 50 g Aprikosen, 50 g Birne, 100 g Honigmelone, Zitronensaft, Süßstoff, 2 TL geraspelte Kokcsnuß

Zwischenmahlzeit

Buttermilch-Zitronenspeise (siehe Rezept S. 260)

Abendessen

Party-Salat (siehe Rezept S. 237), dazu: 200 ml Bier
Dessert: 200 g Joghurt (0,3% Fett), 20 kcal Marmelade (kalorienarm)

Zwischenmahlzeit

100 g Kopfsalat, 100 g Tomaten, 50 g Radieschen, Marinade aus: 1 ½ TL Öl, Zitronensaft; 100 ml Sauermilch (1,5% Fett)

Männer zusätzlich: 125 g Apfel, 125 ml Orangensaft (ungesüßt), 20 g Knäckebrot, 100 g Kartoffeln, am Mittag 30 g Rinderhackfleisch, am Abend 30 g gekochter Schinken

Jugendliche zusätzlich: 125 g Apfel, 125 ml Orangensaft (ungesüßt), 20 g Knäckebrot, 100 g Kartoffeln, 175 g Joghurt (1,5% Fett), statt Bier 30 g Fruchtgummi

Sonntag

Frühstück

125 g Apfel, 30 g Camembert, 30 g Vollkornbrot, 1 TL Butter, 50 g Radieschen, Getränk nach Wunsch

Mittagessen

90–120 g gedünstete Forelle (Gewicht ohne Kopf und Gräten), 100 g Kartoffeln, 1 TL Margarine, 1 TL Meerrettich
Dessert: 200 g Vanillepudding (kalorienarm), 50 g Birne

Zwischenmahlzeit

100 g Speisequark (Magerstufe) mit 125 ml Orangensaft (ungesüßt) verrühren

Abendessen

Orientalischer Salat (siehe Rezept S. 237), dazu: 30 g Weißbrot
Dessert: **Himbeersorbet** (siehe Rezept S. 275)

Zwischenmahlzeit

100 g Champignons in Brühe von 1 kleinen Brühwürfel, 4 TL Kondensmilch (4% Fett) einrühren; 20 kcal Limonade (kalorienarm)

Männer zusätzlich: 85 g Pflaumen, 100 g Birne, 100 g Kartoffeln, 30 g Weißbrot, am Mittag 30 g Forelle, am Abend 30 g Rindfleisch

Jugendliche zusätzlich: 85 g Pflaumen, 100 g Birne, 100 g Kartoffeln, 30 g Weißbrot, 200 ml Milch (1,5% Fett)

36. Woche

»Pikant und süß verträgt sich nicht« ist eine landläufige Meinung, die eine solche Kombination ablehnt. Mit dem Hawaii-Toast jedoch hat sie längst ihren Siegeszug in unsere Küchen angetreten. In einzelnen Gebieten haben sich bis heute Speisen wie »Himmel und Erde« (Kartoffeln, vermischt mit Apfelkompott) gehalten. Wir haben in dieser Woche ein Orangenleber-Rezept und Kartoffelpuffer (oder Reibekuchen), kombiniert mit gefüllter Birne, vorgesehen. Auch die am Samstagabend eingeplanten Fisch-Grilladen zeichnen sich durch ungewöhnliche Zusammensetzungen aus, die diesen Gerichten einen pikanten Geschmack geben und noch einmal die vielfältigen Möglichkeiten der Fischzubereitung zeigen.

Montag

Frühstück

125 g Pfirsiche, 20 g Haferflocken, 200 ml Milch (1,5% Fett), 1 TL Kakao, Getränk nach Wunsch

Mittagessen

90–120 g Seelachsfilet, in 1 TL Öl gebraten, 200 g Tomaten (Dosenware), püriert als Sauce, 60 g zubereitete Nudeln

Zwischenmahlzeit

Ananas-Bananen-Milchshake (siehe Rezept S. 286)

Abendessen

Pikantes Hackfleisch mit Toast (siehe Rezept S. 138), dazu: 100 g Kopfsalat, 100 g Tomate, Marinade aus: 2 TL Öl, Essig

Zwischenmahlzeit

125 g Grapefruit, 1 TL Zucker, 20 kcal Limonade (kalorienarm)

Männer zusätzlich: 100 g Kiwi, 100 g Ananas, 60 g zubereitete Nudeln, 20 g Haferflocken, am Mittag 30 g Seelachsfilet, am Abend 30 g Tatar

Jugendliche zusätzlich: 100 g Kiwi, 100 g Ananas, 60 g zubereitete Nudeln, 20 g Haferflocken, 175 g Joghurt (1,5% Fett)

Donnerstag

Frühstück

75 g Trauben, 20 g Cornflakes, 125 ml Milch (0,3% Fett), ½ TL Zucker, Getränk nach Wunsch

Mittagessen

4 Oliven, 100 g Rettich, 100 g Tomaten, 100 g Gewürzgurken, 150 g Speisequark, vermengen mit Kräutern und 2 TL Mayonnaise (80% Fett), 10 g Knäckebrot

Zwischenmahlzeit

125 ml Buttermilch (1% Fett), vermengt mit Zitronensaft, Süßstoff

Abendessen

Kartoffelpuffer »Williams Christ« (siehe Rezept S. 207)
Dessert: **Grießflammeri** (siehe Rezept S. 256), dazu: 20 kcal Dessertsauce (kalorienarm)

Zwischenmahlzeit

250 ml Tomatensaft

Männer zusätzlich: 125 g Apfel, 85 g Pflaumen, 20 g Knäkkebrot, 30 g Vollkornbrot

Jugendliche zusätzlich: 125 g Apfel, 85 g Pflaumen, 20 g Knäckebrot, 30 g Vollkornbrot, 200 ml Milch (1,5% Fett)

Freitag

Frühstück

100 g Birne, 20 g Grieß, 200 ml Milch (1,5% Fett), Getränk nach Wunsch

Mittagessen

Brüsseler Gemüsesuppe (siehe Rezept S. 116), dazu: 90 g Brühwürstchen

Zwischenmahlzeit

50 g Speisequark (Magerstufe), 100 g Brombeeren, 20 kcal Limonade (kalorienarm)

Abendessen

150 g Hüttenkäse, 30 g Vollkornbrot, 1 TL Margarine, 200 g Rettich, 100 g Kopfsalat, Marinade aus: 1 TL Öl, Essig

Zwischenmahlzeit

125 g Grapefruit, 1 TL Honig, ½ TL geraspelte Kokosnuß

Männer zusätzlich: 200 g Honigmelone, 125 g Pfirsiche, 60 g Vollkornbrot, am Mittag 30 g Brühwürstchen

Jugendliche zusätzlich: 200 g Honigmelone, 125 g Pfirsiche, 60 g Vollkornbrot, 200 g Schokoladenpudding (kalorienarm)

Dienstag

Frühstück

100 g Kiwi, 75 g Speisequark (Magerstufe), 20 g Knäckebrot, Getränk nach Wunsch

Mittagessen

Orangenleber (siehe Rezept S. 174), dazu: 60 g zubereiteter Reis

Zwischenmahlzeit

200 g Joghurt (0,3% Fett), 1 TL Kakao, 1 TL geraspelte Kokosnuß, Rumaroma, 20 kcal Marmelade (kalorienarm)

Abendessen

60 g Hartkäse, 30 g Vollkornbrot, 1 TL Halbfettmargarine, 2 Oliven, dazu: **Endiviensalat** (siehe Rezept S. 223), 250 ml Apfelwein

Zwischenmahlzeit

250 ml Buttermilch (1% Fett), vermengen mit 125 ml Gemüsesaft

Männer zusätzlich: 75 g Trauben, 125 g Apfel, 60 g zubereiteter Reis, 30 g Vollkornbrot, am Mittag 30 g Leber

Jugendliche zusätzlich: 75 g Trauben, 125 g Apfel, 60 g zubereiteter Reis, 30 g Vollkornbrot, 200 g Vanillepudding (kalorienarm), statt Apfelwein 100 g Birnen und 100 g Nektarinen

Mittwoch

Frühstück

85 g Pflaumen, 30 g aufgeschnittener, magerer Schweinebraten, 10 g Knäckebrot, 1 TL Margarine, 50 g Radieschen, Getränk nach Wunsch

Mittagessen

Fisch-Nudel-Auflauf (siehe Rezept S. 196), dazu: 200 g Kopfsalat, Marinade aus: Zitronensaft, Süßstoff

Zwischenmahlzeit

200 g Vanillepudding (kalorienarm), 100 g Ananas, 20 kcal Marmelade (kalorienarm)

Abendessen

Salat aus: 100 g Kopfsalat, 100 g Tomaten, 50 g Radieschen, 100 g Gurke, 1 Ei, 30 g geraspeltem Käse; Marinade aus: 1 ½ EL Salatdressing, vermengt mit 100 g Joghurt (0,3% Fett)

Zwischenmahlzeit

100 ml Kefir (1,5% Fett), 100 g Mango oder 125 g Stachelbeeren

Männer zusätzlich: 250 ml Gemüsesaft, 60 g Banane, 60 g zubereitete Nudeln, 30 g Vollkornbrot, am Mittag 30 g Makrele

Jugendliche zusätzlich: 250 ml Gemüsesaft, 60 g Banane, 60 g zubereitete Nudeln, 30 g Vollkornbrot, 100 g Speisequark (Magerstufe)

Samstag

Frühstück

125 ml Orangensaft (ungesüßt), 30 g geräucherte Putenbrust, 30 g Vollkornbrot, 1 TL Margarine, Getränk nach Wunsch

Mittagessen

2 Eier, in 1 TL Öl gebraten, 200 g Tiefkühl-Spinat, 100 g Kartoffeln, 1 TL geriebener Käse

Zwischenmahlzeit

50 g Trauben, 20 g Zwieback, 1 TL Margarine, ½ TL Marmelade, ½ TL geraspelte Kokosnuß, 20 kcal Fruchtnektar (kalorienarm)

Abendessen

Bunte Fisch-Grilladen (siehe Rezept S. 182), dazu: 100 g Kopfsalat, 100 g Gurke, Marinade aus: 175 g Joghurt (1,5% Fett), Kräutern, Zitronensaft

Zwischenmahlzeit

200 ml Dickmilch (1,5% Fett), 60 g Banane

Männer zusätzlich: 100 g Kiwi, 125 g Grapefruit, 100 g Kartoffeln, 30 g Weißbrot, am Abend 30 g Fischfilet

Jugendliche zusätzlich: 100 g Kiwi, 125 g Grapefruit, 100 g Kartoffeln, 30 g Weißbrot, 100 g Speisequark (Magerstufe)

Sonntag

Frühstück

150 g Honigmelone, 30 g Hartkäse **Heißwecken** (siehe Rezept S. 281), dazu: 1 TL Halbfettbutter, Getränk nach Wunsch

Mittagessen

90–120 g Rindersteak und 100 g Zwiebeln, in 1 TL Öl gebraten, 200 g grüne Bohnen, 100 g Kartoffeln

Zwischenmahlzeit

190 ml Milch (1,5% Fett), 1 TL Honig

Abendessen

90–120 g Roastbeef, 30 g Vollkornbrot, 1 TL Halbfettmargarine, 1 TL Meerrettich, 125 g Apfel, 100 g Radieschen, 1 Olive, 125 ml Rotwein

Zwischenmahlzeit

100 g Kiwi, 200 g Schokoladenpudding (kalorienarm)

Männer zusätzlich: 85 g Pflaumen, 125 g Apfel, 100 g Kartoffeln, 30 g Vollkornbrot, am Mittag 30 g Rindersteak, am Abend 30 g Roastbeef

Jugendliche zusätzlich: 85 g Pflaumen, 125 g Apfel, 100 g Kartoffeln, 30 g Vollkornbrot, 200 ml Milch (1,5% Fett), statt Rotwein 20 g einfache Kekse

37. Woche

Eine wohlausgewogene Ernährung ist bei einer Reduktionskost unbedingt notwendig, um dem Körper alle wichtigen Nährstoffe zuzuführen, damit keine Mangelerscheinungen auftreten. Gemüse und Salate sind wichtige Träger von Vitaminen und Mineralstoffen. Nach diesen Erfordernissen ist auch der 365-Tage-Menüplan ausgelegt.
100 g Spinat decken ein Drittel unseres Tagesbedarfs an Kalium. Außerdem enthält er Kalzium, Magnesium, Jod und Phosphor. Ein wichtiger Lieferant von Karotin (Provitamin A) sind Möhren bzw. Karotten. Dieses Vitamin hilft, Nachtblindheit zu verhindern.

Montag

Frühstück

75 g Trauben, 30 g Putenbrust, 30 g Vollkornbrot, 1 TL Margarine, Getränk nach Wunsch

Mittagessen

90–120 g gegrilltes, enthäutetes Hähnchenfleisch, 100 g Kartoffeln, 200 g Blumenkohl, 4 TL Ketchup

Zwischenmahlzeit

125 ml Orangensaft (ungesüßt), 100 g Speisequark (Magerstufe)

Abendessen

Eier-Spinat-Pastete (siehe Rezept S. 215), dazu: 100 g Kopfsalat, 20 kcal Salatsauce (kalorienarm)
Dessert: 200 g Honigmelone

Zwischenmahlzeit

175 ml Milch (1,5% Fett), 1 TL Kakao

Männer zusätzlich: 125 g Apfel, 100 g Aprikosen, 30 g Vollkornbrot, 100 g Kartoffeln, am Mittag 30 g Hähnchen

Jugendliche zusätzlich: 125 g Apfel, 100 g Aprikosen, 30 g Vollkornbrot, 100 g Kartoffeln, 200 g Vanillepudding (kalorienarm)

Donnerstag

Frühstück

100 g Aprikosen, 30 g Camembert, 30 g Vollkornbrot, 1 TL Margarine, Getränk nach Wunsch

Mittagessen

Pikantes Fischragout (siehe Rezept S. 178), dazu: 80 g eßfertige Kartoffelklöße (Fertigprodukt)

Zwischenmahlzeit

20 g Cornflakes, 150 ml Milch (1,5% Fett), 20 g Rosinen

Abendessen

Salat aus: 1 Ei, 30 g geraspeltem Emmentaler, 100 g Kopfsalat, 100 g Tomaten, 100 g Radieschen, 50 g Paprikaschote; Marinade aus: 175 g Joghurt (1,5% Fett), vermengt mit 20 kcal Salatsauce (kalorienarm)

Zwischenmahlzeit

250 ml Tomatensaft

Männer zusätzlich: **Tee-Punsch** (siehe Rezept S. 286), 75 g Trauben, 80 g eßfertige Kartoffelklöße (Fertigprodukt), 30 g Vollkornbrot, am Mittag 30 g Seelachsfilet

Jugendliche zusätzlich: **Tee-Punsch** (siehe Rezept S. 286), 75 g Trauben, 80 g eßfertige Kartoffelklöße (Fertigprodukt), 30 g Vollkornbrot, 250 ml Buttermilch (1% Fett)

Freitag

Frühstück

85 g Pflaumen, 30 g Roastbeef, 30 g Vollkornbrot, 1 TL Margarine, Getränk nach Wunsch

Mittagessen

Möhreneintopf mit Graupen (siehe Rezept S. 205)
Dessert: 50 g Birne

Zwischenmahlzeit

Stachelbeergelee (siehe Rezept S. 259), dazu: **Vanillesauce** (siehe Rezept S. 261)

Abendessen

90–120 g Bismarckhering, 100 g Kartoffeln, 100 g Speisequark (Magerstufe), vermengen mit Kräutern und 1 TL Mayonnaise (80% Fett); 200 g Kopfsalat, Marinade aus: 1 TL Öl, Essig

Zwischenmahlzeit

20 kcal Fruchtnektar (kalorienarm), 100 g Mango oder 100 g Orange

Männer zusätzlich: 125 ml Orangensaft (ungesüßt), 100 g Birne, 30 g Vollkornbrot, 100 g Kartoffeln, am Mittag 30 g Rinderbraten, am Abend 30 g Bismarckhering

Jugendliche zusätzlich: 125 ml Orangensaft (ungesüßt), 100 g Birne, 30 g Vollkornbrot, 100 g Kartoffeln, 200 ml Dickmilch (1,5% Fett)

Dienstag

Frühstück

125 g Grapefruit, 20 g Cornflakes, 125 ml Milch (0,3% Fett), Getränk nach Wunsch

Mittagessen

90–120 g gegrilltes, mageres Schweinesteak, 200 g grüne Bohnen, 100 g Kartoffeln,
Dessert: 125 g Apfel

Zwischenmahlzeit

Sauerkirschcreme (siehe Rezept S. 258), 20 kcal Limonade (kalorienarm)

Abendessen

60 g Hartkäse, 60 g Vollkornbrot, 2 TL Margarine, 100 g Tomaten, 3 Oliven

Zwischenmahlzeit

Möhren-Trauben-Salat (siehe Rezept S. 226)

Männer zusätzlich: 85 g Pflaumen, 100 g Birne, 100 g Kartoffeln, 20 g Knäckebrot, am Mittag 30 g Schweinesteak

Jugendliche zusätzlich: 85 g Pflaumen, 100 g Birne, 100 g Kartoffeln, 20 g Knäckebrot, 250 ml Milch (0,3% Fett)

Mittwoch

Frühstück

100 g Ananas, 1 Ei, 30 g Brötchen, 1 TL Halbfettbutter, ½ TL Mayonnaise (80% Fett), Getränk nach Wunsch

Mittagessen

Rinderleber in Pfeffersauce (siehe Rezept S. 166), dazu: 100 g eßfertiges Kartoffelpüree (Fertigprodukt)
Dessert: 60 g Banane

Zwischenmahlzeit

200 ml Dickmilch (1,5% Fett), 20 kcal Marmelade (kalorienarm), ½ TL Kakao

Abendessen

90–120 g Tatar (Beefsteakhack), 25 g Zwiebeln, Kapern, 30 g Vollkornbrot, 1 TL Margarine, 200 g Gurke, Marinade aus: 175 g Joghurt (1,5% Fett), Kräutern

Zwischenmahlzeit

100 g Kiwi, 125 ml Sauerkrautsaft

Männer zusätzlich: 200 g Honigmelone, 60 g Banane, 100 g eßfertiges Kartoffelpüree (Fertigprodukt), 30 g Vollkornbrot, am Mittag 30 g Leber, am Abend 30 g Tatar

Jugendliche zusätzlich: 200 g Honigmelone, 60 g Banane, 100 g eßfertiges Kartoffelpüree (Fertigprodukt), 30 g Vollkornbrot, 200 ml Milch (1,5% Fett)

Samstag

Frühstück

125 g Apfel, 20 g Grieß, 200 ml Milch (1,5% Fett), 20 kcal Marmelade (kalorienarm), Getränk nach Wunsch

Mittagessen

90–120 g Kalbskotelett (Gewicht ohne Knochen), in 1 TL Öl gebraten, 100 g Kartoffeln, 200 g Möhren

Zwischenmahlzeit

125 ml Orangensaft (ungesüßt)

Abendessen

Gefüllte Schinkenrollen im Reisbett (siehe Rezept S. 144), dazu: 100 g Kopfsalat, Marinade aus: Zitronensaft, Süßstoff

Zwischenmahlzeit

125 ml Milch (0,3% Fett), 1 TL Kakao

Männer zusätzlich: 250 ml Tomatensaft, 85 g Pflaumen, 100 g Kartoffeln, 30 g Vollkornbrot, am Mittag 30 g Kalbskotelett, am Abend 30 g Schinken

Jugendliche zusätzlich: 250 ml Tomatensaft, 85 g Pflaumen, 100 g Kartoffeln, 30 g Vollkornbrot, 200 g Joghurt (0,3% Fett)

Sonntag

Frühstück

200 g Wassermelone, 1 Ei, 1 TL Butter, 30 g Brötchen, ½ TL Marmelade, Getränk nach Wunsch

Mittagessen

Hähnchenkeulen in Estragonsauce (siehe Rezept S. 159), dazu: 60 g zubereiteter Reis

Zwischenmahlzeit

250 ml Buttermilch (1% Fett), vermengt mit 125 ml Grapefruitsaft (ungesüßt)

Abendessen

90 g geräucherte Rotbarschfilets, 30 g Weißbrot, 1 TL Margarine, 200 g Tomaten, 100 g Gewürzgurke

Zwischenmahlzeit

100 g Speisequark (Magerstufe), 60 g Banane, ½ TL geraspelte Kokosnuß, 20 kcal Dessertsauce (kalorienarm)

Männer zusätzlich: 100 g Birne, 125 ml Apfelsaft (ungesüßt), 60 g zubereiteter Reis, 30 g Weißbrot, am Mittag 30 g Hähnchen, am Abend 30 g Rotbarsch

Jugendliche zusätzlich: 100 g Birne, 125 ml Apfelsaft (ungesüßt), 60 g zubereiteter Reis, 30 g Weißbrot, 250 ml Milch (0,3% Fett)

38. Woche

Die eigentliche Pilzsaison dauert etwa von Mitte Juli bis Mitte Oktober. Selbstverständlich kann man das ganze Jahr über Zuchtpilze wie Champignons oder Austernpilze kaufen. Aber die richtigen Wald- und Wiesenpilze, die unvergleichlich besser schmecken, sind nur in der Saison zu haben. Der Nährwert frischer Pilze ist sehr hoch, und auch ihr Gehalt an Vitaminen, hauptsächlich Vitamin D, ist beträchtlich. Neben Wasser enthalten sie viel Eiweiß, wenig Fett und sind reich an Kalium und Phosphorsäure. Und obwohl sie eine sättigende Wirkung haben, sind Pilze kalorienarm. Champignons gehören zu den beliebtesten Pilzen, weil sie, im Gegensatz zu Pfifferlingen oder Steinpilzen, relativ preisgünstig sind. Da Wald- oder Wiesenchampignons preislich nicht höher liegen als die gezüchteten, sollte man auf sie zurückgreifen. Abgesehen vom Omelett am Mittwochabend, sind sie für das am Sonntag vorgesehene »Kalbsragout« eine wichtige Zutat.

Montag

Frühstück

100 g Orange, 75 g Speisequark (Magerstufe), 1 TL Margarine, 30 g Vollkornbrot, ½ TL Honig, Getränk nach Wunsch

Mittagessen

Thunfisch-Pfirsich-Toast (siehe Rezept S. 188), 200 ml Sauermilch (1,5% Fett), 2 TL Weizenkeime

Zwischenmahlzeit

100 g Fruchtcocktail (konserviert ohne Zucker) mit 2 EL Saft

Abendessen

90–120 g Leber, in 1 TL Margarine gebraten, 200 g Blumenkohl, 100 g eßfertiges Kartoffelpüree (Fertigprodukt), 1 TL Margarine

Zwischenmahlzeit

200 g Joghurt (0,3% Fett), 20 kcal Marmelade (kalorienarm)

Männer zusätzlich: 100 g Kiwi, 60 g Banane, 60 g Vollkornbrot, am Mittag 15 g Thunfisch, am Abend 30 g Leber

Jugendliche zusätzlich: 100 g Kiwi, 60 g Banane, 60 g Vollkornbrot, 250 ml Milch (0,3% Fett)

Donnerstag

Frühstück

85 g Pflaumen, 75 g Speisequark (Magerstufe), 1 TL Margarine, 30 g Toastbrot, 20 kcal Marmelade (kalorienarm), Getränk nach Wunsch

Mittagessen

90–120 g gegrilltes Kotelett (ohne Knochen), 100 g eßfertiges Kartoffelpüree (Fertigprodukt), 200 g Rotkohl, zubereitet mit Brühe von 1 kleinen Brühwürfel und 50 g Zwiebeln, 2 TL Steaksauce

Zwischenmahlzeit

200 ml Dickmilch (1,5% Fett), 100 g Papaya oder 100 g Orange

Abendessen

Fischsalat Neptun (siehe Rezept S. 244), dazu: 30 g Vollkornbrot, Getränk nach Wunsch

Zwischenmahlzeit

200 ml Milch (1,5% Fett), 1 TL Kakao

Männer zusätzlich: 125 g Grapefruit, 100 g Birne, 20 g Knäckebrot, 30 g Vollkornbrot, am Mittag 30 g Kotelett, am Abend 30 g Kabeljau

Jugendliche zusätzlich: 125 g Grapefruit, 100 g Birne, 20 g Knäckebrot, 30 g Vollkornbrot, 200 g Schokoladenpudding (kalorienarm)

Freitag

Frühstück

125 g Grapefruit, 30 g Camembert, 1 TL Halbfettmargarine, 30 g Graubrot, Getränk nach Wunsch

Mittagessen

Gebeizte Hähnchenbrust (siehe Rezept S. 156), dazu: Salat aus: 100 g Tomaten, 100 g grünen Bohnen und 100 g Gurken, Marinade aus: 1 TL Öl, Essig

Zwischenmahlzeit

20 g Knäckebrot, 1 TL Halbfettmargarine, ½ TL Marmelade, ½ TL Honig, 200 ml Milch (1,5% Fett)

Abendessen

90 g gegrilltes Kassler (ohne Knochen), 150 g Sauerkraut, 100 g Kartoffeln, 2 TL Steaksauce, 100 g Ananas

Zwischenmahlzeit

175 g Joghurt (1,5% Fett), 60 g Banane, 20 kcal Limonade (kalorienarm)

Männer zusätzlich: 60 g Banane, 100 g Kiwi, 30 g Graubrot, 100 g Kartoffeln, am Mittag 30 g Hähnchen, am Abend 30 g Kassler

Jugendliche zusätzlich: 60 g Banane, 100 g Kiwi, 30 g Graubrot, 100 g Kartoffeln, 250 ml Milch (0,3% Fett), 100 g Speisequark (Magerstufe)

Dienstag

Frühstück

100 g Kiwi, 1 Ei, 1 TL Margarine, 30 g Brötchen, Getränk nach Wunsch

Mittagessen

90–120 g gegrilltes Rinderhack, 100 g Brechbohnen, mit 1 TL zerlassener Margarine übergossen, 100 g Kartoffeln, 2 TL Ketchup
Dessert: 125 ml Buttermilch (1% Fett) und 20 kcal Fruchtnektar (kalorienarm) miteinander vermengen

Zwischenmahlzeit

20 g einfache Kekse, 125 ml Apfelsaft (ungesüßt)

Abendessen

Bunter Selleriesalat (siehe Rezept S. 226), dazu: 90 g geräucherte Forellenfilets, 30 g Vollkornbrot, 1 TL Butter,

Zwischenmahlzeit

200 ml Milch (1,5% Fett), 2 TL Kakao

Männer zusätzlich: 85 g Pflaumen, 75 g Trauben, 100 g Kartoffeln, 30 g Vollkornbrot, am Mittag 30 g Rinderhack, am Abend 30 g Forelle

Jugendliche zusätzlich: 85 g Pflaumen, 75 g Trauben, 100 g Kartoffeln, 30 g Vollkornbrot, 175 g Joghurt (1,5% Fett)

Mittwoch

Frühstück

100 g Birne, 30 g Edamer, 1 TL Margarine, 30 g Brötchen, Getränk nach Wunsch

Mittagessen

Geschnetzeltes Rindfleisch (siehe Rezept S. 126), dazu: 100 g Kartoffeln, 150 g Kopfsalat, 20 kcal Salatsauce (kalorienarm)

Zwischenmahlzeit

200 g Vanillepudding (kalorienarm), 125 g gefrorene Erdbeeren

Abendessen

Omelett aus 2 Eiern, 20 g Mehl, 1 TL Margarine und 200 g Champignons, gebraten in einer beschichteten Pfanne

Zwischenmahlzeit

200 ml Kefir (1,5% Fett), 1 EL Weizenkleie, 125 g Pfirsiche

Männer zusätzlich: 100 g Orange, 250 ml Tomatensaft, 100 g Kartoffeln, 30 g Brötchen, am Mittag 30 g Rindfleisch

Jugendliche zusätzlich: 100 g Orange, 250 ml Tomatensaft, 100 g Kartoffeln, 30 g Brötchen, 100 g Speisequark (Magerstufe)

Samstag

Frühstück

125 g Grapefruit, 75 g Hüttenkäse, 2 TL Margarine, 30 g Brötchen, Getränk nach Wunsch

Mittagessen

90–120 g Thunfisch (konserviert in Wasser), 100 g Weißkohl (Glaskonserve), 1 TL Margarine, 30 g Graubrot

Zwischenmahlzeit

Pflaumenpudding (siehe Rezept S. 255), dazu: **Vanillesauce** (siehe Rezept S. 261)

Abendessen

90–120 g gegrillter, magerer Schweinebraten, 100 g Erbsen, 100 g grüne Bohnen, 50 g Möhren, 100 g Kartoffeln, 1 TL Steaksauce

Zwischenmahlzeit

250 ml Milch (0,3% Fett), 100 g Kiwi

Männer zusätzlich: 250 ml Gemüsesaft, 100 g Ananas, 30 g Vollkornbrot, 100 g Kartoffeln, am Mittag 30 g Thunfisch, am Abend 30 g Schweinebraten

Jugendliche zusätzlich: 250 ml Gemüsesaft, 100 g Ananas, 30 g Vollkornbrot, 100 g Kartoffeln, 175 g Joghurt (1,5% Fett)

Sonntag

Frühstück

100 g Guave oder 250 ml Tomatensaft, 1 Ei, 1 TL Halbfettmargarine, 30 g Vollkornbrot, Getränk nach Wunsch

Mittagessen

Kalbsragout (siehe Rezept S. 146), dazu: 100 g Kartoffeln
Dessert: 75 g Weintrauben

Zwischenmahlzeit

20 g Knäckebrot, 1 TL Halbfettmargarine, 20 kcal Marmelade (kalorienarm), 200 ml Milch (1,5% Fett)

Abendessen

90–120 g Beefsteak, in 1 TL Butter gebraten, Salat aus: 100 g grünen Bohnen, 100 g Tomaten, 100 g Eisbergsalat, 1½ EL Salatdressing

Zwischenmahlzeit

100 g Speisequark (Magerstufe), 100 g Mandarinen (konserviert ohne Zucker) mit 2 EL Saft

Männer zusätzlich: 100 g Orange, 60 g Banane, 30 g Vollkornbrot, 100 g Kartoffeln, am Mittag 30 g Kalbfleisch, am Abend 30 g Beefsteak

Jugendliche zusätzlich: 100 g Orange, 60 g Banane, 30 g Vollkornbrot, 100 g Kartoffeln, 200 g Vanillepudding (kalorienarm)

39. Woche

Sie werden festgestellt haben, daß fast in jeder Woche Paprika auf dem Speiseplan steht. Und dies nicht ohne Grund!
Paprika gehört zu den kalorienärmsten und vitaminreichsten Gemüsen. Alle Sorten sind außerordentlich reich an Vitamin C und enthalten außerdem die Vitamine A, B_1 und B_2.
In dieser Woche haben wir einen sehr vitaminreichen Rindfleischsalat für Sie ausgewählt, in dem die Paprikaschoten roh verwendet werden.
Eine klassische Kombination – Gulasch und Paprika aus der ungarischen Küche – haben wir für Samstag vorgesehen. Wichtig: Entfernen Sie vor der Zubereitung alle Samenkerne, die sehr scharf und daher nicht jedermanns Sache sind.
Auch die kleinen grünen oder roten Gewürzpaprikaschoten – die Pepperoni –, die es roh oder in Essig eingelegt zu kaufen gibt, sind sehr scharf.
Die Paprikaschoten in unseren Rezepten erhalten Sie als Gemüsepaprika im Handel.

Montag

Frühstück

125 g Apfel, 30 g deutsches Cornedbeef, 1 TL Margarine, 30 g Vollkornbrot, Getränk nach Wunsch

Mittagessen

90–120 g gegrilltes Putensteak, 100 g Champignons, 100 g gegrillte Tomaten, 100 g Kartoffeln

Zwischenmahlzeit

100 g Joghurt (0,3% Fett), 1 EL Weizenkleie, 20 kcal Marmelade (kalorienarm)

Abendessen

Krabben-Frucht-Cocktail (siehe Rezept S. 122), dazu: 30 g Toastbrot, 1 TL Butter

Zwischenmahlzeit

250 ml Milch (0,3% Fett), 2 TL Kakao

Männer zusätzlich: 85 g Pflaumen, 250 ml Tomatensaft, 100 g Kartoffeln, am Mittag 30 g Putensteak, am Abend 30 g Krabben

Jugendliche zusätzlich: 85 g Pflaumen, 250 ml Tomatensaft, 100 g Kartoffeln, 200 ml Dickmilch (1,5% Fett), 100 g Speisequark (Magerstufe)

Donnerstag

Frühstück

85 g Pflaumen, 40 g Cornflakes, 200 ml Milch (1,5% Fett), Getränk nach Wunsch

Mittagessen

90–120 g Leber, in 1 TL Margarine gebraten, 100 g Kartoffeln, 150 g Blumenkohl, 1 TL Margarine, 3 TL Ketchup

Zwischenmahlzeit

20 g einfache Kekse, 125 ml Orangensaft (ungesüßt)

Abendessen

Rindfleischsalat (siehe Rezept S. 237)

Zwischenmahlzeit

200 ml Dickmilch (1,5% Fett), ½ TL Zucker, 125 g Pfirsiche

Männer zusätzlich: 100 g Aprikosen, 60 g Banane, 100 g Kartoffeln, 30 g Toastbrot, am Mittag 30 g Leber, am Abend 30 g Rindfleisch

Jugendliche zusätzlich: 100 g Aprikosen, 60 g Banane, 100 g Kartoffeln, 30 g Toastbrot, 175 g Joghurt (1,5% Fett)

Freitag

Frühstück

100 g Mango oder 100 g Orange, 30 g Edamer, 1 TL Margarine, 20 g Knäckebrot, Getränk nach Wunsch

Mittagessen

Gefüllte Makrelen (siehe Rezept S. 193), dazu: 30 g Toastbrot, 1 TL Margarine

Zwischenmahlzeit

100 g Speisequark (Magerstufe), 20 g Rosinen, 20 g Knäckebrot, 1 TL Halbfettmargarine

Abendessen

90–120 g gegrilltes Hähnchen (ohne Haut und Knochen), Salat aus: 100 g Gurken, 100 g Tomaten, und 100 g grünen Bohnen mit 1 ½ EL Salatdressing

Zwischenmahlzeit

200 g Joghurt (0,3% Fett), 20 kcal Marmelade (kalorienarm), 200 g Honigmelone

Männer zusätzlich: 250 ml Gmüsesaft, 100 g Kiwi, 20 g Knäckebrot, 30 g Vollkornbrot, am Mittag 30 g Makrele, am Abend 30 g Hähnchen

Jugendliche zusätzlich: 250 ml Gemüsesaft, 100 g Kiwi, 20 g Knäckebrot, 30 g Vollkornbrot, 200 ml Milch (1,5% Fett)

Dienstag

Frühstück

125 g Grapefruit, 30 g Edelpilzkäse, 1 TL Margarine, 30 g Graubrot, 20 kcal Marmelade (kalorienarm), Getränk nach Wunsch

Mittagessen

90–120 g gedünstete Forelle (Gewicht ohne Kopf und Gräten), 100 g Kartoffeln, 150 g Kopfsalat, Marinade aus: Zitronensaft, Süßstoff, 1 TL Öl

Zwischenmahlzeit

Quarkspeise »Mandarin« (siehe Rezept S. 261)

Abendessen

90–120 g gegrilltes Kotelett (ohne Knochen), 30 g Toastbrot, 100 g Gewürzgurke, 1 TL Margarine, 50 g Mandarinen (konserviert ohne Zucker) mit 1 EL Saft

Zwischenmahlzeit

200 ml Kefir (1,5% Fett), 2 TL Weizenkeime, 100 g Birne

Männer zusätzlich: 100 g Ananas, 60 g Banane, 100 g Kartoffeln, 30 g Toastbrot, am Mittag 30 g Forelle, am Abend 30 g Kotelett

Jugendliche zusätzlich: 100 g Ananas, 60 g Banane, 100 g Kartoffeln, 30 g Toastbrot, 250 ml Milch (0,3% Fett)

Mittwoch

Frühstück

100 g Kiwi, 1 Ei, 1 TL Margarine, 30 g Brötchen, Getränk nach Wunsch

Mittagessen

100 g Möhren und 50 g Erbsen in Brühe von 1 kleinen Brühwürfel, **Hülsenfrüchtetorte** (siehe Rezept S. 279), 100 g Aprikosen

Zwischenmahlzeit

200 ml Milch (1,5% Fett), 20 g Knäckebrot, 1 TL Margarine, ½ TL Honig

Abendessen

45–60 g gegrilltes Beefsteak, 30 g Toastbrot, Salat aus 100 g Tomaten, 100 g Gurken, 100 g Eisbergsalat und 50 g Zwiebeln; Marinade aus: 1 TL Öl, Essig

Zwischenmahlzeit

200 g Vanillepudding (kalorienarm), 125 g Himbeeren, 20 kcal Limonade (kalorienarm)

Männer zusätzlich: 125 g Pfirsiche, 100 g Birne, 60 g Vollkornbrot, am Mittag 60 g weiße Bohnen in der Suppe, am Abend 15 g Beefsteak

Jugendliche zusätzlich: 125 g Pfirsiche, 100 g Birne, 60 g Vollkornbrot, 100 g Speisequark (Magerstufe)

Samstag

Frühstück

75 g Trauben, 30 g Tatar (Beefsteakhack), 1 TL Margarine, 30 g Brötchen, Getränk nach Wunsch

Mittagessen

2 Eier, in 1 TL Margarine gebraten, 150 g Spinat, 100 g Kartoffeln

Zwischenmahlzeit

200 g Schokoladenpudding (kalorienarm), 125 g gefrorene Erdbeeren

Abendessen

Paprika-Gulasch-Pfanne (siehe Rezept S. 134), dazu: 60 g zubereiteter Reis
Dessert: 100 g Brombeeren

Zwischenmahlzeit

200 ml Sauermilch (1,5% Fett), ½ EL Weizenkleie

Männer zusätzlich: 125 g Grapefruit, 125 g Pfirsiche, 100 g Kartoffeln, 60 g zubereiteter Reis, am Abend 30 g Rindfleisch

Jugendliche zusätzlich: 125 g Grapefruit, 125 g Pfirsiche, 100 g Kartoffeln, 60 g zubereiteter Reis, 100 g Speisequark (Magerstufe), 200 g Joghurt (0,3% Fett)

Sonntag

Frühstück

100 g Orange, 75 g Hüttenkäse, 1 TL Margarine, 30 g Vollkornbrot, Getränk nach Wunsch

Mittagessen

90–120 g Schnitzelfleisch, in 1 TL Margarine gebraten, 100 g Kartoffeln, 100 g Erbsen, 100 g Möhren

Zwischenmahlzeit

Obstsalat Erntedank (siehe Rezept S. 264), dazu: 25 g Magermilchpulver, 4 EL Eiswasser und Süßstoff zu »Sahne« schlagen

Abendessen

90–120 g gegrilltes Filetsteak, 100 g Spargel (Dosenware), 100 g Champignons (Dosenware), 1 TL Butter, 30 g Toastbrot, 4 TL Steaksauce

Zwischenmahlzeit

175 g Joghurt (1,5% Fett), 20 kcal Marmelade (kalorienarm)

Männer zusätzlich: 100 g Brombeeren, 100 g konservierte Mandarinen (ohne Zucker) mit 2 EL Saft, 100 g Kartoffeln, 30 g Vollkornbrot, am Mittag 30 g Schnitzelfleisch, am Abend 30 g Filetsteak

Jugendliche zusätzlich: 100 g Brombeeren, 100 g konservierte Mandarinen (ohne Zucker) mit 2 EL Saft, 100 g Kartoffeln, 30 g Vollkornbrot, 200 ml Dickmilch (1,5% Fett)

40. Woche

Die indische Küche stand Pate bei zwei köstlichen Gerichten: »Indischer Hühnereintopf« und »Hummerkrabben mit Kokosnuß«. Koriander, Kurkuma und Kumin, die zur zweiten Speise benötigten Gewürze, gibt es in gut sortierten Supermärkten zu kaufen. Man kann aber statt dessen auch indischen Madras-Curry verwenden. Curry ist eine pulverförmige Mischung aus 10–36 verschiedenen Gewürzen. Die wichtigsten sind Koriandersamen, gemahlene Chilischoten, Kurkuma, Nelken, Zimt, Kardamom, Kreuzkümmel, Muskatblüte, Senfsamen, Piment und Ingwer.
Nach indischer Kochtradition wird für jedes Gericht eine besondere Gewürzmischung verwendet. Da dies für Europäer etwas kompliziert ist, erfanden englische Kolonialbeamte den Curry, um auch in England typisch indische Rezepte nachkochen zu können. Auf den indischen Märkten erhält man heute zwar auch die fertige Grundmischung; sie wird jedoch für bestimmte Speisen mit anderen Gewürzen ergänzt.

Montag

Frühstück

60 g Banane, 75 g Speisequark, 30 g Brötchen, 1 TL Margarine, ½ TL Honig, Getränk nach Wunsch

Mittagessen

90–120 g gegrilltes Tatar (Beefsteakhack) mit 1 EL Zwiebelflocken, Salz und Pfeffer vermengt, 250 g Porree, 1 TL Mehl, 2 TL Margarine, 100 g Kartoffeln

Zwischenmahlzeit

125 g Grapefruit, 250 ml Buttermilch (1% Fett)

Abendessen

Indischer Hühnereintopf (siehe Rezept S. 158)

Zwischenmahlzeit

200 ml Dickmilch (1,5% Fett), 20 kcal Marmelade (kalorienarm)

Männer zusätzlich: 50 kcal Kirschen (kalorienreduziert), 100 g Kiwi, 100 g Kartoffeln, 30 g Vollkornbrot, am Mittag 30 g Tatar, am Abend 30 g Hühnerfleisch

Jugendliche zusätzlich: 50 kcal Kirschen (kalorienred.), 100 g Kiwi, 100 g Kartoffeln, 30 g Vollkornbrot, 100 g Speisequark (Magerstufe)

Donnerstag

Frühstück

50 kcal Kirschen (kalorienreduziert), 20 g Weizenkeime, 100 ml Milch (1,5% Fett), Getränk nach Wunsch

Mittagessen

90–120 g Putenleber in 1 TL Margarine gebraten, 100 g eßfertiges Kartoffelpüree (Fertigprodukt), 250 g Möhren, 50 g Zwiebeln
Dessert: **Gelee Pink-Panther** (siehe Rezept S. 259)

Zwischenmahlzeit

100 g Speisequark (Magerstufe) 20 kcal Marmelade (kalorienarm)

Abendessen

90 g geräucherte Zunge, 30 g Graubrot, 1 TL Margarine, **Kohlrabi-Rohkost** (siehe Rezept S. 227)

Zwischenmahlzeit

30 g Vollkornbrot, 1 TL Margarine, ½ TL Marmelade (kalorienarm)

Männer zusätzlich: 125 g Apfel, 100 g Birne, 100 g eßfertiges Kartoffelpüree (Fertigprodukt), 30 g Graubrot, am Mittag 30 g Putenleber, am Abend 30 g Zunge

Jugendliche zusätzlich: 125 g Apfel, 100 g Birne, 100 g eßfertiges Kartoffelpüree (Fertigprodukt), 30 g Graubrot, 200 g Schokoladenpudding (kalorienarm)

Freitag

Frühstück

150 g Kiwi, 30 g Edamer, 30 g Vollkornbrot, 1 TL Margarine, Getränk nach Wunsch

Mittagessen

90–120 g gekochter Heilbutt, Kartoffelsalat aus: 100 g Kartoffeln, 1 TL Mayonnaise (80% Fett), 50 g Gewürzgurke, 50 g Joghurt (0,3% Fett); 200 g grüne Bohnen
Dessert: 100 g Speisequark (Magerstufe), 50 kcal Pfirsiche (kalorienreduziert)

Zwischenmahlzeit

Apfelsuppe (siehe Rezept S. 262)

Abendessen

90–120 g gegrilltes Steak, 30 g Graubrot, 1 TL Margarine, 2 TL Ketchup, 150 g gegrillte Tomate, 100 g Kopfsalat, 50 g Joghurt (0,3% Fett)

Zwischenmahlzeit

Gemüsecocktail (siehe Rezept S. 285)

Männer zusätzlich: 100 g Orange, 75 g Trauben, 60 g Vollkornbrot, am Mittag 30 g Heilbutt, am Abend 30 g Steak

Jugendliche zusätzlich: 100 g Orange, 75 g Trauben, 60 g Vollkornbrot, 200 ml Dickmilch (1,5% Fett), 200 g Joghurt (0,3% Fett)

Dienstag

Frühstück

125 g Apfel, 20 g Haferflocken, 100 g Speisequark (Magerstufe), Zitronensaft, Zimt, Süßstoff, Getränk nach Wunsch

Mittagessen

90–120 g gegrilltes Schweineschnitzel, mit 1 TL Öl bestrichen, 100 g Kartoffeln, 50 g Erbsen, 150 g Möhren, 1 TL Margarine

Zwischenmahlzeit

200 g Schokoladenpudding (kalorienarm), 100 g Birne

Abendessen

Spinattorte (siehe Rezept S. 198), 125 ml Sauerkrautsaft

Zwischenmahlzeit

100 g Kiwi, 20 kcal Fruchtnektar (kalorienarm)

Männer zusätzlich: 100 g Ananas, 125 g Apfel, 100 g Kartoffeln, 30 g Vollkornbrot, am Mittag 30 g Schweineschnitzel

Jugendliche zusätzlich: 100 g Ananas, 125 g Apfel, 100 g Kartoffeln, 30 g Vollkornbrot, 200 g Joghurt (0,3% Fett), 200 ml Milch (1,5% Fett)

Mittwoch

Frühstück

100 g Guave oder 100 g Orange, 1 Ei, 20 g Knäckebrot, 1 TL Margarine, 20 kcal Marmelade (kalorienarm), Getränk nach Wunsch

Mittagessen

90–120 g gegrilltes Putensteak mit 1 TL Öl bestrichen, 200 g Paprikaschoten, 150 g Tomaten, 75 g Zwiebeln, 2 Oliven, 60 g zubereiteter Reis
Dessert: 150 g Trauben

Zwischenmahlzeit

Milchmixgetränk aus: 100 ml Milch (1,5% Fett), 60 g Banane, Süßstoff

Abendessen

Finnische Fischsuppe (siehe Rezept S. 118), dazu: 100 g Kopfsalat, 50 g Joghurt (0,3% Fett), Zitronensaft, Kräuter

Zwischenmahlzeit

150 g Joghurt (0,3% Fett), 100 g Ananas

Männer zusätzlich: 85 g Pflaumen, 60 g Banane, 60 g zubereiteter Reis, 30 g Vollkornbrot, am Mittag 30 g Putensteak, am Abend 30 g Fischfilet

Jugendliche zusätzlich: 85 g Pflaumen, 60 g Banane, 60 g zubereiteter Reis, 30 g Vollkornbrot; 100 g Speisequark (Magerstufe)

Samstag

Frühstück

85 g Pflaumen, 20 g Grieß, 125 ml Milch (0,3% Fett), Getränk nach Wunsch

Mittagessen

Salat aus: 30 g Thunfisch (konserviert in Wasser), 50 g Kopfsalat, 50 g eingelegter roter Bete, 100 g Tomaten, 50 g Gurken; Marinade aus: 1 TL Öl, Essig, Gewürzen
Dessert: **Süße Knödel mit Kirschen** (siehe Rezept S. 266)

Zwischenmahlzeit

125 g Grapefruit

Abendessen

60 g Camembert, 30 g Vollkornbrot, 1 TL Margarine, **Chicoréesalat** (siehe Rezept S. 224)

Zwischenmahlzeit

150 ml Sauermilch (1,5% Fett)

Männer zusätzlich: 125 ml Grapefruitsaft (ungesüßt), 60 g Banane, 30 g Vollkornbrot, 30 g Toastbrot

Jugendliche zusätzlich: 125 ml Grapefruitsaft (ungesüßt), 60 g Banane, 30 g Vollkornbrot, 30 g Toastbrot, 200 ml Milch (1,5% Fett)

Sonntag

Frühstück

125 ml Orangensaft (ungesüßt), 75 g Hüttenkäse, 30 g Vollkornbrot, 1 TL Butter, 20 kcal Marmelade (kalorienarm), Getränk nach Wunsch

Mittagessen

Hummerkrabben mit Kokosnuß (siehe Rezept S. 194), dazu: 60 g zubereiteter Reis, 100 g Gurke, 100 g Tomate, 125 ml Weißwein
Dessert: 100 g Ananas

Zwischenmahlzeit

200 g Vanillepudding (kalorienarm)

Abendessen

Salat aus: 1 Ei, 45–60 g gekochtem, enthäutetem Hühnerfleisch, 50 g Paprikaschoten, 100 g Sojabohnensprossen, 50 g Champignons und 50 g Tomaten; Marinade aus: Sojasauce, Gewürzen, Essig; 30 g Weißbrot, 1 TL Margarine, 125 ml Buttermilch (1% Fett)

Zwischenmahlzeit

125 g Apfel, 100 ml Milch (1,5% Fett)

Männer zusätzlich: 250 ml Tomatensaft, 100 g Birne, 60 g zubereiteter Reis, 30 g Weißbrot, am Mittag 30 g Hummerkrabben, am Abend 15 g Hühnerfleisch

Jugendliche zusätzlich: 250 ml Tomatensaft, 100 g Birne, 60 g zubereiteter Reis, 30 g Weißbrot, 200 g Joghurt (0,3% Fett), statt Weißwein 20 g einfache Kekse

41. Woche

Bevor die Natur sich auf den Winter vorbereitet, verschenkt sie noch einmal verschwenderisch ihre Gaben. Äpfel, Birnen und Pflaumen werden geerntet. Die Traubenlese zur Weinkelterung beginnt; die Wildsaison ist eröffnet. Feinschmecker kommen in diesen Monaten voll auf ihre Kosten. In den nächsten Wochen werden wir Ihnen typische Herbstspezialitäten vorstellen, aber auch einige ausgefallene Gerichte, wie in dieser Woche »Hähnchenleber mit Salbeizwiebeln«, »Kassler mit Kapernsauce« oder »Kiwi-Matjes-Filets«. Das »Wildgulasch« eröffnet die Herbstsaison.

Montag

Frühstück

100 g Mango oder 125 ml Grapefruitsaft (ungesüßt), 30 g Putenbrust, 20 g Knäckebrot, 2 TL Halbfettmargarine, ½ TL Honig, Getränk nach Wunsch

Mittagessen

Hähnchenleber mit Salbeizwiebeln (siehe Rezept S. 167), dazu: 60 g zubereiteter Reis, 150 g gegrillte Tomate

Zwischenmahlzeit

175 g Joghurt (1,5% Fett), 100 g Brombeeren

Abendessen

2 Eier, als Omelett, in ½ TL Öl gebraten, 50 g Krabbenfleisch, 30 g Vollkornbrot, 1 TL Halbfettmargarine, 50 g Radieschen, 50 g Radicchio, 100 g Feldsalat, Marinade aus: 50 g Joghurt (0,3% Fett), Zitronensaft, Kräutern

Zwischenmahlzeit

75 g Speisequark (Magerstufe), 50 kcal Heidelbeeren (kalorienreduziert)

Männer zusätzlich: 100 g Birne, 125 g Apfel, 60 g zubereiteter Reis, 30 g Vollkornbrot, am Mittag 30 g Hühnerleber

Jugendliche zusätzlich: 100 g Birne, 125 g Apfel, 60 g zubereiteter Reis, 30 g Vollkornbrot, 200 ml Milch (1,5% Fett)

Donnerstag

Frühstück

Himbeerfrühstück (siehe Rezept S. 254), dazu: 20 g Zwieback, 1 TL Butter, Getränk nach Wunsch

Mittagessen

Kassler mit Kapernsauce (siehe Rezept S. 143), dazu: 50 g Erbsen, 100 g Möhren, 100 g Kartoffeln

Zwischenmahlzeit

125 ml Buttermilch (1% Fett), Zitronensaft, Süßstoff, 20 kcal Fruchtnektar (kalorienarm)

Abendessen

90 g geräucherte Forellenfilets, 30 g Vollkornbrot, 1 TL Halbfettmargarine, 100 g Endiviensalat, 100 g Tomaten, Marinade aus: ½ TL Öl, Essig; 125 ml Orangensaft (ungesüßt)

Zwischenmahlzeit

100 g Joghurt (0,3% Fett), 25 kcal Pfirsiche (kalorienreduziert), ½ TL Honig

Männer zusätzlich: 100 g Nektarinen, 200 g Wassermelone, 20 g Zwieback, 30 g Vollkornbrot, am Mittag 30 g Kassler, am Abend 30 g Forelle

Jugendliche zusätzlich: 100 g Nektarinen, 200 g Wassermelone, 20 g Zwieback, 30 g Vollkornbrot, 250 ml Buttermilch (1% Fett)

Freitag

Frühstück

50 kcal Pfirsiche (kalorienreduziert), 20 g Grieß, 125 ml Milch (0,3% Fett), Getränk nach Wunsch

Mittagessen

90–120 g enthäutete Hähnchenbrustfilets, in 1 TL Öl gebraten, 200 g Blumenkohl, 100 g Kartoffeln, 1 TL Margarine
Dessert: 100 g Joghurt (0,3% Fett), 20 kcal Marmelade (kalorienarm)

Zwischenmahlzeit

125 g Grapefruit

Abendessen

Chinasuppe (siehe Rezept S. 117), **Große Frühlingsrolle** (siehe Rezept S. 135)
Dessert: 80 g Lychees oder 85 g Pflaumen

Zwischenmahlzeit

200 ml Dickmilch (1,5% Fett)

Männer zusätzlich: 250 ml Tomatensaft, 125 g Apfel, 100 g Kartoffeln, 30 g Vollkornbrot, am Mittag 30 g Hähnchen, am Abend 30 g Rindfleisch

Jugendliche zusätzlich: 250 ml Tomatensaft, 125 g Apfel, 100 g Kartoffeln, 30 g Vollkornbrot, 250 ml Milch (0,3% Fett)

Dienstag

Frühstück

50 kcal Pflaumen (kalorienreduziert), 20 g Schmelzflocken, 100 ml Milch (1,5% Fett), 20 kcal Fruchtnektar (kalorienarm), Getränk nach Wunsch

Mittagessen

90–120 g Steak, in 1 TL Öl gebraten, 4 TL Ketchup, 200 g gemischte Pilze, in 1 TL Butter gedünstet, 30 g Vollkornbrot, 30 g geröstetes Weizenbrot

Zwischenmahlzeit

200 ml Kefir (1,5% Fett), Zitronensaft, Süßstoff

Abendessen

Kabeljaukoteletts (siehe Rezept S. 178), dazu: 100 g Kartoffeln, Petersilie; 125 ml Sauerkrautsaft
Dessert: 100 g Brombeeren

Zwischenmahlzeit

100 ml Sauermilch (1,5% Fett), 125 ml Orangensaft (ungesüßt)

Männer zusätzlich: 125 g Grapefruit, 85 g Pflaumen, 100 g Kartoffeln, 30 g Vollkornbrot, am Mittag 30 g Steak, am Abend 30 g Kabeljau

Jugendliche zusätzlich: 125 g Grapefruit, 85 g Pflaumen, 100 g Kartoffeln, 30 g Vollkornbrot, 200 g Schokoladenpudding (kalorienarm)

Mittwoch

Frühstück

125 g Apfel, 30 g Schmelzkäse, 30 g Vollkornbrot, 1 TL Margarine, Getränk nach Wunsch

Mittagessen

Provençalische Gemüsepfanne (siehe Rezept S. 198), dazu: 30 g geröstetes Weizenbrot
Dessert: **Orangensorbet** (siehe Rezept S. 273)

Zwischenmahlzeit

100 g Speisequark (Magerstufe), 20 kcal Marmelade (kalorienarm)

Abendessen

150 g Hüttenkäse, Kräuter, 20 g Knäckebrot, 1 TL Margarine, 100 g Bleichsellerie, 100 g Möhren, 2 Oliven

Zwischenmahlzeit

100 ml Dickmilch (1,5% Fett), 20 g Rosinen, 1 TL geraspelte Kokosnuß

Männer zusätzlich: 60 g Banane, 250 ml Gemüsesaft, 20 g Knäckebrot, 30 g Vollkornbrot

Jugendliche zusätzlich: 60 g Banane, 250 ml Gemüsesaft, 20 g Knäckebrot, 30 g Vollkornbrot, 200 ml Dickmilch (1,5% Fett)

Samstag

Frühstück

100 g Ananas, 75 g Hüttenkäse, 30 g Brötchen, 1 TL Margarine, Getränk nach Wunsch

Mittagessen

90–120 g gekochtes, mageres Schweinefleisch, 100 g Steckrüben, 150 g Porree, 1 TL Instantbrühe, 100 g Kartoffeln, 1 TL Margarine
Dessert: 200 g Joghurt (0,3% Fett), 50 g Brombeeren

Zwischenmahlzeit

200 ml Kefir (1,5% Fett), gemixt mit 20 kcal Kirschnektar (kalorienarm)

Abendessen

Kiwi-Matjes-Filets (siehe Rezept S. 121), dazu: 30 g Vollkornbrot, 1 TL Margarine, 100 g Bleichsellerie, 100 g Möhren

Zwischenmahlzeit

Tomatencocktail (siehe Rezept S. 284)

Männer zusätzlich: 75 g Trauben, 250 ml Gemüsesaft, 100 g Kartoffeln, 30 g Vollkornbrot, am Mittag 30 g Schweinefleisch, am Abend 30 g Matjes

Jugendliche zusätzlich: 75 g Trauben, 250 ml Gemüsesaft, 100 g Kartoffeln, 30 g Vollkornbrot, 250 ml Milch (0,3% Fett)

Sonntag

Frühstück

75 g Trauben, 20 g Cornflakes, 100 ml Milch (1,5% Fett), Getränk nach Wunsch

Mittagessen

Wildgulasch (siehe Rezept S. 162), dazu: 80 g eßfertige Kartoffelklöße (Fertigprodukt), 100 g Kopfsalat, Marinade aus: Zitronensaft, Schnittlauch
Dessert: **Gegrillte Ananas** (siehe Rezept S. 265)

Zwischenmahlzeit

15 g Zwieback, 1 TL Halbfettmargarine, 20 kcal Marmelade (kalorienarm)

Abendessen

90 g geräucherte Putenbrust, 30 g Vollkornbrot, 1 TL Margarine, 100 g Tomate, 50 g Gurke
Dessert: 100 g Schokoladenpudding (kalorienarm)

Zwischenmahlzeit

125 g Grapefruit, 250 ml Buttermilch (1% Fett)

Männer zusätzlich: 85 g Pflaumen, 125 g Apfel, 80 g eßfertige Kartoffelklöße (Fertigprodukt), 30 g Vollkornbrot, am Mittag 30 g Wild, am Abend 30 g Putenbrust

Jugendliche zusätzlich: 85 g Pflaumen, 125 g Apfel, 80 g eßfertige Kartoffelklöße (Fertigprodukt), 30 g Vollkornbrot, 175 g Joghurt (1,5% Fett)

42. Woche

Wild bietet für alle, die abnehmen wollen, einen ganz besonderen Vorteil: Es ist kalorienarm, also eine ideale Schlankheitskost.
Man kann Wild grillen, in einer beschichteten Pfanne oder in Folie garen und größere Stücke im Römertopf oder Backofen zubereiten. Bestimmte Kräuter und Gewürze verleihen dem ausgeprägten Wildgeschmack ein apartes Aroma. Am besten passen Wacholderbeeren, Koriander, Nelken, Muskat, Lorbeerblätter und Senfkörner. Es gibt aber auch eine spezielle, bereits fertige Gewürzmischung für Wild zu kaufen.
Der Clou unseres »Rehsteak Freischütz« ist die pikante Sauce, die außer kleingewürfelten Pfirsichen auch Rotwein enthält. Als Gemüse eignen sich, wie in diesem Fall, Pilze, aber auch Rotkohl, Rosenkohl, Blattspinat sowie Salate, etwa Endivien- oder Feldsalat.

Montag

Frühstück

125 ml Orangensaft (ungesüßt), 1 Ei, 30 g Roggenbrötchen, 2 TL Halbfettmargarine, ½ TL Honig, Getränk nach Wunsch

Mittagessen

Erbsensuppe mit Sahne (siehe Rezept S. 115)

Zwischenmahlzeit

100 g Speisequark (Magerstufe), 60 g Banane, 1 TL Kakao, Süßstoff

Abendessen

30 g Toastbrot, 1 TL Margarine, 100 g Tomaten, 50 g Kopfsalat, 20 kcal Salatsauce (kalorienarm), 90 g geräucherter Schellfisch (Gewicht ohne Kopf und Gräten)

Zwischenmahlzeit

100 g Fruchtcocktail (konserviert ohne Zucker) mit 2 EL Saft, 200 g Joghurt (0,3% Fett), Süßstoff

Männer zusätzlich: 75 g Trauben, 125 g Apfel, 60 g Vollkornbrot, am Mittag 60 g Erbsen, am Abend 30 g Schellfisch

Jugendliche zusätzlich: 75 g Trauben, 125 g Apfel, 60 g Vollkornbrot, 250 ml Milch (0,3% Fett)

Donnerstag

Frühstück

75 g Trauben, 30 g Weißbrot, 1 TL Margarine, 30 g Krabben, 1 TL Cocktailsauce für Krabben, Getränk nach Wunsch

Mittagessen

Herbstlicher Eintopf (siehe Rezept S. 204)

Zwischenmahlzeit

200 g Joghurt (0,3% Fett), Bittermandelaroma, ½ TL Zucker, Süßstoff, 10 g Zwieback

Abendessen

2 Eier u. 150 g Pfifferlinge, in 1 TL Pflanzencreme gebraten, 20 g Vollkornknäckebrot, 1 TL Margarine

Zwischenmahlzeit

100 g Speisequark (Magerstufe), 125 g gefrorene Erdbeeren, ½ TL geraspelte Kokosnuß, 20 kcal Dessertsauce (kalorienarm)

Männer zusätzlich: 60 g Banane, 75 g Trauben, 60 g Vollkornbrot, am Abend 30 g Schweinefleisch

Jugendliche zusätzlich: 60 g Banane, 75 g Trauben, 60 g Vollkornbrot, 200 ml Dickmilch (1,5% Fett)

Freitag

Frühstück

20 g Rosinen, 20 g Vollkornhaferflocken, 125 ml Milch (0,3% Fett), 20 g Knäckebrot, 1 TL Margarine, 1 TL Marmelade, Getränk nach Wunsch

Mittagessen

Fischragout »Walter« (siehe Rezept S. 177)

Zwischenmahlzeit

100 g Spargel (Dosenware), gekocht in Brühe von 1 kleinen Brühwürfel

Abendessen

30 g Roggenbrötchen, 2 TL Halbfettbutter, 60 g Tilsiter, 1 TL Mayonnaise (80% Fett), 100 g Ananas, 50 g Kopfsalat, 50 g Radieschen, 20 kcal Salatdressing (kalorienarm)

Zwischenmahlzeit

125 ml Buttermilch (1% Fett) mit 250 ml Tomatensaft verquirlt, Pfeffer, Salz

Männer zusätzlich: 125 g Apfel, 100 g Kiwi, 30 g Brötchen, 30 g Vollkornbrot, am Mittag 30 g Kabeljau

Jugendliche zusätzlich: 125 g Apfel, 100 g Kiwi, 30 g Brötchen, 30 g Vollkornbrot, 250 ml Milch (0,3% Fett)

Dienstag

Frühstück

100 g Kiwi, 20 g Vollkornknäckebrot, 75 g Speisequark (Magerstufe), Süßstoff, 2 TL Halbfettmargarine, 20 kcal Marmelade (kalorienarm), Getränk nach Wunsch

Mittagessen

90–120 g gegrilltes Beefsteak, 2 TL Steaksauce, 2 TL Halbfettmargarine, mit Kräuterbuttergewürz verrührt, 200 g Mischpilze, mit Zwiebelflocken in beschichteter Pfanne gebraten, 100 g Kartoffeln

Zwischenmahlzeit

200 g Vanillepudding (kalorienarm), 50 kcal Aprikosen (kalorienreduziert)

Abendessen

Leber mit Kastanienmilch (siehe Rezept S. 167), dazu: 60 g zubereitete Nudeln

Zwischenmahlzeit

100 ml Dickmilch (1,5% Fett), 1 TL Zucker, 60 g Banane, Süßstoff

Männer zusätzlich: 250 ml Tomatensaft, 100 g Birne, 60 g zubereitete Nudeln, 100 g Kartoffeln, am Mittag 30 g Beefsteak, am Abend 30 g Geflügelleber

Jugendliche zusätzlich: 250 ml Tomatensaft, 100 g Birne, 60 g zubereitete Nudeln, 100 g Kartoffeln, 200 g Joghurt (0,3% Fett)

Mittwoch

Frühstück

125 ml Grapefruitsaft (ungesüßt), 30 g Vollkornbrot, 30 g Roastbeef, 1 TL Halbfettmargarine, ½ TL Mayonnaise (80% Fett), Getränk nach Wunsch

Mittagessen

Labskaus (siehe Rezept S. 178), 20 kcal Limonade (kalorienarm)

Zwischenmahlzeit

200 ml Kefir (1,5% Fett), 50 kcal Stachelbeeren (kalorienreduziert), ½ TL Honig, Süßstoff

Abendessen

30 g Brötchen, 2 TL Halbfettmargarine, 90–120 g gegrilltes, enthäutetes Hähnchenfleisch; 200 g Rotkohl, mit 100 g schwarzen Johannisbeeren und 2 TL Rotwein gegart

Zwischenmahlzeit

250 ml Milch (0,3% Fett), 1 TL Kakao, Süßstoff

Männer zusätzlich: 125 g Grapefruit, 85 g Pflaumen, 30 g Vollkornbrot, 20 g Knäckebrot, am Mittag 15 g Corned beef, am Abend 30 g Hähnchen

Jugendliche zusätzlich: 125 g Grapefruit, 85 g Pflaumen, 30 g Vollkornbrot, 20 g Knäckebrot, 100 g Speisequark (Magerstufe)

Samstag

Frühstück

125 g Grapefruit, 20 g Vollkornknäckebrot, 2 TL Halbfettmargarine, 30 g Putenbrust, 50 g Cornichons, Getränk nach Wunsch

Mittagessen

Hammel-Graupentopf (siehe Rezept S. 154)

Zwischenmahlzeit

20 g Zwieback, 2 TL Halbfettmargarine, 100 g Speisequark (Magerstufe), 1 TL Kakao, Süßstoff

Abendessen

90–120 g Kalbsschnitzel, in 1 TL Pflanzencreme gebraten, 200 g Blumenkohl, 1 ½ TL geriebener Käse; 20 kcal Orangensaft (kalorienarm)

Zwischenmahlzeit

200 g Joghurt (0,3% Fett), 50 kcal Mandarinen (kalorienreduziert), Süßstoff

Männer zusätzlich: 125 ml Orangensaft (ungesüßt), 75 g Trauben, 20 g Graupen, 100 g Kartoffeln, am Mittag 30 g Hammelfleisch, am Abend 30 g Kalbsschnitzel

Jugendliche zusätzlich: 125 ml Orangensaft (ungesüßt), 75 g Trauben, 20 g Graupen, 100 g Kartoffeln, 200 g Joghurt (0,3% Fett)

Sonntag

Frühstück

125 ml Orangensaft (ungesüßt), 30 g Roggenbrötchen, 2 TL Halbfettbutter, 30 g Gouda, 2 Oliven, 50 g Speisequark (Magerstufe), Kräuterquarkgewürz, Getränk nach Wunsch

Mittagessen

Rehsteak »Freischütz« (siehe Rezept S. 162), dazu: 50 g Kartoffeln

Zwischenmahlzeit

200 g Schokoladenpudding (kalorienarm), 80 g Lychees oder 125 g Apfel

Abendessen

30 g Vollkornbrot, 1 TL Halbfettmargarine, 90 g Räucherlachs, ½ TL Mayonnaise (80% Fett), 100 g Salatgurke, 20 kcal Salatsauce (kalorienarm)

Zwischenmahlzeit

50 g Speisequark (Magerstufe), 10 g Rosinen, 1 TL Kakao, Süßstoff

Männer zusätzlich: 80 ml Traubensaft (ungesüßt), 60 g Banane, 100 g Kartoffeln, 30 g Vollkornbrot, am Mittag 30 g Rehsteak, am Abend 30 g Räucherlachs

Jugendliche zusätzlich: 80 ml Traubensaft (ungesüßt), 60 g Banane, 100 g Kartoffeln, 30 g Vollkornbrot, 200 ml Dickmilch (1,5% Fett)

43. Woche

»Einmal pro Woche Leber?« werden sich diejenigen gefragt haben, die Leber nicht mögen, als sie unsere Menüpläne durchgeblättert haben. Ja, denn auf sie kann bei einer ausgewogenen Reduktionskost nicht verzichtet werden. Sie liefert in großen Mengen Vitamin A und ist reichlich mit den sonst seltenen B_1-Vitaminen versehen. Doch der Hauptgrund, warum Leber einmal wöchentlich verzehrt werden sollte, ist ihr hoher Gehalt an Eisen. Kaum ein anderes Nahrungsmittel besitzt eine derartige Menge dieses Mineralstoffs. Der Körper benötigt Eisen zur Blut- und Muskelzellenbildung sowie zum Sauerstofftransport im Blut. Die in diesem Kochbuch vorgeschlagenen Leberrezepte (in dieser Woche sind es Leberrouladen) werden auch diejenigen überzeugen, die Innereien nicht so gern mögen.

Montag

Frühstück

125 g Apfel, 30 g Vollkornbrot, 1 TL Margarine, 30 g aufgeschnittener, magerer Schweinebraten, Getränk nach Wunsch

Mittagessen

90–120 g Putenbrust, in 1 TL Pflanzencreme gebraten; Salat aus: 50 g Kopfsalat, 50 g Radieschen, 100 g Wachsbrechbohnen, 50 g eingelegten Tomatenpaprika, 20 kcal Salatsauce (kalorienarm)

Zwischenmahlzeit

200 g Joghurt (0,3% Fett), 125 g gefrorene Erdbeeren, Süßstoff, 25 g Schlagsahne

Abendessen

Steckrüben in Käsesauce (siehe Rezept S. 198)

Zwischenmahlzeit

20 g Zwieback, 2 TL Halbfettmargarine, mit 2 TL Kakao, Vanillearoma und Süßstoff verrührt; 125 ml Milch (0,3% Fett)

Männer zusätzlich: 100 g Kiwi, 60 g Banane, 30 g Vollkornbrot, 100 g Kartoffeln, am Mittag 30 g Putenbrust

Jugendliche zusätzlich: 100 g Kiwi, 60 g Banane, 30 g Vollkornbrot, 100 g Kartoffeln, 250 ml Milch (0,3% Fett)

Donnerstag

Frühstück

20 g Rosinen, 20 g Cornflakes, 100 ml Dickmilch (1,5% Fett), 1 TL Honig, Süßstoff, Getränk nach Wunsch

Mittagessen

Leberroulade (siehe Rezept S. 165), dazu: 100 g Kartoffeln und **Bunter Chinakohlsalat** (siehe Rezept S. 223), 20 kcal Limonade (kalorienarm)

Zwischenmahlzeit

250 ml Milch (0,3% Fett) mit 125 ml Orangensaft (ungesüßt) mischen

Abendessen

45 g Vollkornbrot, 1 TL Butter, 90 g roher Schinken, garniert mit 50 kcal Pfirsich (kalorienreduziert), 200 g Spargel (Dosenware), 1 TL Mayonnaise (80% Fett)

Zwischenmahlzeit

50 g Speisequark (Magerstufe), ½ TL Kakao

Männer zusätzlich: 125 g Apfel, 85 g Pflaumen, 100 g Kartoffeln, 30 g Vollkornbrot, am Mittag 30 g Leber, am Abend 30 g Schinken

Jugendliche zusätzlich: 125 g Apfel, 85 g Pflaumen, 100 g Kartoffeln, 30 g Vollkornbrot, 200 ml Milch (1,5% Fett), 250 ml Buttermilch (1% Fett)

Freitag

Frühstück

250 ml Tomatensaft, 20 g Vollknäckebrot, 1 TL Margarine, 75 g Speisequark, Süßstoff, 20 kcal Marmelade (kalorienarm), Getränk nach Wunsch

Mittagessen

Fischtopf Hubertus (siehe Rezept S. 175), dazu: 60 g zubereiteter Reis

Zwischenmahlzeit

200 g Joghurt (0,3% Fett), 25 kcal Aprikosen (kalorienreduziert), Süßstoff

Abendessen

30 g Toastbrot, 2 TL Halbfettmargarine, 2 Eier, 100 g Möhrensalat (Glaskonserve ohne Fett)

Zwischenmahlzeit

250 ml Milch (0,3% Fett), 2 TL Kakao, Süßstoff

Männer zusätzlich: 60 g Banane, 100 g Birne, 60 g zubereiteter Reis, 30 g Toastbrot, am Mittag 30 g Rotbarschfilet

Jugendliche zusätzlich: 60 g Banane, 100 g Birne, 60 g zubereiteter Reis, 30 g Toastbrot, 200 g Schokoladenpudding (kalorienarm)

Dienstag

Frühstück

125 ml Grapefruitsaft (ungesüßt), 30 g Roggenbrötchen, 2 TL Halbfettmargarine, 1 Ei, 20 kcal Marmelade (kalorienarm), Getränk nach Wunsch

Mittagessen

Hackbällchen mit Schwarzwurzeln (siehe Rezept S. 136)

Zwischenmahlzeit

200 g Joghurt (0,3% Fett), 50 kcal Stachelbeeren (kalorienreduziert)

Abendessen

Salat aus: 90–120 g Thunfisch (konserviert in Wasser), 100 g Tomaten, 100 g grünen Paprikaschoten, 2 Oliven, Essig, Pfeffer, Salz, Süßstoff; 20 g Vollkornknäckebrot, 1 TL Margarine

Zwischenmahlzeit

100 g Speisequark (Magerstufe), 1 TL Kakao, Süßstoff, 100 g Ananas

Männer zusätzlich: 250 ml Gemüsesaft, 100 g Birne, 30 g Brötchen, 20 g Knäckebrot, am Mittag 30 g Tatar, am Abend 30 g Thunfisch

Jugendliche zusätzlich: 250 ml Gemüsesaft, 100 g Birne, 30 g Brötchen, 20 g Knäckebrot, 175 g Joghurt (1,5% Fett)

Mittwoch

Frühstück

100 g Birne, 30 g Vollkornbrot, 1 TL Margarine, 30 g Schweizer Käse, Getränk nach Wunsch

Mittagessen

Jägerpfanne (siehe Rezept S. 163)
Dessert: **Pflaumenknödel** (siehe Rezept S. 266)

Zwischenmahlzeit

200 ml Kefir (1,5% Fett), 125 ml Gemüsesaft

Abendessen

150 g Spinat, in Brühe aus ½ TL Instantbrühe gekocht, mit 1 TL Mehl angedickt; 1 TL Margarine, 100 g Pellkartoffeln; 90–120 g enthäutete Hähnchenbrust, in 1 TL Öl gebraten

Zwischenmahlzeit

200 g Joghurt (0,3% Fett), 100 g Kiwi, 1 TL geraspelte Kokosnuß, Süßstoff, 20 kcal Dessertsauce (kalorienarm), 10 g einfache Kekse

Männer zusätzlich: 125 g Grapefruit, 75 g Trauben, 30 g Vollkornbrot, 100 g Kartoffeln, am Mittag 30 g Hasenfleisch, am Abend 30 g Hähnchen

Jugendliche zusätzlich: 125 g Grapefruit, 75 g Trauben, 30 g Vollkornbrot, 100 g Kartoffeln, 100 g Speisequark (Magerstufe)

Samstag

Frühstück

60 g Banane, 30 g Vollkornbrot, 30 g Roastbeef, 1 TL Halbfettmargarine, 1 TL Mayonnaise (80% Fett), 25 g Zwiebeln, Getränk nach Wunsch

Mittagessen

90–120 g mageres Lammfleisch, in 1 TL Öl gebraten, 300 g Weißkohl, 100 g Kartoffeln

Zwischenmahlzeit

100 g Joghurt (0,3% Fett), 50 g Kiwi, 50 g Mandarinen (konserviert ohne Zucker) mit 1 EL Saft

Abendessen

Käsefondue »Goldener Oktober« (siehe Rezept S. 220), 30 g Weißbrot, 1 TL Halbfettmargarine; 100 g Speisequark (Magerstufe), 20 kcal Marmelade (kalorienarm), 50 g Kopfsalat

Zwischenmahlzeit

75 g Erbsen in Brühe von 1 kleinen Brühwürfel

Männer zusätzlich: 75 g Trauben, 100 g Ananas, 100 g Kartoffeln, 30 g Vollkornbrot, am Mittag 30 g Lammfleisch

Jugendliche zusätzlich: 75 g Trauben, 100 g Ananas, 100 g Kartoffeln, 30 g Vollkornbrot, 200 ml Dickmilch (1,5% Fett)

Sonntag

Frühstück

125 g Grapefruit, 30 g Roggenbrötchen, 2 TL Halbfettmargarine, 1 TL Marmelade, 1 Ei, Getränk nach Wunsch

Mittagessen

Versteckte Kastanien (siehe Rezept S. 160), dazu: 100 g eßfertiges Kartoffelpüree (Fertigprodukt)

Zwischenmahlzeit

200 g Vanillepudding (kalorienarm), 75 g Trauben, 20 kcal Dessertsauce (kalorienarm)

Abendessen

30 g Vollkornbrot, 1 TL Margarine, 90 g geräucherte Makrelenfilets, 200 g grüne Bohnen, Marinade aus: Zitronensaft, Süßstoff

Zwischenmahlzeit

200 ml Kefir (1,5% Fett), 1 TL Kakao, Süßstoff, 125 g gefrorene Himbeeren

Männer zusätzlich: 80 ml Traubensaft (ungesüßt), 125 g Apfel, 100 g eßfertiges Kartoffelpüree (Fertigprodukt), 30 g Vollkornbrot, am Mittag 30 g Putenbrust, am Abend 30 g Makrele

Jugendliche zusätzlich: 80 ml Traubensaft (ungesüßt), 125 g Apfel, 100 g eßfertiges Kartoffelpüree (Fertigprodukt), 30 g Vollkornbrot, 200 ml Milch (1,5% Fett), 175 g Joghurt (1,5% Fett)

44. Woche

Safran ist seit jeher das teuerste Gewürz der Welt. Für ein Kilogramm müssen etwa 80 000 Blütennarben handgepflückt werden. Deshalb wird Safran im Handel auch nur grammweise in kleinen Tütchen angeboten. Der kräftige Farbstoff gibt den Speisen eine appetitliche gelbe Farbe.
Safran ist in Fäden und pulverisiert erhältlich. Er muß gut verschlossen in einem dunklen Glas aufbewahrt werden. Um Speisen wie Paella, Bouillabaisse oder Safranreis Farbe und Würze zu geben, löst man den Safran in etwas heißem Wasser auf und gibt das gelbverfärbte Wasser an das Gericht. Für den Sonntagmittag ist eine indische Speisenfolge geplant, zu der auch der »Safranreis« gehört.

Montag

Frühstück

250 ml Tomatensaft, 30 g Camembert, 30 g Vollkornbrot, 1 TL Margarine, ½ TL Honig, Getränk nach Wunsch

Mittagessen

90–120 g Rinderleber, in 1 TL Öl gebraten, 75 g Zwiebeln, 100 g eßfertiges Kartoffelpüree (Fertigprodukt), 50 kcal Apfelkompott (kalorienreduziert), 150 g Tomate, 100 g Gurke, 20 kcal Limonade (kalorienarm)

Zwischenmahlzeit

100 g Speisequark (Magerstufe), 60 g Banane, 1 EL Kleie

Abendessen

Linsensalat (siehe Rezept S. 236), 125 ml Sauerkrautsaft

Zwischenmahlzeit

250 ml Buttermilch (1% Fett), Zitronensaft, Süßstoff

Männer zusätzlich: 100 g Orange, 100 g Birne, 100 g eßfertiges Kartoffelpüree (Fertigprodukt), 30 g Vollkornbrot, am Mittag 30 g Leber, am Abend 30 g Putenfleisch

Jugendliche zusätzlich: 100 g Orange, 100 g Birne, 100 g eßfertiges Kartoffelpüree (Fertigprodukt), 30 g Vollkornbrot, 250 ml Milch (0,3% Fett)

Donnerstag

Frühstück

100 g Orange, 75 g Hüttenkäse, 30 g Vollkornbrot, 1 TL Halbfettmargarine, 20 kcal Marmelade (kalorienarm), Getränk nach Wunsch

Mittagessen

90–120 g gegrilltes Putenfleisch, mit 1 TL Öl bestrichen, 200 g Blumenkohl, 100 g Kartoffeln, 100 g eingelegte rote Bete, 2 TL Ketchup

Zwischenmahlzeit

100 g Ananas, 175 g Joghurt (1,5% Fett)

Abendessen

90–120 g gegrilltes Steak, 30 g Mischbrot, ½ TL Margarine, dazu: **Rotkohlsalat mit Obst** (siehe Rezept S. 288)

Zwischenmahlzeit

200 g Schokoladenpudding (kalorienarm)

Männer zusätzlich: 20 g getrocknete Feigen, 125 ml Apfelsaft (ungesüßt), 100 g Kartoffeln, 30 g Vollkornbrot, am Mittag 30 g Putenfleisch, am Abend 30 g Steak

Jugendliche zusätzlich: 20 g getrocknete Feigen, 125 ml Apfelsaft (ungesüßt), 100 g Kartoffeln, 30 g Vollkornbrot, 200 ml Dickmilch (1,5% Fett)

Freitag

Frühstück

50 kcal Pflaumen (kalorienreduziert), 20 g Weizenkeime, 150 ml Milch (1,5% Fett), Getränk nach Wunsch

Mittagessen

90–120 g enthäutete Hähnchenbrust, in ½ TL Öl gebraten, 100 g Kartoffeln, 200 g Paprikaschoten, 100 g Tomaten
Dessert: 100 g Speisequark (Magerstufe), 125 g Apfel

Zwischenmahlzeit

30 g Vollkornbrot, ½ TL Margarine, ½ TL Marmelade (kalorienarm), 20 kcal Fruchtnektar (kalorienarm)

Abendessen

Heilbuttschnitte »Dinnertime« (siehe Rezept S. 184), dazu: 60 g zubereiteter Reis, 75 g Erbsen, 100 g Möhren

Zwischenmahlzeit

250 ml Tomatensaft

Männer zusätzlich: 125 ml Orangensaft (ungesüßt), 125 g Apfel, 100 g Kartoffeln, 60 g zubereiteter Reis, am Mittag 30 g Hähnchen, am Abend 30 g Heilbutt

Jugendliche zusätzlich: 125 ml Orangensaft (ungesüßt), 125 g Apfel, 100 g Kartoffeln, 60 g zubereiteter Reis, 200 g Schokoladenpudding (kalorienarm)

Dienstag

Frühstück

100 g Mandarine, 20 g Haferflocken, 100 ml Milch (1,5% Fett), 1 TL Honig, Getränk nach Wunsch

Mittagessen

Lamm mit grünen Bohnen (siehe Rezept S. 153), dazu: 60 g zubereiteter Reis
Dessert: 200 ml Dickmilch (1,5% Fett), 50 kcal Heidelbeeren (kalorienreduziert), 1 TL geraspelte Kokosnuß

Zwischenmahlzeit

20 g Knäckebrot, 2 TL Halbfettmargarine, 50 g Speisequark (Magerstufe), 20 kcal Marmelade (kalorienarm)

Abendessen

90 g geräucherte Makrelenfilets, 30 g Vollkornbrot, 1 TL Halbfettmargarine, 50 g Radieschen, 50 g Gurke, 100 g Feldsalat, Marinade aus: ½ TL Öl, Essig, Kräutern

Zwischenmahlzeit

125 ml Orangensaft (ungesüßt)

Männer zusätzlich: 100 g Kiwi, 250 ml Gemüsesaft, 60 g zubereiteter Reis, 30 g Vollkornbrot, am Mittag 30 g Lammfleisch, am Abend 30 g Makrele

Jugendliche zusätzlich: 100 g Kiwi, 250 ml Gemüsesaft, 60 g zubereiteter Reis, 30 g Vollkornbrot, 200 g Joghurt (0,3% Fett)

Mittwoch

Frühstück

125 ml Grapefruitsaft (ungesüßt), 30 g Putenbrust, 30 g Brötchen, 1 TL Margarine, 20 kcal Marmelade (kalorienarm), Getränk nach Wunsch

Mittagessen

90 g gekochtes, mageres Schweinefleisch, 50 g Kartoffeln, 100 g Steckrüben, 100 g Porree
Dessert: **Ananas-Quark-Torte »St. Martin«** (siehe Rezept S. 279)

Zwischenmahlzeit

25 kcal Heidelbeeren (kalorienreduziert), 200 g Joghurt (0,3% Fett)

Abendessen

1 Ei, 45 g Geflügelwurst, 20 g Knäckebrot, 2 TL Halbfettmargarine, 150 g Möhren, 150 g Rettich

Zwischenmahlzeit

75 g Weintrauben

Männer zusätzlich: 60 g Banane, 125 g Grapefruit, 100 g Kartoffeln, 20 g Knäckebrot, am Abend 15 g Geflügelwurst

Jugendliche zusätzlich: 60 g Banane, 125 g Grapefruit, 100 g Kartoffeln, 20 g Knäckebrot, 200 ml Milch (1,5% Fett)

Samstag

Frühstück

100 g Kiwi, **Rosinenbrötchen** (siehe Rezept S. 280), dazu: 1 TL Butter, 75 g Speisequark (Magerstufe), 1 TL Marmelade, Getränk nach Wunsch

Mittagessen

45–60 g gegrilltes Tatar (Beefsteakhack) vermengt mit 1 EL Zwiebelflocken und Gewürzen; 1 Ei, in 1 TL Öl gebraten, 100 g Rosenkohl
Dessert: **Fruchteis** (siehe Rezept S. 274)

Zwischenmahlzeit

190 ml Milch (1,5% Fett), 1 ½ TL Kakao

Abendessen

60 g Hartkäse, 30 g Vollkornbrot, 1 TL Margarine, Salat aus: 150 g Chicorée, 45 g Banane, 100 g Joghurt (0,3% Fett)

Zwischenmahlzeit

100 ml Kefir (1,5% Fett), 20 kcal Fruchtnektar (kalorienarm)

Männer zusätzlich: 100 g Birne, 60 g Banane, 30 g Vollkornbrot, 20 g Knäckebrot, am Mittag 15 g Tatar

Jugendliche zusätzlich: 100 g Birne, 60 g Banane, 30 g Vollkornbrot, 20 g Knäckebrot, 250 ml Buttermilch (1% Fett)

Sonntag

Frühstück

100 g Birne, 1 Ei, 1 TL Butter, 20 g Knäckebrot, 1 TL Honig, 100 g Schokoladenpudding (kalorienarm), Getränk nach Wunsch

Mittagessen

Hähnchenkeulen Indisch (siehe Rezept S. 156), dazu: **Zwiebel-Safran-Reis** (siehe Rezept S. 207), **Indischer Salat** (siehe Rezept S. 234), **Mangochutney** (siehe Rezept S. 246)

Zwischenmahlzeit

50 kcal Pfirsich (kalorienreduziert), 50 g Speisequark (Magerstufe), 50 g Joghurt (0,3% Fett), ½ TL Honig

Abendessen

90–120 g Krabbenfleisch, 30 g Vollkornbrot, 1 TL Butter, 100 g Bleichsellerie, 100 g Tomaten, 50 g Kopfsalat, Marinade aus: Zitronensaft, Süßstoff

Zwischenmahlzeit

20 kcal Limonade (kalorienarm)

Männer zusätzlich: 250 ml Tomatensaft, 125 g Apfel, 60 g Vollkornbrot, am Mittag 30 g Hähnchen, am Abend 30 g Krabbenfleisch

Jugendliche zusätzlich: 250 ml Tomatensaft, 125 g Apfel, 60 g Vollkornbrot, 250 ml Milch (0,3% Fett)

45. Woche

Jean Nidetch, die Gründerin von Weight Watchers International Inc., hat einmal gesagt: »Jeder Übergewichtige hat seinen persönlichen Frankenstein!« Damit ist die spezielle Vorliebe für bestimmte Leckereien gemeint. Der eine liebt das Herzhafte und kann große Mengen von Fleisch essen; der andere mag das Süße, und keine Konditorei ist vor ihm sicher. Besonders für diejenigen, die gerne Süßspeisen essen, haben wir in dieser Woche einige interessante Rezepte ausprobiert. »Obstsülze«, »Eiscafé«, »Birne mit Zimtschaum« und »Apfelstrudel mit Vanillesauce« stehen auf dem Menüplan. Mit diesen Köstlichkeiten wird es Ihnen nicht schwerfallen, der Versuchung von Konditoreien und Eisdielen zu widerstehen.

Montag

Frühstück

50 kcal Kirschen (kalorienreduziert), 20 g Grieß, 200 ml Milch (1,5% Fett), Getränk nach Wunsch

Mittagessen

Kartoffelpuffer mit Quark-Schinken-Füllung (siehe Rezept S. 206)

Zwischenmahlzeit

Obstsülze (siehe Rezept S. 275) mit ½ Portion **Vanillesauce** (siehe Rezept S. 261)

Abendessen

90–120 g gedünstetes Kabeljaufilet, 45 g Vollkornbrot, 2 TL Halbfettmargarine, 75 g Erbsen, 100 g Kopfsalat, Marinade aus: 1 TL Öl, Essig

Zwischenmahlzeit

100 g Orange

Männer zusätzlich: 60 g Banane, 100 g Kiwi, 30 g Vollkornbrot, am Mittag 15 g Schinken, am Abend 30 g Kabeljau

Jugendliche zusätzlich: 60 g Banane, 100 g Kiwi, 30 g Vollkornbrot, 200 ml Dickmilch (1,5% Fett), 250 ml Milch (0,3% Fett)

Donnerstag

Frühstück

Frühstück für zwei (siehe Rezept S. 253), 20 kcal Fruchtnektar (kalorienarm), Getränk nach Wunsch

Mittagessen

1 hartgekochtes Ei, 100 g Kartoffeln, 250 g gefrorener Spinat, 50 g Zwiebeln, 15 g geriebener Käse
Dessert: **Birne mit Zimtschaum** (siehe Rezept S. 263)

Zwischenmahlzeit

100 g Orange

Abendessen

90–120 g Roastbeef, 1 TL Mayonnaise (80% Fett), 30 g Vollkornbrot, 2 TL Margarine, 200 g grüne Bohnen

Zwischenmahlzeit

250 ml Dickmilch (1,5% Fett), 1 TL Marmelade (kalorienarm)

Männer zusätzlich: 100 g Ananas, 125 ml Apfelsaft (ungesüßt), 100 g Kartoffeln, 20 g Knäckebrot, am Abend 30 g Roastbeef

Jugendliche zusätzlich: 100 g Ananas, 125 ml Apfelsaft (ungesüßt), 100 g Kartoffeln, 20 g Knäckebrot, 200 ml Milch (1,5% Fett)

Freitag

Frühstück

60 g Banane, 20 g Bran Buds, 100 ml Milch (1,5% Fett), Getränk nach Wunsch

Mittagessen

Eintopf aus: 90 g eingeweichte rote Bohnen (Kidneybohnen), 45–60 g Rindfleisch, gebraten in 1 TL Öl, 100 g Porree, 100 g Paprikaschoten, 100 g Tomaten
Dessert: 100 g Kiwi

Zwischenmahlzeit

Apfelstrudel (siehe Rezept S. 275), dazu: ½ Portion **Vanillesauce** (siehe Rezept S. 261)

Abendessen

Forellensalat (siehe Rezept S. 243), dazu: 30 g Vollkornbrot, 1 TL Margarine, 125 ml Apfelsaft (ungesüßt)

Zwischenmahlzeit

125 ml Buttermilch (1% Fett), 20 kcal Fruchtnektar (kalorienarm)

Männer zusätzlich: 20 g getrocknete Feigen, 250 ml Tomatensaft, 60 g Vollkornbrot, am Mittag 60 g Kidneybohnen, am Abend 30 g Forelle

Jugendliche zusätzlich: 20 g getrocknete Feigen, 250 ml Tomatensaft, 60 g Vollkornbrot, 200 g Joghurt (0,3% Fett)

Dienstag

Frühstück

125 ml Orangensaft (ungesüßt), 30 g Schmelzkäse, 20 g Knäckebrot, 2 TL Halbfettmargarine, Getränk nach Wunsch

Mittagessen

75–90 g Schnitzel, in ½ TL Öl gebraten, 60 g zubereiteter Reis, 200 g Paprikaschoten, 100 g Zwiebeln, 150 g Tomaten, 2 TL Chilisauce
Dessert: **Eiscafé** (siehe Rezept S. 274)

Zwischenmahlzeit

75 g Speisequark (Magerstufe), 20 kcal Marmelade (kalorienarm), 1 TL geraspelte Kokosnuß

Abendessen

90–120 g gegrillte Putenbrust, 30 g Vollkornbrot, 1 TL Halbfettmargarine, dazu: **Sauerkrautsalat** (siehe Rezept S. 228)

Zwischenmahlzeit

100 g Kefir (1,5% Fett)

Männer zusätzlich: 100 g Orange, 125 g Apfel, 60 g zubereiteter Reis, 30 g Vollkornbrot, am Abend 30 g Putenbrust

Jugendliche zusätzlich: 100 g Orange, 125 g Apfel, 60 g zubereiteter Reis, 30 g Vollkornbrot, 250 ml Buttermilch (1% Fett)

Mittwoch

Frühstück

20 g Rosinen, 20 g Haferflocken, 100 g Speisequark (Magerstufe), Getränk nach Wunsch

Mittagessen

Schweinefleisch süß-sauer (siehe Rezept S. 141), dazu: 60 g zubereiteter Reis, 20 kcal Fruchtnektar (kalorienarm)

Zwischenmahlzeit

Rohkost aus: 150 g geriebenen Möhren, 125 g geriebenem Apfel, Marinade aus: ½ TL Öl, Zitronensaft, Gewürzen; 30 g Vollkornbrot, 1 TL Halbfettmargarine

Abendessen

90–120 g gut abgetropfte Dorschleber, (konserviert in Öl), 100 g Sellerie, 30 g Mischbrot, 1 TL Margarine

Zwischenmahlzeit

125 g Grapefruit, 200 ml Sauermilch (1,5% Fett)

Männer zusätzlich: 100 g Birne, 125 ml Orangensaft (ungesüßt), 60 g zubereiteter Reis, 30 g Mischbrot, am Mittag 30 g Schweinefleisch, am Abend 30 g Leber

Jugendliche zusätzlich: 100 g Birne, 125 ml Orangensaft (ungesüßt), 60 g zubereiteter Reis, 30 g Mischbrot, 200 g Vanillepudding (kalorienarm)

Samstag

Frühstück

100 g Ananas, 30 g magerer Schweinebraten, 30 g Brötchen, 1 TL Butter, ½ TL Honig, Getränk nach Wunsch

Mittagessen

Pichelsteiner Eintopf (siehe Rezept S. 201), 20 kcal Fruchtnektar (kalorienarm)

Zwischenmahlzeit

200 g Vanillepudding (kalorienarm), mit 1 TL Instant-Kaffeepulver verrührt, 50 kcal Birne (kalorienreduziert)

Abendessen

Salat aus: 1 hartgekochten Ei, 30 g Thunfisch (konserviert in Wasser), 100 g Kopfsalat, 100 g Tomaten, 50 g Radieschen, 50 g Gurke; Marinade aus: 1 TL Öl, Essig; 30 g Vollkornbrot, 1 TL Margarine
Dessert: **Orangensorbet** (siehe Rezept S. 273)

Zwischenmahlzeit

100 ml Sauermilch (1,5% Fett)

Männer zusätzlich: 250 ml Gemüsesaft, 100 g Orange, 100 g Kartoffeln, 30 g Vollkornbrot, am Mittag 30 g Rindfleisch

Jugendliche zusätzlich: 250 ml Gemüsesaft, 100 g Orange, 100 g Kartoffeln, 30 g Vollkornbrot, 200 ml Sauermilch (1,5% Fett)

Sonntag

Frühstück

125 g Grapefruit, 75 g Speisequark, 30 g Toastbrot, 1 TL Butter, ½ TL Marmelade, Getränk nach Wunsch

Mittagessen

Hasenkeulen mit Bananensauce (siehe Rezept S. 163), dazu: 80 g eßfertige Kartoffelklöße (Fertigprodukt), 200 g Champignons oder Pfifferlinge

Zwischenmahlzeit

200 ml Milch (1,5% Fett)

Abendessen

90–120 g Bismarckhering, 50 g eingelegte Rote Bete, 150 g Gewürzgurke, 30 g Vollkornbrot, 1 TL Margarine, 20 kcal Limonade (kalorienarm)

Zwischenmahlzeit

200 g Vanillepudding (kalorienarm), 50 kcal Pflaumen (kalorienreduziert)

Männer zusätzlich: 125 g Apfel, 100 g Birne, 80 g eßfertige Kartoffelklöße (Fertigprodukt), 30 g Vollkornbrot, am Mittag 30 g Hasenkeule, am Abend 30 g Bismarckhering

Jugendliche zusätzlich: 125 g Apfel, 100 g Birne, 80 g eßfertige Kartoffelklöße (Fertigprodukt), 30 g Vollkornbrot, 100 g Speisequark (Magerstufe)

46. Woche

Viele Menschen neigen dazu, nur nach einem Kriterium Nahrung zu sich zu nehmen, und das ist der Geschmack! Wir müssen jedoch auch andere Sinne beim Essen mit einbeziehen; das kann für jemand, der versucht abzunehmen, sehr wichtig sein. Auge und Nase »essen« auch mit. Je besser ein Gericht duftet und je appetitlicher es angerichtet ist, desto lieber ißt man.
Deshalb ist es wichtig, die Speisen so attraktiv wie möglich auf den Tisch zu bringen. Frische Kräuter eignen sich hervorragend zur Garnitur. Radieschen, Tomaten und Gurken geben hübsche Farbtupfer. Aber achten Sie bitte auch bei der Garnierung auf die erlaubten Mengen.

Montag

Frühstück

125 ml Orangensaft (ungesüßt), 30 g Vollkornbrot, 1 TL Margarine, 30 g Tilsiter, 20 kcal Marmelade (kalorienarm), Getränk nach Wunsch

Mittagessen

Kartoffelsuppe »Express« (siehe Rezept S. 113)

Zwischenmahlzeit

20 g Zwieback, 1 TL Margarine, 100 g Speisequark (Magerstufe), Kräuterquarkgewürz

Abendessen

90–120 g gegrilltes Lammfleisch, 100 g Spinat, Dessert: 50 kcal Aprikosen (kalorienreduziert), 1 TL geraspelte Kokosnuß

Zwischenmahlzeit

200 g Joghurt (0,3% Fett), 75 g Trauben, 1 TL Kakao, Süßstoff

Männer zusätzlich: 100 g Birne, 100 g Orange, 20 g Zwieback, 100 g Kartoffeln, am Mittag 30 g Würstchen, am Abend 30 g Lammfleisch

Jugendliche zusätzlich: 100 g Birne, 100 g Orange, 20 g Zwieback, 100 g Kartoffeln, 250 ml Buttermilch (1 % Fett)

Donnerstag

Frühstück

100 g Mandarinen, 30 g Roggenbrötchen, 2 TL Halbfettmargarine, 1 Ei, Getränk nach Wunsch

Mittagessen

Bunte Bälle (siehe Rezept S. 137)

Zwischenmahlzeit

250 ml Buttermilch (1% Fett) mit 1 EL Tomatenmark, Pfeffer und Salz verquirlen

Abendessen

90–120 g gegrilltes Kalbsschnitzel, 200 g Champignons, in 1 TL Margarine gebraten, mit 25 g Magermilchpulver vermischt; 60 g zubereitete Vollkornnudeln, 20 kcal Limonade (kalorienarm)

Zwischenmahlzeit

10 g Vollkornknäckebrot, 1 TL Margarine, 100 g Kiwi, 1 TL geraspelte Kokosnuß

Männer zusätzlich: 100 g Kiwi, 125 g Apfel, 30 g Vollkornbrot, 60 g zubereitete Nudeln, am Mittag 30 g Tatar, am Abend 30 g Kalbsschnitzel

Jugendliche zusätzlich: 100 g Kiwi, 125 g Apfel, 30 g Vollkornbrot, 60 g zubereitete Nudeln, 100 g Speisequark (Magerstufe), 200 ml Dickmilch (1,5% Fett)

Freitag

Frühstück

Früchtegrieß (siehe Rezept S. 257), Getränk nach Wunsch

Mittagessen

90–120 g Kabeljaufilet, in Wasser gekocht, 125 ml Milch (0,3% Fett), 100 g Möhren, 2 TL Weißwein, 100 g Fenchel, 60 g zubereiteter Reis

Zwischenmahlzeit

30 g Vollkornbrot, 1 TL Margarine, 100 g Speisequark (Magerstufe), 20 kcal Marmelade (kalorienarm)

Abendessen

Lauchschnitten (siehe Rezept S. 201), dazu: **Sauce Hawaii** (siehe Rezept S. 248)

Zwischenmahlzeit

125 g Grapefruit, ½ TL Zucker

Männer zusätzlich: 60 g Banane, 100 g Orange, 60 g zubereiteter Reis, 30 g Vollkornbrot, am Mittag 30 g Kabeljau

Jugendliche zusätzlich: 60 g Banane, 100 g Orange, 60 g zubereiteter Reis, 30 g Vollkornbrot, 200 ml Milch (1,5% Fett)

Dienstag

Frühstück

20 g getrocknete Pflaumen, 40 g Vollkornhaferflocken 125 ml Milch (0,3% Fett), ½ TL Honig, Süßstoff, Getränk nach Wunsch

Mittagessen

Salat aus: 2 hartgekochten Eiern, 100 g Kopfsalat, 100 g Salatgurke, 100 g Tomaten, 50 g Knollensellerie, 20 kcal Salatdressing (kalorienarm); 30 g Roggentoastbrot, 1 TL Margarine

Zwischenmahlzeit

100 g halbierte Birne ohne Kerngehäuse; 2 TL Halbfettmargarine mit 2 TL Kakao, Süßstoff und Vanillearoma verrühren und auf die Innenseiten der Birne streichen; 25 g Magermilchpulver mit 6 EL Eiswasser und Süßstoff zu »Sahne« schlagen

Abendessen

Hering mit Sahnekartoffeln (siehe Rezept S. 188)

Zwischenmahlzeit

100 g Joghurt (0,3% Fett), Süßstoff, 10 g einfache Kekse, 250 ml Tomatensaft

Männer zusätzlich: 125 g Grapefruit, 20 g getrocknete Pflaumen, 30 g Toastbrot, 100 g Kartoffeln, am Abend 30 g Hering

Jugendliche zusätzlich: 125 g Grapefruit, 20 g getrocknete Pflaumen, 30 g Toastbrot, 100 g Kartoffeln, 200 ml Milch (1,5% Fett)

Mittwoch

Frühstück

125 ml Grapefruitsaft (ungesüßt), 20 g Vollkornknäckebrot, 1 TL Halbfettmargarine, 30 g Roastbeef, 1 ½ TL Mayonnaise (80% Fett), Getränk nach Wunsch

Mittagessen

Geflügelleber in Rosinensauce (siehe Rezept S. 173), dazu: 60 g zubereiteter Reis

Zwischenmahlzeit

100 g Speisequark (Magerstufe)

Abendessen

90–120 g gegrillter, magerer Schweinebraten, 250 g Rotkohl mit 125 g Apfel, 20 kcal Johannisbeermarmelade (kalorienarm) 1 Lorbeerblatt, Pfeffer, Salz und Süßstoff gekocht, 80 g eßfertige Kartoffelklöße (Fertigprodukt)

Zwischenmahlzeit

250 ml Milch (0,3% Fett), 1 TL Honig

Männer zusätzlich: 100 g Mandarinen, 60 g Banane, 60 g zubereiteter Reis, 80 g eßfertige Kartoffelklöße (Fertigprodukt), am Mittag 30 g Leber, am Abend 30 g Schweinebraten

Jugendliche zusätzlich: 100 g Mandanrine, 60 g Banane, 60 g zubereiteter Reis, 80 g eßfertige Kartoffelklöße (Fertigprodukt), 200 g Joghurt (0,3% Fett)

Samstag

Frühstück

125 g Grapefruit, Süßstoff, 30 g Roggentoastbrot, 1 TL Butter, 30 g Krabbenfleisch, Getränk nach Wunsch

Mittagessen

30 g Vollkornbrot, 1 TL Margarine, 200 kcal fettreduzierter Harzer Käse, 150 g Rettich, 20 kcal Salatdressing (kalorienarm), 2 Oliven

Zwischenmahlzeit

250 ml Milch (0,3% Fett), 1 TL Kakao, Süßstoff

Abendessen

Budapester Gulaschsuppe (siehe Rezept S. 117)

Zwischenmahlzeit

200 ml Kefir (1,5% Fett), Süßstoff, 50 kcal Stachelbeeren (kalorienreduziert)

Männer zusätzlich: 250 ml Gemüsesaft, 125 g Apfel, 60 g Vollkornbrot, am Abend 30 g Rindfleisch

Jugendliche zusätzlich: 250 ml Gemüsesaft, 125 g Apfel, 60 g Vollkornbrot, 200 g Vanillepudding (kalorienarm)

Sonntag

Frühstück

100 g Guave oder 100 g Orange, 30 g Roggenbrötchen, 2 TL Halbfettmargarine, 75 g Speisequark (Magerstufe), Kräuterquarkgewürz, Getränk nach Wunsch

Mittagessen

Hühnertopf »Kairo« (siehe Rezept S. 160)

Zwischenmahlzeit

1 **Zwiebacktörtchen** (siehe Rezept S. 278), 125 g gefrorene Erdbeeren zum Belegen, 25 g Magermilchpulver mit 6 EL Eiswasser und Süßstoff zu »Sahne« steifschlagen

Abendessen

90 g geräucherte Forelle (Gewicht ohne Kopf und Gräten), Salat aus: 250 g Wachsbrechbohnen, 50 g Zwiebeln; Marinade aus: 60 ml Buttermilch (1% Fett), Zitronensaft, Pfeffer, Salz, Süßstoff; 20 g Vollkornknäckebrot, 1 TL Margarine

Zwischenmahlzeit

125 ml Milch (0,3% Fett) mit 20 kcal Limonade (kalorienarm) verquirlen

Männer zusätzlich: 100 g Mandarinen, 100 g Birne, 60 g zubereiteter Reis, 20 g Knäckebrot, am Mittag 30 g Hähnchen, am Abend 30 g Forelle

Jugendliche zusätzlich: 100 g Mandarinen, 100 g Birne, 60 g zubereiteter Reis, 20 g Knäckebrot, 200 g Joghurt (0,3% Fett)

47. Woche

Artischocken sind die grünen, noch nicht völlig entwickelten Blütenköpfe der distelartigen Artischockenpflanze. Sie gelten als Delikatesse und werden auf verschiedene Weise als Gemüse zubereitet. Die Vorbereitungsdauer ist relativ lang (wie auch in unserem Rezept »Artischockeneier« beschrieben), und man sollte sich Zeit dazu nehmen. Artischocken gehören in unserem Ernährungsprogramm zu den begrenzt zu verwendenden Gemüsen, d. h., es dürfen nur 100 g verzehrt werden. Allerdings beträgt der Anteil der eßbaren Teile einer großen Artischocke auch nur etwa 100 g, die etwa 61 Kalorien (255 KJ) haben. Neben Kalzium, Eisen und Vitamin A besitzen sie einen hohen Insulinwert. Außerdem bestehen die Artischocken noch aus Cynarin, einem Bitterstoff, der gut für die Magenschleimhaut und die Leber ist.

Montag

Frühstück

250 ml Tomatensaft, 30 g Vollkornbrot, 1 TL Margarine, 1 Ei, 1 TL Mayonnaise (80% Fett), Getränk nach Wunsch

Mittagessen

Winzertopf (siehe Rezept S. 136), dazu: 30 g Vollkornbrot, 1 TL Margarine

Zwischenmahlzeit

200 g Vanillepudding (kalorienarm)

Abendessen

200 g kcal fettreduzierter Käse, 100 g Kopfsalat, 50 g Tomaten, 100 g grüne Bohnen, 20 kcal Salatdressing (kalorienarm), 2 Oliven

Zwischenmahlzeit

200 g Joghurt (0,3% Fett), 1 TL Kakao, Süßstoff, 100 g Mandarine

Männer zusätzlich: 100 g Orange, 125 g Apfel, 30 g Vollkornbrot, 20 g Knäckebrot, am Mittag 30 g Tatar

Jugendliche zusätzlich: 100 g Orange, 125 g Apfel, 30 g Vollkornbrot, 20 g Knäckebrot, 200 ml Dickmilch (1,5% Fett)

Donnerstag

Frühstück

125 g Grapefruit, 30 g Toastbrot, 1 TL Margarine, 30 g Krabbenfleisch, 1 TL Cocktailsauce, Getränk nach Wunsch

Mittagessen

Pikante Leberpfanne (siehe Rezept S. 173), dazu: 60 g zubereiteter Reis

Zwischenmahlzeit

20 g Vollkornknäckebrot, 1 TL Margarine, 20 kcal Marmelade (kalorienarm)

Abendessen

90 g geräucherte Putenbrust, 1 TL Mayonnaise (80% Fett), 200 g Lauch in 125 ml Brühe aus 1 TL Instantbrühe kochen, mit 25 g Magermilchpulver andicken

Zwischenmahlzeit

250 ml Milch (0,3% Fett), ½ TL Honig

Männer zusätzlich: 125 ml Orangensaft (ungesüßt), 100 g Birne, 60 g zubereiteter Reis, 20 g Knäckebrot, am Mittag 30 g Leber, am Abend 30 g Putenbrust

Jugendliche zusätzlich: 125 ml Orangensaft (ungesüßt), 100 g Birne, 60 g zubereiteter Reis, 20 g Knäckebrot, 100 g Speisequark (Magerstufe)

Freitag

Frühstück

20 g Rosinen, 10 g Vollkornhaferflocken, 125 ml Milch (0,3% Fett), 1 TL Kakao, Süßstoff, Getränk nach Wunsch

Mittagessen

90 g Matjesfilets in Sauce aus: 25 g süße Sahne, 100 g schwarzen Johannisbeeren, 150 g gewürfeltem Rettich, Zwiebelflocken, Curry, Pfeffer, Salz und Süßstoff; 50 g Tomate, 50 g grüne Paprikaschote, 50 g Salatgurke, 20 kcal Salatdressing (kalorienarm), 100 g Pellkartoffeln, 2 TL Margarine

Zwischenmahlzeit

150 ml Milch (1,5% Fett), 2 TL Kakao, Rumaroma, Süßstoff

Abendessen

Artischockeneier (siehe Rezept S. 214)

Zwischenmahlzeit

125 g gefrorene Erdbeeren, 100 g Joghurt (0,3% Fett), Süßstoff

Männer zusätzlich: 20 g Rosinen, 250 ml Gemüsesaft, 100 g Kartoffeln, 20 g Zwieback, am Mittag 30 g Matjes

Jugendliche zusätzlich: 20 g Rosinen, 250 ml Gemüsesaft, 100 g Kartoffeln, 20 g Zwieback, 250 ml Milch (0,3% Fett)

Dienstag

Frühstück

125 g gefrorene Himbeeren, 20 g Vollkornknäckebrot, 1 TL Margarine, 75 g Speisequark, 1 TL Marmelade (kalorienarm), Getränk nach Wunsch

Mittagessen

90–120 g gegrilltes Schweineschnitzel, 1 TL Steaksauce, 100 g Pfifferlinge, 100 g Kartoffeln; 100 g Speisequark (Magerstufe) mit 1 TL Öl und Kräuterquarkgewürz mischen und über die Kartoffeln geben, 20 kcal Limonade (kalorienarm)

Zwischenmahlzeit

250 ml Milch (0,3% Fett) mit 60 g Banane, Süßstoff und Vanillearoma verquirlen

Abendessen

Bunte Fischsuppe (siehe Rezept S. 118)

Zwischenmahlzeit

100 g Orange

Männer zusätzlich: 100 g Mandarinen, 60 g Banane, 100 g Kartoffeln, 20 g Knäckebrot, am Mittag 30 g Schweineschnitzel, am Abend 30 g Seelachsfilet

Jugendliche zusätzlich: 100 g Mandarinen, 60 g Banane, 100 g Kartoffeln, 20 g Knäckebrot, 200 g Joghurt (0,3% Fett)

Mittwoch

Frühstück

100 g Birne, 30 g Roggenbrötchen, 2 TL Halbfettmargarine, 30 g Gouda, 20 kcal Marmelade (kalorienarm), Getränk nach Wunsch

Mittagessen

Kohleintopf (siehe Rezept S. 204)
Dessert: 100 g Joghurt (0,3% Fett), Süßstoff, Bittermandelaroma

Zwischenmahlzeit

20 g einfache Kekse, 125 g Grapefruit, 1 TL Zucker

Abendessen

150 g Speisequark (Magerstufe), vermengt mit 50 g Gewürzgurke, 50 g Tomatenpaprika; 30 g Vollkornbrot, 1 TL Margarine

Zwischenmahlzeit

200 g Schokoladenpudding (kalorienarm), 60 g Banane, 1 TL geraspelte Kokosnuß

Männer zusätzlich: 125 ml Apfelsaft (ungesüßt), 20 g getrocknete Aprikosen, 60 g Vollkornbrot, am Mittag 30 g Rindfleisch

Jugendliche zusätzlich: 125 ml Apfelsaft (ungesüßt), 20 g getrocknete Aprikosen, 60 g Vollkornbrot, 250 ml Buttermilch (1% Fett)

Samstag

Frühstück

100 g Kiwi, 30 g Roggenbrötchen, 1 TL Halbfettmargarine, 30 g Roastbeef, Senf, Getränk nach Wunsch

Mittagessen

90 g Kassler, 150 g Sauerkraut, 1 TL Instantbrühe, 100 g Kartoffeln, 20 kcal Limonade (kalorienarm)

Zwischenmahlzeit

50 g Speisequark (Magerstufe), 1 TL Marmelade

Abendessen

Geflügelsalat »España« (siehe Rezept S. 239), 30 g Toastbrot, 1 TL Halbfettmargarine

Zwischenmahlzeit

200 ml Kefir (1,5% Fett), Süßstoff, 50 kcal Stachelbeeren (kalorienreduziert)

Männer zusätzlich: 125 g Apfel, 60 g Banane, 100 g Kartoffeln, 30 g Toastbrot, am Mittag 30 g Kassler, am Abend 30 g Hähnchen

Jugendliche zusätzlich: 125 g Apfel, 60 g Banane, 100 g Kartoffeln, 30 g Toastbrot, 200 g Schokoladenpudding (kalorienarm)

Sonntag

Frühstück

125 ml Orangensaft (ungesüßt), 30 g Vollkornbrot, 1 TL Margarine, 1 Ei, 20 kcal Marmelade (kalorienarm), Getränk nach Wunsch

Mittagessen

Rindfleisch in Sauermilch (siehe Rezept S. 134), dazu: 250 g Blumenkohl, 1 ½ TL geriebener Käse

Zwischenmahlzeit

Kirschtorte »Elisabeth« (siehe Rezept S. 281)

Abendessen

90–120 g Thunfisch (konserviert in Wasser), 100 g eingelegte Rote Bete, 1 TL Cocktailsauce, 30 g Vollkornbrot, 1 TL Margarine

Zwischenmahlzeit

200 g Vanillepudding (kalorienarm), 20 g getrocknete Feigen, 100 g Mandarinen

Männer zusätzlich: 100 g Orange, 125 g Grapefruit, 60 g Vollkornbrot, am Mittag 30 g Rindfleisch, am Abend 30 g Thunfisch

Jugendliche zusätzlich: 100 g Orange, 125 g Grapefruit, 60 g Vollkornbrot, 200 ml Milch (1,5% Fett)

48. Woche

Was sind Ballaststoffe? Ballaststoffe sind eine Mischung aus unverdaulichen Substanzen wie Zellulose, Hemi-Zellulose, Lignin, Pektin, Gummi und andere Bestandteile der Pflanzenzellwände. Obwohl unverdaulich, kommt ihnen beim Verdauungsvorgang eine wichtige Bedeutung zu. Die Zusammensetzung variiert von Nahrungsmittel zu Nahrungsmittel und kann nicht genau festgelegt werden. Die Faser (Kleie) des vollen Korns unterscheidet sich von der in Gemüse und Obst. Ballaststoffe beugen Darmträgheit vor. Falls man mehr Ballaststoffe wünscht, sollte man Vollkornbrot und Zerealien anderen Brotsorten vorziehen. In dieser Woche stellen wir Ihnen »Großmutters Knusperbrot« vor, dessen wichtigster Bestandteil Haferflocken sind. Auch hier sollte man die inzwischen erhältlichen Vollkornhaferflocken wählen.

Montag

Frühstück

100 g Orange, 30 g Roastbeef, 30 g Vollkornbrot, 1 TL Halbfettmargarine, Getränk nach Wunsch

Mittagessen

Gerollte Scholle (siehe Rezept S. 177), dazu: 100 g Fenchel, 1 TL geriebener Käse, 200 g Blattspinat (evtl. gefroren), 125 ml Weißwein, **Knackiger Kopfsalat** (siehe Rezept S. 222)

Zwischenmahlzeit

20 g Zwieback, 1 TL Halbfettmargarine, 175 g Joghurt (1,5% Fett), 20 kcal Marmelade (kalorienarm)

Abendessen

90–120 g aufgeschnittener, magerer Schweinebraten, 30 g Vollkornbrot, 1 TL Margarine, 1 TL Ketchup
Dessert: 60 g Banane

Zwischenmahlzeit

100 g Speisequark (Magerstufe), vermengt mit Kräutern; 250 ml Gemüsesaft

Männer zusätzlich: 100 g Birne, 60 g Banane, 60 g Vollkornbrot, am Mittag 30 g Scholle, am Abend 30 g Schweinebraten

Jugendliche zusätzlich: 100 g Birne, 60 g Banane, 60 g Vollkornbrot, 200 ml Milch (1,5% Fett), statt Weißwein 30 g Lakritze

Donnerstag

Frühstück

20 g getrocknete Aprikosen, 20 g Grieß, 200 ml Milch (1,5% Fett), Getränk nach Wunsch

Mittagessen

150 g Speisequark (Magerstufe), vermengt mit 50 g Gewürzgurke, 50 g roter Paprikaschote, 1 TL Mayonnaise (80% Fett) und 4 gehackten Oliven; 100 g Pellkartoffeln
Dessert: 125 g Grapefruit, 20 kcal Marmelade (kalorienarm)

Zwischenmahlzeit

Ananastorte (siehe Rezept S. 280)

Abendessen

Meeressalat (siehe Rezept S. 242), dazu: 30 g Weißbrot, 1 TL Margarine

Zwischenmahlzeit

50 g Trauben, 50 g Joghurt (0,3% Fett)

Männer zusätzlich: 100 g Kiwi, 100 g Orange, 100 g Kartoffeln, 30 g Weißbrot, am Abend 30 g Thunfisch

Jugendliche zusätzlich: 100 g Kiwi, 100 g Orange, 100 g Kartoffeln, 30 g Weißbrot, 250 ml Buttermilch (1% Fett)

Freitag

Frühstück

80 ml Traubensaft (ungesüßt), 1 Ei, 30 g Brötchen, 1 TL Halbfettmargarine, Getränk nach Wunsch

Mittagessen

90–120 g Leber, in 1 TL Öl gebraten, 100 g eßfertiges Kartoffelpüree (Fertigprodukt), vermengt mit Kräutern, dazu: **Chicoréesalat »Honolulu«** (siehe Rezept S. 223)

Zwischenmahlzeit

125 g gefrorene Erdbeeren und 25 g Magermilchpulver mit 4–6 EL Eiswasser zu »Schlagsahne« schlagen; 20 kcal Dessertsauce (kalorienarm)

Abendessen

60 g Hartkäse, 30 g Vollkornbrot, 1 TL Halbfettmargarine, 125 g Apfel, 50 g Birne

Zwischenmahlzeit

100 g Kopfsalat, Marinade aus: 1 TL Öl, Essig; 250 ml Buttermilch (1% Fett) mit Zitronensaft und Süßstoff

Männer zusätzlich: 125 g Grapefruit, 75 g Trauben, 100 g eßfertiges Kartoffelpüree (Fertigprodukt), 30 g Vollkornbrot, am Mittag 30 g Leber

Jugendliche zusätzlich: 125 g Grapefruit, 75 g Trauben, 100 g eßfertiges Kartoffelpüree (Fertigprodukt), 30 g Vollkornbrot, 100 g Speisequark (Magerstufe)

Dienstag

Frühstück

100 g Birne, 20 g Haferflocken, 100 ml Dickmilch (1,5% Fett), Getränk nach Wunsch

Mittagessen

90–120 g Hähnchenschnitzel, in 1 TL Öl gebraten, 200 g Möhren, 200 g Bohnen

Zwischenmahlzeit

125 g Grapefruit, 1 TL Honig, 1 TL geraspelte Kokosnuß

Abendessen

Kleine Hamburger (siehe Rezept S. 135), dazu: 100 g Gurke, Marinade aus: 100 g Joghurt (0,3% Fett), Kräutern

Zwischenmahlzeit

250 ml Buttermilch (1% Fett) mit 60 g Banane als Milchmixgetränk, 20 g Knäckebrot, 1 TL Margarine

Männer zusätzlich: 125 ml Orangensaft (ungesüßt), 125 g Apfel, 20 g Knäckebrot, am Mittag 30 g Hähnchen, am Abend 30 g Tatar

Jugendliche zusätzlich: 125 ml Orangensaft (ungesüßt), 125 g Apfel, 20 g Knäckebrot, 200 ml Milch (1,5% Fett)

Mittwoch

Frühstück

125 ml Apfelsaft (ungesüßt), 30 g Tilsiter, 30 g Vollkornbrot, 1 TL Margarine, Getränk nach Wunsch

Mittagessen

Mais-Omelett (siehe Rezept S. 215), dazu: 200 g Feldsalat, Marinade aus: Zitronensaft, Süßstoff; 20 kcal Limonade (kalorienarm)

Zwischenmahlzeit

100 g Mandarine, 150 ml Milch (1,5% Fett) 1 TL Kakao

Abendessen

90–120 g gegrilltes Rindersteak, 100 g Kartoffeln, 100 g Endiviensalat, Marinade aus: 1 TL Öl, Essig

Zwischenmahlzeit

175 g Joghurt (1,5% Fett), 100 g Orange, ½ TL Marmelade

Männer zusätzlich: 75 g Trauben, 100 g Orange, 100 g Kartoffeln, am Abend 30 g Rindersteak

Jugendliche zusätzlich: 75 g Trauben, 100 g Orange, 100 g Kartoffeln, 200 ml Dickmilch (1,5% Fett)

Samstag

Frühstück

20 g Rosinen, 20 g Cornflakes, 125 ml Milch (0,3% Fett), Getränk nach Wunsch

Mittagessen

90–120 g Putenschnitzel, in 1 TL Margarine gebraten, dazu: **Apfel-Rotkohl** (siehe Rezept S. 197)

Zwischenmahlzeit

90 g Speisequark (Magerstufe), Vanilleextrakt, 50 g Birne

Abendessen

45–60 g Roastbeef, 25 g Krabbenfleisch, 1 Ei, 2 TL Halbfettbutter, dazu: **Großmutters Knusperbrot** (siehe Rezept S. 283), 100 g Gewürzgurke

Zwischenmahlzeit

250 ml Tomatensaft, 100 g Joghurt (0,3% Fett)

Männer zusätzlich: 20 g Rosinen, 125 g Apfel, 60 g Vollkornbrot, am Mittag 30 g Putenschnitzel, am Abend 15 g Roastbeef

Jugendliche zusätzlich: 20 g Rosinen, 125 g Apfel, 60 g Vollkornbrot, 200 ml Milch (1,5% Fett)

Sonntag

Frühstück

100 g Orange, 75 g Hüttenkäse, 20 g Knäckebrot, 20 kcal Marmelade (kalorienarm), Getränk nach Wunsch

Mittagessen

90 g Kassler, 100 g Grünkohl, 200 g Blumenkohl, 1 TL Margarine, 100 g Kartoffeln
Dessert: 200 g Vanillepudding (kalorienarm)

Zwischenmahlzeit

Adventsbratapfel (siehe Rezept S. 265)

Abendessen

90–120 g Bismarckhering, 50 g Gewürzgurke, 50 g Kartoffeln, 100 g Feldsalat, Marinade aus: 1 TL Öl, Essig
Dessert: 50 g Mandarine

Zwischenmahlzeit

200 ml Milch (1,5% Fett), heißer Vanilleextrakt, Süßstoff

Männer zusätzlich: 125 g Apfel, 100 g Birne, 200 g Kartoffeln, am Mittag 30 g Kassler, am Abend 30 g Bismarckhering

Jugendliche zusätzlich: 125 g Apfel, 100 g Birne, 200 g Kartoffeln, 200 g Joghurt (0,3% Fett)

49. Woche

Mit dem Monat Dezember verbindet man Advent, Nikolaus und Weihnachten, Plätzchenbacken, die Fragen »Was schenke ich wem?« und »Was koche ich Weihnachten?« sind Hauptbestandteil der Überlegungen in dieser, für Übergewichtige recht verführerischen Zeit. Was Plätzchenbacken anbelangt, so finden Sie in dieser Woche ein Rezept für »Aprikosenplätzchen«. Unser Vorschlag für den zweiten Adventssonntag, das »Dänische Smörebröd«, wird Ihnen sicherlich gefallen. Und über das Festtagsmenü brauchen Sie sich keine Gedanken zu machen. Das haben wir bereits für Sie getan. Genießen Sie die Weihnachtsvorbereitungen! Es soll ein Fest der Freude, und nicht mit Streß belastet sein.

Montag

Frühstück

100 g Orange, 30 g Vollkornbrot, 1 TL Margarine, 1 Ei, Getränk nach Wunsch

Mittagessen

90–120 g Schweineschnitzel, in 1 TL Öl gebraten, 100 g Kartoffeln, 200 g Möhren

Zwischenmahlzeit

100 g gegrillte Ananas, mit 1 TL Honig bestrichen, 20 kcal Limonade (kalorienarm)

Abendessen

Bunter Heringssalat (siehe Rezept S. 240)
Dessert: 125 ml Milch (0,3% Fett), Süßstoff, Vanillearoma

Zwischenmahlzeit

200 ml Dickmilch (1,5% Fett), ½ TL Marmelade, 50 g Mandarine

Männer zusätzlich: 100 g Mandarinen, 100 g Birne, 100 g Kartoffeln, 20 g Knäckebrot, am Mittag 30 g Schweineschnitzel, am Abend 30 g Heringsfilet

Jugendliche zusätzlich: 100 g Mandarinen, 100 g Birne, 100 g Kartoffeln, 20 g Knäckebrot, 100 g Speisequark (Magerstufe)

Donnerstag

Frühstück

125 ml Orangensaft (ungesüßt), 20 g Grieß, 200 ml Milch (1,5% Fett), Getränk nach Wunsch

Mittagessen

90–120 g gegrilltes Kalbsteak, 100 g Rosenkohl, 200 g Rotkohl, 100 g eßfertiges Kartoffelpüree (Fertigprodukt), 1 TL Halbfettmargarine
Dessert: 100 g Vanillepudding (kalorienarm), 20 kcal Dessertsauce (kalorienarm), 1 TL geraspelte Kokosnuß

Zwischenmahlzeit

Aprikosenplätzchen (siehe Rezept S. 283)

Abendessen

Toast »St. Nikolaus« (siehe Rezept S. 145)
Dessert: 50 g Mandarine

Zwischenmahlzeit

200 g Chinakohl, Marinade aus: 100 g Joghurt (0,3% Fett), Zitronensaft, Kräutern,

Männer zusätzlich: 100 g Mandarinen, 100 g Orange, 100 g eßfertiges Kartoffelpüree (Fertigprodukt), am Mittag 30 g Kalbssteak, am Abend 15 g Schweinebraten

Jugendliche zusätzlich: 100 g Mandarinen, 100 g Orange, 100 g eßfertiges Kartoffelpüree (Fertigprodukt), 200 ml Dickmilch (1,5% Fett)

Freitag

Frühstück

100 g Mandarine, 30 g Putenbrust, 30 g Vollkornbrot, 1 TL Margarine, 2 TL Ketchup, Getränk nach Wunsch

Mittagessen

90 g geräuchertes Rotbarschfilet, 30 g Weißbrot, 1 TL Margarine, 200 g Tomaten
Dessert: 125 g Apfel

Zwischenmahlzeit

100 g Speisequark (Magerstufe), 100 g Kiwi

Abendessen

45–60 g Roastbeef und **Käsetrüffel** (siehe Rezept S. 120) in **Kräutersauce** (siehe Rezept S. 246), dazu: 100 g Kopfsalat, 20 kcal Salatsauce (kalorienarm)

Zwischenmahlzeit

150 g Joghurt (0,3% Fett), 1 TL Honig

Männer zusätzlich: 60 g Banane, 125 g Apfel, 30 g Weißbrot, 30 g Vollkornbrot, am Mittag 30 g Rotbarschfilet, am Abend 15 g Roastbeef

Jugendliche zusätzlich: 60 g Banane, 125 g Apfel, 30 g Weißbrot, 30 g Vollkornbrot, 250 ml Milch (0,3% Fett)

Dienstag

Frühstück

125 g Apfel, 20 g Haferflocken, 200 ml Dickmilch (1,5% Fett), Getränk nach Wunsch

Mittagessen

2 Spiegeleier, in ½ TL Margarine gebraten, 100 g Kartoffeln, 200 g gefrorener Spinat, 1 TL Ketchup

Zwischenmahlzeit

Schokokugeln (siehe Rezept S. 282)

Abendessen

60 g Camembert, 60 g Vollkornbrot, 2 TL Halbfettmargarine, 200 g Tomaten
Dessert: 60 g Orange

Zwischenmahlzeit

Süßer Paprikasalat (siehe Rezept S. 227), 175 g Joghurt (1,5% Fett), 20 kcal Marmelade (kalorienarm)

Männer zusätzlich: 125 g Grapefruit, 125 g Apfel, 100 g Kartoffeln

Jugendliche zusätzlich: 125 g Grapefruit, 125 g Apfel, 100 g Kartoffeln, 250 ml Milch (0,3% Fett)

Mittwoch

Frühstück

60 g Banane, 75 g Speisequark (Magerstufe), 20 g Knäckebrot, 20 kcal Marmelade (kalorienarm), Getränk nach Wunsch

Mittagessen

Irish-Stew (siehe Rezept S. 154)

Zwischenmahlzeit

100 g gefrorene Blaubeeren, 25 g Magermilchpulver mit 4 EL Eiswasser und Süßstoff zu »Sahne« schlagen

Abendessen

90–120 g Tatar (Beefsteakhack), 10 g Knäckebrot, 1 TL Margarine, 4 Oliven, 200 g Feldsalat, Marinade aus: 2 TL Öl, Essig

Zwischenmahlzeit

125 ml Grapefruitsaft (ungesüßt), gemixt mit 250 ml Buttermilch (1% Fett)

Männer zusätzlich: 100 g Kiwi, 100 g Brombeeren, 20 g Knäckebrot, 30 g Vollkornbrot, am Mittag 30 g Hammelbraten, am Abend 30 g Tatar

Jugendliche zusätzlich: 100 g Kiwi, 100 g Brombeeren, 20 g Knäckebrot, 30 g Vollkornbrot, 200 g Joghurt (0,3% Fett)

Samstag

Frühstück

60 g Banane, 1 Ei, 1 TL Margarine, 30 g Brötchen, Getränk nach Wunsch

Mittagessen

90–120 g Leber, in 1 TL Öl gebraten, 150 g eßfertiges Kartoffelpüree (Fertigprodukt), 200 g Sauerkraut
Dessert: 100 g Birne

Zwischenmahlzeit

200 ml Kefir (1,5% Fett)

Abendessen

Mitternachtseintopf (siehe Rezept S. 205)
Dessert: 125 g Grapefruit

Zwischenmahlzeit

100 g Gurken, 100 g Tomaten, 20 kcal Salatsauce (kalorienarm), 250 ml Milch (0,3% Fett)

Männer zusätzlich: 125 ml Orangensaft (ungesüßt), 250 ml Tomatensaft, 60 g Vollkornbrot, am Mittag 30 g Leber, am Abend 30 g Rinderbraten

Jugendliche zusätzlich: 125 ml Orangensaft (ungesüßt), 250 ml Tomatensaft, 60 g Vollkornbrot, 200 g Joghurt (0,3% Fett)

Sonntag

Frühstück

100 g Orange, 20 g Cornflakes, 125 ml Milch (0,3% Fett), Getränk nach Wunsch

Mittagessen

90–120 g gedünsteter Schellfisch (Gewicht ohne Kopf und Gräten), 50 g Kartoffeln, 1 TL Margarine, 100 g Rosenkohl, 200 g Blumenkohl

Zwischenmahlzeit

100 g Speisequark (Magerstufe), ½ TL Kakao, ½ TL Kaffeepulver, Süßstoff, 75 g Birne

Abendessen

Dänisches Smörebröd (siehe Rezept S. 221), dazu: 125 ml Weißwein

Zwischenmahlzeit

100 g Ananas, 100 g Joghurt (0,3% Fett), 1 TL geraspelte Kokosnuß, 20 kcal Fruchtnektar (kalorienarm)

Männer zusätzlich: 100 g Birne, 250 ml Gemüsesaft, 100 g Kartoffeln, am Mittag 30 g Schellfisch

Jugendliche zusätzlich: 100 g Birne, 250 ml Gemüsesaft, 100 g Kartoffeln, 200 g Schokoladenpudding (kalorienarm), statt Wein 125 g Apfel und 60 g Banane

50. Woche

Das Rinderfilet ist das feinste und teuerste Fleisch. Der Fachmann zerteilt ein Rinderfilet in verschiedene Stücke, aus denen jeweils andere Teile geschnitten werden. Die Filetsteaks stammen aus dem dickeren Stück des Rinderfilets, die runden, etwa 100 g schweren Tournedos aus dem Teil zur Spitze hin. Das Filet Mignon ist das kleinste unter den Rinderfiletsteaks und wird aus der Filetspitze geschnitten.
Außerdem gibt es noch Rumpsteaks, Entrecôte, T-Bone-Steaks und Porterhouse-Steaks; die letzten beiden sind nach den an ihnen befindlichen Knochen benannt. Steaks dürfen nie geklopft oder etwa durch den Steaker gedreht werden. Auch sollten sie nach der Zubereitung innen noch rosa sein. Unsere »Feinschmecker Filetsteaks« haben wir für den dritten Advent vorgesehen.

Montag

Frühstück

20 g getrocknete Feigen, 20 g Grieß, 1 TL Halbfettmargarine, 200 ml Milch (1,5% Fett), 1 TL Marmelade, Getränk nach Wunsch

Mittagessen

Rigatoni (siehe Rezept S. 218), dazu: 100 g Kopfsalat, Marinade aus: 1 TL Öl, Essig

Zwischenmahlzeit

175 g Joghurt (1,5% Fett), 20 kcal Marmelade (kalorienarm)

Abendessen

90–120 g aufgeschnittener, magerer Schweinebraten, 30 g Vollkornbrot, 2 ½ TL Halbfettmargarine, 100 g Tomaten
Dessert: 100 g Birne

Zwischenmahlzeit

125 ml Orangensaft (ungesüßt)

Männer zusätzlich: 20 g getrocknete Feigen, 125 ml Orangensaft (ungesüßt), 60 g Vollkornbrot, am Abend 30 g Schweinebraten

Jugendliche zusätzlich: 30 g getrocknete Feigen, 125 ml Orangensaft (ungesüßt), 60 g Vollkornbrot, 200 ml Dickmilch (1,5% Fett)

Donnerstag

Frühstück

20 g getrocknete Aprikosen, 20 g Haferflocken, ½ TL Sesamkörner, 200 ml Dickmilch (1,5% Fett), 1 TL geraspelte Kokosnuß, Getränk nach Wunsch

Mittagessen

90–120 g gekochter, magerer Hammelbraten, 200 g Wirsingkohl, 100 g Kartoffeln
Dessert: 50 kcal Stachelbeeren (kalorienarm)

Zwischenmahlzeit

75 g Birne, 20 g Zwieback, 200 ml Milch (1,5% Fett)

Abendessen

Vorspeise: 45–60 g gekochtes, enthäutetes Hühnerfleisch, 100 g Erbsen und 100 g Spargel in Brühe von 1 kleinen Brühwürfel; Hauptspeise: **Tomatenkörbchen** (siehe Rezept S. 120), dazu: 30 g Weißbrot, 2 TL Halbfettmargarine

Zwischenmahlzeit

125 g Grapefruit, 20 kcal Fruchtnektar (kalorienarm)

Männer zusätzlich: 20 g getrocknete Aprikosen, 125 g Apfel, 100 g Kartoffeln, 30 g Weißbrot, am Mittag 30 g Hammelbraten, am Abend 15 g Hühnerfleisch

Jugendliche zusätzlich: 20 g getrocknete Aprikosen, 125 g Apfel, 100 g Kartoffeln, 30 g Weißbrot, 100 g Speisequark (Magerstufe)

Freitag

Frühstück

125 g Apfel, 30 g aufgeschnittener, magerer Schweinebraten, 30 g Vollkornbrot, 1 TL Margarine, 50 g Tomate, 2 Oliven, Getränk nach Wunsch

Mittagessen

95–110 g Roastbeef, 1 TL Mayonnaise (80% Fett), 100 g Kartoffeln und 50 g Zwiebeln, in 1 TL Öl gebraten; 50 g Gewürzgurke, 50 g Senfgurke
Dessert: **Vanilleflammeri** (siehe Rezept S. 256), dazu: 20 kcal Dessertsauce (kalorienarm)

Zwischenmahlzeit

125 g Grapefruit, ½ TL Honig

Abendessen

90–120 g gegrilltes Schweineschnitzel, 2 TL Ketchup, 200 g Gurke, Marinade aus: 100 g Joghurt (0,3% Fett), Kräutern, Zitronensaft

Zwischenmahlzeit

125 ml Buttermilch (1% Fett), 60 g Banane

Männer zusätzlich: 100 g Mandarinen, 125 g Grapefruit, 30 g Vollkornbrot, 100 g Kartoffeln, am Mittag 15 g Roastbeef, am Abend 30 g Schweineschnitzel

Jugendliche zusätzlich: 100 g Mandarinen, 125 g Grapefruit, 30 g Vollkornbrot, 100 g Kartoffeln, 200 ml Dickmilch (1,5% Fett)

Dienstag

Frühstück

125 ml Grapefruitsaft (ungesüßt), 30 g geräucherte Putenbrust, 1 TL Halbfettmargarine, 50 g Gewürzgurke, 30 g Brötchen, Getränk nach Wunsch

Mittagessen

45 g Emmentaler, 30 g Weißbrot, 1 TL Halbfettmargarine, 50 g Radieschen, 50 g Gewürzgurke
Dessert: **Gebackene Apfelmedaillons** (siehe Rezept S. 268)

Zwischenmahlzeit

50 kcal Stachelbeeren (kalorienreduziert), 100 g Speisequark (Magerstufe)

Abendessen

Diplomatensalat (siehe Rezept S. 233)

Zwischenmahlzeit

25 kcal Pfirische (kalorienreduziert), 20 kcal Dessertsauce (kalorienarm)

Männer zusätzlich: 100 g Birne, 125 g Apfel, 30 g Weißbrot, 30 g Vollkornbrot

Jugendliche zusätzlich: 100 g Birne, 125 g Apfel, 30 g Weißbrot, 30 g Vollkornbrot, 200 ml Milch (1,5% Fett)

Mittwoch

Frühstück

100 g Birne, 30 g Vollkornbrot, 1 TL Margarine, 30 g Camembert, Getränk nach Wunsch

Mittagessen

Lebergeschnetzeltes (siehe Rezept S. 165), dazu: 80 g eßfertige Kartoffelklöße (Fertigprodukt), 200 g Rotkohl (Dosenware)

Zwischenmahlzeit

150 g Dickmilch (1,5% Fett), 50 kcal Pfirsiche (kalorienreduziert), 1 TL Kakao

Abendessen

90–120 g Kabeljaufilet, in 1 TL Öl gebraten, 50 g Kartoffeln, 100 g Möhrensalat (Glaskonserve ohne Fett)

Zwischenmahlzeit

200 ml Milch (1,5% Fett), vermengen mit 125 g Erdbeeren (Tiefkühlware)

Männer zusätzlich: 60 g Banane, 100 g Orange, 80 g eßfertige Kartoffelklöße (Fertigprodukt), 100 g Kartoffeln, am Mittag 30 g Leber, am Abend 30 g Kabeljau

Jugendliche zusätzlich: 60 g Banane, 100 g Orange, 80 g eßfertige Kartoffelklöße (Fertigprodukt), 100 g Kartoffeln, 200 g Joghurt (0,3% Fett)

Samstag

Frühstück

100 g Orange, 30 g Schmelzkäse, 30 g Brötchen, 2 TL Halbfettmargarine, ½ TL Marmelade, Getränk nach Wunsch

Mittagessen

Schinkenröllchen in Sülze (siehe Rezept S. 144), dazu: 30 g Vollkornbrot, 1 TL Margarine

Zwischenmahlzeit

200 g Schokoladenpudding (kalorienarm), 100 g Birne

Abendessen

90–120 g gedünstete Forelle (Gewicht ohne Kopf und Gräten), 100 g eßfertiges Kartoffelpüree (Fertigprodukt), 1 TL Butter, 125 g gedünsteter Apfel, 200 g Kopfsalat, 20 kcal Salatsauce (kalorienarm)

Zwischenmahlzeit

200 ml Milch (1,5% Fett), 1 TL Kakao, Rumaroma

Männer zusätzlich: 250 ml Tomatensaft, 20 g getrocknete Feigen, 30 g Vollkornbrot, 100 g eßfertiges Kartoffelpüree (Fertigprodukt), am Mittag 30 g Schinken, am Abend 30 g Forelle

Jugendliche zusätzlich: 250 ml Tomatensaft, 20 g getrocknete Feigen, 30 g Vollkornbrot, 100 g eßfertiges Kartoffelpüree (Fertigprodukt), 200 g Joghurt (0,3% Fett)

Sonntag

Frühstück

125 g Grapefruit, ½ TL Zucker, 1 Ei, 30 g Weißbrot, 1 TL Butter, ½ TL Marmelade, Getränk nach Wunsch

Mittagessen

Feinschmecker Filetsteaks (siehe Rezept S. 126), dazu: 100 g Rosenkohl, 100 g Kartoffeln, 125 ml Weißwein

Zwischenmahlzeit

100 g Speisequark (Magerstufe), 20 g Rosinen, Vanilleextrakt

Abendessen

90 g Bücklingsfilets (konserviert in Öl, Öl nicht mitessen!), 30 g Vollkornbrot, 1 TL Margarine, 100 g Tomate, 100 g Gurke

Zwischenmahlzeit

200 ml Dickmilch (1,5% Fett), 20 kcal Fruchtnektar (kalorienarm)

Männer zusätzlich: 60 g Banane, 100 g Orange, 100 g Kartoffeln, 30 g Vollkornbrot, am Mittag 30 g Filet, am Abend 30 g Bückling

Jugendliche zusätzlich: 60 g Banane, 100 g Orange, 100 g Kartoffeln, 30 g Vollkornbrot, 250 ml Milch (0,3% Fett), statt Wein 30 g Fruchtgummi

51. Woche

Öl ist ein uraltes Nahrungsfett und nach neuesten Erkenntnissen auch ein sehr wichtiges. Die meisten Pflanzenöle enthalten die für uns lebenswichtigen ungesättigten Fettsäuren, die in der Lage sind, den Cholesteringehalt des Blutes zu senken. Achten Sie beim Einkauf darauf, daß auf dem Etikett vermerkt ist: »mehrfach ungesättigte Fettsäuren«. Das aus Samenfrüchten gewonnene Öl ist besonders wertvoll. Man sollte auf Weizenkeim-, Sonnenblumen- oder Baumwollöl zurückgreifen. Auf keinen Fall ist Kokosöl zu verwenden. Da Öl viel Kalorien enthält, ist es unbedingt erforderlich, sich genau an die angegebenen Mengen zu halten. Ein Zuviel macht sich auf der Waage bemerkbar.

Montag

Frühstück

100 g Guave oder 100 g Orange, 30 g Roggenbrötchen, 2 TL Halbfettmargarine, 30 g Tilsiter, 20 kcal Marmelade (kalorienarm), Getränk nach Wunsch

Mittagessen

Leberpfanne »Don Carlos« (siehe Rezept S. 164)

Zwischenmahlzeit

100 g Speisequark (Magerstufe), Zimt, Süßstoff, 125 g Apfel

Abendessen

90–120 g gegrilltes Kotelett (Gewicht ohne Knochen), 50 g Zwiebeln; 200 g Rotkohl, mit 100 g Ananas (konserviert ohne Zucker) und 2 EL Ananassaft gekocht, 100 g Kartoffeln, 1 TL Margarine

Zwischenmahlzeit

200 g Joghurt (0,3% Fett), Rumaroma, Süßstoff, 1 TL Kakao, 1 TL geraspelte Kokosnuß

Männer zusätzlich: 125 g Apfel, 20 g Rosinen, 70 g Mais, 100 g Kartoffeln, am Mittag 30 g Leber, am Abend 30 g Kotelett

Jugendliche zusätzlich: 125 g Apfel, 20 g Rosinen, 70 g Mais, 100 g Kartoffeln, 200 ml Milch (1,5% Fett)

Donnerstag

Frühstück

125 g Grapefruit, 30 g Roggenbrot, 1 TL Halbfettmargarine, 30 g Roastbeef, 1 TL Mayonnaise (80% Fett), Getränk nach Wunsch

Mittagessen

Charlys Fischpfanne (siehe Rezept S. 176)

Zwischenmahlzeit

200 g Schokoladenpudding (kalorienarm), 15 g getrocknete Datteln

Abendessen

2 Eier, 200 g Spinat, mit 1 TL Instantbrühe, 25 g Magermilchpulver; 2 TL geriebener Käse, 100 g eßfertiges Kartoffelpüree (Fertigprodukt)

Zwischenmahlzeit

20 g Zwieback, 1 TL Halbfettmargarine, 60 g Banane, 20 kcal Marmelade (kalorienarm)

Männer zusätzlich: 100 g Orange, 15 g getrocknete Datteln, 30 g Vollkornbrot, 100 g eßfertiges Kartoffelpüree (Fertigprodukt), am Mittag 30 g Rotbarschfilet

Jugendliche zusätzlich: 100 g Orange, 15 g getrocknete Datteln, 30 g Vollkornbrot, 100 g eßfertiges Kartoffelpüree (Fertigprodukt), 200 ml Dickmilch (1,5% Fett)

Freitag

Frühstück

125 g gefrorene Himbeeren, 30 g Vollkornbrot, 1 TL Margarine, 30 g Camembert, 20 kcal Marmelade (kalorienarm), Getränk nach Wunsch

Mittagessen

Schlemmergraupen (siehe Rezept S. 219)

Zwischenmahlzeit

200 g Joghurt (0,3% Fett) mit Kaffeepulver, Süßstoff

Abendessen

Salat aus: 90–120 g Thunfisch (konserviert in Wasser), 100 g grüner Paprikaschote, 100 g Orange, 2 Oliven; Marinade aus: 1 TL Öl, Essig; 30 g Roggentoast

Zwischenmahlzeit

250 ml Milch (0,3% Fett), 2 TL Kakao

Männer zusätzlich: 100 g Birne, 125 g Apfel, 60 g Vollkornbrot, am Abend 30 g Thunfisch

Jugendliche zusätzlich: 100 g Birne, 125 g Apfel, 60 g Vollkornbrot, 250 ml Buttermilch (1% Fett)

Dienstag

Frühstück

125 g gefrorene Erdbeeren, 20 g Vollkornhaferflocken, 125 ml Milch (0,3% Fett), Getränk nach Wunsch

Mittagessen

90–120 g gegrilltes Steak, 100 g gegrillte Tomaten, 2 TL Halbfettmargarine mit Kräuterbuttergewürz, 100 g Salatgurke mit 20 kcal Salatdressing (kalorienarm); 30 g Roggentoast, 50 g Mandarine

Zwischenmahlzeit

20 g Zwieback, 1 TL Butter, 1 TL Honig, 125 ml Milch (0,3% Fett)

Abendessen

Hering im Tontopf (siehe Rezept S. 187), dazu: **Rote Sauce** (siehe Rezept S. 247) und 100 g Kartoffeln

Zwischenmahlzeit

200 ml Kefir (1,5% Fett), Süßstoff, 50 kcal Stachelbeeren (kalorienreduziert)

Männer zusätzlich: 125 g Grapefruit, 250 ml Gemüsesaft, 30 g Toastbrot, 100 g Kartoffeln, am Mittag 30 g Steak, am Abend 30 g Heringsfilet

Jugendliche zusätzlich: 125 g Grapefruit, 250 ml Gemüsesaft, 30 g Toastbrot, 100 g Kartoffeln, 200 g Joghurt (0,3% Fett)

Mittwoch

Frühstück

75 g Trauben, 30 g Brötchen, 1 TL Margarine, 30 g Krabbenfleisch, 1 TL Cocktailsauce, Getränk nach Wunsch

Mittagessen

Blumenkohl mit Schinken-Käse-Sauce (siehe Rezept S. 199), dazu: 30 g Vollkornbrot, 1 TL Margarine

Zwischenmahlzeit

250 ml Buttermilch (1% Fett), mit 250 ml Tomatensaft verrührt

Abendessen

90–120 g gegrilltes, enthäutetes Hähnchenfleisch, 150 g Kopfsalat, Marinade aus: Zitronensaft, Süßstoff
Dessert: 60 g Banane

Zwischenmahlzeit

100 g Speisequark (Magerstufe), 1 TL Marmelade, 20 kcal Limonade (kalorienarm)

Männer zusätzlich: 75 g Trauben, 100 g Mandarinen, 60 g Vollkornbrot, am Mittag 15 g Schinken, am Abend 30 g Hähnchen

Jugendliche zusätzlich: 75 g Trauben, 100 g Mandarinen, 60 g Vollkornbrot, 200 g Joghurt (0,3% Fett)

Samstag

Frühstück

125 ml Grapefruitsaft (ungesüßt), 20 g Vollkornknäckebrot, 1 TL Margarine, 1 Ei, Getränk nach Wunsch

Mittagessen

90–120 g Hasenkeule (Gewicht ohne Knochen) in 1 TL Öl gebraten, 75 g Rosenkohl, mit 10 g Zwieback bestäubt, 200 g Champignons
Dessert: 20 kcal Fruchtsaft (kalorienarm)

Zwischenmahlzeit

100 g Vanillepudding (kalorienarm), 20 g getrocknete Feigen, ½ TL Honig

Abendessen

Straßburger Auflauf (siehe Rezept S. 137)

Zwischenmahlzeit

100 ml Kefir (1,5% Fett), Süßstoff, 50 kcal Pfirsiche (kalorienreduziert)

Männer zusätzlich: 100 g Kiwi, 100 g Mandarinen, 100 g Kartoffeln, am Mittag 30 g Hasenfleisch, am Abend 15 g Tatar

Jugendliche zusätzlich: 100 g Kiwi, 100 g Mandarinen, 100 g Kartoffeln, 200 ml Sauermilch (1,5% Fett)

Sonntag

Frühstück

100 g Kiwi, 30 g Mohnbrötchen, 2 TL Halbfettmargarine, 75 g Speisequark (Magerstufe), 20 kcal Marmelade (kalorienarm), Getränk nach Wunsch

Mittagessen

Chinakohl »Awiwa« (siehe Rezept S. 203)

Zwischenmahlzeit

Annettenkekse (siehe Rezept S. 283)

Abendessen

Salat aus: 60 g zubereiteten Vollkornnudeln, 1 hartgekochtes Ei, 45–60 g aufgeschnittenem, magerem Schweinebraten, 100 g eingelegten Roten Beten, 100 g Bleichsellerie; Marinade aus: 100 g Joghurt (0,3% Fett), Curry, Pfeffer, Salz und Süßstoff

Zwischenmahlzeit

200 g Schokoladenpudding (kalorienarm), 80 g Lychees oder 100 g Mandarinen

Männer zusätzlich: 125 g Apfel, 125 g Grapefruit, 60 g zubereitete Nudeln, am Mittag 15 g Kalbsfilet, am Abend 15 g Schweinebraten

Jugendliche zusätzlich: 125 g Apfel, 125 g Grapefruit, 60 g zubereitete Nudeln, 200 ml Milch (1,5% Fett)

52. Woche

Es ist soweit!
Jetzt sind alle Pläne und Vorbereitungen abgeschlossen, und das Weihnachtsfest kann beginnen. Ob sich alle Wünsche erfüllen werden?
Einen Wunsch haben Sie sich mit diesem Kochbuch selbst erfüllt, wenn Sie sich genau an die Anweisungen gehalten haben. Sie haben überflüssiges Gewicht verloren. Wir möchten Ihnen mit unseren Vorschlägen Anregungen geben, wie Sie die Festtage genießen können, ohne dabei zuzunehmen. Wenn Sie dieses Ziel vor Augen haben, dann wird es Ihnen auch gelingen, unbeschwert ins neue Jahr zu gehen.

Montag

Frühstück

125 ml Grapefruitsaft (ungesüßt), 30 g Roggenbrötchen, 2 TL Halbfettmargarine, 75 g Speisequark (Magerstufe) mit Kräuterquarkgewürz, Getränk nach Wunsch

Mittagessen

Forelle mit Zitronensauce (siehe Rezept S. 193)

Zwischenmahlzeit

100 g Speisequark (Magerstufe), Süßstoff, Rumaroma, 100 g Birne

Abendessen

90–120 g gegrilltes Roastbeef, Remoulade aus: 40 g Joghurt (0,3% Fett), 1 TL Mayonnaise (80% Fett), Kräutern; 100 g Wachsbrechbohnen mit 20 kcal Salatdressing (kalorienarm)

Zwischenmahlzeit

Bunter Teller mit 100 g Mandarinen, 15 g getrockneten Datteln, 20 g getrockneten Feigen; **Flockencrossies** (siehe Rezept S. 254)

Männer zusätzlich: 15 g getrocknete Datteln, 20 g getrocknete Feigen, 100 g Kartoffeln, 30 g Vollkornbrot, am Mittag 30 g Forellenfilets, am Abend 30 g Roastbeef

Jugendliche zusätzlich: 15 g getrocknete Datteln, 20 g getrocknete Feigen, 100 g Kartoffeln, 30 g Vollkornbrot, 200 ml Milch (1,5% Fett)

Donnerstag

Frühstück

100 g Birne, 20 g Vollkornknäckebrot, 1 TL Margarine, 30 g Gouda, Getränk nach Wunsch

Mittagessen

90–120 g gegrilltes Schweineschnitzel, 200 g Blumenkohl, mit 1 TL geriebenem Käse und 1 TL Margarine überbacken, 100 g Kartoffeln

Zwischenmahlzeit

20 g Zwieback, 50 g Speisequark (Magerstufe) mit 1 TL Kakao, Süßstoff

Abendessen

Fenchelleber (siehe Rezept S. 174), 20 kcal Limonade (kalorienarm)

Zwischenmahlzeit

200 g Joghurt (0,3% Fett), 100 g Kiwi, 1 TL geraspelte Kokosnuß

Männer zusätzlich: 100 g Orange, 100 g Mandarinen, 100 g Kartoffeln, 20 g Zwieback, am Mittag 30 g Schweineschnitzel, am Abend 30 g Leber

Jugendliche zusätzlich: 100 g Orange, 100 g Mandarinen, 100 g Kartoffeln, 20 g Zwieback, 200 ml Milch (1,5% Fett)

Freitag

Frühstück

250 ml Tomatensaft, 30 g Roggenbrötchen, 2 TL Halbfettmargarine, 1 Ei, 20 kcal Marmelade (kalorienarm), Getränk nach Wunsch

Mittagessen

150 g Speisequark (Magerstufe) mit Kräuterquarkgewürz mit Salat aus: 100 g Kopfsalat, 50 g roter Paprikaschote, 70 g Mais (Dosenware), 2 Oliven; Marinade aus: 2 TL Öl Essig

Zwischenmahlzeit

60 g Banane, 200 ml Kefir (1,5% Fett), ½ TL Kakao, ½ TL Honig, Süßstoff

Abendessen

»Klaus-Störtebeker«-Torte (siehe Rezept S. 177)

Zwischenmahlzeit

200 g Schokoladenpudding (kalorienarm)

Männer zusätzlich: 60 g Banane, 125 g Grapefruit, 60 g Vollkornbrot, am Abend 30 g Heilbuttfilet

Jugendliche zusätzlich: 60 g Banane, 125 g Grapefruit, 60 g Vollkornbrot, 250 ml Buttermilch (1 % Fett)

Dienstag

Frühstück

125 g gefrorene Erdbeeren, 20 g Grieß, 125 ml Milch (0,3% Fett), Süßstoff, Getränk nach Wunsch

Mittagessen

Josefssuppe (siehe Rezept S. 119), **Filetschnitte** oder **Filet im Mantel** (siehe Rezept S. 125), dazu: 100 g Pfifferlinge, mit 50 g Zwiebeln fettfrei gebraten, 50 g Kartoffeln; Salat aus: 100 g grünen Bohnen, 50 g Tomate, 1 EL Crème fraîche, Pfeffer, Salz und Süßstoff
Dessert: **Christkindlpudding** (siehe Rezept S. 257)

Zwischenmahlzeit

Weihnachtstorte (siehe Rezept S. 281)

Abendessen

90–120 g gegrilltes Lammschnitzel, 200 g Spinat in 150 ml Milch (1,5% Fett) gekocht

Zwischenmahlzeit

Bratapfel »Pamela« (siehe Rezept S. 264)

Männer zusätzlich: 125 g Apfel, 100 g Orange, 100 g Kartoffeln, 20 g Knäckebrot, am Mittag 30 g Filet, am Abend 30 g Lammschnitzel

Jugendliche zusätzlich: 125 g Apfel, 100 g Orange, 100 g Kartoffeln, 20 g Knäckebrot, 175 g Joghurt (1,5% Fett)

Mittwoch

Frühstück

125 g Grapefruit, 30 g Vollkornbrot, 1 TL Margarine, 1 Ei, 20 kcal Marmelade (kalorienarm), Getränk nach Wunsch

Mittagessen

Lauchcremesuppe (siehe Rezept S. 116), **Putenschnitzel »Elisabeth«** (siehe Rezept S. 161), dazu: 200 g Spargel (Dosenware), 50 g Erbsen, 80 g eßfertige Kartoffelklöße (Fertigprodukt)
Dessert: 100 g Schokoladenpudding (kalorienarm) mit **süßer Pfefferminzsauce** (siehe Rezept S. 248)

Zwischenmahlzeit

Marienküchlein (siehe Rezept S. 282)

Abendessen

Lachs mit grüner Kräutersauce (siehe Rezept S. 176)

Zwischenmahlzeit

25 g Orange mit 100 g Paprikaschote vermischt

Männer zusätzlich: 100 g Birne, 250 ml Tomatensaft, 80 g eßfertige Kartoffelklöße (Fertigprodukt), 30 g Vollkornbrot, am Mittag 30 g Putenschnitzel, am Abend 30 g Lachs

Jugendliche zusätzlich: 100 g Birne, 250 ml Tomatensaft, 80 g eßfertige Kartoffelklöße (Fertigprodukt), 30 g Vollkornbrot, 100 g Speisequark (Magerstufe)

Samstag

Frühstück

100 g Orange, 30 g Vollkornbrot, 1 TL Margarine, 30 g Krabbenfleisch, 1 TL Cocktailsauce, Getränk nach Wunsch

Mittagessen

2 Eier, als Omelett mit 200 g Champignons in beschichteter Pfanne gebraten, 30 g Toastbrot, 1 TL Margarine, 20 kcal Limonade (kalorienarm)

Zwischenmahlzeit

75 g Trauben, 100 g Joghurt (0,3% Fett)

Abendessen

Kalbfleisch mit Erdfrüchten (siehe Rezept S. 147)

Zwischenmahlzeit

100 g Ananasstücke (konserviert ohne Zucker) mit 2 EL Saft, 100 g Vanillepudding (kalorienarm), 1 TL geraspelte Kokosnuß

Männer zusätzlich: 125 ml Orangensaft (ungesüßt), 125 g Apfel, 30 g Toastbrot, 100 g Kartoffeln, am Abend 30 g Kalbfleisch

Jugendliche zusätzlich: 125 ml Orangensaft (ungesüßt), 125 g Apfel, 30 g Toastbrot, 100 g Kartoffeln, 200 ml Dickmilch (1,5% Fett)

Sonntag

Frühstück

125 ml Orangensaft (ungesüßt), 20 g Vollkornknäckebrot, 1 TL Margarine, 30 g Roastbeef, 1 TL Mayonnaise (80% Fett), Getränk nach Wunsch

Mittagessen

90–120 g gegrilltes Hirschsteak, 200 g Rotkohl mit 125 g Apfel, 20 kcal Johannisbeergelee (kalorienarm), Rauchsalz und Süßstoff gekocht, 100 g Kartoffeln

Zwischenmahlzeit

200 g Joghurt (0,3% Fett), Bittermandelaroma, Süßstoff

Abendessen

Auflauf »Angela« (siehe Rezept S. 203)

Zwischenmahlzeit

100 g Speisequark (Magerstufe), 2 TL Kakao, Süßstoff

Männer zusätzlich: 100 g Mandarinen, 100 g Kiwi, 100 g Kartoffeln, 20 g Knäckebrot, am Mittag 30 g Hirschsteak, am Abend 15 g Weißwurst

Jugendliche zusätzlich: 100 g Mandarinen, 100 g Kiwi, 100 g Kartoffeln, 20 g Knäckebrot, 200 ml Milch (1,5% Fett)

Der letzte Tag des Jahres

Mit der Rückschau auf das alte Jahr und mit der Hoffnung auf ein glückliches neues Jahr geht dieser Tag zu Ende.
Darauf wollen wir mit Ihnen mit unserer »Nachtschwärmerbowle« anstoßen. Wichtiger Bestandteil dieser Bowle ist Sekt. Er wird nach einem besonderen Verfahren allein aus Wein hergestellt. Oft ist das, was der Verbraucher für Sekt hält, einfacher Schaumwein. Nach dem deutschen Weingesetz darf er nur als Sekt bezeichnet werden, wenn er sich zu mindestens 75% aus deutschen Weinen zusammensetzt. Champagner darf nur aus Trauben gewonnen werden, die in einem genau abgegrenzten Bezirk der französischen Provinz Champagne wachsen. Er erfordert ein ganz spezielles Kelterverfahren und eine besondere Behandlung des Weins. Echter Champagner garantiert Flaschengärung und Lagerung von mindestens vier bis sechs Jahren.

Sylvester

Frühstück

125 g Grapefruit, 30 g Roggenbrötchen, 1 TL Margarine, 1 Ei, 20 kcal Marmelade (kalorienarm), Getränk nach Wunsch

Mittagessen

90–120 g Karpfen (Gewicht ohne Gräten), in Essigwasser mit Lorbeerblättern und Fischgewürz 20 Minuten »blau« gegart; 100 g Kartoffeln, 1 TL Butter, 100 g Kopfslat, Marinade aus: Zitronensaft, Süßstoff
Dessert: **Johannisbeermilch** (siehe Rezept S. 285)

Zwischenmahlzeit

125 ml Milch (0,3% Fett), 1 TL Kakao, Süßstoff, Rumaroma

Abendessen

Vorspeise: Salat aus 100 g Gurke, 100 g Tomaten, 50 g Wachsbrechbohnen, 100 g Möhren (Glaskonserve ohne Fett), Marinade aus: 1 TL Öl, Zitronensaft; obenauf 100 g Speisequark (Magerstufe), vermengt mit Kräutern
Hauptspeise: **Jahresausklangssuppe** (siehe Rezept S. 114), dazu: 30 g Toastbrot
Dessert: **Longdrink »Tobias«** (siehe Rezept S. 286)

Zwischenmahlzeit

Nachtschwärmerbowle (siehe Rezept S. 284)

Männer zusätzlich: 125 g Apfel, 100 g Mandarinen, 100 g Kartoffeln, 30 g Toastbrot, am Mittag 30 g Karpfen, am Abend 30 g Tatar

Jugendliche zusätzlich: 125 g Apfel, 100 g Mandarinen, 100 g Kartoffeln, 30 g Toastbrot, 200 g Joghurt (0,3% Fett)

Suppen und Imbisse

Feine Gemüsesuppe mit viel Einlage
Menüplan 16. Woche

Zutaten für 2 Portionen
100 g Blumenkohl
50 g Möhren
50 g junger Porree
100 g Spargel
360 ml entfettete Fleisch- oder Hühnerbrühe (ersatzweise 2 kleine Brühwürfel und ca. ½ l kochendes Wasser)
Salz, Pfeffer, Estragon
20 g kleine Suppennudeln (z.B. Buchstabennudeln)
100 g Erbsen (Dosenware)

Zubereitung: Blumenkohl in kleine Röschen teilen und vorsichtig waschen. Möhren schälen und in streichholzgroße Streifen schneiden. Porree waschen und in feine Ringe schneiden. Spargel schälen und in mundgerechte Stücke teilen. Alle Gemüse in der Brühe halb garkochen (ca. 10 Minuten). Mit Salz, Pfeffer und Estragon würzen. Dann die Suppennudeln in die kochende Suppe geben und noch ca. 5–7 Minuten leicht köcheln lassen. Erbsen kurz miterhitzen. Das Gemüse sollte noch »Biß« haben.

Pro Portion: 533 Kilojoule, 127 Kalorien, 8 g Eiweiß, 1 g Fett, 21 g Kohlenhydrate

Amsterdamer Tomatensuppe
Menüplan 21. Woche

Zutaten für 2 Portionen
100 g Zwiebeln
1 Knoblauchzehe
2 TL Margarine
400 g Tomaten (Dosenware)
1 TL Instantbrühe
60 g geriebener Gouda (45% Fett i.Tr.)
Petersilie

Zubereitung: Zwiebeln schälen und würfeln. Geschälte Knoblauchzehe feinhacken. Zwiebeln und Knoblauch in geschmolzener Margarine glasig dünsten. Mit 200 ml Wasser ablöschen. Tomaten pürieren und zusammen mit der Instantbrühe zu den Zwiebeln geben. Die Suppe aufkochen lassen und unter ständigem Rühren nach und nach den geriebenen Käse dazugeben. Mit reichlich feingehackter Petersilie bestreuen und sofort servieren.

Pro Portion: 917 Kilojoule, 219 Kalorien, 11 g Eiweiß, 14 g Fett, 11 g Kohlenhydrate

Grießsuppe
Menüplan 5. Woche

Zutaten für 2 Portionen
2 TL Instantbrühe
4 TL Grieß
Salz, Pfeffer, Petersilie

Zubereitung: ½ Liter Wasser mit Instantbrühe zum Kochen bringen. Grieß einrieseln lassen und ca. 5 Minuten kochen lassen. Die Suppe mit Salz und Pfeffer abschmecken und mit Petersilie bestreut servieren.

Pro Portion: 159 Kilojoule, 38 Kalorien, 2 g Eiweiß, 1 g Fett, 6 g Kohlenhydrate

Kartoffelsuppe »Expreß«
Menüplan 46. Woche

Zutaten für 2 Portionen
je 200 g Möhren, Lauch und Weißkohl
2 TL Instantbrühe
100 g Zwiebeln
Petersilie, Dill, Schnittlauch (gehackt)
2 TL Margarine
40 g Kartoffelpüreepulver (Fertigprodukt)
180 g Würstchen
Kerbel, frisch gemahlener Pfeffer, Rauchsalz, flüssige Suppenwürze

Zubereitung: Möhren, Lauch und Weißkohl putzen und in Scheiben bzw. Streifen schneiden. 1 Liter

Wasser mit dem Gemüse zum Kochen bringen und die Instantbrühe darin auflösen. Das Gemüse bei sehr schwacher Hitze 30 Minuten zugedeckt garen. Inzwischen Zwiebeln schälen und in kleine Würfel schneiden. Margarine in einer Pfanne erhitzen, Zwiebeln und Kräuter hineingeben, unter ständigem Rühren 5 Minuten bei mittlerer Hitze dünsten und dann zur Suppe geben. 5 Minuten vor Ende der Kochzeit das Kartoffelpüree hineinrühren. Die Würstchen in Scheiben schneiden und in der Suppe erwärmen. Mit den Gewürzen kräftig abschmecken und sofort servieren.

Pro Portion: 2148 Kilojoule, 513 Kalorien, 17 g Eiweiß, 33 g Fett, 38 g Kohlenhydrate

Kümmel-Kartoffelsuppe

Menüplan 16. Woche

Zutaten für 2 Portionen
100 g Zwiebeln
1 Knoblauchzehe
200 g Kartoffeln
150 g Möhren
50 g Knollensellerie
1 kleine Petersilienwurzel (ca. 10–15 g)
2 TL Öl
2 kleine Brühwürfel
Selleriekraut (nach Belieben)
Salz, Pfeffer
Majoran
½ TL Kümmel
180 g Brühwürstchen
gehackte Petersilie

Zubereitung: Alle Gemüse putzen, schälen und in Würfel schneiden. Das Öl in einem Topf erhitzen, erst die Zwiebelwürfel unter Rühren kurz anbraten, dann alle anderen Gemüse dazugeben und kurz durchschmoren. Ca. ½ Liter Wasser angießen, die Brühwürfel darin auflösen, das gehackte Selleriekraut und die Gewürze dazugeben und die Suppe etwa ½ Stunde kochen. Dann mit einer Schaumkelle etwa ⅓ Gemüse herausheben, den Rest in der Brühe mit dem Passierstab fein pürieren. Das herausgenommene Gemüse wieder in die Suppe geben, die Würstchen kurz darin erhitzen. Nun die Suppe nochmals abschmecken und mit Petersilie bestreut in tiefen Tellern servieren.

Pro Portion: 1977 Kilojoule, 473 Kalorien, 15 g Eiweiß, 33 g Fett, 29 g Kohlenhydrate

»Jahresausklang«-Suppe

Menüplan 52. Woche

Für diese Sylvestersuppe können Sie die Gemüsereste, die während der letzten Tage übrigblieben, verwenden.

Zutaten für 2 Portionen
je 40 g Fenchel, Steckrüben, Schwarzwurzeln, Knollensellerie, Zwiebeln
je 50 g Möhren, grüne Paprikaschoten, Lauch, Bleichsellerie, Tomaten, Blumenkohl
½ l gemischter Gemüsesaft
3 TL Instantbrühe
2 EL Mineralwasser
Zwiebelflocken, Senf, Pfeffer, Salz
300–360 g Tatar (Beefsteakhack/Rohgewicht)
Petersilie, Dill, Schnittlauch, Kerbel
Rauchsalz

Zubereitung: Alle Gemüse putzen, waschen und in Stücke bzw. Ringe schneiden. Gemüsesaft und ¼ Liter Wasser in einem Topf erhitzen, Instantbrühe darin auflösen und alle Gemüse hineingeben und zugedeckt bei sehr schwacher Hitze ca. 20 Minuten garen.
Inzwischen Mineralwasser mit Zwiebelflocken, Senf, Pfeffer, Salz und dem Tatar mischen und aus dem Teig etwa haselnußgroße Kügelchen formen. Diese in die Suppe geben und bei sehr schwacher Hitze weitere 15–20 Minuten zugedeckt ziehen lassen. Nun alle Kräuter waschen und kleinschneiden. Die Suppe kräftig mit Rauchsalz und Pfeffer abschmecken und mit den Kräutern bestreut servieren.

Pro Portion: 1616 Kilojoule, 386 Kalorien, 45 g Eiweiß, 8 g Fett, 33 g Kohlenhydrate

Käse-Spinat-Suppe

Menüplan 7. Woche

Zutaten für 2 Portionen
50 g Zwiebeln
1 Knoblauchzehe
2 TL Öl
20 g Mehl
4 TL Instantbrühe
120 g Schmelzkäse (45% Fett i.Tr.)
450 g Spinat (Tiefkühlware)
Muskat, Paprika
2 TL geriebener Käse

Zubereitung: Zwiebeln schälen und würfeln. Knoblauchzehe schälen und feinhacken. Beides in heißem Öl goldgelb dünsten, dann mit Mehl bestäuben, mit 700 ml Wasser auffüllen und die Instantbrühe einrühren. Aufkochen lassen, den Schmelzkäse nach und nach hinzufügen und schmelzen lassen. Zuletzt den Spinat dazugeben. Alles bei schwacher Hitze kochen lassen, bis der Spinat aufgetaut ist. Mit Muskat und Paprika abschmecken. Vor dem Servieren mit geriebenem Käse bestreuen.

Pro Portion: 1493 Kilojoule, 357 Kalorien, 19 g Eiweiß, 22 g Fett, 17 g Kohlenhydrate

Blumenkohlcremesuppe

Menüplan 24. Woche

Zutaten für 2 Portionen
200 g Blumenkohl
1 kleiner Brühwürfel
100 ml Milch (1,5% Fett)
Pfeffer, Ingwer, Salz
Petersilie

Zubereitung: Blumenkohl putzen, waschen und in ¼ Liter Wasser garen. Anschließend den Brühwürfel zufügen und den Blumenkohl in der Suppe mit dem Pürierstab pürieren. Mit Milch auffüllen, die Suppe nochmals kurz aufkochen lassen und mit Pfeffer, Ingwer und Salz abschmecken. Vor dem Servieren mit feingehackter Petersilie bestreuen.

Pro Portion: 223 Kilojoule, 53 Kalorien, 5 g Eiweiß, 1 g Fett, 6 g Kohlenhydrate

Roastbeef-Brot

Menüplan 3. Woche

Zutaten für 1 Portion
90–120 g Roastbeef
1 TL geriebener Käse
1 TL Senf
½ TL Meerrettich
1 TL Mayonnaise (80% Fettgehalt)
30 g Vollkornbrot

Zubereitung: Roastbeef würfeln, mit Käse, Senf, Meerettich und Mayonnaise mischen und das Brot mit der Mischung bestreichen.

Pro Portion: 1805 Kilojoule, 431 Kalorien, 40 g Eiweiß, 24 g Fett, 12 g Kohlenhydrate

Tatar

Menüplan 4. Woche

Zutaten für 2 Portionen
150 g Zwiebeln
180–240 g Tatar (Beefsteakhack)
Salz, Pfeffer, Paprika, Senf
60 g Vollkornbrot
4 TL Halbfettbutter

Zubereitung: Zwiebeln schälen, ⅔ davon feinhakken, den Rest in Ringe schneiden. Tatar mit den gehackten Zwiebeln, den Gewürzen und Senf mischen und abschmecken. Mit den Zwiebelringen garnieren. Brot mit Butter bestreichen und zum Tatar servieren.

Pro Portion: 1153 Kilojoule, 276 Kalorien, 29 g Eiweiß, 9 g Fett, 18 g Kohlenhydrate

Erbsensuppe mit Sahne (Foto Seite 129)

Menüplan 42. Woche
(Zubereitung beginnt am Vortag)

Zutaten für 2 Portionen
360 g getrocknete Erbsen (in gequollenem Zustand gewogen)
1 TL Instantbrühe
je 100 g Blumenkohl, Möhren, Knollensellerie und Lauch
60 g Vollkornbrot
2 TL Pflanzencreme
50 g süße Sahne
Pfeffer, Rauchsalz
2 TL Wein

Zubereitung: Die Erbsen verlesen und in kaltem, abgekochten Wasser 24 Stunden einweichen.
360 g Erbsen abwiegen. Das Einweichwasser mit frischem Wasser auf 1 Liter auffüllen. Die Erbsen hineingeben, zum Kochen bringen, die Brühe darin auflösen und 1½ Stunden zugedeckt bei sehr schwacher Hitze köcheln lassen.
Inzwischen Blumenkohl, Möhren, Sellerie und Lauch waschen und putzen. Den Blumenkohl in kleine Röschen teilen, Möhren und Sellerie würfeln, den Lauch in Ringe schneiden. Alles in die Suppe geben und 30 Minuten zugedeckt bei sehr schwacher Hitze garen.
Inzwischen das Brot in Würfel schneiden und die Pflanzencreme in einer Pfanne erhitzen. Die Brotwürfel hineingeben und 5 Minuten unter ständigem

Wenden bei mittlerer Hitze rösten. Die Sahne steif schlagen. Die Suppe mit Pfeffer, Rauchsalz und Wein abschmecken. In Suppentassen füllen, die Brotwürfel hineingeben und die Sahne als Häubchen darauf setzen.

Pro Portion: 2525 Kilojoule, 604 Kalorien, 30 g Eiweiß, 15 g Fett, 86 g Kohlenhydrate

Arabische Joghurtsuppe

Menüplan 29. Woche

Zutaten für 2 Portionen
1 grüne Salatgurke (ca. 250–300 g)
400 g Joghurt (0,3% Fett)
1–2 TL Weißweinessig
1 TL Olivenöl
2 TL gehackte frische Minze
½ TL gehackter frischer Dill
½–1 TL Salz

Zubereitung: Gurke schälen, der Länge nach halbieren und mit einem kleinen Löffel die Gurkenkerne entfernen. Die Gurke grob raspeln. Joghurt in einer Schüssel mit einem Schneebesen glattrühren. Essig, Öl, Kräuter und Gurke vorsichtig unterrühren und mit Salz abschmecken. Mindestens zwei Stunden kühlen, dann erst servieren.

Pro Portion: 521 Kilojoule, 124 Kalorien, 10 g Eiweiß, 3 g Fett, 13 g Kohlenhydrate

Lauchcremesuppe

Menüplan 52. Woche

Zutaten für 2 Portionen
100 g Lauch
1 TL Instantbrühe
25 g süße Sahne
frisch gemahlener Pfeffer, Muskat

Zubereitung: Den Lauch putzen, waschen und in Scheiben schneiden. ¼ Liter Wasser zum Kochen bringen, die Instantbrühe darin auflösen, den Lauch hineingeben und bei sehr schwacher Hitze 20 Minuten zugedeckt garen. Währenddessen die Sahne schlagen. Die Suppe mit Pfeffer abschmecken, in Suppentassen füllen, ein Sahnehäubchen aufsetzen und dieses mit etwas Muskat bestreuen.

Pro Portion: 233 Kilojoule, 56 Kalorien, 2 g Eiweiß, 4 g Fett, 3 g Kohlenhydrate

Buttermilchsuppe

Menüplan 11. Woche

Zutaten für 2 Portionen
½ l Buttermilch (1% Fett)
2 TL Mehl
150 g Hüttenkäse
200 g Fruchtcocktail (konserviert ohne Zucker) und
4 EL Saft
Süßstoff

Zubereitung: Etwas Buttermilch mit Mehl in einem Topf verrühren, die restliche Buttermilch zugießen und einmal aufkochen lassen. Hüttenkäse hinzufügen. Fruchtcocktail und Saft unterrühren und nochmals kurz aufkochen lassen. Mit Süßstoff abschmecken. Die Buttermilchsuppe schmeckt warm und kalt.

Pro Portion: 1068 Kilojoule, 255 Kalorien, 22 g Eiweiß, 7 g Fett, 27 g Kohlenhydrate

Brüsseler Gemüsesuppe

Menüplan 36. Woche

Zutaten für 2 Portionen
400 g Porree
200 g Chicorée
200 g Kartoffeln
1 kleiner Brühwürfel
¼ l Milch (0,3% Fett)
½ Lorbeerblatt
Salz, Pfeffer, Muskat
60 g Weißbrot
2 TL Margarine
Petersilie

Zubereitung: Porree und Chicorée putzen, waschen und in Ringe schneiden. Kartoffeln schälen und würfeln. Alles in ¼ Liter Wasser zum Kochen bringen. Brühwürfel, Milch und Gewürze zufügen, nochmals aufkochen lassen und bei schwacher Hitze 15 Minuten garen.
Währenddessen das Brot würfeln und in einer beschichteten Pfanne in Margarine rösten. Die Suppe nach dem Garen nochmals abschmecken, das Lorbeerblatt entfernen, und mit reichlich feingehackter Petersilie bestreuen. Die Brotwürfel auf die fertige Suppe geben und servieren.

Pro Portion: 1270 Kilojoule, 305 Kalorien, 14 g Eiweiß, 6 g Fett, 48 g Kohlenhydrate

Provençalische Linsensuppe
Menüplan 9. Woche

Zutaten für 2 Portionen
360 g eingeweichte Linsen
50 g Zwiebeln
1 Nelke
2 Knoblauchzehen
40 g Reis
400 g Tomaten
Thymian, Salz, Pfeffer

Zubereitung: Linsen mit der geschälten, mit der Nelke und dem Knoblauch gespickten Zwiebel in ¾ l Wasser etwa 40 Minuten garen. Inzwischen den Reis garen. Die Tomaten überbrühen, enthäuten und würfeln.
Die Zwiebel aus dem Linsentopf nehmen und die Linsen im Mixer oder mit einem Pürierstab direkt im Topf pürieren. Wieder in den Topf geben, die Tomaten hinzufügen und kräftig abschmecken.

Pro Portion: 1902 Kilojoule, 455 Kalorien, 27 g Eiweiß, 2 g Fett, 82 g Kohlenhydrate

Spargelcremesuppe
Menüplan 30. Woche

Zutaten für 2 Portionen
200 g Spargel (Dosenware)
100 ml Spargelwasser
400 ml Wasser
2 kleine Brühwürfel
20 g Mehl
Muskat
25 g süße Sahne
Süßstoff
gehackte Petersilie

Zubereitung: Den Spargel abtropfen lassen und in kleine Stücke schneiden. Das Spargelwasser und das Wasser erhitzen, die Brühwürfel darin auflösen, das vorher mit wenig Wasser verrührte Mehl einrühren und die Suppe aufwallen lassen. Den Spargel hinzufügen und bei sehr schwacher Hitze 10 Minuten ziehen lassen. Die Suppe mit Muskat abschmecken, die Sahne einrühren, etwas Süßstoff dazugeben und in Suppentassen füllen. Mit Petersilie bestreut servieren.

Pro Portion: 431 Kilojoule, 103 Kalorien, 4 g Eiweiß, 5 g Fett, 10 g Kohlenhydrate

Chinasuppe
Menüplan 41. Woche

Zutaten für 2 Portionen
10 g getrocknete China-Pilze
90–120 g gekochtes, enthäutetes Hühnerfleisch
1 TL Instant-Hühnerbrühe
100 g Sojabohnenkeimlinge (Dosenware)
50 g grüne Paprikaschoten
Salz, Sojasauce, weißer Pfeffer
1 EL Essig
2½ TL Speisestärke
1 TL gehackter Schnittlauch

Zubereitung: Getrocknete Pilze mit kochendem Wasser übergießen und 20 Minuten stehen lassen. Das Hühnerfleisch in mundgerechte Stücke schneiden. Die Instantbrühe in ca. ¼ Liter heißem Wasser auflösen, Hühnerfleisch und Sojabohnenkeimlinge in die Brühe geben, dann die geputzten, in feine Streifen geschnittenen Paprika und die ebenfalls in Streifen geschnittenen Pilze. Alles zum Kochen bringen, kräftig mit Salz, Sojasauce und Pfeffer würzen. Nach 3–5 Minuten Kochzeit den mit Speisestärke verquirlten Essig in die Suppe rühren, kurz aufkochen lassen und mit Schnittlauch bestreut servieren.

Pro Portion: 664 Kilojoule, 159 Kalorien, 21 g Eiweiß, 3 g Fett, 10 g Kohlenhydrate

Budapester Gulaschsuppe
Menüplan 46. Woche

Zutaten für 2 Portionen
300–360 g mageres Rindfleisch (Rohgewicht)
Rosenpaprika, Pfeffer, Zwiebelsalz
je 200 g Zwiebeln und grüne Paprikaschoten
100 g Tomatenpaprika
2 TL Öl
¼ l ungesüßter Apfelsaft
2 TL Instantbrühe
5 g Nestargel
30 g saure Sahne
⅛ l Rotwein
Muskat, Rosenpaprika, frisch gemahlener Pfeffer, Salz, Süßstoff
gehackte Petersilie

Zubereitung: Rindfleisch in walnußgroße Würfel schneiden und mit Rosenpaprika, Pfeffer und Zwiebelsalz bestreuen. Zwiebeln schälen und in Ringe schneiden, Paprikaschoten waschen, putzen und in

kleine Stücke teilen. Tomatenpaprika abtropfen lassen.
Das Öl in einem Topf erhitzen, Fleisch und Zwiebelringe hineingeben und unter ständigem Wenden bei mittlerer Hitze 5 Minuten anbraten, mit Apfelsaft und ½ l Wasser ablöschen. Nun Instantbrühe und die Gemüse zufügen und 30 Minuten zugedeckt bei sehr schwacher Hitze garen. Vor dem Servieren die Suppe mit Nestargel andicken und saure Sahne und Rotwein einrühren. Mit den restlichen Gewürzen scharf abschmecken und mit Petersilie bestreut anrichten.

Pro Portion: 1972 Kilojoule, 471 Kalorien, 42 g Eiweiß, 20 g Fett, 31 g Kohlenhydrate

Bunte Fischsuppe

Menüplan 47. Woche

Zutaten für 2 Portionen
300–360 g Seelachsfilet (Rohgewicht)
Essig
Salz
je 150 g Möhren, grüne Paprikaschoten, Tomaten und Zwiebeln
1 TL Instantbrühe
2 TL Butter
60 g Weißbrot
Kerbel, Estragon, frisch gemahlener Pfeffer

Zubereitung: Den Fisch säubern, mit Essig beträufeln, mit Salz bestreuen und in kleine Stücke schneiden. Möhren und Paprikaschoten putzen und in kleine Stücke schneiden. Die Tomaten überbrühen und enthäuten. Zwiebeln schälen und in kleine Stücke schneiden. ¾ l Wasser zum Kochen bringen und die Instantbrühe darin auflösen. Das Gemüse hineingeben und zugedeckt bei sehr schwacher Hitze 20 Minuten garen.
1 Teelöffel Butter in einer Pfanne erhitzen und die Fischstücke darin bei starker Hitze 2 Minuten unter ständigem Wenden anbraten. Zur Suppe geben und weitere 10 Minuten zugedeckt bei sehr schwacher Hitze köcheln lassen. Inzwischen das Weißbrot in Würfel schneiden. 1 Teelöffel Butter in einer Pfanne erhitzen, das Brot hineingeben und bei mittlerer Hitze unter ständigem Wenden 5 Minuten rösten.
Die Suppe mit den Gewürzen abschmecken und in zwei Teller füllen. Die gerösteten Weißbrotwürfel darübergeben.

Pro Portion: 1507 Kilojoule, 360 Kalorien, 40 g Eiweiß, 7 g Fett, 34 g Kohlenhydrate

Finnische Fischsuppe

Menüplan 40. Woche

Zutaten für 2 Portionen
200 g Kartoffeln
300–360 g Fischfilet (Rohgewicht), nach Belieben Hecht, Seelachs, Scholle, Kabeljau o.ä., auch gemischt
4 TL Mehl
200 ml Milch (1,5% Fett)
50 g Zwiebeln
300 g Champignons
2 TL Margarine
Salz, Pfeffer, Speisewürze
3 EL Dill

Zubereitung: Kartoffeln schälen, in Würfel schneiden und in wenig leicht gesalzenem Wasser halbgar kochen. Fisch in Stücke schneiden, auf die Kartoffeln legen und das Ganze bei schwacher Hitze fast gar ziehen lassen. Mehl und Milch verquirlen und zur Suppe geben. Zum Kochen bringen und 5–8 Minuten leise köcheln lassen.
Währenddessen die Zwiebeln schälen und feinhakken. Champignons putzen, die größeren halbieren. Margarine in einer Pfanne erhitzen und die Zwiebeln und Champignons darin kurz andüsten. Mit Salz und Pfeffer würzen und zur Suppe geben. Noch einmal mit Salz, Pfeffer, Speisewürze und Dill abschmekken und servieren.

Pro Portion: 1546 Kilojoule, 370 Kalorien, 41 g Eiweiß, 8 g Fett, 34 g Kohlenhydrate

Hüttenkäse mit Gemüse

Menüplan 23. Woche

Zutaten für 2 Portionen
je 50 g rote Paprikaschoten und Möhren
25 g Zwiebeln
300 g Hüttenkäse
100 g Joghurt (0,3% Fett)
Pfeffer, Salz

Zubereitung: Paprikaschoten entkernen, waschen und in sehr feine Würfel schneiden. Möhren und Zwiebeln schälen und ebenfalls feinwürfeln. Alles mit Hüttenkäse und Joghurt vermengen und mit Pfeffer und Salz abschmecken.
Gut gekühlt servieren.

Pro Portion: 882 Kilojoule, 211 Kalorien, 25 g Eiweiß, 8 g Fett, 10 g Kohlenhydrate

Josefssuppe

Menüplan 52. Woche

Zutaten für 2 Portionen
80 g Lychees aus der Dose (ohne Zucker) und 2 EL Lychee-Saft
¼ l gemischter Gemüsesaft
1 TL Instantbrühe
Basilikum, Salbei, Pfeffer, Rauchsalz

Zubereitung: Lychees abtropfen lassen und in kleine Stücke schneiden. Lychee- und Gemüsesaft in einem Topf erhitzen und die Instantbrühe darin auflösen. Lychees unterrühren und die Suppe mit den Gewürzen abschmecken.

Pro Portion: 279 Kilojoule, 67 Kalorien, 2 g Eiweiß, 14 g Kohlenhydrate

Joghurt-Pilz-Cocktail

Menüplan 24. Woche

Zutaten für 4 Portionen
500 g Champignons
100 g Zwiebeln
1 Knoblauchzehe
1 TL Margarine
⅛ TL Salz
Pfeffer
½ Bund Schnittlauch
1½ TL Zitronensaft
Petersilie
350 g Joghurt (1,5% Fett)
Salatblätter zum Garnieren

Zubereitung: Champignons waschen und feinhakken. Zwiebeln schälen, würfeln und mit der zerdrückten Knoblauchzehe in Margarine glasig dünsten. Champignons, Salz und Pfeffer hinzufügen und bei schwacher Hitze kochen, bis die Pilze weich sind und die Flüssigkeit verdampft ist. Feingeschnittenen Schnittlauch, Zitronensaft und die ebenfalls feingehackte Petersilie hinzufügen. Abkühlen lassen. Anschließend mit Joghurt vermengen und im Kühlschrank gut durchkühlen lassen. Eventuell nochmals nachwürzen.
4 Cocktailgläser mit Salatblättern auslegen, die Joghurtmasse hineingeben und mit etwas Petersilie garnieren.

Pro Portion: 392 Kilojoule, 94 Kalorien, 7 g Eiweiß, 3 g Fett, 10 g Kohlenhydrate

Rosenmontagsräder

Menüplan 10. Woche

Zutaten für 9 Portionen
100 g Radieschen
35 g grüne Paprikaschote
¼ TL Salz
3 EL Mayonnaise
2 TL feingeschnittener Schnittlauch
1 TL Senf
weißer Pfeffer
3 Scheiben Toastbrot (je Scheibe 30 g)
Salatblätter zum Garnieren

Zubereitung: Radieschen putzen, waschen und sehr fein hacken. Paprikaschote waschen, entkernen und sehr fein würfeln. Paprikaschote und Radieschen mit Salz in einer Schüssel vermengen und 15 Minuten stehen lassen.
Inzwischen Mayonnaise mit Schnittlauch und Senf vermengen und mit Pfeffer abschmecken. Toastbrotscheiben mit einer Kuchenrolle vorsichtig ausrollen, bis die Scheiben sehr dünn sind. Die Radieschen-Paprika-Mischung in ein Leinentuch geben und die entstandene Flüssigkeit kräftig auspressen. Dann die Mischung mit der Mayonnaise-Mischung vermengen und auf die Brotscheiben streichen. Diese vorsichtig aufrollen, einzeln fest in Klarsichtfolie rollen und mindestens 3 Stunden kühlstellen. Die Rollen mit einem sehr scharfen Messer in je 9 Scheiben schneiden und auf einem mit Salatblättern ausgelegten Teller anrichten.

Pro Portion: 230 Kilojoule, 55 Kalorien, 1 g Eiweiß, 3 g Fett, 6 g Kohlenhydrate

Tsatsiki

Menüplan 29. Woche

Zutaten für 2 Portionen
100 g Speisequark (Magerstufe)
1–2 EL Mineralwasser
100 g Salatgurke
4–5 Knoblauchzehen
Salz, schwarzer Pfeffer

Zubereitung: Quark mit Mineralwasser glattrühren. Gurke schälen und raspeln. Knoblauchzehen schälen und ganz fein hacken. Gurke und Knoblauch zum Quark geben, mit Salz und Pfeffer abschmekken und durchziehen lassen.

Pro Portion: 197 Kilojoule, 47 Kalorien, 9 g Eiweiß, 0 g Fett, 1 g Kohlenhydrate

Tomatenkörbchen

Menüplan 50. Woche

Zutaten für 2 Portionen
60 g Gouda (45% Fett i.Tr.)
50 g Mandarinen
2 große Tomaten (ca. 200 g)
4 TL Mayonnaise (80% Fett)
50 g Krabbenfleisch
Salz, Pfeffer, Senf
Petersilie

Zubereitung: Den Käse feinwürfeln. Mandarinen schälen und in Filets teilen. Von den Tomaten einen Deckel abschneiden und das Innere mit einem Teelöffel herauslösen. Das Tomatenfleisch würfeln, mit Mayonnaise, Krabben, Käse und Mandarinenfilets vermengen und mit Salz, Pfeffer und Senf abschmecken. Die Mischung in die Tomaten füllen, den Deckel wieder aufsetzen und mit Petersilie garnieren. Eventuell übriggebliebene Füllung in ein Glasschälchen füllen und mit den Tomaten servieren.

Pro Portion: 1009 Kilojoule, 241 Kalorien, 13 g Eiweiß, 17 g Fett, 7 g Kohlenhydrate

Geflügelleberpastete

Menüplan 12. Woche

Zutaten für 2 Portionen
300–360 g Geflügelleber (Rohgewicht)
Saft 1 Zitrone
4 TL Worcestersauce
Salz, Muskat, Knoblauchpulver, Pfeffer
60 g Toastbrot
50 g Kopfsalat
250 g Äpfel, gehackte Petersilie

Zubereitung: Geflügelleber, Zitronensaft, 50 ml Wasser, Worcestersauce und Gewürze in einem Topf 10 Minuten bei schwacher Hitze kochen lassen. Das Brot zerkrümeln und unterrühren. Alles pürieren, bis eine glatte Masse entstanden ist, und abschmecken. Die Masse in eine Form geben und kühlstellen. Zum Servieren eine Platte mit Salatblättern auslegen, darauf die Pastete stürzen und mit den Äpfeln, die zuvor entkernt und in Scheiben geschnitten wurden, und der Petersilie garnieren.

Pro Portion: 1724 Kilojoule, 412 Kalorien, 43 g Eiweiß, 10 g Fett, 37 g Kohlenhydrate

Gurkenkaltschale

Menüplan 25. Woche

Zutaten für 2 Portionen
400 g Gurke
200 g Tomaten
1 Knoblauchzehe
400 ml Buttermilch
Curry, Salz, Pfeffer
Petersilie

Zubereitung: Gurke waschen, schälen und grob würfeln. Tomaten überbrühen, enthäuten und ebenfalls grob würfeln. Beides mit Knoblauch und Buttermilch in einem Mixer pürieren. Mit Curry, Salz und Pfeffer abschmecken. Für mindestens 1 Stunde in den Kühlschrank stellen. Vor dem Servieren mit feingehackter Petersilie bestreuen.

Pro Portion: 540 Kilojoule, 129 Kalorien, 11 g Eiweiß, 3 g Fett, 16 g Kohlenhydrate

Käsetrüffel

Menüplan 49. Woche

Zutaten für 2 Portionen
4 TL Halbfettmargarine
60 g Edamer (45% Fett i.Tr.)
60 g Vollkornbrot

Zubereitung: Margarine schaumig rühren, den Käse reiben, das Vollkornbrot fein zerkrümeln. Alles gut vermengen und kalt stellen. Anschließend zu kleinen Bällchen formen und servieren.
Tip: Die Käsetrüffeln bekommen einen leicht süßlichen Geschmack, wenn man das Vollkornbrot durch Pumpernickel ersetzt.

Pro Portion: 898 Kilojoule, 215 Kalorien, 10 g Eiweiß, 13 g Fett, 12 g Kohlenhydrate

Matjesröllchen (Foto Seite 130)

Menüplan 10. Woche

Zutaten für 2 Portionen
125 g Äpfel
Zitronensaft
180 g Matjesfilets
50 g süße Sahne
1–2 TL Meerrettich
1 TL Sauerkirschkonfitüre

Zubereitung: Äpfel schälen, das Kerngehäuse ausstechen und in dicke Scheiben schneiden. In mit etwas Wasser verdünntem Zitronensaft fast gar dünsten, abtropfen lassen und auf einen Teller legen. Die gewässerten und anschließend trockengetupften Matjesfilets lose aufrollen und hochkant auf die Apfelscheiben legen. Die Sahne steif schlagen und mit dem Meerrettich verrühren. In die Matjesröllchen füllen und mit Konfitüre garnieren.

Pro Portion: 1300 Kilojoule, 311 Kalorien, 17 g Eiweiß, 22 g Fett, 11 g Kohlenhydrate

Froschschenkel mit Champignons

Menüplan 27. Woche

Zutaten für 2 Portionen
420–480 g Froschschenkel (Rohgewicht mit Knochen)
Zitronensaft
Salz
Knoblauchpulver
50 g Zwiebeln
250 g Tomaten
250 g Champignons
2 TL Öl
je ½ Bund Petersilie und Schnittlauch
weißer Pfeffer

Zubereitung: Froschschenkel in eine Schüssel geben. Zitronensaft, Salz und Knoblauchpulver verrühren, über die Froschschenkel gießen und 30 Minuten ziehen lassen. In der Zwischenzeit Zwiebeln schälen und würfeln. Tomaten überbrühen, enthäuten und in Würfel schneiden, Champignons putzen, waschen und in Scheiben schneiden. Öl in einer Pfanne erhitzen, die Froschschenkel hineingeben und auf beiden Seiten ½ Minute anbraten. Die Marinade zugeben und weitere 3 Minuten anbraten. Froschschenkel herausnehmen und warmstellen. Zwiebeln im Bratfond goldgelb braten, dann Tomaten und Champignons hineingeben und unter gelegentlichem Rühren 10 Minuten braten und salzen. Die gehackte Petersilie und den feingeschnittenen Schnittlauch hinzufügen, die Froschschenkel wieder in die Pfanne geben und noch 1 Minute erwärmen. Mit weißem Pfeffer übermahlen und servieren.

Pro Portion: 1080 Kilojoule, 258 Kalorien, 35 g Eiweiß, 6 g Fett, 12 g Kohlenhydrate

Kiwi-Matjes-Filets

Menüplan 41. Woche

Zutaten für 2 Portionen
Saft einer Zitrone
80 ml ungesüßter Traubensaft
⅛ l frisch gepreßter ungesüßter Orangensaft
Süßstoff
5 Gewürznelken
6 weiße Pfefferkörner
1 Prise Ingwer
180 g Matjesfilets
300 g Kiwi
100 g Orangen

Zubereitung: Bereits am Vortag werden die Matjesfilets eingelegt. Dafür Zitronen-, Trauben- und Orangensaft mit Süßstoff und den Gewürznelken aufkochen. Matjesfilets in den Sud legen und 24 Stunden ziehen lassen.
Am nächsten Tag Kiwi und Orangen schälen, in Scheiben schneiden und zu den eingelegten Matjesfilets servieren.

Pro Portion: 1522 Kilojoule, 364 Kalorien, 19 g Eiweiß, 15 g Fett, 39 g Kohlenhydrate

Leberwurstaufstrich

Menüplan 29. Woche

Zutaten für 2 Portionen
kalorienreduzierte Geflügelleberwurst (200 kcal)
30 g grüne Paprikaschote
20 g rote Paprikaschote
25 g Zwiebel
2–3 TL gehackter Schnittlauch
Salz, schwarzer Pfeffer, Paprika, Petersilie
4 TL Kondensmilch (4% Fett)
2 hartgekochte Eier
100 g Gewürz- oder Essiggurken

Zubereitung: Leberwurst aus dem Darm drücken. Paprikaschoten waschen und entkernen, die Zwiebel schälen und beides sehr fein hacken. Mit dem Schnittlauch unter die Leberwurst mischen und mit Salz, Pfeffer, Paprika und gehackter Petersilie abschmecken. Zum Schluß vorsichtig die Kondensmilch unterrühren.
Den fertigen Wurstaufstrich glatt in eine Schüssel streichen und mit geviertelten Eiern und in feine Scheiben geschnittenen Gurken garnieren.

Pro Portion: 913 Kilojoule, 218 Kalorien, 14 g Eiweiß, 15 g Fett, 6 g Kohlenhydrate

Fisch in Tomatenaspik (Foto Seite 131)
Menüplan 13. Woche

Zutaten für 2 Portionen
¼ l Tomatensaft
je 50 g Zwiebeln und Sellerieknolle
Pfeffer, Salz, Pfeffersauce
4 Blatt Gelatine
180–240 g Seelachsfilet (gekocht in einem Sud aus Wasser, Salz, Essig und Fischgewürz)
100 g Dill-Gurkenhappen

Zubereitung: Tomatensaft, geschälte, feingehackte Zwiebeln und Sellerieknollen, Gewürze und 100 ml Wasser in einem Topf aufkochen und etwa 10 Minuten bei schwacher Hitze kochen lassen. Die Gelatine einweichen, in die nicht mehr kochende Tomatensauce geben und rühren bis sie sich aufgelöst hat.
Etwa ein Viertel der Sauce in eine Schüssel geben und im Kühlschrank leicht dicklich werden lassen. Anschließend das in Stücke zerteilte Seelachsfilet und die Gurkenhappen (3 für die Dekoration aufbewahren) in die Schüssel schichten, mit dem Rest der Sauce begießen und alles im Kühlschrank fest werden lassen. Die Schüssel vor dem Servieren kurz in heißes Wasser stellen, das Tomatenaspik auf eine Platte stürzen und mit den restlichen Gurkenhappen garnieren.

Pro Portion: 865 Kilojoule, 207 Kalorien, 38 g Eiweiß, 2 g Fett, 10 g Kohlenhydrate

Heringspaste
Menüplan 7. Woche

Zutaten für 2 Portionen
180 g geräuchertes Bücklingsfilet
25 g Magermilchpulver
2 EL Wasser
4 TL Margarine
1 EL Zitronensaft
Paprika, Pfeffer, Muskat
50 g Gewürzgurken

Zubereitung: Alle Zutaten, bis auf die Gewürzgurke, im Mixer pürieren und kräftig abschmecken. Die Paste gut kühlen und vor dem Servieren mit der in Scheiben geschnittenen Gurke garnieren.

Pro Portion: 1331 Kilojoule, 318 Kalorien, 24 g Eiweiß, 21 g Fett, 8 g Kohlenhydrate

Krabben-Frucht-Cocktail
Menüplan 39. Woche

Zutaten für 2 Portionen
180–240 g Krabbenfleisch
200 g Orangen
120 g Bananen
100 g Gewürzgurken
Marinade:
2 TL Majonnaise (80% Fett)
175 g Joghurt (1,5% Fett)
Zitronensaft
Salz, Pfeffer, Edelsüß-Paprika
1 Messerspitze Curry

Zubereitung: Krabbenfleisch in eine große Schüssel geben. Die Orangen schälen und in kleine Stükke schneiden, die Bananen schälen und in Scheiben schneiden. Die Gewürzgurken feinwürfeln und alles vorsichtig mit den Krabben vermengen. Die Zutaten für die Marinade gut verrühren und pikant abschmecken. Über den Salat gießen und im Kühlschrank gut durchziehen lassen.

Pro Portion: 1232 Kilojoule, 294 Kalorien, 26 g Eiweiß, 7 g Fett, 31 g Kohlenhydrate

Thunfischaufstrich
Menüplan 1. Woche

Zutaten für 2 Portionen
180–240 g Thunfisch (in Wasser konserviert)
2 TL Mayonnaise (80% Fett)
2 EL Crème fraîche
2 TL Zitronensaft
2 EL Kapern
4 mittelgroße Oliven
Pfeffer, eventuell Salz

Zubereitung: Den Thunfisch mit einer Gabel zerdrücken und mit Mayonnaise, Crème fraîche und Zitronensaft zu einer Paste verrühren. Kapern und gehackte Oliven unterheben und mit Pfeffer und Salz abschmecken.

Pro Portion: 1655 Kilojoule, 396 Kalorien, 26 g Eiweiß, 29 g Fett, 1 g Kohlenhydrate

Fleischgerichte

Rindfleisch

Mexikanisches Filetsteak

Menüplan 6. Woche

Zutaten für 2 Portionen
je 200 g grüne und rote Paprikaschoten
100 g Zwiebeln
140 g Maiskörner (Dosenware)
2 TL Olivenöl
300–360 g Filetsteak (Rohgewicht)
Salz, Pfeffer Paprikapulver

Zubereitung: Paprikaschoten waschen, weiße Innenhaut und Kerne entfernen und würfeln. Zwiebeln schälen und in Scheiben schneiden. Maiskörner abtropfen lassen. Öl in einer Pfanne erhitzen, die Steaks von beiden Seiten ca. 3–4 Minuten darin braten, herausnehmen, würzen und warmstellen. Zwiebelscheiben in der Pfanne anbraten, etwas Wasser zufügen, dann Paprikaschoten zugeben und zugedeckt ca. 10 Minuten dünsten. Maiskörner zufügen, das Gemüse würzen und auf den Steaks verteilen.

Pro Portion: 1673 Kilojoule, 400 Kalorien, 40 g Eiweiß, 15 g Fett, 27 g Kohlenhydrate

Gebeizte Grillsteaks mit Grilltomaten

Menüplan 15. Woche

Zutaten für 2 Portionen
50 g Zwiebeln
2 TL Öl
1½ TL Weinessig
4 TL Tomatenketchup
Worcestersauce, Pfeffersauce
½ TL scharfer Senf
Salz, Knoblauchsalz, Süßstoff
gehackte Petersilie
300–360 g Filetsteak (Rohgewicht)
200 g Tomaten

Zubereitung: Zwiebel schälen, dann reiben und mit Öl, Essig, Ketchup, etwas Worcester- und Pfeffersauce sowie Senf verrühren. Mit den Gewürzen abschmecken und die Petersilie unter die Marinade rühren. Die Filetsteaks darin ca. 60 Minuten marinieren lassen, dann herausnehmen, mit Küchenpapier trockentupfen und unter dem vorgeheizten Grill pro Seite etwa 4 Minuten grillen. Die über Kreuz eingeschnittenen Tomaten mit unter den Grill geben und zusammen mit den Steaks reichen.

Pro Portion: 1159 Kilojoule, 277 Kalorien, 36 g Eiweiß, 13 g Fett, 4 g Kohlenhydrate

Grillplatte für Gartenfreunde

Menüplan 29. Woche

Zutaten für 2 Portionen
150–180 g Rindersteak (Rohgewicht)
1–2 EL Zwiebelflocken
Salz, Pfeffer, Paprika, Knoblauchpulver, Provençalische Kräuter, Steakpfeffer
2 TL Öl
210–240 g mageres Schweinekotelett (Rohgewicht mit Knochen)
Beilagen:
6 TL Ketchup
6 Oliven
100 g Champignons (Dosenware)
100 g Gewürzgurke
90 g Vollkornbrot

Zubereitung: Die Hälfte des Rindersteaks durch die feine Scheibe des Fleischwolfes drehen. Das Hack mit Zwiebelflocken, Salz, Pfeffer, Paprika und viel Knoblauchpulver würzen und zu kleinen Würstchen formen. Das restliche Rindfleisch mit 1 Teelöffel Öl, Provençalischen Kräutern und Steakpfeffer einreiben.
Die Koteletts mit Paprika bestreuen und mit dem restlichen Öl bestreichen. Rinderwürstchen, Steaks und Koteletts unter dem vorgeheizten Grill oder über dem Holzkohlengrill von beiden Seiten knusp-

rig grillen und die Steaks und Koteletts nach dem Grillen leicht salzen.
Die Beilagen auf einer Platte anrichten und zu den Grilladen reichen.

Pro Portion: 2499 Kilojoule, 598 Kalorien, 40 g Eiweiß, 37 g Fett, 27 g Kohlenhydrate

Steakhouse-Teller

Menüplan 30. Woche

Zutaten für 2 Portionen
Für die Kräuterbutter:
4 TL Halbfettmargarine
Kräuterbuttergewürz
Zitronensaft, Süßstoff
Für die Kartoffeln und die Quarkfüllung:
200 g mehligkochende Kartoffeln (2 große)
100 g Speisequark (Magerstufe)
100 g Joghurt (0,3% Fett)
Schnittlauch, Petersilie, Dill
50 g Zwiebeln
Selleriesalz, weißer Pfeffer, Worcestersauce, Süßstoff
Für die Tomatennestchen:
200 g Tomaten (4 Stück)
200 g Blattspinat
50 g Zwiebeln
Muskat, Pfeffer, Salz
Für die Rumpsteaks:
300–360 g Rumpsteak (Rohgewicht) in 2 Scheiben
Zwiebelsalz
grüner Pfeffer

Zubereitung: Für die Kräuterbutter die Margarine mit den Gewürzen, dem Zitronensaft und Süßstoff verkneten und mindestens 1 Stunde ins Gefrierfach stellen.
Die Kartoffeln waschen, in Alufolie wickeln und auf dem Rost im Backofen auf der mittleren Schiene bei 220°C (Gasherd Stufe 5–6) 40 Minuten backen. Inzwischen Quark mit Joghurt verrühren, die feingeschnittenen Kräuter und die kleingehackten Zwiebeln untermischen und pikant abschmecken. Vor dem Servieren die gegarten Kartoffeln einschneiden, mit dem Kräuterquark füllen und in der Folie anrichten.
Für die Tomatennestchen die Tomaten waschen, Deckel abschneiden und aushöhlen. Den geputzten Spinat in kochendem Wasser zusammenfallen lassen, anschließend gut ausdrücken und mit der feingewürfelten Zwiebel und den Gewürzen verrühren. Den Spinat in die Tomaten füllen, Deckel aufsetzen und die Tomaten in eine mit Backtrennpapier ausgelegte feuerfeste Form geben und im Backofen bei 220°C (mittlere Schiene) 15–20 Minuten garen.
Die Rumpsteaks trockentupfen, leicht klopfen und in einer beschichteten Pfanne bei starker Hitze erst auf jeder Seite 1 Minute bräunen, dann bei mittlerer Hitze auf jeder Seite 3–6 Minuten braten und mit Zwiebelsalz und Pfeffer würzen.
Die Steaks auf vorgewärmten Tellern mit Kräuterbutter belegen, Alu-Kartoffeln und die gefüllten Tomaten daneben anrichten und sofort servieren.

Pro Portion: 1886 Kilojoule, 451 Kalorien, 53 g Eiweiß, 13 g Fett, 30 g Kohlenhydrate

Spießchen mit buntem Reis

Menüplan 31. Woche

Zutaten für 2 Portionen
40 g parboiled Reis (Rohgewicht)
⅛ l Wasser, Salz
300–360 g Rinderfilet (Rohgewicht)
Rauchsalz
Pfeffer, Paprika
je 100 g kleine Zwiebeln, Gurke, Tomaten, grüne Paprikaschoten
100 g eingelegter Tomatenpaprika
Currypulver
4 TL Barbecuesauce

Zubereitung: Reis in kochendes Salzwasser schütten und bei sehr schwacher Hitze in ca. 25 Minuten ausquellen lassen. Inzwischen das Fleisch trockentupfen, in walnußgroße Würfel schneiden und mit Rauchsalz, Pfeffer und Paprika würzen.
Die Zwiebeln schälen und halbieren, Gurke, Tomaten und Schote waschen und in Scheiben bzw. Stücke schneiden. Nun abwechselnd Fleisch und Gemüse auf 2 Spieße stecken. Die Spießchen unter dem vorgeheizten Grill (Drehspieß mittlerer Höhe) oder im Backofen bei 225°C (Gasherd Stufe 5–6) auf der mittleren Schiene in ca. 20 Minuten garen.
Den garen Reis mit Tomatenpaprikastückchen und Curry mischen. Die Spießchen auf vorgewärmten Tellern mit Barbecuesauce beträufeln und zum Reis servieren.

Pro Portion: 1517 Kilojoule, 363 Kalorien, 39 g Eiweiß, 8 g Fett, 33 g Kohlenhydrate

Pfeffersteak mit Knoblauchbutter

Menüplan 23. Woche

Zutaten für 2 Portionen
Für die Knoblauchbutter:
1 Knoblauchzehe
2 TL Margarine
gehackte Petersilie
Für die Pfeffersteaks:
1 EL grob gemahlener schwarzer Pfeffer
1 EL Zitronensaft
je ½ TL Worcester- und Pfeffersauce
190–220 g Rinderfiletsteaks

Zubereitung: Für die Knoblauchbutter die Knoblauchzehe feinhacken, mit Margarine und Petersilie vermengen. Kleine Kugeln formen und diese im Kühlschrank gut durchkühlen lassen.
Für die Steaks Pfeffer, Zitronensaft, Worcester- und einige Spritzer Peffersauce vermengen. Die Filetsteaks mit dieser Mischung bepinseln und unter dem vorgeheizten Grill 7 bis 8 Minuten von jeder Seite grillen. Die Steaks mit einer Butterkugel belegt servieren.

Pro Portion: 700 Kilojoule, 167 Kalorien, 21 g Eiweiß, 9 g Fett, 1 g Kohlenhydrate

Filet im Mantel

Menüplan 52. Woche

Zutaten für 6 Portionen
60 g Weizenvollkornmehl
Salz
12 EL Mineralwasser
3 TL Margarine
12 g Nestargel
3 TL Zwiebelflocken
Rosmarin, Kerbel
Pfeffer, Salz
900–1080 g Rinderfilet im Stück (Rohgewicht)
3 TL Instantbrühe
60 g Zwieback

Zubereitung: Mehl mit dem Salz vermischen. 9 Eßlöffel Mineralwasser nach und nach einrühren. Margarine untermischen und mit 6 g Nestargel andikken. Den Teig 30 Minuten in den Kühlschrank stellen. Backofen auf 225 °C (Gasherd Stufe 5–6) vorheizen. Restliches Mineralwasser mit Zwiebelflokken und den Gewürzen verrühren und das Fleisch damit von allen Seiten gut einreiben. Den Teig teilen und jede Hälfte breitdrücken. Das Fleisch darin einwickeln und auf den Grillrost legen. Ca. ¾ Liter Wasser in die Fettpfanne füllen, den Grillrost auf die 2. Schiene von unten geben und die Fettpfanne darunterschieben. 40 Minuten garen.
Anschließend den Inhalt der Fettpfanne in einen Topf gießen, jedoch das Fleisch im warmen, aber ausgestellten Ofen lassen. Flüssigkeit auf 900 ml auffüllen und erhitzen. Instantbrühe darin auflösen, mit restlichem Nestargel andicken und Zwieback hineinreiben. Die Sauce mit Salz und Pfeffer abschmecken und bei sehr schwacher Hitze 5 Minuten zugedeckt ziehen lassen. Das Filet aus dem Ofen nehmen, in 6 Scheiben schneiden, auf einer Bratenplatte anrichten und mit der Sauce übergießen.

Pro Portion: 1285 Kilojoule, 307 Kalorien, 37 g Eiweiß, 11 g Fett, 14 g Kohlenhydrate

Filetschnitten

Menüplan 52. Woche

Zutaten für 2 Portionen
300–360 g Rinderfilet (Rohgewicht)
1 TL Margarine
1 TL Mineralwasser
1 TL Zwiebelflocken
Rosmarin, Kerbel, Pfeffer, Salz
20 g Weizenvollkornmehl
1 TL Instantbrühe
20 g Zwieback

Zubereitung: Mineralwasser mit Zwiebelflocken und den Gewürzen verrühren. Das Rinderfilet in 2 Scheiben schneiden und mit der Mineralwasser-Gewürz-Mischung von allen Seiten gut einreiben.
Margarine in einer Pfanne erhitzen, das Fleisch hineingeben und bei mittlerer Hitze auf jeder Seite 4 Minuten (medium) braten. Das Fleisch herausnehmen und warmstellen.
Weizenvollkornmehl mit 300 ml Wasser anrühren, in den Bratenfond geben und erhitzen. Die Instantbrühe darin auflösen, Zwieback hineinreiben, die Sauce abschmecken und bei sehr schwacher Hitze 5 Minuten zugedeckt ziehen lassen.
Das Fleisch auf Tellern anrichten und mit der Sauce übergießen.

Pro Portion: 1285 Kilojoule, 307 Kalorien, 37 g Eiweiß, 11 g Fett, 14 g Kohlenhydrate

Feinschmecker-Filetsteaks (Foto Seite 132)
Menüplan 50. Woche

<u>*Zutaten für 2 Portionen*</u>
300–360 g Rinderfilet in Scheiben (Rohgewicht)
kalorienreduzierte Pfirsiche (100 kcal)
2 TL Weißwein
1 TL geriebener Käse
2 TL Butter

Zubereitung: Rinderfilets von beiden Seiten unter dem vorgeheizten Grill 2–4 Minuten grillen.
Anschließend mit Pfirsichhälften belegen, mit Weißwein beträufeln, mit Käse bestreuen und mit Butterflöckchen belegen.
Nochmals kurz unter den Grill schieben, bis der Käse geschmolzen und leicht braun ist.

<u>*Pro Portion:*</u> 1287 Kilojoule, 307 Kalorien, 35 g Eiweiß, 12 g Fett, 13 g Kohlenhydrate

Geschnetzeltes Rindfleisch
Menüplan 38. Woche

<u>*Zutaten für 2 Portionen*</u>
300–360 g magerer Rinderbraten (Rohgewicht)
1 TL Öl
50 g Zwiebeln
1 TL Butter
100 g Gewürzgurken
4 Oliven
1 EL Tomatenmark
4 EL saure Sahne
Salz, weißer Pfeffer
Edelsüß-Paprika

Zubereitung: Rindfleisch unter kaltem Wasser abspülen und trockentupfen. Schräg zur Faser in ganz dünne Scheiben schneiden. Öl in einem Topf erhitzen und darin das Fleisch 10 Minuten braten. Beiseite stellen. Zwiebeln schälen und hacken. Butter in einer Pfanne erhitzen und die Zwiebeln darin glasig braten. Die Gewürzgurken würfeln, Oliven in dünne Scheiben schneiden und beides zu den Zwiebeln geben. Tomatenmark einrühren und alles 3 Minuten unter ständigem Rühren dünsten lassen. Fleisch und die saure Sahne hinzufügen. Alles noch einmal kurz erhitzen und mit den Gewürzen abgeschmeckt servieren.

<u>*Pro Portion:*</u> 1616 Kilojoule, 386 Kalorien, 40 g Eiweiß, 22 g Fett, 6 g Kohlenhydrate

Filetgulasch »Sonja«
Menüplan 3. Woche

<u>*Zutaten für 2 Portionen*</u>
300–360 g Rinderfilet (Rohgewicht)
1 EL Sojasoße
2 TL Öl
100 g Zwiebeln
200 g rote und grüne Paprikaschoten
100 g Erbsen (Tiefkühlware)
200 g frische Champignons
Salz, Pfeffer
2 TL Kondensmilch (4% Fett)

Zubereitung: Rinderfilet in Streifen schneiden, in Sojasoße ca. 10 Minuten marinieren. Öl in einer Pfanne erhitzen, Filetstreifen darin scharf anbraten, anschließend herausnehmen und warmstellen. Zwiebeln schälen, würfeln und in der Pfanne bräunen. Geputzte und in Streifen geschnittene Paprikaschoten zugeben und ca. 5 Minuten mitdünsten. Erbsen und geputzte Champignons zugeben. Alles ca. 5 Minuten dünsten, würzen und mit Kondensmilch verfeinern. Das Gemüse über die Fleischstreifen geben und servieren.

<u>*Pro Portion:*</u> 1565 Kilojoule, 374 Kalorien, 43 g Eiweiß, 14 g Fett, 18 g Kohlenhydrate

Rheinischer Sauerbraten mit Rosinen
Menüplan 3. Woche

<u>*Zutaten für 2 Portionen*</u>
300–360 g magerer Rinderbraten (Rohgewicht)
2 TL Margarine
100 g Zwiebeln
40 g Rosinen
4 TL Mehl
1 TL Instantbrühe
Salz, Pfeffer, Süßstoff
<u>*Marinade:*</u>
¼ l Rotweinessig
½ l Wasser
6 Pfefferkörner, 1 Lorbeerblatt
4–5 Wacholderbeeren

Zubereitung (2 Tage vorher beginnen): Die Zutaten für die Marinade aufkochen, erkalten lassen und über das Fleisch geben (es muß bedeckt sein). 2 Tage zugedeckt kaltstellen. Das Fleisch aus der Marinade nehmen, trockentupfen (⅜ Liter Marinade aufbewahren) und in einem Topf in der Margarine rundum anbraten. Die gehackten Zwiebeln dazugeben und ebenfalls bräunen. Nun die Marinade angießen, die gewaschenen Rosinen dazugeben und den Sauerbraten in ca. 1 Stunde weichschmoren. Fleisch herausnehmen und warmstellen. Den Fond mit dem in wenig Wasser angerührten Mehl binden und die Sauce mit Instantbrühe und den Gewürzen abschmecken. Fleisch aufschneiden und getrennt zur Sauce servieren.

Pro Portion: 1786 Kilojoule, 427 Kalorien, 40 g Eiweiß, 17 g Fett, 23 g Kohlenhydrate

Feuriger Paprika-Schmorbraten

Menüplan 2. Woche

Zutaten für 2 Portionen

300–360 g magerer Rinderbraten (Rohgewicht)
Salz, Pfeffer, Edelsüß-Paprika
2 TL Öl
200 g Zwiebeln
je 150 g rote und grüne Paprikaschoten
1 kleine Pfefferschote
2 TL Mehl oder Kartoffelstärke
50 g süße Sahne

Zubereitung: Fleisch würzen, Öl in einer Pfanne erhitzen, das Fleisch darin ringsum braun anbraten. Geschälte und in Stücke geschnittene Zwiebeln ebenfalls mit anbraten, ca. ¼ l Wasser zufügen und das Fleisch bei schwacher Hitze 40 Minuten schmoren. Paprikaschoten waschen, weiße Trennwände und Kerne entfernen, in Stücke schneiden und zum Fleisch geben. Pfefferschote feinhacken und ebenfalls hinzufügen. Weitere 20 Minuten bei schwacher Hitze schmoren. Sauce mit Mehl andicken, mit Sahne verfeinern, abschmecken und mit dem in Scheiben geschnittenen Fleisch servieren.

Pro Portion: 2014 Kilojoule, 481 Kalorien, 42 g Eiweiß, 26 g Fett, 19 g Kohlenhydrate

Rinderrouladen

Menüplan 14. Woche

Zutaten für 2 Portionen

300–360 g magere Rinderrouladen (Rohgewicht)
Senf, Salz, Pfeffer
100 g Zwiebeln
100 g Gewürzgurken
2 TL Öl
1 Lorbeerblatt, 2 Pfefferkörner
2 TL Speisestärke

Zubereitung: Rouladen mit Senf bestreichen, salzen und pfeffern. Zwiebeln schälen und die Hälfte davon geviertelt auf das Fleisch legen. Die Gewürzgurken in Streifen schneiden und auf dem Fleisch verteilen; dieses aufrollen und mit Rouladenklammern schließen. Öl in einem Topf erhitzen und die Rouladen darin von allen Seiten gut anbraten. Mit etwas Wasser ablöschen und dann das Lorbeerblatt, Pfefferkörner und die restlichen Zwiebeln zugeben. Die Rouladen bei mittlerer Hitze 80 Minuten schmoren lassen. Anschließend die Sauce mit der in wenig Wasser angerührten Speisestärke binden, durch ein Sieb gießen und getrennt zum Fleisch servieren.

Pro Portion: 1492 Kilojoule, 357 Kalorien, 39 g Eiweiß, 18 g Fett, 9 g Kohlenhydrate

Südländischer Fleischtopf

Menüplan 22. Woche

Zutaten für 2 Portionen

300–360 g mageres Rindergulasch (Rohgewicht)
150 g Zwiebeln
2 TL Öl
Pfeffer, Salz, Paprika edelsüß
1 Knoblauchzehe
2 EL Tomatenmark
2 TL Instantbrühe
je 150 g Zucchini, Auberginen, Tomaten, Paprika
Basilikum, Thymian
2 EL Crème fraîche

Zubereitung: Fleisch in Würfel schneiden. Zwiebeln schälen und ebenfalls würfeln.
Fleischwürfel in heißem Öl scharf anbraten, dann würzen. Zwiebelwürfel hinzufügen und kurz mitdünsten lassen. Knoblauchzehe zerdrücken, mit Tomatenmark mischen und ebenfalls zum Gulasch geben. Mit 400 ml Wasser ablöschen, die Instantbrühe einrühren und 30 Minuten schmoren lassen.
Währenddessen Zucchinis und Auberginen waschen und grob würfeln, die Tomaten überbrühen, enthäuten und ebenfalls würfeln, Paprikaschoten entkernen, waschen und in Streifen schneiden. Alle Gemüse zum Fleisch geben und noch weitere 20 Minuten bei schwacher Hitze schmoren lassen.
Den Fleischtopf mit Basilikum und Thymian würzen und nochmals abschmecken. Vor dem Servieren mit einer Crème fraîche-Haube garnieren.

Pro Portion: 1998 Kilojoule, 477 Kalorien, 44 g Eiweiß, 25 g Fett, 19 g Kohlenhydrate

Filettopf mit Pfirsichen

Menüplan 26. Woche

Zutaten für 2 Portionen
100 g kleine Zwiebeln
300–360 g Rinderfilet (Rohgewicht)
2 TL Öl
Salz, Pfeffer
½ Bund gehackte Petersilie
100 g Erbsen (Dosenware)
200 g Champignons (Dosenware)
200 g Pfifferlinge (Dosenware)
250 g Pfirsiche

Zubereitung: Zwiebeln schälen und feinwürfeln. Rinderfilet mit Haushaltspapier abtupfen und in gleichmäßige Würfel schneiden. Das Öl in der Pfanne erhitzen und die Filetwürfel darin scharf anbraten. Zwiebeln beifügen, ebenfalls leicht anbraten. Das Fleisch mit Salz und Pfeffer bestreuen. Nun Petersilie, Erbsen, ⅛ Liter Erbsenwasser, die abgetropften Champignons und Pfifferlinge und die gewürfelten Pfirsiche in den Topf geben und alles zusammen 10 Minuten erhitzen, aber nicht kochen lassen. Anschließend sofort servieren.

Pro Portion: 1722 Kilojoule, 411 Kalorien, 41 g Eiweiß, 14 g Fett, 29 g Kohlenhydrate

Zwiebelfleisch auf Reis

Menüplan 9. Woche

Zutaten für 2 Portionen
300–360 g mageres Rindfleisch (Rohgewicht)
200 g Zwiebeln
2 TL Öl
1 EL Tomatenmark
Salz, Pfeffer, Thymian, Knoblauchpulver
40 g Reis (Rohgewicht)
2 EL Crème fraîche

Zubereitung: Rindfleisch in kleine Würfel schneiden, die geschälte Zwiebeln in feine Scheiben. Die Fleischwürfel im heißen Öl anbraten, dann die Zwiebeln dazugeben und etwa 5 Minuten mitschmoren. Das in ⅛ Liter Wasser angerührte Tomatenmark beifügen, die Gewürze dazugeben und alles weitere 30 Minuten bei schwacher Hitze garen. Währenddessen den Reis in Salzwasser kochen. Das fertige Zwiebelfleisch auf dem Reis anrichten und mit einer Crème fraîche-Haube garnieren.

Pro Portion: 2012 Kilojoule, 481 Kalorien, 41 g Eiweiß, 24 g Fett, 25 g Kohlenhydrate

Italienische Rindfleischpfanne

Menüplan 19. Woche

Zutaten für 2 Portionen
1 Zitrone
150 g Auberginen, Salz
40 g breite Bandnudeln
150 g Zucchini
2 TL Öl
300–360 g mageres Rindfleisch ohne Knochen
Salz, Pfeffer, Rosmarin
2 EL Tomatenmark
¼ l Gemüsesaft
½ zerriebenes Lorbeerblatt
1 TL luftgetrocknete Zwiebelflocken
Knoblauchsalz, Basilikum, Oregano

Zubereitung: Die Zitrone auspressen. Auberginen waschen, in Scheiben schneiden, mit dem Zitronensaft beträufeln, mit Salz bestreuen und ½ Stunde zugedeckt stehen lassen. Nudeln in Salzwasser garen, dann abgießen. Währenddessen die Zucchini waschen und in Scheiben schneiden. Öl in einer Pfanne erhitzen, die Zucchinischeiben hineingeben und bei schwacher Hitze 10 Minuten schmoren. Inzwischen das Fleisch abwaschen und in etwa 4 cm lange Streifen schneiden. Mit Pfeffer, Salz, Rosmarin einreiben, zu den Zucchinischeiben geben und weitere 5 Minuten schmoren. Das bittere Auberginenwasser abgießen und die Auberginenscheiben ebenfalls in die Pfanne geben. Alles weitere 15 Minuten garen. Sobald Fleisch und Gemüse gar sind, das Tomatenmark unterrühren, mit Gemüsesaft auffüllen und das halbe zerriebene Lorbeerblatt und die Zwiebelflocken untermischen. Alles noch einmal aufwallen lassen, mit Knochblauchsalz, Basilikum und Oregano abschmecken und die Nudeln unterrühren.

Pro Portion: 1968 Kilojoule, 470 Kalorien, 43 g Eiweiß, 19 g Fett, 31 g Kohlenhydrate

Erbsensuppe mit Sahne (Rezept S. 115)
Seite 130: Matjesröllchen (Rezept S. 120)

Schäfertopf (Foto Seite 149)

Menüplan 20. Woche

Zutaten für 2 Portionen
150–180 g magerer Rinderbraten (Rohgewicht)
1 Lorbeerblatt
2 Nelken, Thymian
je 200 g Möhren und Champignons
je 100 g Zwiebeln und grüne Paprikaschoten
2 TL Instantbrühe
40 g Kartoffelpüreepulver (Fertigprodukt)
60 g geriebener Chesterkäse
1 EL feingeschnittener Schnittlauch

Zubereitung: Fleisch würfeln und im Schnellkochtopf mit 300 ml Wasser, Lorbeerblatt, Nelken und Thymian 30 Minuten garen.
Inzwischen Möhren schälen, Champignons waschen und putzen und beides in Scheiben schneiden. Die Zwiebeln schälen, Paprikaschoten waschen, entkernen und beides grob würfeln. Paprika, Möhren, Champignons und Zwiebelwürfel zum Fleisch geben und alles weitere 10 Minuten im Schnellkochtopf garen. Anschließend die Instantbrühe einrühren.
Während Fleisch und Gemüse garen, das Kartoffelpüree nach Anleitung zubereiten und unter das heiße Püree geriebenen Käse und Schnittlauch unterziehen.
Die Fleisch-Gemüse-Mischung in eine feuerfeste Form füllen. Das Püree in einen Spritzbeutel geben und am Rand der Form entlang spritzen. Das Gericht unter den vorgeheizten Grill stellen, bis das Püree leicht braun wird. In der Form servieren.
Tip: Der Schäfertopf kann auch in einem normalen Topf zubereitet werden; dann verlängert sich allerdings die Garzeit des Rindfleisches um 15 Minuten.

Pro Portion: 1814 Kilojoule, 434 Kalorien, 34 g Eiweiß, 17 g Fett, 34 g Kohlenhydrate

Feinschmecker-Filetsteaks (Rezept S. 126)
Seite 131: Fisch in Tomatenaspik (Rezept S. 122)

Rindfleisch in Aspik

Menüplan 27. Woche

Zutaten für 2 Portionen
2 kleine Brühwürfel
6 Blatt weiße Gelatine
180–240 g gekochtes, mageres Rindfleisch
150 g Gewürzgurke
100 g eingelegte Paprikaschoten
100 g Tomaten
1 Bund Petersilie

Zubereitung: Die Brühwürfel in ½ Liter kochendem Wasser auflösen. Gelatine in kaltem Wasser einweichen, dann ausdrücken und in der Brühe auflösen. Etwas abkühlen lassen, dabei ab und zu umrühren, bis die Masse dick zu werden beginnt. In der Zwischenzeit das kalte Rindfleisch in mundgerechte Stücke schneiden. Gewürzgurke und Paprikaschoten würfeln, Tomaten in Scheiben schneiden. Nun einen Aspikspiegel in eine kalt ausgespülte Schüssel gießen und erstarren lassen. Dann die Rindfleischstücke, Gewürzgurke, Paprikaschoten und die Tomatenscheiben wechselweise dekorativ auf den Aspikspiegel legen. Wieder mit der Aspikmasse begießen und dann noch einmal alles wiederholen. Zwischendurch immer wieder erstarren lassen. Die Sülze im Kühlschrank etwa 2 Stunden kalt werden lassen. Die Schüssel kurz in heißes Wasser tauchen, das Aspik auf eine Platte stürzen und mit Petersiliensträußchen garnieren.

Pro Portion: 1382 Kilojoule, 330 Kalorien, 44 g Eiweiß, 13 g Fett, 8 g Kohlenhydrate

Chop Suey

Menüplan 28. Woche

Zutaten für 2 Portionen
300–360 g mageres Rindfleisch (Rohgewicht)
2 EL Sojasauce
2 TL Speisestärke
1 zerdrückte Knoblauchzehe
20 g getrocknete chinesische Pilze
je 100 g Möhren, grüne Paprikaschote, Weiß- oder Chinakohl
2 TL Öl
150 g Sojabohnensprossen
Salz, Pfeffer, Chinagewürz, Curry, Sojasauce

Zubereitung: Rindfleisch in feine (0,5 mal 3 cm große) Streifen schneiden, mit Sojasoße, Speisestärke

und Knoblauch mischen und zugedeckt 30–60 Minuten marinieren.
Unterdessen die Pilze mit kochendem Wasser übergießen und 10 Minuten weichen lassen, dann kleinschneiden. Möhren schälen und raspeln oder in dünne Scheiben schneiden, Paprikaschote waschen und entkernen, Kohl ebenfalls waschen und beides in sehr feine Streifen schneiden.
Das Fleisch mit der Marinade in sehr heißem Öl ca. 5 Minuten braten. Das vorbereitete Gemüse und Sojabohnensprossen dazugeben, mit Sojasauce und den Gewürzen pikant abschmecken und bei starker Hitze 2–3 Minuten schmoren; eventuell etwas Wasser dazugeben. Das Gemüse sollte noch knackig sein. Das Chop Suey nocheinmal abschmecken und sofort servieren.

Pro Portion: 1780 Kilojoule, 425 Kalorien, 43 g Eiweiß, 19 g Fett, 20 g Kohlenhydrate

Fondue

Menüplan 31. Woche

Zutaten für 2 Portionen
2 kleine Brühwürfel
½ l Wasser
je 100–120 g mageres Schweine-, Kalb- und Rindfleisch (Rohgewicht)
Zwiebelsalz, Pfeffer
Für die Sauce:
200 g Joghurt (0,3% Fett)
2 TL Mayonnaise (80% Fett)
Pfeffer, Salz, Worcestersauce, Süßstoff, Senf, Meerrettich, Estragon, Curry

Zubereitung: Für die Sauce Joghurt mit Mayonnaise, Pfeffer, Salz, Worcestersauce und Süßstoff verrühren. Auf vier Schälchen verteilen, zwei mit Senf und Meerrettich verrühren, die beiden anderen mit Estragon und Curry würzen.
Die beiden Brühwürfel in warmem Wasser auflösen, die Brühe in den Fonduetopf füllen. Alle Fleischsorten trockentupfen und in sehr feine Würfel oder Scheibchen schneiden. Bei Tisch spießt nun jeder mit der Fonduegabel das Fleisch auf und gart es in der kochenden Brühe. Das Fleisch dann mit Zwiebelsalz und Pfeffer würzen und in die Saucen tauchen.

Pro Portion: 1335 Kilojoule, 319 Kalorien, 42 g Eiweiß, 14 g Fett, 5 g Kohlenhydrate

Rindfleisch in Sauermilch

Menüplan 47. Woche

Zutaten für 2 Portionen
100 g Möhren
2 TL Butter
300–360 g mageres Rindfleisch (Rohgewicht)
400 ml Sauermilch (1,5% Fett)
Basilikum, frisch gemahlener Pfeffer, Salz, Süßstoff

Zubereitung: Möhren schälen und in dünne Scheiben schneiden. Die Butter in einer Pfanne erhitzen, Fleisch und Möhrenscheiben hineingeben und bei starker Hitze anbraten, bis das Fleisch von allen Seiten braun ist. Die Sauermilch darübergießen und alles zugedeckt bei sehr schwacher Hitze 75 Minuten garen. Das Fleisch warmstellen. Die Sauce durch ein Sieb treiben und mit den Gewürzen abschmecken.
Das Fleisch in Scheiben schneiden, auf zwei Tellern anrichten und mit der Sauce übergossen servieren.

Pro Portion: 1768 Kilojoule, 423 Kalorien, 46 g Eiweiß, 20 g Fett, 14 g Kohlenhydrate

Paprika-Gulasch-Pfanne

Menüplan 39. Woche

Zutaten für 4 Portionen
600–720 g mageres Rindfleisch (Rohgewicht)
200 g Zwiebeln
400 g grüne Paprikaschoten
4 TL Öl
8 EL Tomatenmark
1 kleiner Brühwürfel
1 EL Paprika edelsüß
1 Prise Paprika rosenscharf, Salz

Zubereitung: Fleisch in gleichgroße Würfel schneiden, geschälte Zwiebeln in Ringe. Paprikaschoten putzen und in Streifen schneiden. Öl in einem Bratentopf erhitzen und das Fleisch darin von allen Seiten gut anbraten, dann die Zwiebeln zugeben und 5 Minuten mitbraten. In der Zwischenzeit das Tomatenmark mit der aus ¼ Liter heißem Wasser und dem Brühwürfel zubereiteten Fleischbrühe verrühren. Nun die Paprikastreifen zum Fleisch geben, die Brühe angießen, mit Paprika und Salz würzen und alles 60 Minuten bei schwacher Hitze schmoren lassen.

Pro Portion: 1589 Kilojoule, 380 Kalorien, 41 g Eiweiß, 18 g Fett, 12 g Kohlenhydrate

Große Frühlingsrolle
Menüplan 41. Woche

<u>Zutaten für 2 Portionen</u>
80 g Mehl
2 TL Öl
1 Prise Salz
¼ TL Trockenhefe
90–120 g mageres gekochtes Rindfleisch
50 g Zwiebel
100 g Chinakohl
100 g Sojabohnenkeimlinge (evtl. Dosenware)
je 50 g Paprikaschote und Champignons
Sojasauce, Salz, Chinagewürz
2 TL Speisestärke

Zubereitung: Mehl mit Öl, Salz und Trockenhefe vermischen. Nur so viel lauwarmes Wasser dazugeben, daß ein elastischer Teig entsteht. Gut durchkneten; den Teig in einen Plastikbeutel legen, locker verschließen und an einem warmen Ort 30 Minuten ruhen lassen. Unterdessen die Füllung vorbereiten. Dafür das Rindfleisch in kleine Würfel schneiden, Zwiebel schälen und fein hacken. Chinakohl putzen und in feine Streifen schneiden. Falls die Sojabohnenkeimlinge konserviert sind, diese gut abtropfen lassen. Paprikaschoten entkernen, waschen und in feine Streifen schneiden, Champignons putzen und in Scheiben schneiden. Fleisch und Gemüse mit Sojasauce, Salz und Chinagewürz mischen und pikant abschmecken. Zum Schluß die Speisestärke unterheben.
Den Teig aus der Tüte nehmen und auf einem sauberen Geschirrtuch hauchdünn ausrollen oder über dem Handrücken wie Strudelteig ausziehen. Die Füllung auf den Teig geben, Ränder einschlagen und mit Hilfe des Geschirrtuches vorsichtig aufrollen. Die Frühlingsrolle mit Hilfe des Geschirrtuches vorsichtig auf ein mit Backtrennpapier ausgelegtes Backblech legen und im vorgeheizten Backofen bei 200°C (Gasherd Stufe 4–5) ca. 30 Minuten backen. Dabei 2–3mal mit Wasser bepinseln.

<u>Pro Portion:</u> 1446 Kilojoule, 346 Kalorien, 26 g Eiweiß, 9 g Fett, 40 g Kohlenhydrate

Kleine Hamburger
Menüplan 48. Woche

<u>Zutaten für 2 Portionen</u>
200 g Zwiebeln
200 g eingelegter Paprika
300–360 g Tatar (Beefsteakhack/Rohgewicht)
Salz, Pfeffer, Paprika
2 TL Margarine
2 ungesüßte Milchbrötchen (à 60 g)
4 TL Senf

Zubereitung: Zwiebeln schälen und die Hälfte sehr fein würfeln. Die Hälfte der Paprikaschoten ebenfalls sehr fein würfeln. Beides mit Hackfleisch vermengen und mit Salz, Pfeffer und Paprika abschmecken. Kleine Hamburger formen und diese unter dem vorgeheizten Grill auf beiden Seiten grillen.
Währenddessen den Rest der Zwiebeln in Scheiben schneiden und in Margarine glasig dünsten, dann die restlichen, in Streifen geschnittenen Paprikaschoten hinzufügen.
Die Brötchen auf-, aber nicht durchschneiden und mit den Hamburgern füllen; darauf die Paprika-Zwiebel-Mischung geben. Mit Senf servieren.

<u>Pro Portion:</u> 2068 Kilojoule, 494 Kalorien, 46 g Eiweiß, 13 g Fett, 48 g Kohlenhydrate

Pikante Hamburger
Menüplan 22. Woche

<u>Zutaten für 2 Portionen</u>
100 g Zwiebeln
300–360 g Rinderhack (Rohgewicht)
2 TL Tomatenketchup
Pfeffer, Salz
100 g Tomaten
4 schwarze Oliven
1 TL Öl
1 Knoblauchzehe
Basilikum
2 EL Weinessig

Zubereitung: Zwiebeln schälen und sehr fein würfeln. Die Hälfte der Zwiebelwürfel mit dem Hackfleisch und dem Ketchup vermengen. Mit Pfeffer und Salz abschmecken. Aus dem Hackteig zwei gleich große Hamburger formen und unter dem vorgeheizten Grill von jeder Seite 5–10 Minuten grillen. Währenddessen Tomaten überbrühen, enthäuten und würfeln. Oliven in Scheiben schneiden.
Öl erhitzen, die zerdrückte Knoblauchzehe und den

Rest der Zwiebeln darin anrösten, Tomatenwürfel und Oliven hinzufügen und mit Basilikum, Pfeffer und Salz abschmecken. Essig hinzufügen und die Sauce 5 Minuten bei schwacher Hitze kochen lassen. Die Sauce über die Hamburger geben und sofort servieren.

Pro Portion: 1899 Kilojoule, 454 Kalorien, 42 g Eiweiß, 27 g Fett, 8 g Kohlenhydrate

Hacksteak mit Oliven

Menüplan 1. Woche

Zutaten für 2 Portionen
50 g Zwiebeln
8 mittelgroße Oliven
300–360 g Tatar (Beefsteakhack/Rohgewicht)
2 TL Senf
Salz, Pfeffer, Paprika
2 TL Margarine

Zubereitung: Geschälte Zwiebeln und Oliven feinhacken. Tatar mit Senf und den Gewürzen sowie den Zwiebeln und Oliven mischen. Den Teig kräftig abschmecken und zu flachen Steaks formen. Fett in einer Pfanne erhitzen und die Steaks darin auf beiden Seiten knusprig braun braten.

Pro Portion: 1174 Kilojoule, 281 Kalorien, 39 g Eiweiß, 13 g Fett, 2 g Kohlenhydrate

Hackbällchen mit Schwarzwurzeln

Menüplan 43. Woche

Zutaten für 2 Portionen
200 g Schwarzwurzeln
Salz, Essig
2 TL Instantbrühe
1 TL Senf
Pfeffer, Zwiebelflocken
300–360 g Tatar (Beefsteakhack/Rohgewicht)
30 g Weißbrot
2 TL Butter
20 g Zwieback
Muskat, gehackte Petersilie

Zubereitung: Die Schwarzwurzeln waschen, schälen, in Stücke schneiden und sofort in Essig-Salz-Wasser legen, damit sie weiß bleiben.
½ Liter Wasser erhitzen, die Brühe darin auflösen, Schwarzwurzeln hineingeben und 30 Minuten zugedeckt bei sehr schwacher Hitze garen. In einem zweiten Topf ca. 1 Liter Wasser mit Salz zum Kochen bringen. Währenddessen Senf mit Pfeffer, Salz und Zwiebelflocken vermischen, das Tatar damit verkneten, zu kleinen Bällchen formen, diese in das siedende Wasser geben und 20 Minuten zugedeckt bei sehr schwacher Hitze garziehen lassen.
Das gewürfelte Weißbrot in Butter in einer Pfanne 5 Minuten bei mittlerer Hitze unter ständigem Wenden rösten.
Den Zwieback in die Schwarzwurzelbrühe reiben, das Gemüse mit Muskat abschmecken und in Suppenteller füllen. Die Hackbällchen dazugeben und alles mit Röstbrot und Petersilie bestreuen.

Pro Portion: 1754 Kilojoule, 419 Kalorien, 43 g Eiweiß, 13 g Fett, 33 g Kohlenhydrate

Winzertopf

Menüplan 47. Woche

Zutaten für 2 Portionen
100 g rote Paprikaschote
100 g Erbsen (Dosenware)
140 g Mais (Dosenware)
75 g Trauben
300–360 g Tatar (Beefsteakhack/Rohgewicht)
Senf, Pfeffer
Zwiebelsalz
80 ml ungesüßter Traubensaft
1 TL Instantbrühe
2 TL Weißwein
Muskat, frisch gemahlener Pfeffer, Salz
Süßstoff
Petersilie

Zubereitung: Die Paprikaschote waschen und in kleine Stücke schneiden. Erbsen und Mais abtropfen lassen. Trauben halbieren. Tatar mit Senf, Pfeffer und Zwiebelsalz vermischen und daraus kleine Bällchen formen. Den Traubensaft in einem Topf erhitzen, Instantbrühe darin auflösen, Hackbällchen hineingeben und unter ständigem Rühren bei starker Hitze 2 Minuten anschmoren. Mit ¼ Liter Wasser auffüllen und wieder zum Kochen bringen. Paprikaschoten, Erbsen, Mais und Trauben hinzufügen und alles zugedeckt bei sehr schwacher Hitze 15 Minuten garen. Mit Wein und Gewürzen abschmecken, in Teller füllen und Petersilie darüberstreuen.

Pro Portion: 1698 Kilojoule, 406 Kalorien, 45 g Eiweiß, 8 g Fett, 36 g Kohlenhydrate

Bunte Fleischbällchen

Menüplan 46. Woche

Zutaten für 2 Portionen
200 g Rosenkohl
300 g Tomaten
160 ml ungesüßter Pflaumensaft
2 TL Instantbrühe
2 TL Senf
1 EL Mineralwasser
Zwiebelflocken, Estragon, Pfeffer, Salz
300–360 g Tatar (Beefsteakhack/Rohgewicht)
20 g Zwieback
Muskat, Süßstoff

Zubereitung: Rosenkohl putzen und 20 Minuten in kaltes Salzwasser legen, Tomaten überbrühen und die Haut abziehen. Rosenkohl und Tomaten mit dem Pflaumensaft zum Kochen bringen. 340 ml Wasser angießen, erhitzen und die Brühe darin auflösen. Alles bei sehr schwacher Hitze zugedeckt 10 Minuten garen.
Inzwischen Senf und Mineralwasser in einer Schüssel verrühren, Zwiebelflocken, Estragon, Pfeffer und Salz hinzufügen und das Tatar damit verkneten. Aus dem Teig kleine Bällchen formen und diese in der Suppe 20 Minuten bei sehr schwacher Hitze garen. Zum Schluß den Zwieback hineinreiben und mit Muskat und Süßstoff abschmecken.

Pro Portion: 1706 Kilojoule, 408 Kalorien, 47 g Eiweiß, 9 g Fett, 34 g Kohlenhydrate

Straßburger Auflauf

Menüplan 51. Woche

Zutaten für 2 Portionen
60 g Bandnudeln (Rohgewicht)
50 g Zwiebeln
2 EL Mineralwasser
Basilikum, Muskat, Pfeffer, Salz
310–340 g Tatar (Beefsteakhack/Rohgewicht)
3 EL Tomatenmark
½ l Milch (0,3% Fett)
1 TL Instantbrühe
Zitronensaft, Süßstoff
Thymian, gehackte Petersilie
60 g geriebener Parmesankäse (45% Fett i. Tr.)
2 TL Butter

Zubereitung: Die Nudeln in reichlich Salzwasser »bißfest« kochen. Inzwischen die geschälte Zwiebel würfeln und mit Mineralwasser, Basilikum, Muskat, Pfeffer und Salz vermischen und dann mit dem Tatar verkneten. Eine beschichtete Pfanne erhitzen, das Tatar darin unter häufigem Rühren bei mittlerer Hitze 5 Minuten bräunen. Tomatenmark unterrühren, die Milch angießen und alles zum Kochen bringen. Instantbrühe darin auflösen, dann mit Zitronensaft, Süßstoff, Thymian und Petersilie würzen. Die abgetropften Nudeln in eine feuerfeste Form geben, die Hackfleischsauce darübergießen, mit Käse bestreuen und mit Butterflöckchen belegt im Backofen bei 175°C (Gasherd Stufe 3–4) 30 Minuten überbacken.

Pro Portion: 2436 Kilojoule, 582 Kalorien, 61 g Eiweiß, 20 g Fett, 39 g Kohlenhydrate

Hackfleischtaschen

Menüplan 20. Woche

Zutaten für 2 Portionen
200 g Zwiebeln
2 TL Margarine
100 ml Bier
300–360 g Rinderhackfleisch (Rohgewicht)
Salz, Pfeffer
1 EL Tomatenmark
2 TL Curryketchup
1 TL Senf
gehackte Petersilie

Zubereitung: Zwiebeln schälen, in Scheiben schneiden und in Margarine glasig dünsten. Die Hälfte des Biers zufügen und bei schwacher Hitze köcheln lassen, bis es eingedickt ist.
Hackfleisch in zwei Portionen teilen und daraus zwei große, etwa 1 cm dicke, runde Scheiben formen. In die Mitte jeder Scheibe je ⅓ der Zwiebeln geben, würzen und zu Taschen überklappen. Die Hackfleischtaschen unter dem vorgeheizten Grill ca. 15 Minuten grillen; nach der Hälfte der Zeit wenden.
Inzwischen 100 ml Wasser, Tomatenmark, Ketchup, Senf und den Rest des Biers zu dem verbleibenden Drittel der Zwiebeln geben, pikant abschmecken und alles bei schwacher Hitze zu einer dicklichen Sauce einkochen. Die fertigen Hackfleischtaschen mit der Sauce begießen und mit feingehackter Petersilie bestreut servieren.

Pro Portion: 2001 Kilojoule, 478 Kalorien, 43 g Eiweiß, 27 g Fett, 13 g Kohlenhydrate

Pikantes Hackfleisch mit Toast

Menüplan 36. Woche

Zutaten für 2 Portionen
25 g Zwiebeln
½ Bund Petersilie
180–240 g Tatar (Beefsteakhack)
1 EL Eiswasser
1 TL Worcestersauce
1 TL Zitronensaft
½ TL Senf
Salz, Pfeffer
50 g rote Paprikaschote
12 Kapern
120 g Toastbrot

Zubereitung: Zwiebeln schälen und feinwürfeln, gewaschene Petersilie feinhacken. Zwiebelwürfel und Petersilie mit dem Hackfleisch vermengen. Eiswasser, Worcestersauce, Zitronensaft und Senf zufügen und mit Salz und Pfeffer abschmecken. Das gewürzte Tatar zu einem großen Ball formen und auf eine Platte geben. Paprikaschoten entkernen, waschen und in Streifen schneiden. Das Hackfleisch mit den Paprikastreifen und den Kapern garnieren. Toastbrot rösten, diagonal durchschneiden und dazu reichen.

Pro Portion: 1349 Kilojoule, 323 Kalorien, 31 g Eiweiß, 7 g Fett, 32 g Kohlenhydrate

Chili con carne (Foto Seite 150)

Menüplan 18. Woche

Zutaten für 2 Portionen
150–180 g Tatar (Beefsteakhack/Rohgewicht)
2 TL Öl
Salz, Pfeffer
200 g Zwiebeln
2 Knoblauchzehen
400 g Tomaten (Dosenware)
300 g grüne Paprikaschoten
70 g Mais (Dosenware)
180 g Kidneybohnen, eingeweicht und gekocht (eventuell Dosenware)
Paprika scharf und edelsüß, Pfeffersauce, eventuell Majoran oder Oregano

Zubereitung: Hackfleisch unter Rühren in einer Kasserolle in 1 Teelöffel Öl scharf anbraten. Mit Salz und Pfeffer würzen.
Zwiebeln schälen, hacken und in einer beschichteten Pfanne in dem restlichen Öl anbraten. Knoblauchzehen zerdrücken und zu den Zwiebeln geben. Sobald die Zwiebeln goldgelb sind, zum Hack geben, die Tomaten mit der Gabel zerdrücken und mit der Flüssigkeit ebenfalls dazugeben. Paprikaschoten entkernen, in Würfel schneiden und mit der Tomaten-Hack-Mischung aufkochen. Alles 10–15 Minuten leise köcheln lassen. Maiskörner und Kidneybohnen hinzugeben, das Ganze nochmals erhitzen und mit den Gewürzen sehr scharf abschmecken.

Pro Portion: 1950 Kilojoule, 466 Kalorien, 36 g Eiweiß, 10 g Fett, 58 g Kohlenhydrate

Spaghetti mit Hackfleischsauce

Menüplan 8. Woche

Zutaten für 2 Portionen
100 g Zwiebeln
2 TL Öl
180–240 g Rinderhackfleisch (gegart)
2 EL Tomatenmark
Salz, Pfeffer, Majoran, Thymian, Knoblauchpulver
70 g Mais (Dosenware)
4 gestrichene TL geriebener Käse
120 g gekochte Spaghetti

Zubereitung: Zwiebeln schälen, würfeln und in heißem Öl glasig dünsten, das Hackfleisch hinzufügen und kurz mitschmoren. Tomatenmark mit 200 ml Wasser und den Gewürzen verrühren und ebenfalls hinzufügen. Den abgetropften Mais unterrühren und alles bei ganz schwacher Hitze 5 Minuten köcheln lassen (eventuell nachwürzen).
Die Hackfleischsauce und den geriebenen Käse zu den gegarten Spaghetti reichen.

Pro Portion: 2398 Kilojoule, 573 Kalorien, 47 g Eiweiß, 30 g Fett, 28 g Kohlenhydrate

Pasta asciutta

Menüplan 5. Woche

Zutaten für 2 Portionen
2 TL Olivenöl
200 g Zwiebeln
300–360 g Tatar (Beefsteakhack/Rohgewicht)
1 EL Tomatenmark
400 g Tomaten (Dosenware)
Salz, Pfeffer, Oregano, Basilikum
80 g Spaghetti (Rohgewicht)
5 TL geriebener Käse

Zubereitung: Öl in einer Pfanne erhitzen. Geschälte, gehackte Zwiebeln darin anbraten. Tatar zufügen und mitbraten. Tomatenmark unterrühren, Tomaten und Saft aus der Dose zufügen, kräftig durchkochen lassen und mit den Gewürzen abschmecken. Die Sauce ca. 20 Minuten bei schwacher Hitze einkochen lassen. Spaghetti in Salzwasser garen. Anschließend abgetropft auf Tellern anrichten und mit der Fleischsauce übergießen. Mit geriebenem Käse bestreut servieren.

Pro Portion: 2145 Kilojoule, 513 Kalorien, 49 g Eiweiß, 15 g Fett, 45 g Kohlenhydrate

Spaghetti mit italienischer Sauce

Menüplan 2. Woche

Zutaten für 2 Portionen
80 g Spaghetti (Rohgewicht)
300 g Tomaten (Dosenware)
300 g Zucchini
200 g Zwiebeln
180–240 g Rinderhack
Salz, frisch gemahlener Pfeffer, Oregano, Rosmarin

Zubereitung: Spaghetti in reichlich Salzwasser garen. Inzwischen Tomaten zerkleinern und etwas einkochen lassen. Zucchini waschen und in Scheiben schneiden, Zwiebeln schälen und würfeln. Zucchini und Zwiebeln zu den Tomaten geben und 10–15 Minuten köcheln lassen. Das Rinderhack zufügen und kurz mitgaren. Die Sauce abschmecken und zu den abgetropften Spaghetti servieren.

Pro Portion: 1261 Kilojoule, 301 Kalorien, 25 g Eiweiß, 13 g Fett, 23 g Kohlenhydrate

Schweinefleisch

Kümmelbraten

Menüplan 1. Woche

Zutaten für 2 Portionen
100 g Zwiebeln
300–360 g magerer Schweinebraten (Rohgewicht)
2 TL Öl
Salz, Pfeffer
1 EL Senf
1 TL gemahlener Kümmel
⅛ l Rotwein
2 TL Mehl

Zubereitung: Zwiebeln schälen und hacken. Fleisch mit Salz, Pfeffer, Senf und Kümmel einreiben und in einem Schmortopf ringsum scharf anbraten. Dann die Zwiebeln zugeben und mitbraten. ⅛ Liter Wasser aufgießen und das Fleisch im zugedeckten Topf ca. 35–40 Minuten schmoren. Zuletzt Rotwein zugeben, Fleisch herausnehmen und in Scheiben schneiden. Sauce mit Mehl andicken, nochmals aufkochen lassen und zum Fleisch servieren.

Pro Portion: 1439 Kilojoule, 344 Kalorien, 40 g Eiweiß, 12 g Fett, 7 g Kohlenhydrate

Geschnetzeltes vom Schwein

Menüplan 4. Woche

Zutaten für 2 Portionen
300–360 g Schweineschnitzel oder Lende (Rohgewicht)
4 TL Mehl
2 TL Margarine
⅛ l Weißwein
Salz, Pfeffer
1 EL Crème Fraîche
400 g Champignons (Dosenware)

Zubereitung: Schnitzelfleisch in Streifen schneiden und in Mehl wälzen. Die Margarine in einem Topf erhitzen und das Fleisch darin unter ständigem Wenden rösten. Weißwein und etwas Wasser zugeben und mit Salz und Pfeffer würzen. Die Sauce mit Crème fraîche verfeinern. Champignons zugeben und in der Sauce langsam erhitzen (nicht mehr kochen). Sofort servieren.

Pro Portion: 1950 Kilojoule, 466 Kalorien, 43 g Eiweiß, 22 g Fett, 13 g Kohlenhydrate

Panierte Schweineschnitzel

Menüplan 3. Woche

Zutaten für 2 Portionen
300–360 g mageres Schweineschnitzel (Rohgewicht)
Salz, Pfeffer, Edelsüß-Paprika
2 TL Kondensmilch (4% Fett i. Tr.)
20 g Paniermehl
2 TL Margarine
2 Zitronenscheiben, Petersiliesträußchen

Zubereitung: Schnitzel leicht klopfen, würzen und mit Kondensmilch bestreichen. Dann in Paniermehl wenden und dieses fest andrücken. In einer Pfanne

Fett erhitzen und die Schnitzel von jeder Seite 3–4 Minuten goldbraun braten. Mit Zitronenscheiben und Petersiliensträußchen anrichten.

Pro Portion: 1502 Kilojoule, 359 Kalorien, 39 g Eiweiß, 19 g Fett, 8 g Kohlenhydrate

Schweinekoteletts in Aprikosensauce

Menüplan 13. Woche

Zutaten für 2 Portionen
420–480 g magere Schweinekoteletts (Rohgewicht mit Knochen)
Salz, Pfeffer, Paprika
200 g Aprikosen (ohne Zucker konserviert)
4 EL Aprikosensaft
Süßstoff
½ TL Zimt, 1 Nelke

Zubereitung: Koteletts mit den Gewürzen einreiben und unter dem vorgeheizten Grill von jeder Seite etwa 10–15 Minuten grillen.
Währenddessen Aprikosen mit Aprikosensaft und 120 ml Wasser im Mixer pürieren. Das Püree in einen Topf geben. Süßstoff, Zimt und Nelke zufügen und 5 Minuten bei schwacher Hitze kochen lassen. Die Nelke wieder herausnehmen und die Sauce zu dem gegrillten Fleisch reichen.

Pro Portion: 2302 Kilojoule, 550 Kalorien, 31 g Eiweiß, 41 g Fett, 12 g Kohlenhydrate

Schnitzelgulasch

Menüplan 15. Woche

Zutaten für 2 Portionen
300–360 g magere Schweineschnitzel (Rohgewicht)
100 g Zwiebeln
250 g Champignons
2 TL Margarine
Salz, Pfeffer

Zubereitung: Das Fleisch in kleine Stücke schneiden, Zwiebel schälen und würfeln. Champignons putzen, waschen und abtropfen lassen. Nun die Margarine im Topf erhitzen, Fleisch hineingeben und gut anbraten. Würzen, Zwiebeln und Champignons zufügen und im geschlossenen Topf bei schwacher Hitze 5–10 Minuten schmoren lassen. Eventuell nochmals nachwürzen.

Pro Portion: 1557 Kilojoule, 372 Kalorien, 42 g Eiweiß, 19 g Fett, 8 g Kohlenhydrate

Schweinefleisch »Meister Ribbeck«

Menüplan 32. Woche

Zutaten für 2 Portionen
300–360 g mageres Schweineschnitzelfleisch (Rohgewicht)
300 g Möhren
200 g Kartoffeln
200 g Birnen
2 TL Öl
1 kleiner Brühwürfel
Salz, Pfeffer, Petersilie

Zubereitung: Fleisch würfeln, Möhren und Kartoffeln schälen und ebenfalls würfeln. Birnen schälen, das Kerngehäuse entfernen und würfeln. Das Fleisch im heißen Öl anbraten, ¼ Liter Wasser angießen, dann Brühwürfel, Möhren, Kartoffeln und Birnen zufügen. Alles würzen und bei schwacher Hitze 30 Minuten garen. Vor dem Servieren eventuell nachwürzen und mit reichlich feingehackter Petersilie bestreuen.

Pro Portion: 2199 Kilojoule, 525 Kalorien, 42 g Eiweiß, 20 g Fett, 43 g Kohlenhydrate

Schweinekoteletts in japanischer Marinade

Menüplan 8. Woche

Zutaten für 2 Portionen
420–480 g magere Schweinekoteletts (Rohgewicht mit Knochen)
Marinade:
1 Knoblauchzehe
3 EL Sojasauce
2 TL Öl
Ingwerpulver
Senf
1 TL Honig

Zubereitung: Bereits am Vortag die Marinade herstellen. Dazu Knoblauchzehe ganz fein hacken und mit den übrigen Zutaten vermengen, abschmecken und bis zum nächsten Tag abgedeckt im Kühlschrank aufbewahren. Dann nochmals abschmekken. Schweinekoteletts mit der Marinade bepinseln, in Alufolie einwickeln und 3–5 Stunden im Kühlschrank liegen lassen. Dann das Fleisch von jeder Seite 10–15 Minuten unter dem vorgeheizten Grill grillen.

Pro Portion: 2322 Kilojoule, 555 Kalorien, 31 g Eiweiß, 47 g Fett, 2 g Kohlenhydrate

Festtagsbraten für Langschläfer

Menüplan 16. Woche

Zutaten für 2 Portionen
¼ l herber Weißwein
6–8 Trockenpflaumen (40 g)
Saft 1 Zitrone
4 Nelken
½ TL Pfefferkörner (nach Geschmack etwas mehr)
Süßstoff
300–360 g Schweinefilet (Rohgewicht)
Salz, Pfeffer
2 TL Margarine oder Öl
100 g Zwiebeln

Zubereitung. Weißwein, Trockenpflaumen, Zitronensaft, Nelken, Pfefferkörner und Süßstoff in einem Topf ca. 10 Minuten kochen. Dann die Pflaumen herausnehmen. Inzwischen das Schweinefilet der Länge nach tief einschneiden und die Pflaumen (ohne Kern) in den Einschnitt legen. Filet zuklappen, mit Garn umwickeln, würzen und im Fett anbraten. Geschälte, kleingehackte Zwiebeln dazugeben und alles ca. 30 Minuten braten. Bei Bedarf ganz wenig Flüssigkeit zugeben, damit das Fleisch nicht anbrennt. Sobald das Fleisch gar ist, den Weinsud dazugeben und aufkochen lassen. Das Fleisch aus der Sauce heben und warmstellen, die Soße durch ein Sieb streichen und eventuell mit Süßstoff, Salz und Pfeffer abschmecken.

Pro Portion: 2099 Kilojoule, 502 Kalorien, 35 g Eiweiß, 22 g Fett, 23 g Kohlenhydrate

Schweinefleisch süß-sauer

Menüplan 45. Woche

Zutaten für 2 Portionen
300–360 g mageres Schweinefleisch (Rohgewicht)
6 TL Speisestärke
Salz
je 100 g rote und grüne Paprikaschote
100 g Möhren
2 TL Öl
2–3 EL Essig
etwa 3 EL Sojasauce
Süßstoff

Zubereitung: Schweinefleisch in sehr kleine Streifen schneiden und mit 2 Teelöffeln Speisestärke und wenig Salz bestreuen. Gut mischen und beiseite stellen. Paprikaschoten waschen und entkernen, Möhren schälen und beides in feine Streifen schneiden. Öl in einer Pfanne erhitzen und das Schweinefleisch darin unter ständigem Wenden goldbraun braten, dann warmstellen.
In einem Topf Essig, Sojasauce und eine Tasse Wasser erhitzen, das Gemüse dazugeben und kurz aufkochen lassen. Das Gemüse darf auf keinen Fall weich werden! Den Rest der Speisestärke mit etwas Wasser verrühren und das Gemüse damit andicken. Mit Süßstoff süß-sauer abschmecken, dann das Schweinefleisch dazugeben und sofort servieren.

Pro Portion: 1476 Kilojoule, 353 Kalorien, 41 g Eiweiß, 12 g Fett, 19 g Kohlenhydrate

Paprikaschoten mit Gulaschfüllung

Menüplan 15. Woche

Zutaten für 2 Portionen
300–360 g mageres Schweinefleisch (Rohgewicht)
50 g Zwiebeln
je 150 g Champignons und Tomaten
2 TL Margarine
Salz, Pfeffer, Paprika
2 große grüne Paprikaschoten (300 g)
1 TL Speisestärke
3 Tropfen Pfeffersauce

Zubereitung: Das Fleisch mundgerecht würfeln, Zwiebeln schälen und würfeln. Champignons putzen, waschen und blättrig schneiden. Die Tomaten überbrühen, häuten und die Hälfte davon in Scheiben schneiden. Fleisch und Zwiebeln in der Pfanne in heißer Margarine anbraten. Tomaten zusammen mit den Champignons zum Fleisch geben, ca. ½ Liter Wasser zufügen und alles bei geringer Hitze 40 Minuten garen. Mit Salz, Pfeffer und Paprika würzen. Nun die restlichen Tomaten würfeln und ebenfalls zum Fleisch geben. Von den Paprikaschoten einen Deckel abschneiden, aushöhlen und waschen. Die Tomaten-Fleisch-Mischung aus der Sauce heben und in die Schoten füllen. Den Deckel wieder auflegen und die Schoten bei schwacher Hitze in der restlichen Sauce 30 Minuten garen lassen. Schoten anschließend herausnehmen, die Sauce mit angerührter Stärke binden, mit Pfeffersauce würzen und durch ein Sieb gießen. Getrennt zu den Paprikaschoten reichen.

Pro Portion: 1387 Kilojoule, 332 Kalorien, 43 g Eiweiß, 11 g Fett, 15 g Kohlenhydrate

Schweinesülze

Menüplan 7. Woche

Zutaten für 2 Portionen
300–360 g magerer Schweinebraten (Rohgewicht)
100 g Senfgurken
1 kleiner Brühwürfel
2 EL Essig
Salz, Süßstoff
3 Blatt Gelatine

Zubereitung: Schweinebraten in 2 cm dicke Scheiben schneiden und in einer beschichteten Pfanne anbraten, dann in einen Topf geben und mit einer ½ Tasse Wasser bei schwacher Hitze 15 Minuten garen. Den gegarten Schweinebraten und die Senfgurken würfeln. Beides abwechselnd in eine Schale schichten. Brühwürfel in einem ¼ Liter Wasser aufkochen und kräftig mit Essig, Salz und Süßstoff würzen. Die eingeweichte Gelatine in der nicht mehr kochenden Brühe auflösen und die Mischung über das Fleisch und die Gurken geben. Die Sülze im Kühlschrank fest werden lassen.
Vor dem Servieren die Schale kurz in heißes Wasser stellen, dann die Schweinesülze auf eine Platte stürzen.

Pro Portion: 965 Kilojoule, 231 Kalorien, 41 g Eiweiß, 6 g Fett, 2 g Kohlenhydrate

Schweinefilet in Biersauce

Menüplan 8. Woche

Zutaten für 2 Portionen
300–360 g Schweinefilet (Rohgewicht)
100 g Zwiebeln
2 TL Öl
Salz, Pfeffer, Knoblauchpulver
200 ml Bier
4 TL Mehl

Zubereitung: Schweinefilet trockentupfen und mit den geschälten, in Ringe geschnittenen Zwiebeln in Öl kräftig anschmoren, Gewürze zufügen und mit Bier ablöschen. Das Fleisch bei geschlossenem Topf ca. 20 Minuten garen. Den Schmorfond mit dem in etwas Wasser angerührten Mehl binden. Weitere 5 Minuten bei ganz schwacher Hitze kochen lassen und die Sauce vor dem Servieren nochmals abschmecken.

Pro Portion: 1796 Kilojoule, 429 Kalorien, 35 g Eiweiß, 23 g Fett, 14 g Kohlenhydrate

Serbischer Fleischtopf

Menüplan 7. Woche

Zutaten für 2 Portionen
300–360 g Schweinefilet (Rohgewicht)
je 100 g Zwiebeln und Paprikaschoten
je 50 g Gewürzgurken und eingelegte Peperoni
2 TL Öl
70 g Mais (Dosenware)
1 TL Instantbrühe
200 g Tomaten
Salz, Paprika, Thymian
2 EL Crème fraîche
Petersilie, Dill

Zubereitung: Das Fleisch würfeln, Zwiebeln schälen und würfeln. Paprikaschoten waschen, entkernen und in Streifen schneiden. Gewürzgurken und Peperoni würfeln. Die Fleischwürfel in heißem Öl anbraten, Zwiebel-, Gurken- und Peperoniwürfel sowie die Paprikastreifen und den abgetropften Mais kurz mit andünsten, dann gut ¼ Liter Wasser angießen und die Instantbrühe einrühren. Tomaten überbrühen, enthäuten, achteln und ebenfalls hinzufügen. Alles mit Salz, Paprika und Thymian würzen und bei schwacher Hitze 15 Minuten garen; eventuell nachwürzen. Vor dem Servieren Crème fraîche und die feingehackten Kräuter unterheben.

Pro Portion: 2094 Kilojoule, 501 Kalorien, 38 g Eiweiß, 29 g Fett, 20 g Kohlenhydrate

Hot dogs

Menüplan 1. Woche

Zutaten für 2 Portionen
2 Wiener Würstchen (à 90 g)
2 lange Brötchen (à 30 g)
2 TL Mayonnaise (90% Fett)
1 EL Senf
4 TL Ketchup
50 g Salatblätter

Zubereitung: Die Würstchen unter dem Grill knusprig grillen. Dann die Brötchen der Länge nach auf-, jedoch nicht durchschneiden und mit Mayonnaise bestreichen. Die grgrillten Würstchen dazwischenlegen, mit Senf und Ketchup bestreichen und auf Salatblättern servieren.

Pro Portion: 1555 Kilojoule, 372 Kalorien, 17 g Eiweiß, 24 g Fett, 21 g Kohlenhydrate

Würstchenpfanne

Menüplan 31. Woche

Zutaten für 2 Portionen
100 g Zwiebeln
180 g Wiener Würstchen
100 g Tomaten
60 g Roggenbrot
100 g Champignons (Dosenware)
2 TL Öl
Salz, Knoblauch, Pfeffer, gehackte Petersilie

Zubereitung: Zwiebeln schälen und in Ringe schneiden, Wiener Würstchen in Scheiben. Tomaten waschen und vierteln, das Roggenbrot würfeln. Die Champignons abtropfen lassen. Öl in einer Pfanne erhitzen, die vorbereiteten Zutaten hineingeben und alles bei mittlerer Hitze 15 Minuten garen. Dabei mehrmals umrühren. Die Würstchenpfanne mit den Gewürzen abschmecken und mit Petersilie bestreut servieren.

Pro Portion: 1574 Kilojoule, 376 Kalorien, 17 g Eiweiß, 24 g Fett, 21 g Kohlenhydrate

Kassler mit Kapernsauce

Menüplan 41. Woche

Zutaten für 2 Portionen
420 g sehr mageres Kassler (Rohgewicht mit Knochen)
100 g Zwiebeln
2 TL Öl
1 Prise Thymian
1 Lorbeerblatt
2 Gewürznelken,
frisch gemahlener weißer Pfeffer
2 EL Kapern
100 g Speisequark (Magerstufe)

Zubereitung: Kassler unter fließendem Wasser abspülen und trockentupfen. Zwiebeln schälen, die Hälfte davon vierteln, die andere Hälfte kleinhacken. Kasseler mit den geviertelten Zwiebeln in einen Bratbeutel legen, den Beutel verschließen und mit einer Stecknadel 2 Löcher in die Folie stechen. Das Kasseler im vorgeheizten Backofen bei 200°C (Gasherd Stufe 4–5) ca. 45 Minuten braten. Kurz vor Ende der Garzeit das Öl in einem Topf erhitzen und die gehackten Zwiebeln darin anbraten. Kassler vorsichtig aus dem Bratbeutel nehmen, die Bratflüssigkeit mit Wasser auf 200 ml auffüllen und zu den Zwiebeln geben. Kassler warmstellen. Zwiebeln mit Thymian, Lorbeerblatt und Gewürznelken aufkochen, mit Pfeffer würzen und bei geschlossenem Topf 15 Minuten kochen lassen. Kapern und Quark in diese Sauce rühren, nochmals erhitzen und abgeschmeckt zu dem aufgeschnittenen Fleisch servieren.

Pro Portion: 2426 Kilojoule, 580 Kalorien, 37 g Eiweiß, 44 g Fett, 4 g Kohlenhydrate

Kassler mit Ananas

Menüplan 15. Woche

Zutaten für 2 Portionen
2 Scheiben Kassler à 90 g (aus dem Knochen gelöst)
200 g Ananas aus der Dose (ohne Zucker konserviert)
2 TL Margarine
Thymian

Zubereitung: Die Kassler-Scheiben mit den abgetropften Ananas belegen. Eine feuerfeste Form mit der Margarine einfetten, Kasseler hineinlegen, die Ananas mit Thymian bestreuen und alles im vorgeheizten Backofen auf der mittleren Schiene bei 200°C (Gasherd Stufe 4–5) ca. 20 Minuten braten.

Pro Portion: 1556 Kilojoule, 372 Kalorien, 17 g Eiweiß, 28 g Fett, 14 g Kohlenhydrate

Überbackenes Kassler

Menüplan 3. Woche

Zutaten für 2 Portionen
180 g gekochtes Kassler
je 100 g Zwiebeln und Porree
200 g rote und grüne Paprikaschoten
200 g frische Champignons
2 TL Margarine
1 EL Tomatenmark
2 TL Mehl
Salz, Pfeffer, Majoran
3 TL geriebener Käse

Zubereitung: Das Kassler in 2 Scheiben schneiden, geschälte Zwiebel würfeln, den gewaschenen Porree in Ringe schneiden, die Paprikaschoten in Streifen und die geputzten Pilze blättrig schneiden. Margarine in einer Pfanne erhitzen und alle Gemüse darin etwas anschmoren. Ein wenig Wasser angießen und das Gemüse fertig garen. Tomatenmark und das mit etwas Wasser angerührte Mehl unter das Gemüse ziehen und mit den Gewürzen abschmecken. Nun die Kassler-Scheiben in eine feuerfeste Form legen, das Gemüse mit der Sauce darüber verteilen und mit geriebenem Käse bestreuen. Das Gericht unter dem vorgeheizten Grill überbacken, bis der Käse zu schmelzen beginnt.

Pro Portion: 2577 Kilojoule, 616 Kalorien, 35 g Eiweiß, 45 g Fett, 17 g Kohlenhydrate

Spargel-Schinken-Toast

Menüplan 9. Woche

Zutaten für 2 Portionen
4 TL Halbfettmargarine
feingehackte Petersilie und Schnittlauch
120 g Toastbrot
200 g Spargelabschnitte (Dosenware)
180 g magerer gekochter Schinken
20 g Paniermehl
6 TL geriebener Käse
2 TL Butterflöckchen

Zubereitung: Die Margarine mit den Kräutern verkneten. Das Toastbrot auf einer Seite rösten und die ungeröstete Seite mit der Kräutermargarine bestreichen. Nun die abgetropften Spargelstücke darauf verteilen, den in Streifen geteilten Schinken ebenfalls; Paniermehl, geriebenen Käse darüber streuen, und die Toasts, mit Butterflöckchen belegt, unter dem vorgeheizten Grill auf der untersten Schiene 8–10 Minuten überbacken.

Pro Portion: 2328 Kilojoule, 556 Kalorien, 28 g Eiweiß, 31 g Fett, 39 g Kohlenhydrate

Schinkenbananen

Menüplan 7. Woche

Zutaten für 2 Portionen
120 g Bananen
Curry
2 Scheiben gekochter Schinken (je Scheibe 30 g)

Zubereitung: Bananen schälen und kräftig mit Curry bestreuen, dann in die Schinkenscheiben einrollen und mit einem Holzstäbchen verschließen.
Die Rollen unter dem vorgeheizten Grill von beiden Seiten in ca. 8–10 Minuten knusprig braun grillen.

Pro Portion: 573 Kilojoule, 137 Kalorien, 7 g Eiweiß, 6 g Fett, 14 g Kohlenhydrate

Schinkenröllchen in Sülze

Menüplan 50. Woche

Zutaten für 2 Portionen
3 Blatt Gelatine
1 kleiner Brühwürfel
Salz, Pfeffer, Essig
2 Scheiben magerer, gekochter Schinken (à 90 g)
2 Gewürzgurken (à 50 g)
100 g eingelegte Silberzwiebeln

Zubereitung: Gelatine in kaltem Wasser einweichen. ½ Liter Wasser aufkochen und den Brühwürfel darin auflösen, mit Salz, Pfeffer und Essig kräftig abschmecken. Die Gelatine in der nicht mehr kochenden Brühe auflösen und davon einen dünnen »Spiegel« in eine Schüssel gießen und erstarren lassen. Nun die Gewürzgurken in die Schinkenscheiben wickeln und zusammen mit den Silberzwiebeln auf den Gelatinespiegel geben. Den Rest der Brühe darüber gießen und im Kühlschrank vollständig erstarren lassen.
Vor dem Servieren die Schüssel kurz in heißes Wasser stellen und die Sülze auf eine Platte stürzen.

Pro Portion: 1111 Kilojoule, 266 Kalorien, 21 g Eiweiß, 19 g Fett, 3 g Kohlenhydrate

Gefüllte Schinkenrollen im Reisbett

Menüplan 37. Woche

Zutaten für 2 Portionen
80 g Reis (Rohgewicht), Salz
je 20 g Rosinen und getrocknete Aprikosen
2 TL Meerrettich
2 Scheiben gekochter Schinken (à 90 g)
je 4 TL Margarine und Mehl
¼ l Milch (0,3% Fett)
Pfeffer, Petersilie

Zubereitung: Reis in gut ⅛ Liter Salzwasser garen. Dann in eine Auflaufform geben. Rosinen und kleingewürfelte Aprikosen mit Meerrettich vermengen, auf den Schinkenscheiben verteilen, diese dann aufrollen und auf den Reis legen. Margarine schmelzen, Mehl zufügen und unter ständigem Rühren die Milch angießen. Die Sauce mit Salz und Pfeffer abschmecken, über die Schinkenrollen gießen und diese bei 200 °C (Gasherd Stufe 4–5) auf der mittleren Schiene 15 Minuten garen. Vor dem Servieren mit feingehackter Petersilie bestreuen.

Pro Portion: 2436 Kilojoule, 582 Kalorien, 26 g Eiweiß, 27 g Fett, 58 g Kohlenhydrate

Schinken mit Mainzer Spargel
Menüplan 22. Woche

Zutaten für 2 Portionen
500 g Spargel
Salz
2 hartgekochte Eier
90 g magerer roher Schinken
2 TL Butter
20 g Paniermehl

Zubereitung: Spargel von oben nach unten dünn schälen, holzige Teile entfernen. ⅛ Liter Wasser mit Salz zum Kochen bringen und darin den Spargel je nach Dicke 20–25 Minuten bei schwacher Hitze garen. Den abgetropften Spargel auf einer vorgewärmten Platte warmhalten.
Die Eier schälen und würfeln, den Schinken ebenfalls würfeln. Butter in einer kleinen Pfanne schmelzen lassen und das Paniermehl leicht darin bräunen. Die Eier- und Schinkenwürfel über dem Spargel verteilen, das geröstete Paniermehl darüberstreuen und das Gericht sofort servieren.

Pro Portion: 1440 Kilojoule, 344 Kalorien, 23 g Eiweiß, 20 g Fett, 17 g Kohlenhydrate

Pikanter Wurstsalat
Menüplan 2. Woche

Zutaten für 2 Portionen
180 g Bierschinken
je 100 g rote, grüne und gelbe Paprikaschoten
200 g Zwiebeln
Marinade:
2 TL Öl
4 TL Rotwein
1 TL scharfer Senf
frisch gemahlener schwarzer Pfeffer, Knoblauchsalz, Essig

Zubereitung: Den Bierschinken in Streifen schneiden, Paprikaschoten putzen, waschen und ebenfalls in Streifen teilen. Die geschälten Zwiebeln in Ringe schneiden.
Die Zutaten für die Marinade zu einer pikanten Sauce verrühren, diese über die Salatzutaten gießen, alles gut vermischen und bis zum Servieren etwas durchziehen lassen.

Pro Portion: 1443 Kilojoule, 345 Kalorien, 17 g Eiweiß, 23 g Fett, 14 g Kohlenhydrate

Toast »St. Nikolaus«
Menüplan 49. Woche

Zutaten für 2 Portionen
2 Scheiben Toastbrot (à 30 g)
2 TL Butter
2 Scheiben gegarter magerer Schweinebraten (à 95–110 g)
40 g getrocknete, steinlose Pflaumen
2 Scheiben (à 30 g) Emmentaler (45% Fett i. Tr.)
Edelsüß-Paprika

Zubereitung: Das Toastbrot auf einer Seite rösten, die andere Seite mit Butter bestreichen und mit den Bratenscheiben belegen. Die halbierten Pflaumen darauf verteilen und mit Käsescheiben abdecken. Die Toastscheiben unter dem vorgeheizten Grill überbacken, bis der Käse zerläuft und leicht braun ist. Vor dem Servieren mit Paprikapulver bestäuben.

Pro Portion: 2012 Kilojoule, 481 Kalorien, 44 g Eiweiß, 20 g Fett, 29 g Kohlenhydrate

Kalbfleisch

Champignonkotelett
Menüplan 5. Woche

Zutaten für 2 Portionen
420–480 g Kalbskoteletts (Rohgewicht)
Salz, Pfeffer
2 TL Margarine
100 g Zwiebeln
300 g Champignons
⅛ l Weißwein
25 g süße Sahne
4 TL geriebener Käse

Zubereitung: Koteletts salzen und pfeffern. Fett in einer beschichteten Pfanne erhitzen, die Koteletts darin von beiden Seiten braun braten; herausnehmen und in eine feuerfeste Form geben. Geschälte, in Ringe geschnittene Zwiebeln in der Pfanne goldgelb rösten, blättrig geschnittene Champignons dazugeben, alles salzen und pfeffern. Dann Weißwein und Sahne zufügen und kurz aufkochen. Die Zwiebel-Pilz-Mischung auf die Koteletts häufen, mit geriebenem Käse bestreuen und unter dem Grill kurz überbacken, bis der Käse zerlaufen ist.

Pro Portion: 1682 Kilojoule, 402 Kalorien, 44 g Eiweiß, 15 g Fett, 11 g Kohlenhydrate

Kalbssteak mit Ananas
Menüplan 1. Woche

Zutaten für 2 Portionen
300–360 g Kalbssteak (Rohgewicht)
Salz, Pfeffer
2 TL Margarine
100 g frische Ananas
2 TL geriebener Käse
60 g Toastbrot

Zubereitung: Kalbssteak mit Salz und Pfeffer würzen. Margarine in einer Pfanne erhitzen und die Steaks von beiden Seiten darin braten. Geschälte Ananas in Scheiben schneiden, darüberlegen und mit geriebenem Käse bestreuen. Im Grill überbakken, bis der Käse zerlaufen ist. Das Brot toasten und die Steaks darauf anrichten.

Pro Portion: 1670 Kilojoule, 399 Kalorien, 37 g Eiweiß, 18 g Fett, 22 g Kohlenhydrate

Osso bucco
Menüplan 5. Woche

Zutaten für 2 Portionen
420–480 g Kalbshaxe in Scheiben (Rohgewicht mit Knochen)
Salz, Pfeffer
2 TL Mehl
2 TL Olivenöl
je 200 g Zwiebeln und Möhren
100 g Bleichsellerie
⅛ l Weißwein
25 g süße Sahne
Thymian, Basilikum
300 g Tomaten (Dosenware)
2 TL Instantbrühe
gehackte Petersilie und Knoblauch
abgeriebene Zitronenschale

Zubereitung: Die gewaschenen Kalbshaxenscheiben mit einem Faden umwickeln (damit sie beim Braten in Form bleiben), dann salzen, pfeffern und mit Mehl bestäuben. Das Öl in einer Pfanne erhitzen und die Fleischscheiben auf beiden Seiten kräftig anbraten; anschließend herausnehmen und warmhalten. Zwiebeln, Möhren und Sellerie schälen bzw. putzen und in Stücke schneiden. Das Gemüse in einem feuerfesten Schmortopf mit wenig Wasser ca. 10–12 Minuten dünsten, dann die Kalbshaxenscheiben darauf legen. Den Bratensatz in der Pfanne mit Wein und ⅛ Liter Wasser loskochen, die Sauce mit Sahne verfeinern, über das Fleisch gießen und alles mit Thymian und Basilikum bestreuen. Die Dosentomaten grob zerkleinert mit ihrem Saft in einem Topf mit Instantbrühe aufkochen, mit Salz und Pfeffer würzen und ebenfalls über das Fleisch gießen. Nun den Schmortopf zudecken und das Gericht ca. 1 Stunde im vorgeheizten Backofen bei 180°C (Gasherd Stufe 3–4) garen; eventuell die letzten 10 Minuten ohne Deckel, damit die Flüssigkeit etwas einkocht. Vor dem Servieren Petersilie, Knoblauchstückchen und Zitronenschale mischen und die sogenannte »gremolata« über das Osso bucco streuen.

Pro Portion: 1909 Kilojoule, 456 Kalorien, 44 g Eiweiß, 13 g Fett, 30 g Kohlenhydrate

Kalbsragout
Menüplan 38. Woche

Zutaten für 2 Portionen
300–360 g magere Kalbsschulter (Rohgewicht)
50 g Zwiebeln
1 Knoblauchzehe
250 g Champignons
½ kleiner Brühwürfel
2 TL Öl
2 EL Tomatenmark
2 TL Mehl
2 TL Weißwein
Salz
1 TL getrockneter Thymian
1 Lorbeerblatt

Zubereitung: Das Fleisch in Würfel schneiden, Zwiebeln schälen und hacken, Knoblauchzehe durchpressen und zu den Zwiebeln geben. Champignons putzen, waschen und in Scheiben schneiden. Aus einem ½ Brühwürfel und ⅛ Liter Wasser eine Brühe herstellen.
Öl im Bratentopf erhitzen und die Fleischwürfel darin ringsum anbraten. Zwiebeln und Knoblauch zugeben, dann die Champignons und das Tomatenmark. Alles mit Mehl bestäuben, dann die Brühe und den Wein angießen und mit Salz, Thymian und Lorbeerblatt würzen. Das Ragout zugedeckt 60 Minuten schmoren lassen. Vor dem Servieren das Lorbeerblatt entfernen und eventuell nochmals nachwürzen.

Pro Portion: 1492 Kilojoule, 357 Kalorien, 38 g Eiweiß, 17 g Fett, 11 g Kohlenhydrate

Kalbfleisch mit Erdfrüchten

Menüplan 52. Woche

Zutaten für 2 Portionen
200 g Schwarzwurzeln
Essig, Salz
100 g Kartoffeln
300–360 g Kalbfleisch (Rohgewicht)
2 TL Margarine
½ l Milch (0,3% Fett)
2 TL Instantbrühe
gehackte Petersilie
20 g Zwieback
Muskat, frisch gemahlener Pfeffer, Salz
2 Spritzer Süßstoff

Zubereitung: Die Schwarzwurzeln waschen, putzen, in Stücke schneiden und sofort in Essig-Salz-Wasser legen. Kartoffeln schälen und würfeln, das Kalbfleisch in walnußgroße Würfel schneiden.
Margarine in einem Topf erhitzen, das Kalbfleisch darin unter ständigem Wenden bei mittlerer Hitze 5 Minuten anbräunen, dann Schwarzwurzeln und Kartoffeln dazugeben und weitere 5 Minuten bei mittlerer Hitze unter ständigem Wenden garen. Die Milch angießen, Instantbrühe darin auflösen und alles bei sehr schwacher Hitze 30 Minuten zugedeckt köcheln lassen. Vor dem Servieren Petersilie unterrühren, den Zwieback hineinreiben und das Gericht mit den Gewürzen und Süßstoff mild abschmecken.

Pro Portion: 2177 Kilojoule, 520 Kalorien, 47 g Eiweiß, 17 g Fett, 45 g Kohlenhydrate

Saltimbocca

Menüplan 18. Woche

Zutaten für 2 Portionen
je 150 g Broccoli und Blumenkohl
100 g grüne Bohnen (eventuell gefroren)
Salz
2 TL Olivenöl
4 ganz dünne Kalbsschnitzel (Rohgewicht 225–270 g)
Pfeffer
8 frische Salbeiblätter
45 g magerer Parmaschinken
100 g Tomaten
⅛ l herber Weißwein (am besten Soave)
1 TL Speisestärke

Zubereitung: Broccoli und Blumenkohl in Röschen teilen und waschen, die Bohnen putzen und das Gemüse in Salzwasser beinahe garkochen.
Das Öl in einer Pfanne erhitzen und die Kalbsschnitzel von beiden Seiten scharf anbraten, dann pfeffern. Die Salbeiblätter dazugeben, dann den in vier Teile geschnittenen Schinken in der Pfanne glasig dünsten. Kalbsschnitzel mit je einem Stück Schinken und einem Salbeiblatt belegen. Die Schnitzel zusammenklappen und mit einem Holzspieß zusammenstecken; dabei ein Salbeiblatt daraufstekken. Kalbsschnitzel aus der Pfanne nehmen und warmstellen.
Nun Tomaten überbrühen, enthäuten, würfeln und kurz im Bratfond erhitzen. Zusammen mit dem abgetropften Gemüse und den Kalbsschnitzeln auf zwei Tellern anrichten.
Weißwein zu dem restlichen Bratenfond gießen, kurz aufkochen lassen und mit der Speisestärke binden. Die Sauce über das Fleisch geben.

Pro Portion: 1497 Kilojoule, 358 Kalorien, 38 g Eiweiß, 12 g Fett, 14 g Kohlenhydrate

Curry-Kalbfleisch

Menüplan 21. Woche

Zutaten für 2 Portionen
125 g Apfel
100 g Zwiebeln
2 TL Öl
1 kleiner Brühwürfel
175 g Joghurt (1,5% Fett)
Curry, Salz, Pfeffer
300–360 g Kalbsschnitzel (Rohgewicht)
gehackte Petersilie

Zubereitung: Apfel schälen, das Kerngehäuse entfernen und würfeln, geschälte Zwiebeln ebenfalls würfeln. Beides in einer Pfanne in 1 Teelöffel Öl glasig dünsten, mit knapp ⅛ Liter Wasser ablöschen. Dann den Brühwürfel zufügen und rühren, bis er sich aufgelöst hat. Anschließend den Joghurt unterheben und die Sauce mit Curry, Salz und Pfeffer kräftig abschmecken und warm stellen.
Kalbsschnitzel pfeffern und im restlichen Öl von beiden Seiten gut braun braten, dann salzen. Auf eine Platte geben und mit der Sauce begossen und mit Petersilie bestreut servieren.

Pro Portion: 1376 Kilojoule, 329 Kalorien, 42 g Eiweiß, 10 g Fett, 17 g Kohlenhydrate

Züricher Sahne-Geschnetzeltes
Menüplan 12. Woche

Zutaten für 2 Portionen
100 g Zwiebeln
300–360 g Kalbsschnitzel (Rohgewicht)
2 TL Mehl
2 TL Margarine
⅛ l Weißwein
25 g süße Sahne
Salz, Pfeffer, gehackte Petersilie

Zubereitung: Zwiebeln schälen und würfeln, das Fleisch in Streifen schneiden und in Mehl wälzen. In einer beschichteten Pfanne die Zwiebeln in geschmolzener Margarine glasig dünsten. Dann das Fleisch zu den Zwiebeln geben und von allen Seiten gut bräunen. Mit Wein ablöschen und alles bei schwacher Hitze etwa 2 Minuten ziehen lassen. Zum Schluß die Sahne zufügen und mit Salz und Pfeffer abschmecken. Vor dem Servieren das Geschnetzelte mit Petersilie bestreuen.

Pro Portion: 1406 Kilojoule, 336 Kalorien, 39 g Eiweiß, 11 g Fett, 9 g Kohlenhydrate

Kalbfleisch Toledo
Menüplan 19. Woche

Zutaten für 2 Portionen
300 g Broccoli
Salz
150–180 g Kalbsschnitzel in 2 Stücken
Knoblauch, Rosmarin
⅛ l Orangensaft
2 TL Rotwein zum Kochen
Pfeffer, Süßstoff
1 Orange (100 g)
1 TL geraspelte Kokosnuß

Zubereitung: Broccoli putzen, dabei die Stielenden und Außenblätter abschneiden und den Broccoli unter fließendem kalten Wasser waschen. In ca. 1 Liter kochendes Salzwasser geben und zugedeckt bei schwacher Hitze 15 Minuten kochen lassen.
Inzwischen das Fleisch waschen, trockentupfen und mit Knoblauch und Rosmarin einreiben. In einer beschichteten Pfanne auf beiden Seiten kurz anbraten und bei schwacher Hitze 8 Minuten durchbraten (nach 4 Minuten wenden). Das Fleisch aus der Pfanne nehmen und warmstellen. Orangensaft und Wein in die Pfanne geben und mit dem Bratfond mischen. Die Sauce mit Salz, Pfeffer und Süßstoff abschmecken. Die Orange schälen und in Spalten zerteilen.
Das Fleisch und den gegarten Broccoli auf zwei Tellern anrichten, die Orangenscheiben auf das Fleisch legen, mit der Sauce übergießen und mit Kokosraspeln bestreuen.

Pro Portion: 862 Kilojoule, 206 Kalorien, 25 g Eiweiß, 3 g Fett, 19 g Kohlenhydrate

Lamm und Hammel

Hammeleintopf
Menüplan 26. Woche

Zutaten für 2 Personen
300–360 g mageres Hammelfleisch (Rohgewicht ohne Knochen)
1 Bund Suppengrün (ca. 200 g)
50 g Zwiebeln
2 Knoblauchzehen
Salz
je 100 g rote und grüne Paprikaschoten
2 TL Margarine
4 kleine Brühwürfel
40 g Reis (Rohgewicht)
1 EL Essig, Pfeffer

Zubereitung: Fleisch abspülen, trocknen und würfeln. Das gewaschene Suppengrün zerschneiden, die geschälte Zwiebel würfeln, die Knoblauchzehen mit Salz zerdrücken. Paprikaschoten waschen und in Streifen schneiden. Nun die Margarine in einer Kasserolle erhitzen, erst das Fleisch darin kräftig anbraten, dann Suppengrün, Zwiebeln, Knoblauch und Paprika dazu geben und alles kurze Zeit unter Umrühren schmoren. Mit ca. ½ Liter Wasser ablöschen, die Brühwürfel hinzufügen und den Eintopf ca. 40 Minuten kochen lassen.
Währenddessen den Reis in Salzwasser garen, vor dem Servieren unter den Eintopf mischen und alles mit Essig und Pfeffer würzig abschmecken.

Pro Portion: 2279 Kilojoule, 545 Kalorien, 40 g Eiweiß, 29 g Fett, 29 g Kohlenhydrate

Schäfertopf (Rezept S. 133)
Seite 150: Chili con carne (Rezept S. 138)

Lammtopf »Izmir«
Menüplan 6. Woche

Zutaten für 2 Portionen
2 TL Margarine
300–360 g Lammfleisch (Rohgewicht)
200 g Zwiebeln
400 g grüne Bohnen (eventuell Tiefkühlware)
200 g Kartoffeln
Bohnenkraut
2 EL Tomatensaft
Salz, Knoblauchsalz, gehackte Petersilie

Zubereitung. Margarine in einem Topf erhitzen und das gewürfelte Fleisch darin anbraten. Die geschälten Zwiebeln grob würfeln und mit anbraten. Etwas Wasser zugeben und das Fleisch ca. 30 Minuten schmoren lassen. Danach die geputzten, zerkleinerten Bohnen und die geschälten, in Würfel geschnittenen Kartoffeln mit Bohnenkraut zufügen und alles weitere 20 Minuten garen. Tomatensaft und eventuell etwas Wasser zufügen, dann mit den Gewürzen abschmecken. Den Lammtopf mit Petersilie bestreut servieren.

Pro Portion: 2422 Kilojoule, 579 Kalorien, 41 g Eiweiß, 29 g Fett, 38 g Kohlenhydrate

Lamm mit grünen Bohnen
Menüplan 44. Woche

Zutaten für 2 Portionen
300–360 g mageres Lammfleisch (Rohgewicht)
100 g Zwiebeln
300 g Tomaten (Dosenware)
400 g grüne Bohnen (ersatzweise Tiefkühlware)
2 TL Olivenöl
½–1 TL Salz
je ¼–½ TL frisch geriebene Muskatnuß, Piment und frisch gemahlener schwarzer Pfeffer

Zubereitung: Lammfleisch in Würfel schneiden, geschälte Zwiebeln und die gewaschenen Tomaten grob zerkleinern. Frische Bohnen waschen, die Fäden entfernen und in etwa 5 cm lange Stücke brechen oder schneiden. Öl in einer Pfanne erhitzen und das Lammfleisch darin von allen Seiten anbraten. Bohnen auf dem Boden eines großen Topfes verteilen, das Lammfleisch darauf geben. Nun die Zwiebeln in dem zurückgebliebenen Öl in der Pfanne glasig dünsten, dann das Fleisch damit bedekken. Die Tomaten obenauf verteilen, Salz, Muskatnuß, Piment und schwarzen Pfeffer darüberstreuen und den Topf gut verschließen. Alles bei schwacher Hitze ca. 1 Stunde köcheln lassen, bis das Fleisch und die Bohnen weich sind. Während dieser Zeit den Deckel nicht öffnen und auch nicht umrühren. Sofort auftragen.

Pro Portion: 2163 Kilojoule, 517 Kalorien, 40 g Eiweiß, 30 g Fett, 22 g Kohlenhydrate

Pfirsich-Lamm auf Spinatsalat
Menüplan 17. Woche

Zutaten für 2 Portionen
300–360 g mageres Lammfleisch ohne Knochen (Rohgewicht)
1 Knoblauchzehe
je ½ TL Zwiebelsalz, Rosmarin, Thymian
2 TL Öl
300 g frischer Blattspinat
50 g Zwiebel
1 Zitrone
Salz, Muskat, Süßstoff
kalorienreduzierte Pfirsiche (50 kcal)

Zubereitung: Das Lammfleisch abwaschen, in feine Streifen schneiden und mit der zerdrückten Knoblauchzehe, Zwiebelsalz, Rosmarin und Thymian vermischen. Öl in einer Pfanne erhitzen, das Fleisch hineingeben, unter ständigem Wenden anbraten und zugedeckt bei schwacher Hitze 20 Minuten garen.
Inzwischen den Spinat verlesen, waschen und abtropfen lassen. Die Zwiebel schälen und würfeln. Zitrone auspressen und den Saft mit Zwiebelwürfeln, Salz, Muskat und Süßstoff mischen.
Kurz bevor das Fleisch gar ist, die Pfirsiche 2 Minuten in der Pfanne erwärmen.
Den Spinat in eine Schüssel geben, mit der Zitronensauce vermischen und auf 2 Tellern anrichten. Das Fleisch mit den Pfirsichen darauf verteilen und sofort servieren.

Pro Portion: 2045 Kilojoule, 489 Kalorien, 39 g Eiweiß, 29 g Fett, 16 g Kohlenhydrate

Putensteaks in Zitrone (Rezept S. 162)
Seite 151: Hähnchen »provençal« (Rezept S. 159)

Hammel-Graupen-Topf
Menüplan 42. Woche

Zutaten für 2 Portionen
300–360 g ganz mageres Hammelfleisch
1 TL Instantbrühe
160 ml ungesüßter Traubensaft
40 g rohe Graupen
je 200 g Möhren und Lauch
Pfeffer, Salz, gehackte Petersilie

Zubereitung: Hammelfleisch waschen, trocknen und in Streifen schneiden. Dann in einer beschichteten Pfanne 20 Minuten zugedeckt bei sehr schwacher Hitze schmoren. Inzwischen ½ Liter Wasser in einem Topf erhitzen, die Brühe darin auflösen, den Traubensaft und die Graupen zufügen und 20 Minuten zugedeckt bei sehr schwacher Hitze garen. Nun Möhren und Lauch putzen, kleinschneiden und mit dem Hammelfleisch zu den Graupen geben. Weitere 20 Minuten zugedeckt bei sehr schwacher Hitze garen, dann mit Pfeffer und Salz abschmecken. Mit Petersilie bestreut servieren.

Pro Portion: 2298 Kilojoule, 549 Kalorien, 39 g Eiweiß, 25 g Fett, 41 g Kohlenhydrate

Irish-Stew
Menüplan 49. Woche

Zutaten für 2 Portionen
300–360 g mageres Hammelfleisch (Rohgewicht)
400 g Weißkohl
50 g Sellerie
300 g Kartoffeln
50 g Zwiebeln
100 g Lauch
1 EL Tomatenmark
1 kleiner Brühwürfel
Salz, Kümmel, Pfeffer
2 EL Crème fraîche

Zubereitung: Das abgespülte, getrocknete Fleisch würfeln. Weißkohl putzen und in Streifen schneiden, Sellerie, Kartoffeln und Zwiebeln schälen, dann würfeln, den Lauch waschen und in Ringe schneiden. Alle Zutaten in einen Topf geben und zusammen mit Tomatenmark, ¼–½ Liter Wasser und dem Brühwürfel zum Kochen bringen und 40 Minuten garen. Mit Salz, Kümmel und Pfeffer abschmecken und vor dem Servieren Crème fraîche unterrühren.

Pro Portion: 2521 Kilojoule, 603 Kalorien, 42 g Eiweiß, 30 g Fett, 40 g Kohlenhydrate

Geflügel und Wild

Geflügelragout
Menüplan 2. Woche

Zutaten für 2 Portionen
300–360 g enthäutete Hähnchenbrust (Rohgewicht)
2 TL Margarine
Salz, Pfeffer
je 200 g Möhren, Champignons, Erbsen (Dosenware)
4 TL Kondensmilch (4% Fett)
2 TL Mehl
gehackte Petersilie

Zubereitung: Hähnchenfleisch in Streifen schneiden. Margarine in einem Topf erhitzen, das Fleisch darin anbraten, dann würzen, wenig Wasser zugeben und ca. 15 Minuten garen. Anschließend das abgetropfte Gemüse zufügen. Kondensmilch mit Mehl verquirlen und das Ragout damit binden. Vor dem Servieren mit feingehackter Petersilie bestreuen.

Pro Portion: 1451 Kilojoule, 347 Kalorien, 49 g Eiweiß, 7 g Fett, 22 g Kohlenhydrate

Hühnerfrikassee
Menüplan 15. Woche

Zutaten für 2 Portionen
180–240 g gekochtes Hühnerfleisch (ohne Haut und Knochen)
200 g Spargelköpfe (Dosenware)
2 TL Margarine
4 TL Mehl
Salz, Pfeffer, Curry

Zubereitung: Hühnerfleisch in mundgerechte Stükke schneiden, den Spargel abgießen, die Flüssigkeit dabei aber auffangen. Margarine in einem Topf schmelzen lassen, das Mehl einrühren, kurz anschwitzen, dann nach und nach das Spargelwasser mit dem Schneebesen einrühren und die Sauce aufwallen lassen. Mit den Gewürzen abschmecken, dann das Hühnerfleisch und den Spargel in der Sauce erhitzen. Das Frikassee nochmals abschmecken und sofort servieren.

Pro Portion: 1187 Kilojoule, 284 Kalorien, 40 g Eiweiß, 10 g Fett, 8 g Kohlenhydrate

Hähnchenkeulen in Cidre

Menüplan 3. Woche

<u>*Zutaten für 2 Portionen*</u>
540–720 g Hähnchenkeulen (Rohgewicht mit Haut und Knochen)
Salz, Pfeffer
4 TL Mehl
2 TL Margarine
100 g Zwiebeln
¼ l Apfelwein (Cidre)
1 EL Crème fraîche
200 g Champignons (Dosenware)
100 g Pariser Karotten (Dosenware)

Zubereitung: Hähnchenkeulen enthäuten, würzen und mit etwas Mehl bestäuben. Fett in einer Pfanne erhitzen, Keulen darin rundum goldgelb braten; dann herausnehmen und beiseite stellen. Kleingewürfelte Zwiebeln im Bratfett anbraten, das restliche Mehl darüberstäuben und mit Apfelwein ablöschen. Keulen wieder zugeben und ca. 20 Minuten garen. Nun Crème fraîche unterrühren, die abgetropften Pilze und Karotten zugeben und in der Sauce erhitzen. Vor dem Servieren noch einmal abschmecken.

<u>Pro Portion:</u> 1645 Kilojoule, 393 Kalorien, 41 g Eiweiß, 13 g Fett, 16 g Kohlenhydrate

Chuck's Huhn

Menüplan 28. Woche

<u>*Zutaten für 2 Portionen*</u>
180–240 g gekochtes Hühnerfleisch (ohne Haut und Knochen)
20 g getrocknete chinesische Morcheln
4–5 ungespritzte Zitronen
4 EL frischer Ingwer
100 g rote oder grüne Paprikaschote
2 TL Öl
Süßstoff, Salz
2 TL Instant-Hühnerbrühe

Zubereitung: Das Hühnerfleisch in mundgerechte Stücke schneiden. Die getrockneten Pilze mit kochendem Wasser übergießen und etwa 20 Minuten stehen lassen. Unterdessen eine Zitrone sehr dünn schälen und die Schale in ganz feine Streifen schneiden. Die anderen Zitronen abreiben, von allen den Saft auspressen und ⅛ Liter Saft abmessen. Ingwer schälen und ganz fein hacken, die Paprikaschoten waschen, entkernen und in sehr feine Streifen schneiden; die Pilze eventuell zerkleinern. Das Öl in einer Pfanne erhitzen und die Pilze darin ca. ½ Minute anbraten; nun Paprika, Ingwer und Zitronenstreifen zu den Pilzen geben und mit Süßstoff süßen.
Sofort gut ¼ Liter Wasser auffüllen, dieses zum Kochen bringen, die Instantbrühe einrühren, den Zitronensaft dazugießen und salzen. Das Hühnerfleisch kurz in der Sauce erwärmen, mit der Sauce in eine Schüssel füllen und die Zitronenschale sowie das Abgeriebene der Zitrone unterrühren. Das Gericht auf Zimmertemperatur (oder etwas kälter) abkühlen lassen und servieren.

<u>Pro Portion:</u> 1384 Kilojoule, 331 Kalorien, 40 g Eiweiß, 12 g Fett, 16 g Kohlehydrate

Hähnchen »August«

Menüplan 31. Woche

<u>*Zutaten für 2 Portionen:*</u>
je 100 g Rosenkohl und Blumenkohl
150 g Möhren
300–360 g Hähnchenfleisch (Rohgewicht ohne Haut und Knochen)
7–8 Lorbeerblätter
Pfefferkörner, Salz, Oregano, Basilikum, Estragon, Selleriesalz
Zitronensaft, Süßstoff
9 Blatt weiße Gelatine
Petersilie

Zubereitung: Am Vortag das Gemüse putzen. Den Blumenkohl in Röschen teilen, Möhren in Scheiben schneiden. Hähnchenfleisch waschen und in kleine Stücke schneiden. Gemüse, Fleisch, ein zerriebenes Lorbeerblatt und die Pfefferkörner in ¾ Liter kochendes Wasser geben und bei schwacher Hitze 15 Minuten garen; anschließend abtropfen lassen. Den Kochsud auffangen, kräftig abschmecken und die eingeweichte Gelatine darin auflösen. Die übrigen Lorbeerblätter als Kränzchen auf den Boden einer Schüssel legen und kleingezupfte Petersilie dazwischenstecken. Dann Gemüse und Hähnchenfleisch darauf verteilen, die Gelatine vorsichtig eingießen. Die Schüssel über Nacht in den Kühlschrank stellen.
Am nächsten Tag das Gelee mit einer leicht gebogenen Schaumkelle behutsam vom Schüsselrand lösen und stürzen.

<u>Pro Portion:</u> 1135 Kilojoule, 271 Kalorien, 51 g Eiweiß, 2 g Fett, 12 g Kohlenhydrate

Hähnchen in Rotweinsauce

Menüplan 21. Woche

Zutaten für 2 Portionen
100 g Zwiebeln
1 Knoblauchzehe
2 TL Öl
⅛ l Rotwein
1 TL Instantbrühe
Salz, Pfeffer, Thymian
540–720 g Hähnchenschenkel (ergibt 180–240 g enthäutetes, zubereitetes Fleisch)
je 200 g Champignons und Tomaten
4 TL Mehl
gehackte Petersilie

Zubereitung: Die geschälten Zwiebeln würfeln, Knoblauch feinhacken; beides in ½ Teelöffel Öl glasig andünsten, dann mit Rotwein und ⅛ Liter Wasser ablöschen. Instantbrühe einrühren, die Sauce mit den Gewürzen kräftig abschmecken und bei schwacher Hitze 2–3 Minuten köcheln lassen. Inzwischen die Hähnchenschenkel enthäuten und im restlichen Öl knusprig anbraten, anschließend in eine feuerfeste Form legen.
Die gesäuberten Champignons blättrig schneiden, Tomaten überbrühen, häuten und in Scheiben schneiden. Beides auf den Hähnchenschenkeln verteilen, dann die Rotweinsauce darübergießen und das Gericht im Ofen bei 200°C (Gasherd Stufe 4–5) auf der mittleren Schiene garen. Danach die Sauce mit dem Gemüse in einen Topf abgießen, aufkochen und mit dem in ca. 8 Eßlöffeln Wasser angerührtem Mehl andicken. Die Sauce etwa 5 Minuten köcheln lassen, dann abschmecken und über die Hähnchenschenkel gießen. Vor dem Servieren Petersilie darüberstreuen.

Pro Portion: 1644 Kilojoule, 393 Kalorien, 43 g Eiweiß, 11 g Fett, 17 g Kohlenhydrate

Gebeizte Hähnchenbrust

Menüplan 38. Woche

Zutaten für 2 Portionen
300–360 g Hähnchenbrust (Rohgewicht ohne Haut und Knochen)
gemahlener Rosmarin
Beize:
1 Knoblauchzehe, Salz
je 2 TL Olivenöl und Zitronensaft

Zubereitung: Für die Beize Knoblauchzehe zerdrücken und mit Salz, Öl und Zitronensaft verrühren. Die Hähnchenbrust mit der Beize von allen Seiten einreiben und ca. 30 Minuten bei 200°C (Gasherd Stufe 4–5) im Ofen braten. Zwischendurch nochmals mit der Beize bestreichen. Ca. 5 Minuten vor Ende der Bratzeit die Hähnchenbrust mit Rosmarin bestreuen.

Pro Portion: 944 Kilojoule, 226 Kalorien, 41 g Eiweiß, 7 g Fett

Hähnchenkeule indisch

Menüplan 44. Woche

Zutaten für 2 Portionen
540–720 g Hähnchenkeule (Rohgewicht mit Haut und Knochen)
1–2 TL Salz
100 g Zwiebeln
200 g Tomaten
2 TL Öl
½ EL gehackter Knoblauch
gemahlener Ingwer
je ½ TL Kreuzkümmel, Gelbwurz, gemahlener Koriander, Cayennepfeffer
1 Messerspitze gemahlener Fenchel
2 EL gehackte Petersilie
100 g Joghurt (0,3% Fett)
½–1 TL Garam masala (Indien-Gewürz)
Zitronensaft

Zubereitung: Hähnchenkeulen enthäuten und mit Salz bestreuen, Zwiebeln schälen und feinhacken, die Tomaten mit kochendem Wasser überbrühen und häuten, dann ebenfalls feinhacken.
Öl in einem Topf erhitzen und die Hähnchenkeulen im geschlossenen Topf von allen Seiten anbraten, bis das Fleisch weiß und fest ist. Die Keulen herausnehmen und Zwiebeln, Knoblauch und Ingwer unter ständigem Rühren anbraten; die Temperatur reduzieren und die Gewürze sowie 1 Eßlöffel Wasser dazugeben. Kurz durchrühren, dann Tomaten, 1 Eßlöffel Petersilie und Joghurt dazugeben und knapp ⅒ Liter Wasser aufgießen. Hähnchenteile in die Sauce legen, Garam masala und 1 Eßlöffel Petersilie auf die Keulen streuen und bei geschlossenem Topf ca. 20 Minuten köcheln lassen.
Die Hähnchenteile auf einer Platte anrichten, mit Sauce übergießen und Zitronensaft beträufeln.

Pro Portion: 1285 Kilojoule, 307 Kalorien, 41 g Eiweiß, 11 g Fett, 10 g Kohlenhydrate

Hähnchentopf »Antje«

Menüplan 28. Woche

Zutaten für 2 Portionen
40 g Reis (Rohgewicht)
Salz
100 g Zwiebeln
3 Knoblauchzehen
2 TL Öl
200 g Auberginen
150 g Zucchini
100 g Champignons
200 g Tomaten
100 g Endiviensalat (ersatzweise Eisbergsalat oder Chinakohl)
schwarzer Pfeffer, gemahlener Ingwer, Paprika
180–240 g gekochtes oder gebratenes Hühnerfleisch (ohne Haut und Knochen)
40 g Rosinen

Zubereitung: Den Reis in Salzwasser garen. Währenddessen Zwiebeln schälen und grob hacken, Knoblauch zerdrücken. Zwiebeln und Knoblauch in einem großen Topf in Öl anbraten, dann die gewaschenen und in Scheiben geschnittenen Auberginen und Zucchini dazugeben. Darauf die geputzten, geviertelten Champignons und Tomaten legen und obenauf den gewaschenen und in Streifen geschnittenen Salat. Alles mit ⅛ Liter Wasser übergießen und würzen, ohne die Zutaten umzurühren. Das Gemüse im geschlossenen Topf bei schwacher Hitze ca. 30 Minuten kochen. Nach dieser Zeit das in mundgerechte Stücke geschnittene Hühnerfleisch und die vorher eingeweichten Rosinen unterheben. Zum Schluß den gekochten Reis untermischen und sofort servieren.

Pro Portion: 1958 Kilojoule, 468 Kalorien, 45 g Eiweiß, 12 g Fett, 46 g Kohlenhydrate

Hähnchenkeulen in Orangensauce

Menüplan 33. Woche

Zutaten für 2 Portionen
540–720 g Hähnchenschenkel (Rohgewicht mit Haut und Knochen)
2 TL Öl
4 TL Mehl
¼ l ungesüßter Orangensaft
Zitronensaft, Süßstoff
abgeriebene Schale einer unbehandelten Orange
Salz, gehackte Petersilie

Zubereitung: Hähnchenschenkel enthäuten und in heißem Öl von allen Seiten gut bräunen. Mehl mit etwas Orangensaft anrühren, den restlichen Orangensaft zu den Hähnchenschenkeln geben und zugedeckt 20 Minuten bei schwacher Hitze schmoren lassen. Mit dem angerührten Mehl binden. Sollte die Sauce zu dick werden, mit Zitronensaft verdünnen, dann mit Süßstoff, Orangenschale und Salz abschmecken. Vor dem Servieren mit Petersilie bestreuen.

Pro Portion: 1400 Kilojoule, 335 Kalorien, 39 g Eiweiß, 11 g Fett, 20 g Kohlenhydrate

Crêpes »Divan«

Menüplan 32. Woche

Zutaten für 2 Portionen
Für die Crêpes:
2 Eier
40 g Mehl
Salz
Für die Füllung:
90–120 g Hähnchenfleisch (gekocht und enthäutet)
100 g Broccoli (eventuell Tiefkühlware)
100 g Champignons (Dosenware)
Zwiebelsalz, Pfeffer
Für die Sauce:
2 TL Margarine
2 TL Mehl
⅛ l Milch (0,3% Fett)
1 TL Instantbrühe
Salz, Pfeffer, Muskat
gehackte Petersilie

Für die Crêpes alle Zutaten mit 70 ml Wasser zu einem flüssigen Teig verrühren, diesen 10 Minuten stehen lassen. Inzwischen die Füllung zubereiten. Dafür das Hähnchenfleisch würfeln, Broccoli putzen, in Röschen teilen und waschen, Pilze zerteilen und alles mit Zwiebelsalz und Pfeffer würzen und vermengen.
Für die Sauce Margarine schmelzen, das Mehl vorsichtig einrühren und unter ständigem Rühren knapp ⅛ Liter Wasser und die Milch angießen. Instantbrühe einrühren und alles solange bei schwacher Hitze köcheln, bis die Sauce leicht eindickt. Mit Salz, Pfeffer und Muskat abschmecken.
Nun die Crêpes backen. Je ¼ des Teiges in eine heiße beschichtete Pfanne füllen und auf beiden

Seiten goldgelb backen. Die Füllung auf den 4 Crêpes verteilen und die Ränder einschlagen. Die gefüllten Crêpes in eine Auflaufform geben, mit der Sauce übergießen und bei 200°C (Gasherd Stufe 4–5) etwa 20 Minuten backen (eventuell zum Bräunen noch kurz unter den Grill stellen). Vor dem Servieren mit Petersilie garnieren.

Pro Portion: 1598 Kilojoule, 382 Kalorien, 34 g Eiweiß, 16 g Fett, 25 g Kohlenhydrate

Indischer Hühnereintopf

Menüplan 40. Woche

Zutaten für 2 Portionen
2 TL Instant-Hühnerbrühe
180–240 g gekochtes Hühnerfleisch (ohne Haut)
200 g Möhren
100 g Porree
100 g Sellerieknolle
20 g Petersilienwurzel
1 EL Zitronensaft
je ½ TL Nelkenpulver, Pfeffersauce, Piment, gemahlene Muskatnuß
je 1 ½ TL (oder ½ EL) Kurkuma, Ingwerpulver, Kumin, Koriander, scharfes Paprikapulver
1 EL Curry
(ersatzweise für alle Gewürze: 3–4 EL gutes Currypulver)
200 g Mango (ersatzweise 250 g Pfirsich)
140 g Gemüsemais (Dosenware)

Zubereitung: Instantbrühe in ca. 350 ml Wasser auflösen. Hühnerfleisch in mundgerechte Stücke schneiden, Möhren schälen, den Porree waschen und beides in Scheiben, geschälten Sellerie und Petersilienwurzel in kleine Stücke schneiden.
Das Gemüse mit der Brühe zum Kochen bringen, Zitronensaft und Gewürze dazugeben und 20–25 Minuten köcheln lassen. Danach mit einer Schaumkelle die Gemüse vorsichtig herausheben und die Suppe durch ein feines Sieb gießen, damit die Gewürze die Suppe nicht trüben. Nun die Gemüse in die Brühe zurückgeben und mit einem Pürierstab feinpürieren.
Mango schälen und in Würfel schneiden und mit dem abgetropften Mais und dem Hühnerfleisch in die Suppe geben und erhitzen. Eventuell vor dem Servieren mit Salz abschmecken.

Pro Portion: 1795 Kilojoule, 429 Kalorien, 44 g Eiweiß, 8 g Fett, 47 g Kohlenhydrate

Französischer Hühnereintopf

Menüplan 17. Woche

Zutaten für 2 Portionen
300–360 g enthäutete Hühnerbrüstchen (Rohgewicht ohne Knochen)
1 Lorbeerblatt
350 g frischer Spargel
1 Prise Salz
1 TL Zucker
5 Kapern
100 g Erbsen (Dosenware)
150 g kleine Champignons (Dosenware)
20 g Vollkornmehl
2 TL Weißwein
2 TL Kondensmilch (4% Fett)
1 Zitrone
½ TL Estragon
Pfeffer, Salz, Süßstoff
2 TL Butter

Zubereitung: Am Vortag die Hühnerbrüstchen waschen und mit 1 Lorbeerblatt und ½ Liter kaltem Wasser in einem Topf zum Kochen bringen und zugedeckt bei ganz schwacher Hitze 30 Minuten garen. Das Fleisch aus der Brühe nehmen, beides abkühlen lassen und über Nacht in den Kühlschrank stellen.
Den Spargel waschen, vom Kopf zum Ende hin schälen (verholzte Stücke großzügig entfernen) und in etwa 4 cm lange Stücke schneiden
Die Brühe vom erhärteten Fett befreien, 360 ml Flüssigkeit abmessen, in einen Topf gießen, die Spargelabschnitte hineingeben, mit Salz, Zucker und Kapern zum Kochen bringen und bei schwacher Hitze 15 Minuten garen. Inzwischen Erbsen und Champignons abtropfen lassen und von beiden je 100 ml Gemüsewasser aufbewahren. Die Hühnerbrüstchen in kleine Stücke schneiden. Mit Erbsen und Champignons in die Brühe geben.
Das Mehl mit 3 Eßlöffeln lauwarmem Wasser anrühren, die Brühe mit dem Gemüsesaft auffüllen, das Mehl mit dem Schneebesen einrühren, Weißwein und Kondensmilch hinzufügen und alles wieder zum Kochen bringen und zugedeckt weitere 10 Minuten bei schwacher Hitze garziehen lassen.
Zitrone auspressen und den Saft in die Brühe rühren. Mit Estragon, Pfeffer, Salz und Süßstoff abschmecken. Zum Schluß die Butter in die Suppe geben und schmelzen lassen.

Pro Portion: 1583 Kilojoule, 378 Kalorien, 51 g Eiweiß, 7 g Fett, 26 g Kohlenhydrate

Gelbes Huhn
Menüplan 10. Woche

Zutaten für 2 Portionen
300–360 g enhäutete Hühnerbrust (Rohgewicht ohne Knochen)
50 g Zwiebeln
200 g Porree
100 g frische Ananas
2 TL Öl
20 g Rosinen
Salz, Curry, Ingwerpulver
2 TL geraspelte Kokosnuß

Zubereitung: Hühnerfleisch und die geschälte Zwiebel würfeln, Porree waschen und in Ringe schneiden. Ananas in kleine Stückchen schneiden. Das Öl in einer Pfanne erhitzen, erst das Fleisch darin anbraten, dann Zwiebeln, Porree, Ananasstükke und Rosinen zum Fleisch geben und kurz mitdünsten. Die Gewürze dazugeben und gut ¼ Liter Wasser angießen. Das Gericht ca. 15 Minuten bei schwacher Hitze garen, nochmals abschmecken und vor dem Servieren mit Kokosraspeln bestreuen.

Pro Portion: 1379 Kilojoule, 330 Kalorien, 44 g Eiweiß, 8 g Fett, 19 g Kohlenhydrate

Hähnchenkeulen in Estragonsauce
Menüplan 37. Woche

Zutaten für 2 Portionen
540–720 g Hähnchenkeulen (Rohgewicht mit Haut und Knochen)
Salz, Pfeffer
2 TL Öl
1 TL Instantbrühe
50 g süße Sahne
2 TL Mehl
einige Blättchen frischer Estragon

Zubereitung: Hähnchenkeulen enthäuten, salzen, pfeffern und in Öl von beiden Seiten bräunen. Mit gut ⅛ Liter Wasser ablöschen, die Instantbrühe einrühren und zugedeckt 20 Minuten bei schwacher Hitze garen. Mehl und Sahne verrühren und zufügen. Den gehackten Estragon unterziehen und alles bis zum Servieren noch 5 Minuten ziehen lassen.

Pro Portion: 1429 Kilojoule, 342 Kalorien, 39 g Eiweiß, 19 g Fett, 4 g Kohlenhydrate

Hähnchen »provençal« (Foto Seite 151)
Menüplan 22. Woche

Zutaten für 2 Portionen
100 g Champignons
je 200 g Tomaten und Paprikaschoten
100 g Zwiebeln
1 Knoblauchzehe
540–720 g Hähnchenschenkel
2 TL Olivenöl
1 TL Oregano
Salz, Pfeffer
4 TL Weißwein
4 schwarze Oliven
gehackte Petersilie

Zubereitung: Champignons putzen und blättrig schneiden, Tomaten überbrühen, enthäuten und würfeln, Paprikaschoten waschen und ebenfalls würfeln. Die geschälten Zwiebeln in Scheiben schneiden, Knoblauchzehe feinhacken. Hähnchenschenkel enthäuten und in heißem Öl anbraten, dann aus der Pfanne nehmen und zur Seite stellen. In der gleichen Pfanne Champignons, Tomaten, Paprikaschoten, Zwiebeln und Knoblauch andünsten und mit Oregano, Salz und Pfeffer würzen. Hähnchen und das Gemüse in eine feuerfeste Form geben, den Wein darübergießen und alles bei 200 °C (Gasherd Stufe 4–5) im Ofen 40 Minuten auf mittlerer Schiene backen, bis das Fleisch weich ist. Vor dem Servieren das Gericht mit Oliven und Petersilie garnieren.

Pro Portion: 1455 Kilojoule, 348 Kalorien, 42 g Eiweiß, 13 g Fett, 14 g Kohlenhydrate

Kalte Hühnchenplatte
Menüplan 24. Woche

Zutaten für 2 Portionen
je 50 g eingelegte Dillgurken und grüne Paprikaschoten
25 g Zwiebeln
1 EL Kapern
175 g Joghurt (1,5% Fett)
4 TL Tomatenketchup
2 TL Mayonnaise
Süßstoff, Salz, Pfeffer
50 g Salatblätter
180–240 g gekochtes enthäutetes Hühnerbrustfleisch
50 g Champignons, Zitronensaft

Zubereitung: Gurken feinwürfeln, Paprikaschoten entkernen, waschen und feinwürfeln, geschälte Zwiebeln und Kapern hacken. Joghurt, Ketchup und Mayonnaise mit den vorbereiteten Zutaten vermengen und mit Süßstoff, Salz und Pfeffer abschmecken.
Eine Platte mit Salatblättern auslegen. Darauf das Fleisch geben und mit dem Joghurt bedecken. Champignons waschen, sehr fein hacken oder hobeln und mit Zitronensaft beträufeln. Dann die Hühnchenplatte mit den Pilzen garnieren.

Pro Portion: 1224 Kilojoule, 293 Kalorien, 46 g Eiweiß, 6 g Fett, 12 g Kohlenhydrate

Hühnertopf »Kairo«

Menüplan 46. Woche

Zutaten für 2 Portionen
300–360 g Hähnchenbrustfilets (Rohgewicht)
Pfeffer, Salz, Curry
50 g Zwiebel
30 g getrocknete Datteln
2 TL Öl
2 TL Zucker
2 TL Instantbrühe
4 Knoblauchzehen
50 g süße Sahne
Rosmarin, frisch gemahlener Pfeffer, Süßstoff

Zubereitung: Das Hähnchenfleisch in Stücke schneiden und mit Pfeffer, Salz und Curry einreiben, Zwiebel schälen und würfeln, die Datteln entkernen und achteln.
Das Öl in einem Topf erhitzen, Hähnchenstücke, Zwiebelwürfel und Zucker hineingeben und unter ständigem Wenden bei mittlerer Hitze 10 Minuten von allen Seiten bräunen. ¼ Liter Wasser hinzufügen, zum Kochen bringen und die Instantbrühe darin auflösen. Datteln hineingeben und Knoblauchzehen darüber auspressen, einmal umrühren und alles 45 Minuten bei sehr schwacher Hitze zugedeckt garen. Die Sahne schlagen und die Hälfte zum Fleisch geben; weitere 10 Minuten zugedeckt bei sehr schwacher Hitze köcheln lassen. Das Gericht mit den Gewürzen abschmecken, auf vorgewärmte Teller verteilen und die restliche Sahne darübergeben.

Pro Portion: 1605 Kilojoule, 384 Kalorien, 43 g Eiweiß, 15 g Fett, 18 g Kohlenhydrate

Hühnerherzragout

Menüplan 28. Woche

Zutaten für 2 Portionen
300–360 g Hühnerherzen (Rohgewicht)
2 TL Öl
200 g Zwiebeln, Zitronensaft
1 kleiner Brühwürfel
Salz, Pfeffer, Thymian
1 Knoblauchzehe
½ TL gemahlener Kümmel
3 TL Mehl
85 g Joghurt (1,5% Fett)
1–2 TL Paprika edelsüß und rosenscharf
150 g Sauerkraut

Zubereitung: Die Hühnerherzen der Länge nach halbieren, Fettansatz und Adern heraustrennen und eventuelle Blutreste entfernen. Die gewaschenen, trockengetupften Herzen in einem Topf in heißem Öl scharf anbraten, dann die geschälten, feingehackten Zwiebeln kurz mitschmoren, Zitronensaft, ¼ Liter Wasser, den Brühwürfel und die Gewürze dazugeben, alles aufkochen und zugedeckt ca. 40 Minuten köcheln lassen.
Anschließend von der Kochflüssigkeit 1–2 Eßlöffel abnehmen und das Mehl in dieser Flüssigkeit in einem Topf anschwitzen. Joghurt mit Paprikapulver verrühren, ebenfalls in den Topf geben und das zerzupfte Sauerkraut und die Hühnerherzen mit der Flüssigkeit zum Joghurt geben. Alle Zutaten gut verrühren und das Gericht bis zum Servieren noch 10 Minuten mehr ziehen, als kochen lassen.

Pro Portion: 1567 Kilojoule, 375 Kalorien, 36 g Eiweiß, 16 g Fett, 21 g Kohlenhydrate

Versteckte Kastanien

Menüplan 43. Woche

Zutaten für 2 Portionen
300–360 g Putenbrust (Rohgewicht)
150 g Wasserkastanien (Dosenware)
50 g Zwiebeln, Pfeffer, Salz
2 TL Öl
200 g Möhren (Dosenware)
Estragon

Zubereitung: Das Putenfleisch waschen und trokkentupfen, dann in die Mitte eine Tasche schneiden. Die Wasserkastanien abtropfen lassen, Zwiebeln schälen. Wasserkastanien und Zwiebeln in ganz kleine Stückchen schneiden, miteinander vermischen, mit Pfeffer und Salz würzen und diese Mischung in die Fleischtasche füllen; einen kleinen Rest der Füllung beiseite legen. Das Fleisch mit einem Bindfaden umwickeln und in heißem Öl in einer Pfanne etwa 5 Minuten von allen Seiten bräunen; dann 1 Stunde zugedeckt bei sehr schwacher Hitze garen. Das Fleisch aus der Pfanne nehmen und warmstellen. Nun die übrigbehaltene Füllung in die Pfanne geben und 5 Minuten unter ständigem Rühren bei schwacher Hitze garen. Die abgetropften Möhren (⅛ Liter Flüssigkeit auffangen) hinzufügen und 5 Minuten zugedeckt bei schwacher Hitze mitgaren. Anschließend den Pfanneninhalt mit einer Gabel oder einem Stampfer zerdrücken, das Möhrenwasser einrühren und einmal aufkochen lassen. Den Bindfaden vom Putenfleisch entfernen, in 2 Stücke teilen und auf Teller legen. Die Sauce mit Estragon, Pfeffer und Salz abschmecken.

Pro Portion: 1825 Kilojoule, 436 Kalorien, 47 g Eiweiß, 8 g Fett, 43 g Kohlenhydrate

Putengulasch »Florian«

Menüplan 30. Woche

Zutaten für 2 Portionen
300–360 g Putenfleisch (Rohgewicht)
100 g Pfifferlinge (Dosenware)
je 200 g Champignons und Rosenkohl (Dosenware)
2 TL Pflanzencreme, Zwiebelflocken
⅛ l ungesüßter Apfelsaft
1 EL saure Sahne
20 g Vollkornmehl
Salz, Gulaschgewürz, Pfeffer, Worcestersauce

Zubereitung: Putenfleisch waschen, trockentupfen und in walnußgroße Würfel schneiden, Pfifferlinge, Champignons und Rosenkohl abtropfen lassen; das Gemüsewasser auffangen und 350 ml abmessen.
Pflanzencreme in einer Pfanne erhitzen und das Putenfleisch 5 Minuten unter ständigem Wenden darin anbraten. Zwiebelflocken und Gemüse hinzufügen, mit Apfelsaft und Gemüsewasser auffüllen und alles bei schwacher Hitze 35 Minuten zugedeckt köcheln lassen. Anschließend die saure Sahne und das mit etwas Wasser angerührte Vollkornmehl zufügen und einmal aufwallen lassen. Das Gulasch pikant abschmecken.

Pro Portion: 1509 Kilojoule, 361 Kalorien, 53 g Eiweiß, 8 g Fett, 25 g Kohlenhydrate

Putenschnitzel »Elisabeth«

Menüplan 52. Woche

Zutaten für 2 Portionen
300–360 g Putenschnitzel (Rohgewicht)
Estragon, Pfeffer
150 g Orangen
⅛ l ungesüßter Orangensaft
⅛ l Milch (0,3% Fett)
1 TL Instantbrühe
2 g Nestargel
½ TL Johannisbeergelee
Estragon, Meerrettich, frisch gemahlener Pfeffer, Salz, Süßstoff
50 g Salatblätter zum Garnieren

Zubereitung: Die abgetupften Schnitzel mit Estragon und Pfeffer einreiben. Orange schälen, in Spalten teilen und diese zweimal durchschneiden. Eine beschichtete Pfanne erhitzen, die Schnitzel darin erst bei starker Hitze auf beiden Seite 1 Minute anbraten, dann die Orangenstückchen dazugeben und die Schnitzel 6–12 Minuten (je nach Dicke) zugedeckt fertiggaren. Die Schnitzel aus der Pfanne nehmen und warmhalten.
Nun Orangensaft und Milch in die Pfanne geben, die Instantbrühe darin auflösen, die Sauce erhitzen und mit Nestargel andicken. Zum Schluß das Johannisbeergelee unterrühren und die Sauce mit den übrigen Gewürzen abschmecken.
Die gewaschenen Salatblätter auf zwei Teller verteilen, die Putenschnitzel darauflegen und mit der Sauce überziehen.

Pro Portion: 1227 Kilojoule, 293 Kalorien, 48 g Eiweiß, 2 g Fett, 20 g Kohlenhydrate

Putenschnitzel »Hinrich«

Menüplan 29. Woche

Zutaten für 2 Portionen
225–270 g Putenschnitzel (Rohgewicht)
Salz, Edelsüß-Paprika
kalorienreduzierte Pfirsiche mit Saft (50 kcal)
2 TL Margarine
3 TL Mehl
Pfeffer
30 g Schmelzkäse (45% Fett i. Tr.)
Curry, Zitronensaft
50 g Joghurt (0,3% Fett)
1 TL Kokosraspeln

Zubereitung: Putenschnitzel abtupfen und unter dem vorgeheizten Grill auf beiden Seiten bräunen, dann mit Salz und Paprika würzen und 5 Minuten vor Ende der Grillzeit die Pfirsichhälften mitgrillen.
Währenddessen eine Sauce zubereiten. Dafür die Margarine in einem Topf schmelzen lassen, das Mehl darin kurz anschwitzen und mit Pfirsichsaft und etwas Wasser ablöschen. Die Sauce mit Salz und Pfeffer würzen, dann unter Rühren den Käse darin auflösen und mit reichlich Curry und Zitronensaft abschmecken. Zum Schluß den Joghurt unterziehen (nicht mehr kochen).
Die Putenschnitzel auf vorgewärmte Teller legen, darauf die Grillpfirsiche setzen, die heiße Sauce darübergießen und mit Kokosraspeln bestreut servieren.

Pro Portion: 1196 Kilojoule, 286 Kalorien, 37 g Eiweiß, 10 g Fett, 12 g Kohlenhydrate

Putensteaks in Zitrone (Foto Seite 152)

Menüplan 22. Woche

Zutaten für 2 Portionen
10 g Mehl
¼ TL Salz
⅛ TL Pfeffer
300–360 g Putensteaks in dünnen Scheiben (Rohgewicht)
je 1 TL Olivenöl und Margarine
½ TL Instantbrühe
1 EL Zitronensaft
4 dünne Scheiben Zitrone
Petersilie

Zubereitung: Mehl, Salz und Pfeffer mischen und die Putensteaks damit panieren. In einer großen Pfanne Öl und Margarine erhitzen und die Putensteaks auf beiden Seiten bei mittlerer Hitze goldbraun braten. Steaks aus der Pfanne nehmen und warmstellen.
Instantbrühe in knapp ⅛ Liter Wasser verrühren, mit dem Zitronensaft und den Zitronenscheiben in die Pfanne geben und zum Kochen bringen. Dann die Steaks in die Sauce legen und bei schwacher Hitze etwa 3 Minuten darin ziehen lassen.
Vor dem Servieren mit feingehackter Petersilie bestreuen.

Pro Portion: 1064 Kilojoule, 254 Kalorien, 44 g Eiweiß, 7 g Fett, 4 g Kohlenhydrate

Wildgulasch (Foto Seite 170)

Menüplan 41. Woche

Zutaten für 2 Portionen
300–360 g mageres Reh- oder Hirschfleisch (Rohgewicht)
2 TL Margarine oder Öl
100 g Zwiebeln
250 g Champignons
1 TL Instantbrühe
10 g Mehl
Salz, Pfeffer
2 Wacholderbeeren
kalorienreduzierte Sauerkirschen (100 kcal)
3 EL Rotwein

Zubereitung: Das Wildfleisch in Würfel schneiden. Margarine in einem großen Topf erhitzen und das Fleisch darin scharf anbraten. Dann die geschälten, gehackten Zwiebeln zum Fleisch geben sowie die geputzten und in Viertel geschnittenen Champignons. Gut ⅛ Liter heißes Wasser angießen und die Instantbrühe hineinrühren. Das Mehl mit etwas Wasser vermischen und unter das Fleisch rühren. Mit Salz und Pfeffer abschmecken. Zum Schluß die zerdrückten Wacholderbeeren zum Gulasch geben und das Ganze im geschlossenen Topf bei schwacher Hitze etwa 45 Minuten schmoren lassen (dabei gelegentlich umrühren). Vor dem Servieren Kirschen und Rotwein unter das Gulasch geben und kurz miterhitzen.

Pro Portion: 1597 Kilojoule, 382 Kalorien, 42 g Eiweiß, 11 g Fett, 25 g Kohlenhydrate

Rehsteak »Freischütz«

Menüplan 42. Woche

Zutaten für 2 Portionen
300 g Champignons (Dosenware)
je 100 g Möhren und Zwiebeln
2 TL Pflanzencreme
1 TL Instantbrühe
1 EL Tomatenmark
⅛ l Rotwein
kalorienreduzierte Pfirsiche (50 kcal)
20 g Vollkornmehl
300–360 g Rehsteaks (Rohgewicht)
Salz, Kerbel
25 g süße Sahne
Estragon, frisch gemahlener Pfeffer, Süßstoff

Zubereitung: Champignons abtropfen lassen, das Wasser dabei auffangen, sehr große Champignons einmal durchschneiden. Die Möhren und Zwiebeln schälen und in Scheiben schneiden bzw. würfeln. Pflanzencreme in einer Pfanne erhitzen, das Gemüse hineingeben und unter ständigem Wenden 3 Minuten bei starker Hitze anbraten. Gut ⅛ Liter Champignonwasser hinzufügen, zum Kochen bringen, die Instantbrühe darin auflösen und alles zugedeckt bei sehr schwacher Hitze 10 Minuten köcheln lassen.
Nun das Tomatenmark einrühren, Rotwein angießen und wieder zum Kochen bringen. Pfirsiche in kleine Stücke schneiden und zufügen. Die Flüssigkeit mit dem Vollkornmehl binden; einmal aufwallen lassen und zugedeckt bei sehr schwacher Hitze weitere 20 Minuten köcheln lassen.
Inzwischen die Rehsteaks trocknen, mit Salz und Kerbel einreiben und in einer beschichteten Pfanne auf jeder Seite 8 Minuten braten, dann auf 2 Tellern anrichten und warmhalten.
Die Sauce vor dem Servieren mit Sahne, Estragon, Pfeffer, Salz und Süßstoff abschmecken und über die Steaks gießen.

Pro Portion: 1801 Kilojoule, 430 Kalorien, 45 g Eiweiß, 11 g Fett, 25 g Kohlenhydrate

Hasenkeule mit Bananensauce

Menüplan 45. Woche

Zutaten für 2 Portionen
420–480 g Hasenkeulen (Rohgewicht mit Knochen)
½ l Buttermilch (1% Fett)
5 Wacholderbeeren
2 TL Margarine
Salz, grüner Pfeffer (gemahlen oder zerstoßen)
100 g Schalotten oder Zwiebeln
Süßstoff, 1 TL Weinessig
Rumaroma (ca. 1 Tropfen)
je 1 EL Tomatenmark und Tomatenketchup
120 g Banane

Zubereitung: Am Vortag die Hasenkeulen mit der Buttermilch übergießen und die zerdrückten Wacholderbeeren dazugeben. Das Gefäß abdecken und die Keulen 24 Stunden kühlstellen. Am nächsten Tag die Buttermilch weggießen und die Hasenkeulen trockentupfen. Margarine erhitzen und die Hasenkeulen darin ca. 3 Minuten scharf anbraten. Nun die Keulen mit dem Bratensaft in eine Bratfolie geben, mit Salz und grünem Pfeffer würzen, die Folie vorschriftsmäßig verschließen und mit einer Nadel zwei Löcher in den Beutel stechen. Die Keulen in den kalten Ofen geben und bei 200 °C (Gasherd Stufe 4–5) 50 Minuten braten. Die Keulen aus der Bratfolie nehmen und warm stellen, den Bratenfond in einem Topf auffangen und mit den feingehackten Schalotten aufkochen. Etwas Süßstoff, den Weinessig, Rumaroma, Tomatenmark und Ketchup dazugeben und die Sauce 2–3 Minuten köcheln lassen. Banane schälen und in Scheiben geschnitten in die Sauce geben, 2–3 Minuten erhitzen, aber nicht kochen. Die Sauce mit Salz, grünem Pfeffer und Süßstoff süß-scharf abschmecken und über die Hasenkeulen geben.

Pro Portion: 1409 Kilojoule, 337 Kalorien, 41 g Eiweiß, 10 g Fett, 21 g Kohlenhydrate

Jägerpfanne

Menüplan 43. Woche

Zutaten für 2 Portionen
300–360 g mageres Hasenfleisch (Rohgewicht)
100 g Zwiebeln
100 g eingelegte Rote Bete
50 g Cornichons
200 g Champignons (Dosenware)
1 TL Instantbrühe
10 g Nestargel
25 g süße Sahne
Zitronensaft, Pfeffer, Salz, Süßstoff
gehackte Petersilie

Zubereitung: Das Hasenfleisch waschen, trocknen und in Streifen schneiden, geschälte Zwiebeln in Ringe. Rote Bete, Cornichons und Champignons abtropfen lassen und kleinschneiden (das Champignonwasser aufbewahren). Eine beschichtete Pfanne erhitzen und das Hasenfleisch unter ständigem Rühren 5 Minuten von allen Seiten bräunen. Das Gemüse hinzufügen und weitere 5 Minuten zugedeckt bei sehr schwacher Hitze garen. Nun gut ⅛ Liter Champignonwasser und die in ¼ Liter Wasser aufgelöste Instantbrühe hinzufügen und weitere 10 Minuten zugedeckt bei sehr schwacher Hitze kochen. Anschließend Nestargel einrühren, aufkochen lassen, dann die Sahne unterrühren und die Sauce mit Zitronensaft, Pfeffer, Salz und Süßstoff abschmecken. Mit Petersilie bestreut servieren.

Pro Portion: 1282 Kilojoule, 306 Kalorien, 43 g Eiweiß, 10 g Fett, 11 g Kohlenhydrate

Leber

Leberfrikassee

Menüplan 2. Woche

Zutaten für 2 Portionen
300–360 g Kalbsleber (Rohgewicht)
Zitronensaft
je 100 g Zwiebeln und Sellerie
200 g Möhren
2 TL Margarine
1 TL Instantbrühe
2 TL Mehl
Salz, Pfeffer
2 TL Kondensmilch (4% Fett)

Zubereitung: Leber würfeln und mit Zitronensaft beträufeln. Die geschälten Zwiebeln ebenfalls in Würfel schneiden, Sellerie und Möhren schälen und grob raffeln. Margarine in einer Kasserolle erhitzen und Gemüse und Zwiebeln ca. 7 Minuten darin dünsten. Anschließend die Leberstücke hinzufügen und ca. 6 Minuten mitdünsten. Mit ¼ Liter Wasser auffüllen und die Instantbrühe einrühren. Die Sauce mit Mehl andicken, würzen, abschmecken und mit Kondensmilch verfeinern.

Pro Portion: 1532 Kilojoule, 366 Kalorien, 36 g Eiweiß, 12 g Fett, 27 g Kohlenhydrate

Kalbsleber mit Salbei

Menüplan 9. Woche

Zutaten für 2 Portionen
100 g Zwiebeln
2 TL Öl
½ Bund Salbei
300–360 g Kalbsleber (Rohgewicht)
1 EL Weinessig
Salz, Pfeffer, Petersilie

Zubereitung: Zwiebeln schälen, würfeln und in 1 Teelöffel heißem Öl goldgelb dünsten. Die gehackten Salbeiblätter 1–2 Minuten mitdünsten, anschließend in eine Schüssel geben und warmstellen. Kalbsleber waschen, trockentupfen und in Streifen schneiden. In heißem Öl anbraten, die Zwiebeln hinzufügen und das Ganze noch 2–3 Minuten bei mittlerer Hitze braten. Dann Essig und feingehackte Petersilie unterrühren und gut abschmecken.

Pro Portion: 1419 Kilojoule, 339 Kalorien, 33 g Eiweiß, 17 g Fett, 11 g Kohlenhydrate

Kalbsleber mit Bananen

Menüplan 15. Woche

Zutaten für 2 Portionen
300–360 g Kalbsleber (Rohgewicht)
2 TL Mehl
2 TL Butter
Salz
120 g Bananen
Petersilie

Zubereitung: Leber waschen, trockentupfen und in Mehl wenden. Die Butter langsam in einer Pfanne erhitzen und die Leber auf beiden Seiten ungefähr 8–10 Minuten darin braten. Erst jetzt salzen. Auf einer Platte anrichten und warmstellen. Die Bananen schälen und halbieren, dann im Bratfond anbräunen. Auf die Leber geben und mit Petersilie garnieren.

Pro Portion: 1396 Kilojoule, 334 Kalorien, 34 g Eiweiß, 12 g Fett, 24 g Kohlenhydrate

Leberpfanne »Don Carlos«

Menüplan 51. Woche

Zutaten für 2 Portionen
200 g grüne Bohnen (eventuell Tiefkühlware)
140 g Mais (Dosenware)
100 g eingelegte Tomatenpaprika
100 g Zwiebeln
100 g Orangen
300–360 g Rinderleber (Rohgewicht)
2 Oliven
2 TL Öl
Safranfäden
je ⅛ l ungesüßter Orangensaft und Rotwein
1 TL Instantbrühe
2 Knoblauchzehen
4 g Nestargel
10 grüne Pfefferkörner, Salz, Süßstoff

Zubereitung: Die geputzten und gewaschenen Bohnen in 200 ml Salzwasser garen.
Inzwischen Mais und Tomatenpaprika abtropfen lassen, Zwiebeln und Orangen schälen. Die Zwiebeln würfeln, die Orangen in Scheiben teilen und jede Scheibe 2 × durchschneiden. Leber waschen, trockentupfen und in walnußgroße Würfel schneiden. Die Oliven feinhacken.
Öl in einer Pfanne erhitzen, Leberwürfel und Safranfäden hineingeben und bei mittlerer Hitze unter

ständigem Wenden 3 Minuten von allen Seiten bräunen. Die Zwiebelwürfel hinzufügen und glasig werden lassen. Mit Orangensaft und Rotwein auffüllen und aufkochen.
Die Bohnen abgießen, das Wasser in die Leberpfanne geben und die Instantbrühe darin auflösen. Gemüse, Mais, Orangen- und Olivenstücke hineingeben und die Knoblauchzehen darüber auspressen. Alles gut miteinander vermischen und bei sehr schwacher Hitze 20 Minuten zugedeckt garen, anschließend mit Nestargel andicken. Die Pfefferkörner zerdrücken und in die Leberpfanne rühren. Mit Salz und Süßstoff abschmecken.

Pro Portion: 2324 Kilojoule, 555 Kalorien, 42 g Eiweiß, 14 g Fett, 52 g Kohlenhydrate

Leberrouladen

Menüplan 43. Woche

Zutaten für 2 Portionen
300–360 g Rinderleber (Rohgewicht)
50 g Gewürzgurken
100 g Zwiebeln
100 g grüne Parikaschote
1 TL Senf
1 EL Tomatenmark
Pfeffer, Salz, Basilikum
2 TL Pflanzencreme
20 g Zwieback
Zwiebelsalz, Süßstoff

Zubereitung: Die Leber waschen und in etwa 6 cm breite Scheiben schneiden. Gewürzgurken in schmale Streifen schneiden. Zwiebeln schälen und in Ringe schneiden. Paprikaschote entkernen, waschen und in Stücke schneiden.
Die Leber auf einer Seite mit Senf und Tomatenmark bestreichen und mit Pfeffer, Salz und Basilikum bestreuen. Das Gemüse darauf verteilen, die Leber aufrollen und mit Spießchen feststecken.
Die Pflanzencreme in einer Pfanne erhitzen, die Leberrouladen hineingeben und bei mittlerer Hitze 3 Minuten von allen Seiten anbräunen. Bei sehr schwacher Hitze 25 Minuten zugedeckt garen.
Die Rouladen aus der Pfanne nehmen und auf zwei Tellern anrichten. Den Bratfond mit 100 ml Wasser loskochen, Zwieback hineinreiben, mit Zwiebelsalz, Pfeffer und Süßstoff abschmecken.

Pro Portion: 1533 Kilojoule, 366 Kalorien, 38 g Eiweiß, 12 g Fett, 26 g Kohlenhydrate

Lebergeschnetzeltes

Menüplan 50. Woche

Zutaten für 2 Portionen
300–360 g Rinderleber (Rohgewicht)
20 g Mehl
100 g Zwiebeln
2 TL Öl
1 TL Instantbrühe
1 EL Tomatenmark
4 TL Rotwein
⅛ l Buttermilch (1 % Fett)
Salz, Süßstoff

Zubereitung: Leber waschen, trockentupfen und in Streifen schneiden, dann in Mehl wenden. Zwiebeln schälen und in Würfel schneiden. Beides in heißem Öl anbraten und mit ⅛ l Wasser ablöschen. Instantbrühe, Tomatenmark und Rotwein einrühren und zugedeckt 5 Minuten bei schwacher Hitze kochen lassen. Die Buttermilch hinzufügen, aber nicht mehr kochen lassen! Das Geschnetzelte mit Salz und Süßstoff pikant abschmecken.

Pro Portion: 1640 Kilojoule, 392 Kalorien, 41 g Eiweiß, 13 g Fett, 26 g Kohlenhydrate

Anisleber

Menüplan 28. Woche

Zutaten für 2 Portionen
50 g Zwiebeln
100 g rote Paprikaschoten
2 EL gehackte Petersilie
Cayennepfeffer, Salz
300–360 g Kalbsleber (Rohgewicht)
6 TL Mehl
Anis, schwarzer Pfeffer
2 TL Öl

Zubereitung: Zwiebeln schälen und in Ringe schneiden. Paprikaschote waschen und entkernen, dann in feine Streifen schneiden. Beides mit feingehackter Petersilie, Cayennepfeffer und Salz vermischen und beiseite stellen. Leber waschen, trokkentupfen und in Würfel schneiden. Mehl mit Anis, Salz und schwarzem Pfeffer mischen und die Leber darin wenden. Das Öl erhitzen und die Leber darin braten. Mit der Zwiebel-Paprika-Mischung bestreuen und servieren.

Pro Portion: 1408 Kilojoule, 336 Kalorien, 35 g Eiweiß, 13 g Fett, 20 g Kohlenhydrate

Rinderleber in Pfeffersauce (Foto Seite 169)

Menüplan 37. Woche

Zutaten für 2 Portionen
300–360 g Rinderleber (Rohgewicht)
2 TL Öl
Salz
4 TL Weißwein
1 EL grüner Pfeffer
1 TL Instantbrühe
2 EL Crème fraîche

Zubereitung: Leber waschen, trockentupfen und in Öl von beiden Seiten knusprig braun braten. Anschließend salzen und warm stellen. Den Bratfond mit Wein und ⅛ l Wasser loskochen. Grünen Pfeffer und Instantbrühe hinzufügen und aufkochen lassen. Crème fraîche unterheben und die Sauce über die Leber geben.

Pro Portion: 1499 Kilojoule, 358 Kalorien, 36 g Eiweiß, 17 g Fett, 12 g Kohlenhydrate

Leber-Nudel-Kasserolle

Menüplan 24. Woche

Zutaten für 2 Portionen
80 g Nudeln (Rohgewicht)
50 g Zwiebeln
1 Knoblauchzehe
300–360 g Rinderleber (Rohgewicht)
2 TL Öl
200 g Tomaten (Dosenware)
Oregano, Salz, Pfeffer
2 TL geriebener Käse

Zubereitung: Nudeln in reichlich Salzwasser garen. Die Zwiebeln schälen und in Ringe schneiden, Knoblauch feinhacken. Leber waschen, trockentupfen und in Streifen schneiden. Zwiebeln und Knoblauch in Öl glasig dünsten, die Leber hinzufügen und von allen Seiten anbraten. Tomaten pürieren und unterrühren. Mit Oregano, Salz und Pfeffer abschmecken und weitere 3–5 Minuten bei schwacher Hitze schmoren lassen.
Die Nudeln mit der Lebermischung vermengen und in eine feuerfeste Form füllen. Mit Käse bestreuen und unter dem vorgeheizten Grill etwa 1–2 Minuten bräunen lassen.

Pro Portion: 2009 Kilojoule, 480 Kalorien, 43 g Eiweiß, 14 g Fett, 45 g Kohlenhydrate

Kräuterleber

Menüplan 31. Woche

Zutaten für 2 Portionen
300–360 g Kalbsleber (Rohgewicht)
100 g kleine Zwiebeln
Schnittlauch, Petersilie, Dill
2 TL Butter
20 g Zwieback
¼ l Brühe von 1 kleinem Brühwürfel
4 TL Rotwein
Thymian, Salz, Pfeffer

Zubereitung: Leber waschen, häuten und in kurze Streifen schneiden. Zwiebeln schälen, Schnittlauch, Petersilie und Dill waschen und trockentupfen. Zwiebeln und Kräuter feinwiegen. Die Butter zerlassen, Zwiebeln und Kräuter hineingeben und bei mittlerer Hitze 1 Minute rühren. Dann die Leberstreifen hinzufügen und den Zwieback darüberreiben. Nun die Brühe und den Rotwein dazugeben und alles zugedeckt bei sehr schwacher Hitze 15 Minuten garen. Mit Thymian, Salz und Pfeffer abschmecken.

Pro Portion: 1386 Kilojoule, 331 Kalorien, 35 g Eiweiß, 12 g Fett, 19 g Kohlenhydrate

Leber mit Kapern

Menüplan 20. Woche

Zutaten für 2 Portionen
300–360 g Rinderleber (Rohgewicht)
100 g Zwiebeln
2 TL Öl
1 TL Instantbrühe
3 EL Rotweinessig
1 TL Kapern
1 Knoblauchzehe
Salz, Pfeffer

Zubereitung: Die Leber waschen, trockentupfen und würfeln. Zwiebeln schälen, ebenfalls in Würfel schneiden und in einer beschichteten Pfanne in Öl glasig dünsten. Die Leber hinzufügen und von allen Seiten braun braten. Mit 100 ml Wasser ablöschen und die Instantbrühe einrühren. Essig, Kapern und die gehackte Knoblauchzehe hinzufügen, alles mit Salz und Pfeffer abschmecken und 5 Minuten bei schwacher Hitze schmoren lassen.

Pro Portion: 1370 Kilojoule, 327 Kalorien, 37 g Eiweiß, 12 g Fett, 15 g Kohlenhydrate

Gefüllte Leber

Menüplan 27. Woche

Zutaten für 2 Portionen
250 g Äpfel
50 g Zwiebeln
1 Bund Petersilie
Salz, Edelsüß-Paprika
4 TL Ketchup
10 g Paniermehl
300–360 g Schweineleber (Rohgewicht)
1 TL Öl, Kresse

Zubereitung: Äpfel schälen, das Kerngehäuse entfernen und in kleine Stücke schneiden. Zwiebeln schälen und fein würfeln. Beides mit der gehackten Petersilie vermischen. Salz und Paprika zugeben, Ketchup und Paniermehl unterrühren. Die Leber waschen, trockentupfen und längs einschneiden. Die Apfelmischung in die Lebertasche füllen und mit einem Holzspießchen verschließen. Öl in einer Pfanne erhitzen, Leber hineingeben und bei mittlerer Hitze von beiden Seiten braten. Falls die Leber ansetzen sollte, etwas Wasser angießen. Mit Kresse bestreut servieren.

Pro Portion: 1655 Kilojoule, 396 Kalorien, 38 g Eiweiß, 14 g Fett, 29 g Kohlenhydrate.

Geflügelleber mit Pilzen

Menüplan 8. Woche

Zutaten für 2 Portionen
300–360 g Geflügelleber (Rohgewicht)
200 g Zwiebeln
2 TL Öl
150 g Champignons (Dosenware)
Salz, Curry, Knoblauchpulver
2 EL Crème fraîche
Petersilie

Zubereitung: Die Leber waschen, trockentupfen und in Würfel schneiden. Zwiebeln schälen und ebenfalls würfeln. Beides in heißem Öl anbraten. Die Champignons in Scheiben schneiden und hinzufügen. Mit etwas Pilzwasser ablöschen, kräftig abschmecken und 5 Minuten bei schwacher Hitze garen. Kurz vor dem Servieren die Crème fraîche unterrühren und mit reichlich feingehackter Petersilie bestreuen.

Pro Portion: 1664 Kilojoule, 398 Kalorien, 43 g Eiweiß, 19 g Fett, 12 g Kohlenhydrate

Hähnchenleber mit Salbeizwiebeln

Menüplan 41. Woche

Zutaten für 2 Portionen
200 g Gemüsezwiebeln
2 TL Öl
frische Salbeiblätter
4 TL trockener Weißwein
300–360 g Hähnchenleber (Rohgewicht)
Salz, frisch gemahlener schwarzer Pfeffer

Zubereitung: Zwiebeln schälen und in Ringe schneiden. Öl in einer Pfanne erhitzen und die Zwiebeln bei schwacher Hitze darin dünsten. Salbei und Weißwein hinzufügen und zugedeckt 10 Minuten dünsten. Währenddessen die Hähnchenleber waschen, trockentupfen und von beiden Seiten grillen. Danach mit Salz und Pfeffer würzen und die Zwiebeln auf die Leber geben.

Pro Portion: 1409 Kilojoule, 337 Kalorien, 41 g Eiweiß, 14 g Fett, 11 g Kohlenhydrate

Leber mit Kastanienmilch

Menüplan 42. Woche

Zutaten für 2 Portionen
150 g Wasserkastanien (Dosenware)
50 g Zwiebeln
je 1 Bund Petersilie und Dill, Kresse
2 TL Butter
300–360 g Geflügelleber (Rohgewicht)
¼ l Milch (0,3% Fett)
3 g Nestargel
Muskat, Pfeffer, Salz, Süßstoff

Zubereitung: Wasserkastanien abtropfen lassen, die Zwiebeln schälen und ebenso wie die Kräuter hacken. Butter in einer Pfanne zerlassen, Gemüse und Kräuter hineingeben und bei sehr schwacher Hitze 20 Minuten zugedeckt schmoren. Die Leber waschen, enthäuten und in einer beschichteten Pfanne bei starker Hitze 2 Minuten unter mehrmaligen Wenden anbraten. Die Temperatur zurückschalten und bei sehr schwacher Hitze 10 Minuten zugedeckt garen.
Die Milch zum Kochen bringen, Gemüse und Kräuter hineingeben und mit Nestargel andicken. Einmal aufwallen lassen und abschmecken.
Die Leber auf zwei Tellern anrichten und mit der Kastanienmilch übergießen.

Pro Portion: 2089 Kilojoule, 499 Kalorien, 47 g Eiweiß, 14 g Fett, 45 g Kohlenhydrate

Putenleber mit Mandarinencreme

Menüplan 19. Woche

Zutaten für 2 Portionen
300–360 g Putenleber (Rohgewicht)
100 g Speisequark (Magerstufe)
2 TL Mayonnaise (80% Fett)
2 EL Mandarinensaft (ohne Zucker)
Pfeffersauce, Ingwerpulver
50 g süße Sahne
Süßstoff, Curry, Salz
100 g Mandarinen (konserviert ohne Zucker)

Zubereitung: Die Leber von Häutchen und Sehnen befreien, gründlich waschen, mit einem Küchentuch trockentupfen und in kleine Würfel schneiden. Eine beschichtete Pfanne erhitzen, die Leberwürfel hineingeben und unter ständigem Wenden in etwa 2 Minuten bei starker Hitze knusprig braun braten. Bei schwacher Hitze zugedeckt weitere 10 Minuten schmoren.
Inzwischen Magerquark mit Mayonnaise verrühren, den Mandarinensaft hinzufügen und alles miteinander glattrühren. Mit Pfeffersauce und Ingwerpulver abschmecken. Die Sahne steif schlagen und vorsichtig unterziehen. Bei Bedarf mit Süßstoff abschmecken. Die Leber nach dem Garen mit Curry und Salz von beiden Seiten bestreuen, auf zwei Teller legen und die Mandarinencreme darübergeben. Mit Mandarinenscheiben garnieren.

Pro Portion: 1762 Kilojoule, 421 Kalorien, 49 g Eiweiß, 21 g Fett, 8 g Kohlenhydrate

Orientalischer Lebertopf

Menüplan 11. Woche

Zutaten für 2 Portionen
300–360 g Rinderleber (Rohgewicht)
Curry, Chilipulver, Pfeffer
½ TL frischer gehackter Ingwer
je 2 TL Essig und Öl
50 g Zwiebeln
300 g Tomaten
2 eingelegte Peperoni (50 g)
Salz

Zubereitung: Leber in Streifen schneiden. Die Gewürze mit Essig verrühren. Die Leberstücke in dieser Mischung wälzen und in heißem Öl in einer beschichteten Pfanne braten. Anschließend herausnehmen und warmstellen. Zwiebeln schälen und würfeln. Tomaten überbrühen, enthäuten und ebenfalls in Würfel schneiden. Peperoni entkernen und in Ringe schneiden. Alles in der Pfanne andünsten, die Leber wieder zugeben, salzen und nochmals abschmecken.

Pro Portion: 1439 Kilojoule, 344 Kalorien, 38 g Eiweiß, 12 g Fett, 20 g Kohlenhydrate

Rinderleber »Singapore«

Menüplan 21. Woche

Zutaten für 2 Portionen
15 g getrocknete chinesische Pilze
300–360 g Rinderleber (Rohgewicht)
300 g grüne Paprikaschoten
50 g Zwiebeln
200 g Ananas (konserviert ohne Zucker)
100 g Bambussprossen
1 TL Öl
1 kleiner Brühwürfel
Salz, Pfeffer, Ingwer
Sojasauce
4 TL Mehl
4 EL Ananassaft

Zubereitung: Pilze über Nacht einweichen lassen. Rinderleber waschen, trockentupfen und in Würfel schneiden. Die Paprikaschoten entkernen, waschen und ebenfalls würfeln. Zwiebeln schälen und in Scheiben schneiden. Ananas in Stücke schneiden. Bambussprossen und die eingeweichten Pilze kleinschneiden.
Leber und Zwiebeln in heißem Öl braun braten. Mit ¼ l Wasser ablöschen, Brühwürfel und das vorbereitete Gemüse hinzufügen. Mit Salz, Pfeffer, Ingwer und Sojasauce abschmecken und 10 Minuten garen. Das Mehl in Ananassaft anrühren und unterrühren. Weitere 5 Minuten bei schwacher Hitze kochen lassen. Anschließend nochmals abschmekken und servieren.

Pro Portion: 1863 Kilojoule, 445 Kalorien, 42 g Eiweiß, 11 g Fett, 44 g Kohlenhydrate

Rinderleber in Pfeffersauce (Rezept S. 166)
Seite 170: *Wildgulasch (Rezept S. 162)*

Pikante Leberpfanne

Menüplan 47. Woche

Zutaten für 2 Portionen
300–360 g Schweineleber (Rohgewicht)
250 g Äpfel
je 200 g Möhren und Zwiebeln
½ l gemischter Gemüsesaft
Estragon, Curry, Pfeffer, Salz

Zubereitung: Die Leber waschen und in kleine Stükke schneiden. Äpfel schälen, entkernen und ebenfalls in kleine Stücke schneiden. Möhren putzen und in Scheiben schneiden, Zwiebeln schälen und in Ringe schneiden. Den Gemüsesaft in einer Pfanne erhitzen, Leber, Apfelstücke und Gemüse hineingeben und zugedeckt bei sehr schwacher Hitze 25 Minuten garen. Mit den Gewürzen pikant abschmecken.

Pro Portion: 1963 Kilojoule, 469 Kalorien, 41 g Eiweiß, 11 g Fett, 51 g Kohlenhydrate

Curry-Leber

Menüplan 5. Woche

Zutaten für 2 Portionen
300–360 g Rinderleber (Rohgewicht)
Pfeffer
2 TL Margarine
120 g Bananen
Curry, Salz, Zitronensaft
200 g Erbsen (Tiefkühl- oder Dosenware)

Zubereitung: Leber in Streifen schneiden und pfeffern. Margarine in einer Pfanne erhitzen und die Leber darin anbraten. In Scheiben geschnittene Banane zugeben und mit Curry, Salz und Zitronensaft würzen. Die Erbsen ebenfalls unterrühren 4–5 Eßlöffel Wasser hinzufügen und in geschlossener Pfanne bei schwacher Hitze ca. 10–15 Minuten garen.

Pro Portion: 1662 Kilojoule, 397 Kalorien, 40 g Eiweiß, 11 g Fett, 34 g Kohlenhydrate

Pikantes Fischragout (Rezept S. 178)
Seite 171: Gegrillte Heringe (Rezept S. 194)

Lebertopf »Peking«

Menüplan 16. Woche

Zutaten für 2 Portionen
40 g parboiled Reis
300–360 g Hähnchenleber (Rohgewicht)
2 TL Mehl
2 TL Öl
Salz
je 100 g rote und grüne Paprikaschoten
je 50 g Möhren, Zwiebeln und Tomaten
2 EL Sojasauce
je 100 g Sojabohnen- und Bambussprossen
Pfeffer, Chinagewürz

Zubereitung: Den Reis garen. Währenddessen die Leber waschen, trockentupfen und mit Mehl bestäuben. In Öl anbraten, zugedeckt garen und dann salzen. Paprikaschoten, Möhren und Zwiebeln putzen und in feine, streichholzgroße Streifen schneiden. Die Tomaten kurz in heißes Wasser legen, abziehen und vierteln. Mit Sojasauce in einen Topf geben und bei starker Hitze erhitzen. Alle übrigen Gemüse dazugeben und ca. 3 Minuten kochen. Etwas Sojasauce oder Wasser zugießen, damit das Gemüse nicht anbrennt. Pikant abschmecken. Leber, Gemüse und Reis in einer Schüssel gut vermischen und noch etwas nachwürzen.

Pro Portion: 1896 Kilojoule, 453 Kalorien, 46 g Eiweiß, 14 g Fett, 34 g Kohlenhydrate

Geflügelleber in Rosinensauce

Menüplan 46. Woche

Zutaten für 2 Portionen
40 g Rosinen
100 g Gewürzgurken
100 g Zwiebeln
2 TL Instantbrühe
300–360 g Geflügelleber (Rohgewicht)
2 TL Butter
2 g Nestargel
Nelkenpulver, frisch gemahlener Pfeffer
Süßstoff

Zubereitung: ½ l Wasser zum Kochen bringen, die Rosinen waschen, Gewürzgurken in Würfel schneiden. Zwiebeln schälen und ebenfalls würfeln. Instantbrühe in das kochende Wasser einrühren, Rosinen, Gewürzgurken- und Zwiebelwürfel hinzufü-

gen und bei sehr schwacher Hitze 15 Minuten zugedeckt garen.
Die Leber enthäuten, waschen und kleinschneiden. Butter in einer Pfanne erhitzen, die Leberstücke hineingeben und unter ständigem Wenden 2 Minuten bei starker Hitze anbraten. Anschließend bei sehr schwacher Hitze noch 5 Minuten garen.
Die Brühe mit Nestargel andicken, die Leberstücke hineingeben und weitere 5 Minuten bei sehr schwacher Hitze zugedeckt garen. Mit den Gewürzen pikant abschmecken.

Pro Portion: 1565 Kilojoule, 374 Kalorien, 42 g Eiweiß, 13 g Fett, 21 g Kohlenhydrate

Leberspieße

Menüplan 22. Woche

Zutaten für 2 Portionen
120 g Bananen
100 g Paprikaschoten
300–360 g Schweineleber (Rohgewicht)
100 g Schalotten
Salz, Curry, 4 TL Curryketchup

Zubereitung: Banane schälen und in fingerdicke Scheiben schneiden. Paprikaschoten entkernen, waschen und in 3 cm × 3 cm große Stücke, Leber in Würfel schneiden. Schalotten schälen. Leber, Schalotten, Bananenscheiben und Paprikaschoten abwechselnd auf Schaschlikspieße stecken und unter dem vorgeheizten Grill ca. 15 Minuten grillen, dabei den Spieß ab und zu wenden. Nach dem Grillen mit Salz und Curry bestreuen und mit Ketchup übergossen servieren.

Pro Portion: 1463 Kilojoule, 350 Kalorien, 39 g Eiweiß, 11 g Fett, 25 g Kohlenhydrate

Fenchelleber

Menüplan 52. Woche

Zutaten für 2 Portionen
200 g Fenchel
300–360 g Kalbsleber (Rohgewicht)
120 g Bananen
2 TL Butter
¼ l Milch (0,3 % Fett)
Saft 1 Zitrone
Estragon, Salbei, frisch gemahlener Pfeffer, Salz
Süßstoff

Zubereitung: ¼ l Wasser zum Kochen bringen. Den Fenchel von Haut und Stielen befreien, die grünen Blättchen aufbewahren. Einmal durchschneiden, in das kochende Wasser geben und bei sehr schwacher Hitze 20 Minuten zugedeckt dünsten.
Inzwischen die Fenchelblättchen kleinschneiden. Leber waschen, trockentupfen und in walnußgroße Würfel schneiden. Die Banane schälen und in Scheiben schneiden.
Butter in einer Pfanne erhitzen, Leber, Fenchelblättchen und Bananenscheiben hineingeben und bei mittlerer Hitze 5 Minuten unter ständigem vorsichtigen Wenden bräunen.
Den Fenchel abtropfen lassen, in Streifen schneiden und mit dem Kochwasser in die Leber geben. Mit Milch auffüllen, wieder erhitzen und bei sehr schwacher Hitze 15 Minuten zugedeckt garen. Zuletzt den Zitronensaft einrühren und mit den Gewürzen und Süßstoff milde abschmecken.

Pro Portion: 1765 Kilojoule, 422 Kalorien, 40 g Eiweiß, 12 g Fett, 38 g Kohlenhydrate

Orangenleber

Menüplan 36. Woche

Zutaten für 2 Portionen
300–360 g Hühnerleber (Rohgewicht)
50 g Zwiebeln
2 TL Margarine
⅛ l ungesüßter Orangensaft
200 g Orangen
Salz, Pfeffer, Majoran
Sojasauce, Süßstoff, Petersilie

Zubereitung: Leber waschen, trockentupfen und halbieren. Zwiebeln schälen und würfeln. Beides in Margarine etwa 5 Minuten anbraten, mit Orangensaft ablöschen. Orangen schälen und in Stücke schneiden. Hinzufügen und etwa 5 Minuten bei schwacher Hitze schmoren lassen. Mit Salz, Pfeffer, Majoran, Sojasauce und Süßstoff abschmecken. Vor dem Servieren mit feingehackter Petersilie bestreuen.

Pro Portion: 1567 Kilojoule, 374 Kalorien, 42 g Eiweiß, 13 g Fett, 23 g Kohlenhydrate

Fischgerichte

Fischgulasch ungarische Art
Menüplan 8. Woche

Zutaten für 2 Portionen
je 150 g rote und grüne Paprikaschoten
100 g Zwiebeln
200 g Tomaten
2 TL Öl
Salz, Pfeffer, Rosenpaprika edelsüß
300–360 g Kabeljaufilet (Rohgewicht)
Zitronensaft

Zubereitung: Paprikaschoten entkernen, waschen und in Streifen schneiden. Zwiebeln schälen und in Würfel schneiden. Tomaten waschen und in Streifen schneiden. Die Gemüse in Öl andünsten, kräftig würzen und 150 ml Wasser auffüllen.
Kabeljaufilet säubern, mit Zitronensaft beträufeln und in Würfel schneiden. Auf das angedünstete Gemüse geben und das Ganze in 15 Minuten bei schwacher Hitze garziehen lassen. Eventuell noch einmal nachwürzen.

Pro Portion: 1030 Kilojoule, 246 Kalorien, 34 g Eiweiß, 6 g Fett, 14 g Kohlenhydrate

Seelachsfilet mit Äpfeln
Menüplan 9. Woche

Zutaten für 2 Portionen
250 g Sauerkraut (Dosenware)
1 Lorbeerblatt
2 Wacholderbeeren
50 g Zwiebeln
125 g Äpfel
2 TL Öl
300–360 g Seelachsfilet (Rohgewicht)
Zitronensaft, Salz

Zubereitung: Sauerkraut mit etwas Wasser, dem Lorbeerblatt und den Wacholderbeeren ca. 15 Minuten garen. Die Zwiebeln schälen und in Ringe schneiden. Äpfel schälen, entkernen und in dünne Scheiben schneiden. Zwiebelringe und Apfelscheiben bei mittlerer Hitze in Öl andünsten. Das gesäuberte, mit Zitronensaft gesäuerte, gesalzene Seelachsfilet würfeln und hinzufügen. 10–15 Minuten bei schwacher Hitze abgedeckt garziehen lassen. Fischfilet, Äpfel und Zwiebeln auf dem Sauerkraut anrichten.

Pro Portion: 1127 Kilojoule, 269 Kalorien, 35 g Eiweiß, 7 g Fett, 16 g Kohlenhydrate

Fischtopf Hubertus
Menüplan 43. Woche

Zutaten für 2 Portionen
300–360 g Rotbarschfilet (Rohgewicht)
Essig
⅛ l ungesüßter Apfelsaft
1 TL Instantbrühe
200 g Pfifferlinge (Dosenware)
⅛ l Pfifferlingswasser
120 g Bananen
2 TL Butter
1 TL Kokosraspeln
7 g Nestargel
frisch gemahlener Pfeffer, Salz, Süßstoff

Zubereitung: Den Fisch säubern und säuern. 300 ml Wasser mit dem Apfelsaft zum Kochen bringen und die Brühe darin auflösen. Den Fisch in Würfel schneiden, in die Brühe geben und 15 Minuten zugedeckt bei sehr schwacher Hitze garen.
Inzwischen die Pfifferlinge abtropfen lassen, das Wasser aufbewahren. Die Bananen schälen und in Scheiben schneiden. Butter in einer Pfanne schmelzen, Pfifferlinge, Bananenscheiben und Kokosraspeln hineingeben und 10 Minuten bei schwacher Hitze unter ständigem Wenden garen. Mit dem Pfifferlingswasser in die Fischbrühe geben und mit Nestargel andicken. Mit Pfeffer, Salz und Süßstoff abschmecken.

Pro Portion: 1389 Kilojoule, 332 Kalorien, 35 g Eiweiß, 12 g Fett, 26 g Kohlenhydrate

Schollenfilet mit Mais
Menüplan 9. Woche

Zutaten für 2 Portionen
300–360 g Schollenfilets (Rohgewicht)
Zitronensaft, Salz
20 g Mehl
2 TL Öl
70 g Mais (Dosenware)
60 g geriebener Edamer (45% Fett i. Tr.)
Petersilie
200 g Tomaten

Zubereitung: Schollenfilets säubern, mit Zitronensaft beträufeln und salzen. In Mehl wenden und in einer beschichteten Pfanne in heißem Öl braten. Anschließend in eine Auflaufform geben, Mais darüberschichten und mit Käse bestreuen. Bei 250 °C (Stufe 6 Gasherd) im Backofen so lange überbacken, bis der Käse zerläuft.
Vor dem Servieren mit feingehackter Petersilie bestreuen und mit in Achtel geschnittenen Tomaten garnieren.

Pro Portion: 1631 Kilojoule, 390 Kalorien, 42 g Eiweiß, 16 g Fett, 18 g Kohlenhydrate

Lachs mit grüner Kräutersauce
Menüplan 52. Woche

Zutaten für 2 Portionen
200 g Bleichsellerie
300–360 g entgrätete Lachssteaks (Rohgewicht)
Essig
100 g Zwiebeln
Petersilie, Dill
2 TL Margarine
½ l Milch (0,3% Fett)
50 g Kopfsalat
Salz
6 grüne Pfefferkörner
6 g Nestargel
Salbei, Estragon, Kerbel, Rauchsalz
1 unbehandelte Zitrone

Zubereitung: Den Bleichsellerie von Wurzelenden und Blättern befreien. Die Blätter waschen und kleinhacken, die Stangen putzen und in etwa 1 ½ cm breite Streifen schneiden. Den Lachs waschen und 15 Minuten in Essig säuern. Zwiebeln schälen und in Ringe schneiden. Petersilie und Dill waschen, trokkentupfen und kleinschneiden.
Margarine in einem Topf erhitzen, die Zwiebelringe hineingeben und 3 Minuten unter ständigem Rühren bei mittlerer Hitze glasig werden lassen. Selleriestücke und -blättchen, Petersilie und Dill dazugeben und bei mittlerer Hitze weitere 5 Minuten garen; dabei immer wieder umrühren. Mit der Milch auffüllen, wieder zum Kochen bringen und bei sehr schwacher Hitze 20 Minuten zugedeckt garen. Den Kopfsalat putzen.
Eine beschichtete Pfanne heiß werden lassen, die Lachsstücke salzen, hineingeben und zugedeckt bei sehr schwacher Hitze auf jeder Seite 10 Minuten garen. Die Sauce mit Nestargel andicken und mit den zerdrückten Pfefferkörnern und den restlichen Gewürzen kräftig abschmecken. Den Salat auf zwei Teller legen und die Lachssteaks darauf anrichten. Mit der Sauce übergießen und mit der gewaschenen, in Scheiben geschnittenen Zitrone garnieren.

Pro Portion: 2226 Kilojoule, 532 Kalorien, 47 g Eiweiß, 29 g Fett, 20 g Kohlenhydrate

Charlys Fischpfanne
Menüplan 51. Woche

Zutaten für 2 Portionen
300–360 g Rotbarschfilet (Rohgewicht)
Essig
je 200 g Steckrüben und Möhren
100 g Gewürzgurken
Salz
2 TL Öl
Dill, Petersilie
2 EL Crème fraîche
Muskat, Pfeffer

Zubereitung: Die Rotbarschfilets säubern und säuern. Steckrüben schälen, waschen und würfeln. Möhren putzen, waschen und in Scheiben schneiden. Die Gewürzgurke ebenfalls würfeln. Den Fisch salzen und in walnußgroße Würfel schneiden. Öl in einer Pfanne erhitzen, erst das Gemüse hineingeben und bei sehr schwacher Hitze 45 Minuten zugedeckt garen. Dabei gelegentlich umrühren; die letzten 15 Minuten den Fisch mitgaren. Dill und Petersilie waschen, trockentrupfen und feinhacken und ebenso wie die Crème fraîche in die Fischpfanne rühren. Mit Gewürzen abschmecken.

Pro Portion: 1595 Kilojoule, 381 Kalorien, 36 g Eiweiß, 17 g Fett, 20 g Kohlenhydrate

Gerollte Scholle

Menüplan 48. Woche

<u>*Zutaten für 2 Portionen*</u>
300–360 g Schollenfilets (Rohgewicht)
Zitronensaft, Salz
je 100 g Weißkohl und Möhren
1 Bund Petersilie
4 TL Senf
1 TL Instantbrühe
4 TL Kondensmilch (4% Fett)
Pfeffer
2 Zitronenspalte

Zubereitung: Die Schollenfilets säubern, säuern und salzen. Weißkohl putzen und in schmale Streifen schneiden, Möhren putzen und raspeln. Die Hälfte der Petersilie hacken. Weißkohl, Möhren und Petersilie mit Senf vermengen und auf die Schollenfilets geben. Diese aufrollen. 100 ml Wasser aufkochen, Instantbrühe einrühren. Die Schollen hineingeben und 15 Minuten bei schwacher Hitze garen. Anschließend die Kondensmilch einrühren und mit Salz und Pfeffer abschmecken.
Vor dem Servieren mit dem Rest der Petersilie und Zitronenspalten garnieren.

<u>*Pro Portion:*</u> 855 Kilojoule, 204 Kalorien, 34 g Eiweiß, 3 g Fett, 9 g Kohlenhydrate

»Klaus-Störtebeker«-Torte

Menüplan 52. Woche

<u>*Zutaten für 2 Portionen*</u>
200 g Möhren
300–360 g Heilbuttfilet (Rohgewicht)
Essig
100 g eingelegte Rote Bete
je 100 g Gewürzgurken und Zwiebeln
40 g Zwieback
Pfeffer, Salz, Safranpulver
kalorienreduzierte Pfirsiche (100 kcal)
3 Blatt Gelatine
Zitronensaft, Süßstoff

Zubereitung: Möhren putzen, in Scheiben schneiden, und in ½ l Salzwasser bei sehr schwacher Hitze 15 Minuten zugedeckt dünsten. Inzwischen den Fisch säubern und säuern. Rote Bete und Gewürzgurken würfeln. Die Zwiebeln schälen und ebenfalls in Würfel schneiden. Die Möhren abgießen, das Wasser aufbewahren. Den Fisch in kleine Stücke schneiden und zusammen mit dem Gemüse durch den Fleischwolf drehen oder im Mixer pürieren. Den Zwieback hineinreiben und gut untermischen. Mit Pfeffer, Salz und Safran abschmecken.
Eine Springform mit Backtrennpapier auslegen, Masse einfüllen, gleichmäßig verteilen und am Rand etwas hochdrücken. Im Backofen auf mittlerer Schiene bei 175°C (Gasherd Stufe 3–4) 70–75 Minuten backen.
Die Pfirsiche abtropfen lassen und in kleine Stücke schneiden. Gelatine in kaltem Wasser einweichen. Möhren-Wasser und eventuell anfallendes Obstwasser erwärmen und die Gelatine darin auflösen. Mit Zitronensaft und Süßstoff abschmecken und die Pfirsichstücke unterrühren. Das Ganze etwas dicklich werden lassen und über die fertige Torte geben.

<u>*Pro Portion:*</u> 1685 Kilojoule, 403 Kalorien, 43 g Eiweiß, 5 g Fett, 45 g Kohlenhydrate

Fischragout »Walter«

Menüplan 42. Woche

<u>*Zutaten für 2 Portionen*</u>
375 ml Milch (0,3% Fett)
2 Beutel Fencheltee
300–360 g Kabeljaufilet (Rohgewicht)
Essig, Salz
je 200 g Knollensellerie und Lauch
2 Zwiebacktörtchen (siehe Rezept S. 278)
je 100 g rote und grüne Paprikaschoten
10 g Nestargel
frisch gemahlener Pfeffer

Zubereitung: Die Milch zum Kochen bringen, Teebeutel hineingeben und gut 20 Minuten darin ziehen lassen.
Den Fisch säubern, säuern, salzen und in Würfel schneiden. Sellerie und Lauch waschen, putzen und in kleine Stücke schneiden. Die Teebeutel aus der Milch nehmen und diese noch einmal aufkochen. Sellerie, Lauch und Fischwürfel hinzufügen und zugedeckt bei sehr schwacher Hitze 20 Minuten garen.
Auf jeden Teller ein Zwiebacktörtchen legen. Die Paprikaschoten waschen, putzen, in schmale Streifen schneiden und um die Zwiebacktörtchen garnieren. Das Fischragout mit Nestargel andicken, kräftig abschmecken und über die Zwiebacktörtchen gießen.

<u>*Pro Portion:*</u> 1572 Kilojoule, 376 Kalorien, 46 g Eiweiß, 2 g Fett, 43 g Kohlenhydrate

Pikantes Fischragout (Foto Seite 172)
Menüplan 37. Woche

Zutaten für 2 Portionen
300–360 g Seelachsfilet (Rohgewicht)
Zitronensaft, Salz
4 TL Margarine
4 TL Mehl
100 ml Milch (1,5% Fett)
1 TL Instantbrühe
je 100 g Tomaten und Erbsen (Dosen- oder Tiefkühlware)
1 EL Kapern
2 TL Wein
Pfeffer, Worcestersauce

Zubereitung: Fischfilet säubern, in Würfel schneiden, mit Zitronensaft beträufeln und salzen. Margarine in einem Topf schmelzen. Mehl hinzufügen und unter ständigem Rühren ⅛ l Wasser und die Milch dazugeben. Instantbrühe und Fischwürfel ebenfalls in den Topf geben und 15 Minuten bei schwacher Hitze garen. Die Tomaten würfeln und mit den Erbsen und den Kapern in der Sauce erwärmen. Mit Wein, Salz, Pfeffer und Worcestersauce abschmecken.

Pro Portion: 1341 Kilojoule, 320 Kalorien, 38 g Eiweiß, 11 g Fett, 15 g Kohlenhydrate

Kabeljaukoteletts
Menüplan 41. Woche

Zutaten für 2 Portionen
420–480 g Kabeljaukoteletts (Rohgewicht mit Haut und Gräten)
Zitronensaft, Salz
je 100 g Möhren, Porree und Champignons (Dosenware)
1 EL Zwiebelflocken
Petersilie
Pfeffer
4 große Tomaten (400 g)
200 g Erbsen (Dosenware)
1 Bund Petersilie
2 TL Butter

Zubereitung: Kabeljaukoteletts unter fließendem Wasser waschen, mit Zitronensaft beträufeln, salzen und beiseite stellen. Die Möhren schälen und in Scheiben schneiden. Porree putzen und in Scheiben schneiden. Champignons abtropfen lassen und halbieren.
Kabeljau mit Gemüse und Zwiebelflocken in einen Bratbeutel legen, vorsichtig mit Petersilie und Pfeffer würzen und den Beutel nach Vorschrift verschließen. Mit einer Stecknadel 2 Löcher in den Beutel stechen und im vorgeheizten Backofen bei 200°C (Gasherd Stufe 4–5) auf dem Rost (mittlere Schiene) etwa 30 Minuten backen.
Währenddessen die Tomaten mit kochendem Wasser überbrühen und enthäuten. Mit einem Löffel das Fruchtfleisch herauskratzen. Die Erbsen im eigenen Saft erhitzen, abgießen und in die ausgehöhlten Tomaten füllen.
Kabeljau und Gemüse aus dem Bratbeutel nehmen, die Flüssigkeit abgießen, und mit den gefüllten Tomaten auf einer Platte anrichten. Mit feingehackter Petersilie bestreuen und die zerlassene Butter darübergießen.

Pro Portion: 1281 Kilojoule, 306 Kalorien, 39 g Eiweiß, 5 g Fett, 25 g Kohlenhydrate

Labskaus
Menüplan 42. Woche

Zutaten für 2 Portionen
160 g Seelachsfilet (Rohgewicht)
Essig
200 g Kartoffeln
je 100 g eingelegte Rote Bete, Gewürzgurke und Zwiebeln
90 g Corned Beef
4 Kapern
Salz, Pfeffer
2 TL Pflanzencreme
2 Eier

Zubereitung: Das Seelachsfilet säubern und mit Essig beträufeln. Die Kartoffeln schälen, kleinschneiden und bei sehr schwacher Hitze in wenig Salzwasser in 30 Minuten weichkochen. Rote Bete und Gewürzgurken abtropfen lassen, die Zwiebeln schälen und alles in ganz kleine Stückchen schneiden.
Den Fisch salzen und in einer beschichteten Pfanne 15 Minuten zugedeckt bei sehr schwacher Hitze garen. Die Kartoffeln abgießen, das Wasser aufbewahren. Fisch und Kartoffeln zerstampfen und mit den Gemüsestückchen verrühren. Das Corned Beef in kleine Stücke schneiden und untermischen. Etwas Kartoffelwasser einrühren, so daß die Masse breiig wird. Die Kapern kleinschneiden und untermi-

schen. Mit Pfeffer und Salz abschmecken und auf zwei Tellern anrichten. Die Pflanzencreme in einer Pfanne heiß werden lassen und darin zwei Spiegeleier braten. Über das Labskaus geben und sofort servieren.

Pro Portion: 1536 Kilojoule, 367 Kalorien, 35 g Eiweiß, 14 g Fett, 25 g Kohlenhydrate

Chinesische Fischpfanne
Menüplan 31. Woche

Zutaten für 2 Portionen
200 g chinesische Pilze (Gewicht nach dem Einweichen)
300–360 g Kabeljaufilet (Rohgewicht)
Zitronensaft, Salz
je 200 g Sojasprossen und Bambusspitzen (Dosenware)
2 TL Öl
100 g Ananas mit 2 EL Saft (ohne Zucker konserviert)
80 g Lychees mit 2 EL Saft (ohne Zucker konserviert)
Sojasauce, Knoblauchpulver, Ingwer, Pfeffer, Süßstoff

Zubereitung: Pilze nach Vorschrift einweichen. Kabeljau säubern, mit Zitronensaft beträufeln und salzen. Sojasprossen und Bambusspitzen abtropfen lassen. Das Öl erhitzen, Fisch und Gemüse hineingeben. Ananas und Lychees mit dem abgemessenen Saft hinzufügen und zugedeckt bei schwacher Hitze 15 Minuten garen. Mit Sojasauce, Knoblauch, Ingwer, Pfeffer, Salz und Süßstoff abschmecken.

Pro Portion: 1284 Kilojoule, 307 Kalorien, 37 g Eiweiß, 7 g Fett, 24 g Kohlenhydrate

Seelachsfilet mit gebackenen Bananen
Menüplan 27. Woche

Zutaten für 2 Portionen
300–360 g Seelachsfilet (Rohgewicht)
Zitronensaft
Salz, Pfeffer
2 TL Mehl
40 g Paniermehl
2 TL Butter
120 g Bananen
Curry

Zubereitung: Seelachsfilet säubern, mit Zitronensaft beträufeln und 10 Minuten ziehen lassen. Mit Salz und Pfeffer würzen, in Mehl und Paniermehl wenden und in der zerlassenen Butter goldbraun braten. Warmstellen. Die geschälte Banane im Bratfond vorsichtig von beiden Seiten braun braten, mit Curry bestäuben und auf dem Fisch anrichten.

Pro Portion: 1356 Kilojoule, 324 Kalorien, 37 g Eiweiß, 6 g Fett, 31 g Kohlenhydrate

Schellfischfilets in Alufolie
Menüplan 22. Woche

Zutaten für 2 Portionen
300–360 g Schellfischfilets (Rohgewicht)
Zitronensaft, Salz
1 TL Öl
4 TL Tomatenketchup
100 g Champignons (Dosenware)
je 50 g Zwiebeln und Gewürzgurken
Petersilie

Zubereitung: Fischfilets säubern, mit Zitronensaft beträufeln und salzen. Zwei Stück Aluminiumfolie auf der glänzenden Seite mit Öl einfetten. Die Fischfilets auf die Folie geben und mit Ketchup bestreichen. Champignons blättrig schneiden, Zwiebeln schälen und fein würfeln. Gewürzgurken ebenfalls in Würfel schneiden. Champignons, Zwiebeln und Gewürzgurken vermengen und auf die Fischfilets geben. Dann die Folie locker, aber luftdicht verschließen. Das Filet bei 250 °C (Gasherd Stufe 5–6) auf der mittleren Schiene 20 Minuten garen.
Den Fisch vor dem Servieren aus der Folie nehmen und mit reichlich feingehackter Petersilie bestreuen.

Pro Portion: 834 Kilojoule, 199 Kalorien, 34 g Eiweiß, 3 g Fett, 8 g Kohlenhydrate

Kabeljauschaschlik
Menüplan 20. Woche

Zutaten für 2 Portionen
300–360 g Kabeljaufilet (Rohgewicht)
Zitronensaft
100 g grüne Paprikaschoten
kalorienreduzierte Kirschen (25 kcal)
100 g ganze Champignons (Dosenware)
Salz, Pfeffer, Paprika, Petersilie

Zubereitung: Kabeljaufilet säubern, in 3 cm große Würfel schneiden und mit Zitronensaft beträufeln. Paprikaschoten entkernen und in etwa gleichgroße Stücke schneiden. Fischwürfel, Paprikastücke, Kirschen und Champignons abwechselnd auf Schaschlikspieße stecken. Die Spieße mit Salz, Pfeffer und Paprika würzen und unter dem vorgeheizten Grill von jeder Seite 5–10 Minuten grillen, bis der Fisch gar ist. Vor dem Servieren mit feingehackter Petersilie bestreuen.

Pro Portion: 658 Kilojoule, 157 Kalorien, 32 g Eiweiß, 0 g Fett, 6 g Kohlenhydrate

Neptunschmaus

Menüplan 19. Woche

Zutaten für 2 Portionen
300–360 g Schellfischfilet (Rohgewicht)
⅛ l Essig
¼ l Milch (0,3% Fett)
je 100 g Zwiebeln und Karotten
½ Bund Dill
½ Lorbeerblatt
4 Kapern, Pfeffer, Dillsalz
300 g Blattspinat
100 g Tomaten
1 TL Pflanzencreme
Muskat, Salz, Rosenpaprika
40 g Zwieback
2 TL geriebener Käse
2 TL Butter

Zubereitung: Das Schellfischfilet waschen und in walnußgroße Würfel schneiden. In eine Schüssel legen, mit Essig übergießen und zugedeckt 15 Minuten ziehen lassen.
Indessen ⅛ Liter Wasser und die Hälfte der Milch zum Kochen bringen. Zwiebeln schälen und in kleine Würfel schneiden, Karotten und Dill waschen. Dill kleinzupfen, Karotten putzen und in Scheiben schneiden. Die Hälfte der Zwiebeln, Karotten, Dill, Lorbeerblatt und Kapern in die kochende Flüssigkeit geben. Mit Pfeffer und Dillsalz abschmecken und zugedeckt bei schwacher Hitze 15 Minuten kochen. Den Fisch in den kochenden Sud geben und weitere 15 Minuten bei schwacher Hitze kochen lassen. Inzwischen den Spinat verlesen, waschen, abtropfen lassen und feinhacken. Die Tomaten waschen und vierteln.
Pflanzencreme in der Pfanne erhitzen und den Rest der Zwiebelwürfel darin glasig werden lassen. Den Spinat hinzufügen und alles gut vermischen. Die Pfanne von der Kochstelle nehmen, den Rest der Milch einrühren und mit Muskat, Pfeffer, Salz und Rosenpaprika abschmecken. Schellfisch mit Sud (wer nicht so viel Flüssigkeit möchte, kann einen Teil des Suds als Suppe servieren) in eine Auflaufform füllen, die Tomatenviertel daraufgeben und den Spinat darüber verteilen. Den Zwieback zerkrümeln, mit dem Käse vermischen und über den Spinat streuen. Darauf ganz winzige Butterflöckchen setzen. Bei 200°C (Gasherd Stufe 4–5) im Backofen auf der mittleren Schiene 15 Minuten überbacken.

Pro Portion: 1697 Kilojoule, 406 Kalorien, 46 g Eiweiß, 8 g Fett, 37 g Kohlenhydrate

Fischpfanne mit Champignons

Menüplan 14. Woche

Zutaten für 2 Portionen
200 g Kartoffeln
2 EL Essig
Pfefferkörner
1 Lorbeerblatt
50 g Zwiebeln
300–360 g Rotbarschfilet (Rohgewicht)
2 EL Senf
2 TL Margarine
Salz, Pfeffer
200 g Champignons (Dosenware)
Petersilie

Zubereitung: Kartoffeln in der Schale 20 Minuten kochen. 1 Liter Wasser mit Essig, Pfefferkörner, Lorbeerblatt und geschälte Zwiebeln zusammen aufkochen und den Fisch in diesem Sud 20 Minuten ziehen lassen, aber nicht kochen. Anschließend im Sud erkalten lassen. Kartoffeln pellen und in Scheiben schneiden. Den Senf mit ca. ⅛ Liter Fischsud verrühren, den Rest des Suds wegschütten. Margarine in einer Pfanne erhitzen, die Kartoffeln hinzugeben, mit Salz und Pfeffer würzen und anbraten. Den Fisch zerpflücken und hinzugeben, dann den Fischsud und die abgetropften Champignons. Alles vorsichtig vermengen, mit feingehackter Petersilie bestreuen und 10 Minuten bei schwacher Hitze ziehen lassen.

Pro Portion: 1493 Kilojoule, 357 Kalorien, 38 g Eiweiß, 13 g Fett, 21 g Kohlenhydrate

Fischröllchen »Florentine«
Menüplan 2. Woche

Zutaten für 2 Portionen
400 g Blattspinat
300–360 g Dorsch- oder Schollenfilets (Rohgewicht)
Salz, Pfeffer, Knoblauchpulver, Muskat
1 TL getrocknete Zwiebelflocken
50 g süße Sahne
20 g Paniermehl
2 TL geriebener Käse

Zubereitung: Spinat verlesen, waschen und garen. Die gewaschenen Fischfilets würzen und mit der halben Menge Spinat belegen. Mit Zwiebelflocken bestreuen und aufrollen.
Den restlichen Spinat in eine feuerfeste Auflaufform geben und die Fischröllchen daraufsetzen. Sahne und Paniermehl mischen und über den Fisch gießen. Mit Käse bestreuen. Im vorgeheizten Ofen bei 200°C (Gasherd Stufe 4–5) 20 Minuten backen.

Pro Portion: 1331 Kilojoule, 318 Kalorien, 40 g Eiweiß, 11 g Fett, 15 g Kohlenhydrate

Fischrouladen
Menüplan 10. Woche

Zutaten für 2 Portionen
300–360 g möglichst dünne Scheiben Goldbarschfilet (Rohgewicht)
Zitronensaft, Salz
2 EL Tomatenmark
1 TL Senf
je 50 g Gewürzgurken und Zwiebeln
2 TL Öl
Petersilie

Zubereitung: Fischfilets säubern, mit Zitronensaft beträufeln und salzen. Eine Seite mit Tomatenmark und Senf bestreichen und mit den in kleine Würfel geschnittenen Gurken bestreuen. Zwiebeln schälen, würfeln und in etwas Wasser gar dünsten. Dann ebenfalls auf die Fischfilets geben. Diese aufrollen, mit einem Holzstäbchen feststecken und in einer beschichteten Pfanne im heißen Öl abgedeckt bei schwacher Hitze etwa 20 Minuten dünsten. Vor dem Servieren mit reichlich feingehackter Petersilie bestreuen.

Pro Portion: 920 Kilojoule, 220 Kalorien, 34 g Eiweiß, 7 g Fett, 5 g Kohlenhydrate

Schellfisch in bunter Remouladensauce
Menüplan 12. Woche

Zutaten für 2 Portionen
300–360 g Schellfischfilet (Rohgewicht)
Zitronensaft, Salz
2 TL Öl
175 g Joghurt (1,5% Fett)
100 g Speisequark (Magerstufe)
Schnittlauch
200 g Tomaten
100 g Gewürzgurken
Salz, Pfeffer, Paprika

Zubereitung: Fischfilets säubern, mit Zitronensaft beträufeln, salzen und mit Öl bepinseln. Unter dem vorgeheizten Grill von beiden Seiten anbräunen. Inzwischen Joghurt, Quark und feingeschnittenen Schittlauch vermengen. Tomaten überbrühen, enthäuten und feinwürfeln. Die Gewürzgurken ebenfalls würfeln und zusammen mit den Tomaten in die Quark-Joghurt-Masse geben. Alles kräftig abschmecken und zum Fisch servieren.

Pro Portion: 1208 Kilojoule, 289 Kalorien, 46 g Eiweiß, 7 g Fett, 9 g Kohlenhydrate

Krustenfisch
Menüplan 5. Woche

Zutaten für 2 Portionen
300–360 g Fischfilet (Rohgewicht)
(Seelachs, Rotbarsch o. ä.)
Zitronensaft, Salz
4 TL Halbfettbutter
2 TL Senf
4 TL geriebener Käse
50 g Zwiebeln
20 g Paniermehl
2 EL Fischkräuter (Tiefkühlware)

Zubereitung: Fischfilets mit Zitronensaft beträufeln und ca. 10 Minuten ziehen lassen. Salzen und in eine Auflaufform legen. Halbfettbutter in einem kleinen Gefäß erwärmen. Mit Senf, geriebenem Käse, geschälten und feingehackten Zwiebeln, Paniermehl und Kräutern verrühren und auf die Filets streichen. Im Backofen bei 180°C (Gasherd Stufe 3–4) ca. 25 Minuten überbacken.

Pro Portion: 1022 Kilojoules, 244 Kalorien, 35 g Eiweiß, 7 g Fett, 9 g Kohlenhydrate

Holländisches Fischgulasch

Menüplan 3. Woche

Zutaten für 2 Portionen
300–360 g Kabeljaufilet (Rohgewicht)
Zitronensaft
4 TL Margarine
4 TL Mehl
200 ml Milch (1,5% Fett)
200 g Gewürzgurken
2 EL Kapern
50 g süße Sahne
Salz, Pfeffer
2 Tropfen Süßstoff, getrockneter Dill

Zubereitung: Fischfilet waschen, in mundgerechte Würfel schneiden und mit Zitronensaft beträufeln. Margarine in einer Kasserolle erhitzen, Mehl darin kurz anschwitzen und mit Milch ablöschen. Fischwürfel in der Soße in ca. 10–15 Minuten garziehen lassen. Gurken kleinschneiden und mit den Kapern hinzufügen. Mit Sahne verfeinern und mit Salz, Pfeffer, Süßstoff und Dill abschmecken.

Pro Portion: 1563 Kilojoule, 374 Kalorien, 36 g Eiweiß, 18 g Fett, 14 g Kohlenhydrate

Kapitänsflunder

Menüplan 33. Woche

Zutaten für 2 Portionen
150 g Champignons
100 g Zwiebeln
50 g Paprikaschoten
2 TL Margarine
30 g Weißbrot
50 g Krabbenfleisch
2 EL Zitronensaft
1 EL feingehackte Petersilie
2 TL Mayonnaise (80% Fett)
Pfeffer, Salz, Senf
300–360 g Schollenfilets (Rohgewicht)
Essig
1 TL Instantbrühe
2 TL Weißwein
Paprika
Petersilie und Zitronenscheiben

Zubereitung: Champignons putzen, waschen und hacken. Zwiebeln schälen und ebenfalls hacken. Paprikaschoten waschen, entkernen und feinwürfeln. Das Gemüse in Margarine weich dünsten. Das Brot fein zerkrümeln und mit dem Krabbenfleisch, dem gedünsteten Gemüse, Zitronensaft, Petersilie, Mayonnaise, Pfeffer, Salz und Senf vermengen. In eine Auflaufform geben und darauf die gesäuberten, mit Essig gesäuerten Fischfilets legen. Die Instantbrühe in ⅛ Liter warmes Wasser einrühren und die Brühe ebenso wie den Wein über den Fisch gießen. Mit Paprika bestäuben und bei 200 °C (Gasherd Stufe 4–5) etwa 20 Minuten backen, bis der Fisch gar ist. Anschließend mit Petersilie und Zitronenscheiben garnieren.

Pro Portion: 1381 Kilojoule, 330 Kalorien, 40 g Eiweiß, 11 g Fett, 17 g Kohlenhydrate

Bunte Fisch-Grilladen

Menüplan 36. Woche

Zutaten für 6 Portionen
Für das Seelachsschaschlik:
300–360 g Seelachsfilets (Rohgewicht)
1 EL Zitronensaft
3 TL Ketchup
¼ TL gehackter frischer Knoblauch
1 Messerspitze gemahlener Kerbel
150 g grüne Paprikaschoten
150 g Kirschen
Für die Kabeljau-Zucchini-Spieße:
300–360 g Kabeljaufilets (Rohgewicht)
3 TL Weißwein
1 EL Zitronensaft
30 g Zwiebeln
1 Knoblauchzehe
Salz, Oregano
150 g Zucchinis
300 g Tomaten
Für die Goldbarsch-Kastanien-Spieße:
300–360 g Goldbarschfilets (Rohgewicht)
150 g rote Paprikaschoten
150 g Wasserkastanien (Dosenware)
4 EL Sojasauce
3 EL Weinessig
1 Knoblauchzehe
½ TL gehackter frischer Ingwer (ersatzweise auch Ingwerpulver)

Zubereitung: Für das Seelachsschaschlik Fischfilets waschen und in Würfel schneiden, Zitronensaft, Ketchup, Knoblauch und Kerbel miteinander vermengen und über den Fisch geben. Im Kühlschrank etwa 1 Stunde durchziehen lassen, dabei den Fisch

mehrmals wenden. Paprikaschoten waschen und würfeln, die Kirschen entkernen. Beides abwechselnd mit dem Fisch auf 6 Schaschlikspieße stecken und grillen. Dabei mit der restlichen Marinade bepinseln.
Für die Kabeljau-Zucchini-Spieße Fischfilets würfeln. 2 EL Wasser, Wein, Zitronensaft sowie gehackte Zwiebeln, gehackten Knoblauch, Salz und Oregano vermengen und die Fischwüfel hineingeben. Im Kühlschrank gut durchziehen lassen. Die Zucchinis waschen und in Scheiben schneiden. Tomaten waschen und achteln. Fischwürfel, Zucchinis und Tomaten abwechselnd auf 6 Schaschlikspieße stekken und grillen. Dabei mit der restlichen Marinade bepinseln.
Für die Goldbarsch-Kastanien-Spieße Fischfilets waschen und in Würfel schneiden. Paprikaschoten waschen, entkernen und ebenfalls in große Würfel schneiden. Kastanien halbieren. Sojasauce, Weinessig, die zerdrückte Knoblauchzehe und Ingwer miteinander verrühren, Fisch, Paprika und Kastanien hineingeben und gut durchziehen lassen. Anschließend abwechselnd auf 6 Schaschlikspieße stecken und grillen. Mit der restlichen Marinade bepinseln.

Pro Portion: 1047 Kilojoule, 250 Kalorien, 35 g Eiweiß, 2 g Fett, 22 g Kohlenhydrate

Überbackenes Fischfilet »Helgoland«

Menüplan 3. Woche

Zutaten für 2 Portionen
300–360 g Rotbarschfilet (Rohgewicht)
Zitronensaft
Salz, Pfeffer
2 TL Öl
100 g Zwiebeln
300 g Tomaten
4 TL geriebener Käse

Zubereitung: Fischfilet waschen, mit Zitronensaft beträufeln und etwas ziehen lassen. Dann mit Salz und Pfeffer würzen. Öl in einer Pfanne erhitzen und den Fisch von beiden Seiten darin braten. Zwiebeln würfeln und mitbraten. Tomaten in Scheiben schneiden, auf dem Fisch verteilen und mit etwas Salz und geriebenen Käse bestreuen. Zugedeckt noch ca. 8 Minuten dünsten.

Pro Portion: 1270 Kilojoule, 304 Kalorien, 36 g Eiweiß, 13 g Fett, 10 g Kohlenhydrate

Fischstäbchen

Menüplan 4. Woche

Zutaten für 2 Portionen
300–360 g Seelachsfilet (Rohgewicht)
Salz, Pfeffer
20 g Paniermehl
4 TL geriebener Käse
2 TL Margarine

Zubereitung: Fischfilet waschen und in 2 cm breite und ca. 6 cm lange Streifen schneiden und würzen. Paniermehl und geriebenen Käse mischen und die Fischstreifen darin wenden. Die Panade fest andrücken. Fett in einer beschichteten Pfanne erhitzen und die Fischstäbchen darin goldbraun braten.

Pro Portion: 971 Kilojoule, 232 Kalorien, 35 g Eiweiß, 7 g Fett, 7 g Kohlenhydrate

Chinesischer Rotbarsch

Menüplan 12. Woche

Zutaten für 2 Portionen
300–360 g Rotbarschfilet (Rohgewicht)
Zitronensaft, Salz
20 g Mehl
2 TL Öl
50 g Zwiebeln
je 100 g Champignons und Bambussprossen (Dosenware)
100 ml Wasser
je 1 EL Essig und Sojasauce
Süßstoff (entsprechen 2 TL Zucker)
Chinagewürz
2 TL Mehl
Petersilie

Zubereitung: Fischfilets säubern, mit Zitronensaft beträufeln und salzen. In große Würfel schneiden und in Mehl wenden. Dann in heißem Öl in einer beschichteten Pfanne von allen Seiten braun braten. Anschließend warm stellen. Die Zwiebeln schälen und würfeln und in der gleichen Pfanne glasig dünsten. Champignons blättrig schneiden und mit den Bambussprossen hinzufügen und mitdünsten lassen, bis die Pilze weich sind. Die restlichen Zutaten, außer der Petersilie, verrühren und dazugeben. Kurz aufkochen lassen, eventuell nachwürzen und alles über den Fisch geben. Vor dem Servieren mit reichlich feingehackter Petersilie bestreuen.

Pro Portion: 1372 Kilojoule, 328 Kalorien, 37 g Eiweiß, 12 g Fett, 16 g Kohlenhydrate

Italienischer Fisch

Menüplan 24. Woche

Zutaten für 2 Portionen
200 g Tomaten
50 g Zwiebeln
⅛ l Weißwein
Oregano, Salz, Pfeffer
300–360 g Seelachsfilet (Rohgewicht)
Essig
4 TL Mehl
2 TL Margarine
Petersilie

Zubereitung: Tomaten überbrühen, enthäuten und würfeln. Zwiebeln schälen und ebenfalls in Würfel schneiden. Beides bei schwacher Hitze 3–5 Minuten in Weißwein garen, mit Oregano, Salz und Pfeffer abschmecken. Fischfilet säubern, mit Essig beträufeln und salzen, anschließend in Mehl wenden. Margarine in einer beschichteten Pfanne schmelzen und das Fischfilet bei schwacher Hitze darin garen. Den Fisch auf eine Platte geben, mit der Sauce übergießen und mit feingehackter Petersilie bestreuen.

Pro Portion: 1211 Kilojoule, 290 Kalorien, 35 g Eiweiß, 6 g Fett, 14 g Kohlenhydrate

Heilbuttschnitten »Dinnertime«

Menüplan 44. Woche

Zutaten für 2 Portionen
50 g Zwiebeln
2 TL Öl
420–480 g frischer schwarzer Heilbutt (Rohgewicht mit Haut und Gräten)
⅛ l trockener Weißwein
Zitronensaft, Salz
2 TL Margarine
4 TL Mehl
100 ml Milch (1,5% Fett)
scharfer Paprika, Pfeffer
50 g Krabbenfleisch
etwas Dill nach Belieben

Zubereitung: Zwiebeln schälen und kleinhacken. Öl in einer Pfanne erhitzen und die Zwiebeln darin anbraten. Den Heilbutt waschen, trockentupfen und in Scheiben schneiden. In die Pfanne geben und kurz anbraten. Weißwein und Zitronensaft dazugießen, salzen und bei geschlossenem Deckel ca. 10 Minuten dünsten. Währenddessen die Margarine in einem anderen Topf schmelzen, das Mehl dazugeben und nach und nach die Milch darunterrühren, so daß eine helle dickliche Sauce entsteht. Den Fisch aus dem Sud heben und warm stellen. Den Sud in die Sauce rühren. Sollte die Sauce zu dick sein, etwas Wasser dazugeben. Mit den Gewürzen abschmecken, die Krabben hineingeben und kurz in der Sauce erhitzen. Nach Belieben etwas gehackten, frischen Dill darüberstreuen. Die Sauce getrennt zum Fisch servieren.

Pro Portion: 1620 Kilojoule, 387 Kalorien, 43 g Eiweiß, 14 g Fett, 12 g Kohlenhydrate

Schollenfilets in Orangensauce

Menüplan 23. Woche

Zutaten für 2 Portionen
je 100 g Zwiebeln und Champignons
300–360 g Schollenfilets (Rohgewicht), evtl. Tiefkühlware
Zitronensaft
3 TL Margarine
Salz, Pfeffer
⅛ l ungesüßter Orangensaft
Petersilie
1 ½ TL Mehl

Zubereitung: Zwiebeln schälen und würfeln, Champignons waschen und blättrig schneiden. Schollenfilets säubern und Zitronensaft beträufeln. Die Hälfte der Margarine in einer beschichteten Pfanne schmelzen und die Zwiebeln darin andünsten. Die Schollenfilets darauf legen, darüber die Pilze, und mit Salz und Pfeffer bestreuen. Den Orangensaft hinzufügen und alles zum Kochen bringen. Zugedeckt bei schwacher Hitze 15 Minuten garen.

Den Fisch auf eine vorgewärmte Platte legen, das Gemüse darübergeben und mit feingehackter Petersilie bestreuen. Den Sud aufbewahren und den Fisch warm stellen.

Die restliche Margarine in einem Topf schmelzen, unter ständigem Rühren das Mehl hineingeben, dann nach und nach den Sud hinzufügen. Die Sauce etwa 5 Minuten bei ganz schwacher Hitze kochen lassen, bis sie dicklich wird. Über den Fisch und das Gemüse geben und nochmals mit etwas Petersilie bestreuen.

Pro Portion: 1133 Kilojoule, 271 Kalorien, 34 g Eiweiß, 8 g Fett, 15 g Kohlenhydrate

Backfisch mit Kräuterbutter

Menüplan 4. Woche

Zutaten für 2 Portionen
Für den Fisch:
300–360 g Fischfilet (Rohgewicht)
(Dorsch, Goldbarsch, Kabeljau)
Zitronensaft
Salz, Pfeffer, Paprika
3–4 EL frische gehackte Kräuter wie Petersilie, Dill, Schnittlauch
Für die Kräuterbutter:
4 TL Halbfettbutter
Kräuterbuttergewürz

Zubereitung: Fisch waschen, mit Zitronensaft beträufeln und ca. 10 Minuten stehen lassen. Würzen und die Kräuter darüberstreuen. Den Fisch in ein entsprechend großes Stück Alufolie wickeln und dicht verschließen. Im vorgeheizten Ofen bei 200°C (Gasherd Stufe 4–5) in ca. 20–25 Minuten garen. Inzwischen die Butter mit Kräuterbuttergewürz vermengen. Kleine Kügelchen formen und auf dem heißen Fisch servieren.

Pro Portion: 751 Kilojoules, 179 Kalorien, 32 g Eiweiß, 5 g Fett, 1 g Kohlenhydrate

Frischfrikadellen mit Eskimokuß

Menüplan 30. Woche

Zutaten für 2 Portionen
Für die Eskimoküsse:
250 g Äpfel
Zitronensaft, Süßstoff
2 Eiweiß
Für die Frikadellen:
150–180 g Schellfischfilet (Rohgewicht)
Zitronensaft
60 g Weißbrot
2 Eigelb
Schnittlauch, Zwiebelflocken
Pfeffer, Salz
2 TL Öl
Für den Salat:
300 g Kopfsalat
50 ml Buttermilch (1% Fett)
Knoblauch, Pfeffer, Zwiebelsalz
Süßstoff

Zubereitung (erfolgt bereits am Vortag): Für die Eskimoküsse Äpfel schälen, das Kerngehäuse entfernen, raspeln und mit Zitronensaft und Süßstoff zugedeckt bei schwacher Hitze 10 Minuten kochen lassen. Abkühlen lassen. Eiweiß steifschlagen und unter die Äpfel heben. In kleine runde Förmchen füllen und über Nacht ins Gefrierfach stellen.
Für die Frikadellen Schellfischfilet säubern, mit Zitronensaft beträufeln, salzen und zugedeckt bei sehr schwacher Hitze 10 Minuten dünsten. Das Weißbrot einweichen und gut ausdrücken. Mit Eigelb, kleingehacktem Schnittlauch, Zwiebelflocken, Pfeffer und Salz vermischen. Den gedünsteten Fisch durch ein Sieb pürieren und mit der Weißbrotmasse verkneten. Zwei Frikadellen daraus formen und im erhitzten Öl zugedeckt bei schwacher Hitze 15 Minuten garen.
Den Kopfsalat waschen, abtropfen lassen und auf zwei Tellern anrichten. Buttermilch mit Knoblauch, Pfeffer, Zwiebelsalz und Süßstoff verrühren und über den Salat gießen.
Die Fischfrikadellen auf dem Salat anrichten. Die Eskimoküsse aus den Förmchen lösen und auf die Frikadellen setzen.

Pro Portion: 1623 Kilojoule, 388 Kalorien, 29 g Eiweiß, 13 g Fett, 37 g Kohlenhydrate

Thunfisch-Ratatouille

Menüplan 34. Woche

Zutaten für 2 Portionen
300 g Auberginen
200 g Zucchinis
100 g Zwiebeln
2 TL Öl
400 g Tomaten (Dosenware)
180–240 g Thunfisch (in Wasser konserviert)
Knoblauchpulver, Salz, Pfeffer, Oregano, Thymian

Zubereitung: Auberginen waschen und würfeln. Zucchinis waschen, die Enden entfernen und ebenfalls in Würfel schneiden. Die Zwiebeln schälen, in Ringe schneiden und in heißem Öl glasig dünsten. Das Gemüse hinzufügen und kurz mitdünsten lassen. Die Tomaten pürieren und unterrühren. Alles bei schwacher Hitze 15–20 Minuten garen.
Den Thunfisch in mundgerechte Teile zerpflücken und im Ratatouille erwärmen. Mit den Gewürzen pikant abschmecken.

Pro Portion: 1879 Kilojoule, 449 Kalorien, 31 g Eiweiß, 25 g Fett, 20 g Kohlenhydrate

Pikantes Seelachsfilet
Menüplan 1. Woche

Zutaten für 2 Portionen
300–360 g Seelachsfilet (Rohgewicht)
Zitronensaft, Salz
200 g Zwiebeln
2 TL Margarine
200 g Champignons (Dosenware)
Salz, Pfeffer, 1 Prise geriebener Thymian
4 TL Kondensmilch (4% Fett)

Zubereitung: Fisch säubern, mit Zitronensaft beträufeln und salzen. Die geschälten, gehackten Zwiebeln in Margarine anbraten, Champignons zugeben und würzen. Den Fisch hinzufügen und bei schwacher Hitze in ca. 10 Minuten garziehen lassen. Anschließend den Fisch herausnehmen und auf einer Platte anrichten. Das Gemüse mit Kondensmilch verfeinern, abschmecken und über den Fisch geben.

Pro Portion: 1059 Kilojoule, 253 Kalorien, 37 g Eiweiß, 6 g Fett, 12 g Kohlenhydrate

Cuxhavener Rotbarschröllchen
Menüplan 17. Woche

Zutaten für 2 Portionen
300–360 g Rotbarschfilets (Rohgewicht)
⅛ l Essig
200 g Kartoffeln
2 Bund Petersilie
1 Bund Schnittlauch
Pfeffer, Salz
2 EL Tomatenmark
100 g Speisequark (Magerstufe)
1 TL Kräuterquarkgewürz
Süßstoff
200 g Tomaten
100 g Cornichons
2 TL Mayonnaise (80% Fett)

Zubereitung: Die Rotbarschfilets waschen, in eine Schüssel legen, mit Essig übergießen und 15 Minuten ziehen lassen. Kartoffeln mit der Schale garen. Inzwischen Petersilie und Schnittlauch waschen, trockentupfen und kleinhacken. Die Rotbarschfilets mit Pfeffer und Salz einreiben, auf einer Seite mit Tomatenmark bestreichen und mit der Hälfte der Petersilie und Schnittlauch bestreuen. Zusammenrollen und mit Holzstäbchen feststecken. Auf Alufolie setzen und diese gut verschließen. Im Backofen bei 200°C (Gasherd Stufe 4–5) auf der mittleren Schiene etwa 25 Minuten garen.
Indessen den Speisequark mit Kräuterquarkgewürz und Süßstoff pikant abschmecken. Tomaten waschen und in Achtel schneiden. Die Kartoffeln abpellen und etwas auskühlen lassen. Dann in Scheiben schneiden, auf 2 Tellern anrichten (in der Mitte Platz für die Rotbarschröllchen lassen) und auf jede Scheibe einen Teil der Quarkmischung geben. Tomaten und Cornichons um die Kartoffeln garnieren. Jedes zweite Tomatenachtel mit dem Rest der Petersilie und der übrigen Mayonnaise verzieren. Zuletzt die Rotbarschröllchen in die Mitte setzen.

Pro Portion: 1632 Kilojoule, 390 Kalorien, 46 g Eiweiß, 11 g Fett, 25 g Kohlenhydrate

Thunfisch-Käse-Auflauf
Menüplan 29. Woche

Zutaten für 2 Portionen
60 g Nudeln (Rohgewicht)
50 g Zwiebeln
2 TL Olivenöl
je 100 g Champignons und grüne Paprikaschoten
100 g Ananas (ohne Zucker konserviert)
180–240 g Thunfisch (in Wasser konserviert)
4 EL Soyasauce
1 TL Speisestärke
2 EL Ananassaft
Essig, Salz, Pfeffer, Chinagewürz
5 TL geriebener Käse

Zubereitung: Die Nudeln garen. Währenddessen die Zwiebeln schälen, feinhacken und in Öl anbraten. Champignons putzen und in Scheiben schneiden, Paprikaschoten waschen, entkernen und in Streifen, Ananas in Stücke schneiden. Alles zu den Zwiebeln geben und kurz mitdünsten. Mit ⅛ Liter Wasser ablöschen. Den Thunfisch zerpflücken und dazugeben. Soyasoße mit Speisestärke verrühren und die Sauce damit andicken. Mit Ananassaft, etwas Essig und den Gewürzen abschmecken.
Die Nudeln in eine feuerfeste Form füllen, die Thunfischmasse darübergeben und mit der Sauce übergießen. Mit geriebenem Käse bestreuen und im vorgeheizten Backofen bei 220°C (Gasherd Stufe 5) oder unter dem Grill kurz überbacken, bis der Käse goldgelb ist.

Pro Portion: 2284 Kilojoule, 546 Kalorien, 35 g Eiweiß, 27 g Fett, 36 g Kohlenhydrate

Goldbarschfilet »Jägerart«

Menüplan 6. Woche

<u>*Zutaten für 2 Portionen*</u>
300–360 g Goldbarschfilet (Rohgewicht)
Zitronensaft, Salz
2 TL Öl
200 g Zwiebeln
200 g Pilze (Pfifferlinge und Champignons)
Pfeffer, Edelsüß-Paprika
200 g Tomaten
4 TL geriebener Käse

Zubereitung: Fisch säubern, mit Zitronensaft beträufeln, salzen und ca. 10 Minuten ziehen lassen. Eine feuerfeste Form mit wenig Öl auspinseln und den Fisch hineinlegen. Das restliche Öl in einer Pfanne erhitzen. Zwiebeln schälen, in Ringe schneiden und im heißen Öl goldgelb rösten. Pfifferlinge und Champignons dazugeben, durchschmoren und würzen. Die Zwiebel-Pfifferlingsmasse über den Fisch geben. Tomaten in Scheiben schneiden und darauf verteilen. Salzen, mt Käse bestreuen und im vorgeheizten Ofen bei 200°C (Gasherd Stufe 4–5) ca. 20 Minuten garen.

<u>*Pro Portion:*</u> 1232 Kilojoule, 295 Kalorien, 39 g Eiweiß, 8 g Fett, 15 g Kohlenhydrate

Thunfisch auf indische Art

Menüplan 20. Woche

<u>*Zutaten für 2 Portionen*</u>
100 g Zwiebeln
125 g Äpfel
2 TL Öl
180–240 g Thunfisch (in Wasser konserviert)
100 g Erbsen (Tiefkühlware)
20 g Rosinen
4 TL Weißwein
Senf, Curry, Salz, Sojasauce

Zubereitung: Zwiebeln schälen und in Streifen schneiden. Äpfel schälen, entkernen und würfeln. Beides in heißem Öl in einer beschichteten Pfanne glasig dünsten. Dann den in mundgerechte Stücke zerpflückte Thunfisch, Erbsen, Rosinen und Weißwein hinzufügen und mit Senf, Salz, Curry und Sojasauce abschmecken. Bei schwacher Hitze zugedeckt 5 Minuten schmoren lassen, dann sofort servieren.

<u>*Pro Portion:*</u> 1912 Kilojoule, 457 Kalorien, 29 g Eiweiß, 24 g Fett, 25 g Kohlenhydrate

Thunfisch-Pizza-Brot

Menüplan 2. Woche

<u>*Zutaten für 2 Portionen*</u>
60 g Weißbrot
2 TL Margarine
90–120 g Thunfisch (in Wasser konserviert)
200 g Tomaten
8 mittelgroße Oliven
60 g Gouda in Scheiben (45% Fett i. Tr.)

Zubereitung: Weißbrot mit Margarine bestreichen und den Thunfisch darauf verteilen. Tomaten und Oliven in Scheiben schneiden und darauf legen. Mit Käse bedecken und unter dem Grill überbacken, bis der Käse geschmolzen ist.

<u>*Pro Portion:*</u> 1820 Kilojoule, 435 Kalorien, 24 g Eiweiß, 27 g Fett, 19 g Kohlenhydrate

Hering im Tontopf

Menüplan 51. Woche

<u>*Zutaten für 2 Portionen*</u>
300–360 g grüne Heringsfilets (Rohgewicht)
Essig
200 g Lauch
100 g rote Paprikaschoten
100 g Ananas (ohne Zucker konserviert)
2 TL Öl
2 EL Ananassaft
Estragon, Pfeffer, Salz
Süßstoff

Zubereitung: Den Tontopf nach Vorschrift wässern. Heringe säubern und 15 Minuten in Essigwasser säuern. Lauch und Paprikaschote putzen, waschen und kleinschneiden. Ananas abtropfen lassen und in sehr kleine Stücke schneiden.
Öl mit Ananassaft, Estragon, Pfeffer, Salz und Süßstoff verrühren. Gemüse und Ananas damit vermischen. Heringsfilets salzen und in den Tontopf legen. Die Gemüsemischung darüber verteilen und den Topf verschließen. Im Backofen bei 200°C (Gasherd Stufe 4–5) 40 Minuten garen.
<u>Tip:</u> Das Gericht kann auch bei sehr schwacher Hitze in einer abgedeckten beschichteten Pfanne zubereitet werden. Die Garzeit beträgt in diesem Fall 30 Minuten.

<u>*Pro Portion:*</u> 2040 Kilojoule, 488 Kalorien, 35 g Eiweiß, 33 g Fett, 13 g Kohlenhydrate

Thunfisch-Pfirsich-Toast

Menüplan 38. Woche

Zutaten für 2 Portionen
90–120 g Thunfisch (in Wasser konserviert)
50 g eingelegte rote Paprikaschoten
60 g Toastbrot
250 g Pfirsiche
1 TL Rosenpaprika
60 g Emmentaler
Kresse

Zubereitung: Thunfisch abtropfen lassen und zerpflücken. Die Paprikaschoten ebenfalls abtropfen lassen und in 1 cm große Würfel schneiden. Thunfisch und die Paprikaschoten mischen und auf das getoastete Toastbrot geben. Mit den abgezogenen, halbierten und entkernten Pfirsichen belegen, mit Paprika bestäuben und mit den Käsescheiben belegen. Auf ein mit Backtrennpapier ausgelegtes Backblech legen und auf der mittleren Schiene im vorgeheizten Backofen bei 200–225°C (Gasherd Stufe 5) etwa 10 Minuten überbacken.
Die Toastschnitten vor dem Servieren mit reichlich Kresse bestreuen.

Pro Portion: 1704 Kilojoule, 407 Kalorien, 25 g Eiweiß, 20 g Fett, 29 g Kohlenhydrate

Thunfischpfanne

Menüplan 25. Woche

Zutaten für 2 Portionen
80 g Nudeln (Rohgewicht)
200 g grüne Erbsen
2 TL Öl
180–240 g Thunfisch
(konserviert in Wasser)
Salz, Pfeffer
8 TL Ketchup

Zubereitung: Die Nudeln in reichlich Wasser kochen, die Erbsen in nur wenig Wasser garen. Anschließend Öl in einer Pfanne erhitzen und die Nudeln darin kräftig anbraten. Den Thunfisch in kleine Stücke zerteilen und mit den Erbsen zu den Nudeln geben. Weitere 3–5 Minuten braten, dann mit Salz und Pfeffer abschmecken. Zuletzt Ketchup unterrühren und servieren.

Pro Portion: 2495 Kilojoule, 596 Kalorien, 38 g Eiweiß, 25 g Fett, 49 g Kohlenhydrate

Hering mit Sahnekartoffeln

Menüplan 46. Woche

Zutaten für 2 Portionen
200 g Kartoffeln
300–360 g Heringsfilets (Rohgewicht)
Essig, Salz
100 g Zwiebeln
2 TL Pflanzencreme
1 Lorbeerblatt
1 TL Weißweinessig
frisch gemahlener Pfeffer
2 g Nestargel
25 g süße Sahne

Zubereitung: Kartoffeln in der Schale 25 Minuten kochen. Heringsfilets säubern, salzen und in kleine Stücke schneiden. Zwiebeln schälen und würfeln. Die Pflanzencreme in einer Pfanne erhitzen, Zwiebelwürfel hineingeben und bei schwacher Hitze glasig dünsten. 200 ml Wasser zugießen, das Lorbeerblatt zerreiben und ebenfalls hineingeben. Mit Weißweinessig, Pfeffer und Salz abschmecken und mit Nestargel andicken und warmhalten. Die Kartoffeln pellen und in Scheiben schneiden. Fisch und Kartoffelscheiben in die Sauce geben und zugedeckt bei sehr schwacher Hitze 20 Minuten garen, dabei gelegentlich umrühren.
Die Sahne unterrühren, eventuell noch einmal nachwürzen und sofort servieren.

Pro Portion: 2260 Kilojoule, 540 Kalorien, 35 g Eiweiß, 35 g Fett, 20 g Kohlenhydrate

Matjesheringe »Hausfrauenart«

Menüplan 2. Woche

Zutaten für 2 Portionen
180 g Matjesfilet
125 g Äpfel
je 200 g Zwiebeln und Gewürzgurken
350 g Joghurt (1,5% Fett)
2 TL Mayonnaise (80% Fett)
2 TL Senf
Süßstoff
Zitronensaft

Spaghetti Calamari (Rezept S. 194)
Seite 190: Muschel-Reis-Kasserolle (Rezept S. 195)

Zubereitung: Falls erforderlich, Matjesfilet über Nacht wässern, dann in Stücke schneiden. Äpfel schälen, entkernen und in feine Würfel schneiden. Die Zwiebeln schälen und in Ringe, Gurken in Scheiben schneiden. Alles in einen Steintopf schichten. Aus den restlichen Zutaten eine pikant abgeschmeckte Sauce rühren, über den Fisch gießen und gut durchziehen lassen.

Pro Portion: 1716 Kilojoule, 410 Kalorien, 26 g Eiweiß, 22 g Fett, 28 g Kohlenhydrate

Forelle mit Zitronensauce

Menüplan 52. Woche

Zutaten für 2 Portionen

300–360 g Forellenfilets (Rohgewicht)
Essig
je 200 Artischockenherzen und Sojasprossen (Dosenware)
100 g eingelegter Tomatenpaprika
Salz
2 TL Butter
Saft 1 Zitrone
1 Lorbeerblatt
20 g Zwieback
Pfeffer, Süßstoff

Zubereitung: Die Forellenfilets waschen und 15 Minuten in Essigwasser legen. Artischockenherzen, Sojasprossen und Tomatenpaprika abtropfen lassen, das Gemüsewasser aufbewahren. Die Forelle in 4 cm breite Stücke schneiden und salzen. Butter in einer Pfanne erhitzen, Fisch hineingeben und bei mittlerer Hitze von jeder Seite 1 Minute anbraten. Das Gemüse dazugeben und bei sehr schwacher Hitze 10 Minuten zugedeckt garen.
Zitronensaft und das zerriebene Lorbeerblatt verrühren, mit 250 ml Gemüsewasser auffüllen und den Zwieback hineinreiben. Mit den Gewürzen süßsäuerlich abschmecken. Die Sauce über die Forellen geben und bei sehr schwacher Hitze weitere 5 Minuten zugedeckt ziehen lassen.

Pro Portion: 1514 Kilojoule, 362 Kalorien, 41 g Eiweiß, 10 g Fett, 27 g Kohlenhydrate

Gefüllte Zucchini (Rezept S. 200)
Seite 191: Zwiebelhäuschen (Rezept S. 200)

Gefüllte Makrelen

Menüplan 39. Woche

Zutaten für 2 Portionen

420–480 g Makrelen (Rohgewicht mit Kopf und Gräten)
Saft einer Zitrone
Salz, weißer Pfeffer
50 g Zwiebeln
je 100 g grüne Paprikaschoten und Tomaten
½ Bund Petersilie
je 1 Messerspitze Cayennepfeffer und Knoblauchsalz
1 TL Margarine
4 TL Weißwein
4 TL geriebener Käse

Zubereitung: Makrelen ausnehmen und unter fließendem kaltem Wasser abspülen. Mit Haushaltspapier abtupfen und innen und außen mit Zitronensaft beträufeln. Mit Salz und Pfeffer würzen und zur Seite stellen. Zwiebeln schälen und würfeln, Paprikaschoten putzen und in 1 cm lange Streifen schneiden. Tomaten überbrühen und enthäuten, dann in Streifen schneiden. Die Petersilie waschen und feinhacken. Mit den Zwiebeln und den Paprika- und Tomatenstreifen mischen und mit Cayennepfeffer und Knoblauchsalz würzen. In die Makrelen füllen und mit Holzspießchen verschließen.
Eine feuerfeste Form mit Margarine einfetten und die Makrelen hineingeben. Mit Weißwein beträufeln und mit Käse bestreuen. Im vorgeheizten Ofen auf der mittleren Schiene bei 200°C (Gasherd Stufe 4–5) etwa 15 Minuten braten, bis der Fisch gar ist.

Pro Portion: 1748 Kilojoule, 418 Kalorien, 37 g Eiweiß, 24 g Fett, 11 g Kohlenhydrate

Gebackene Forelle

Menüplan 18. Woche

Zutaten für 2 Portionen

2 gefrorene Forellen (je 210–240 g Rohgewicht im gefrorenen Zustand)
400 g Champignons (oder Mischpilze)
2 EL Dill
Salz, Pfeffer, Zitronensaft
200 g Tomaten
Petersilie

Zubereitung: Die gefrorenen Forellen mit den geputzten Pilzen, Dill und Gewürzen in einen Bratbeutel legen. In den kalten Backofen geben und bei 200°C (Gasherd Stufe 4–5) 20–30 Minuten garen. Dann mit Zitronensaft beträufeln und mit Tomatenachteln und Petersilie garniert anrichten.

<u>Pro Portion:</u> 1084 Kilojoule, 259 Kalorien, 42 g Eiweiß, 6 g Fett, 10 g Kohlenhydrate

Gegrillte Heringe (Foto Seite 171)

Menüplan 8. Woche

<u>Zutaten für 2 Portionen</u>
4 grüne Heringe à 105–120 g (Rohgewicht)
Essig, Salz, Senf
<u>Sauce:</u>
50 g Zwiebeln
je 1 Bund Schnittlauch und Liebstöckel
350 g Joghurt (1,5% Fett)
Salz, Pfeffer
Worcestersauce

Zubereitung: Heringe putzen, säubern und mit Essig beträufeln. Von innen salzen und mit Senf einstreichen. Dann von jeder Seite 5–10 Minuten grillen. Inzwischen die Zwiebeln schälen und hacken. Liebstöckel ebenfalls hacken, Schnittlauch feinschneiden. Joghurt, Zwiebeln und Kräuter gut vermengen und mit den Gewürzen abschmecken. Die Sauce getrennt zu den gegrillten Heringen reichen.

<u>Pro Portion:</u> 1982 Kilojoule, 474 Kalorien, 39 g Eiweiß, 30 g Fett, 11 g Kohlenhydrate

Spaghetti Calamari (Foto Seite 189)

Menüplan 13. Woche

<u>Zutaten für 2 Portionen</u>
2 TL Olivenöl
200 g Zwiebeln
3 Knoblauchzehen
300–360 g Tintenfische (Rohgewicht)
200 g Tomaten (Dosenware)
Salz, Pfeffer
80 g Spaghetti (Rohgewicht)
Petersilie

Zubereitung: Öl in einem mittelgroßen Topf erhitzen. Die geschälten, gewürfelten Zwiebeln und die feingehackten Knoblauchzehen darin glasig dünsten. Tintenfische in mundgerechte Stücke schneiden und kurz mitdünsten lassen. Die Tomaten pürieren, über den Fisch geben und alles kräftig abschmecken. Bei schwacher Hitze etwa 45 Minuten kochen lassen, bis die Tintenfische weich sind. Währenddessen die Spaghetti garen. Die Spaghetti auf einer Platte anrichten, den Tintenfisch darüber geben und mit feingehackter Petersilie bestreuen.

<u>Pro Portion:</u> 1658 Kilojoule, 396 Kalorien, 37 g Eiweiß, 8 g Fett, 42 g Kohlenhydrate

Hummerkrabben mit Kokosnuß

Menüplan 40. Woche

<u>Zutaten für 2 Portionen</u>
180–240 g gekochte Hummerkrabben ohne Schale (ersatzweise 180–240 g Tiefseegarnelen, gekocht, ohne Schale)
1 EL Weißweinessig
1–2 TL Salz
2 EL Kokosraspeln
3–4 EL gemahlener Koriander
2 TL Öl
½ TL Ingwerpulver
1 TL Kurkuma
½ TL gemahlener Kumin (Kreuzkümmel)
¼ TL Cayennepfeffer
¼ TL frisch gemahlener schwarzer Pfeffer
½–1 EL feingehackter Knoblauch
100 g Zwiebeln
2–3 EL gehackte Petersilie

Zubereitung: Hummerkrabben mit Essig und Salz in eine Schüssel geben und gut mischen. Bei Zimmertemperatur unter gelegentlichem Umrühren 20 Minuten ziehen lassen.
Währenddessen die Kokosraspeln mit ¼ Liter heißem Wasser übergießen und 5 Minuten quellen lassen. Dann mit dem Koriander in den Mixaufsatz der Küchenmaschine geben und ganz fein mixen. Anschließend in ein feuchtes Mulltuch gießen und über einer Schüssel kräftig ausdrücken. Den im Tuch zurückbleibenden Rückstand wegwerfen, die ausgedrückte Flüssigkeit beiseite stellen.
Öl in einer Pfanne erhitzen, die Hummerkrabben aus der Marinade nehmen (Flüssigkeit aufheben) und mit geschlossenem Deckel unter einmaligem Umrühren 1 Minute scharf anbraten, ohne daß sie jedoch braun werden. Nun die Krabben wieder in die Marinade legen. Die Gewürze, den Knoblauch und die feingehackten Zwiebeln in die Pfanne geben und unter Rühren braten, bis die Zwiebeln weich sind.

Hummerkrabben mit Marinade dazugeben und alles, was sich am Pfannenboden festgesetzt hat, vorsichtig abschaben. Erhitzen, den Kokosnußmix und 2 Eßlöffel Petersilie dazugeben. Zum Kochen bringen und 3–4 Minuten zugedeckt köcheln lassen. Abschmecken und mit 1 Eßlöffel Petersilie bestreut servieren.

Pro Portion: 1067 Kilojoule, 255 Kalorien, 30 g Eiweiß, 12 g Fett, 5 g Kohlenhydrate

Muscheltopf

Menüplan 16. Woche

Zutaten für 2 Portionen

1200–1600 g frische Miesmuscheln (Gewicht mit Schale, ergibt 180–240 g gekochtes Muschelfleisch)
100 g Zwiebeln
1 TL Öl
je 200 g Tomaten, Poree, Möhren und rote oder grüne Paprikaschoten
1 kleiner Brühwürfel
1 Lorbeerblatt
10 Pfefferkörner
2 Knoblauchzehen

Zubereitung: Muscheln unter fließendem Wasser kräftig bürsten und »Bartbüschel« abziehen; geöffnete Muscheln wegwerfen!
Zwiebeln schälen, in Scheiben schneiden und in einem großen Topf in dem Öl glasig dünsten. Unterdessen Tomaten, geputzten und gewaschenen Poree, Möhren und entkernte Paprikaschoten in nicht zu kleine Würfel oder Scheiben schneiden und zu den Zwiebeln geben. Knapp ½ Liter Wasser angießen, Brühwürfel, Lorbeerblatt, Pfefferkörner und kleingehackte Knoblauchzehen dazugeben. Aufkochen lassen und ca. 5 Minuten kochen. Nicht salzen! Nun die sauberen Miesmuscheln in die kochende Gemüsebrühe geben und im geschlossenen Topf bei schwacher Hitze ca. 10 Minuten kochen. Den Topf während der Kochzeit mehrmals schütteln, jedoch nicht umrühren. Nach 10 Minuten haben sich die Muscheln geöffnet. Muscheln, die sich nicht geöffnet haben, aussortieren – sie dürfen nicht gegessen werden. Die Muscheln aus der Brühe heben und die Gemüsebrühe getrennt dazu servieren.

Pro Portion: 1092 Kilojoule, 261 Kalorien, 23 g Eiweiß, 6 g Fett, 28 g Kohlenhydrate

Muschel-Reis-Kasserolle (Foto Seite 190)

Menüplan 35. Woche

Zutaten für 2 Portionen

je 100 g Zwiebeln, Champignons und Porree
2 TL Margarine
1 Bund Petersilie
40 g Rosinen
2 TL Zitronensaft
Pfeffer, ½ TL Salz
2 TL Speisestärke
1 TL Instantbrühe
180–240 g Muscheln (in Wasser konserviert)
80 g Reis (Rohgewicht)
Zitronenscheiben und Petersilie zum Garnieren

Zubereitung: Zwiebeln schälen und würfeln, Champignons waschen und blättrig schneiden, Porree waschen und in Ringe schneiden. Alle Gemüse in Margarine weich dünsten. Feingehackte Petersilie, Rosinen, Zitronensaft, Pfeffer und Salz hinzufügen. Speisestärke in 200 ml Wasser anrühren, die Instantbrühe hinzufügen und über das Gemüse geben. Kurz aufkochen lassen. Zusammen mit den Muscheln und dem Reis in eine Auflaufform (mit Deckel) geben, und bei 175°C (Gasherd Stufe 3–4) 40 Minuten backen. Vor dem Servieren mit Zitronenscheiben und Petersilie garnieren.

Pro Portion: 1814 Kilojoule, 434 Kalorien, 28 g Eiweiß, 8 g Fett, 61 g Kohlenhydrate

Spaghetti mit Meeresfrüchten

Menüplan 18. Woche

Zutaten für 2 Portionen

40 g Spaghetti (Rohgewicht)
Salz
200 g Tomaten (Dosenware)
1 EL getrocknete, weiße Zwiebelflocken
schwarzer Pfeffer
1–2 zerdrückte Knoblauchzehen
Oregano, Paprika
50 g Muscheln (in Wasser oder eigenem Saft konserviert)
1 TL Parmesankäse

Zubereitung: Spaghetti in kochendes Salzwasser geben und 8–10 Minuten kochen. Inzwischen die gewaschenen, enthäuteten Tomaten mit einer Gabel zerdrücken, in einen Topf geben und erhitzen. Mit Zwiebelflocken und Gewürzen pikant abschmecken. Zum Schluß die gut abgetropften Muscheln in der Sauce erhitzen, jedoch nicht mehr kochen. Spaghetti abgießen, kurz mit lauwarmem Wasser abschrecken und auf zwei Teller verteilen. Die Sauce darübergeben und mit Parmesankäse bestreuen.

Pro Portion: 489 Kilojoule, 117 Kalorien, 7 g Eiweiß, 2 g Fett, 19 g Kohlenhydrate

Fisch-Nudel-Auflauf

Menüplan 36. Woche

Zutaten für 2 Portionen
80 g Makkaroni (Rohgewicht)
180 g geräucherte Makrelenfilets
2 EL Tomatenmark
1 EL feingeschnittener Schnittlauch
Salz, Pfeffer, Oregano
20 g Paniermehl
4 TL geriebener Käse
4 TL Butter
100 g Tomaten

Zubereitung: Die Nudeln garen; anschließend die Hälfte davon in eine Auflaufform geben. Die Makrelenfilets darüber legen und mit dem Rest der Nudeln abdecken. Tomatenmark mit 3 Eßlöffeln Wasser, Schnittlauch und den Gewürzen verrühren und über die Nudeln verteilen. Paniermehl und Käse vermengen und über die Nudeln streuen. Mit Butterflöckchen belegen und bei 250°C (Gasherd Stufe 6) 15 Minuten backen. Tomaten achteln und den Auflauf damit garnieren.

Pro Portion: 2071 Kilojoule, 495 Kalorien, 27 g Eiweiß, 25 g Fett, 40 g Kohlenhydrate

Krabbenauflauf

Menüplan 34. Woche

Zutaten für 4 Portionen
50 g Zwiebeln
4 TL Margarine
200 g Champignons (Dosenware)
4 TL Mehl
Salz
Pfeffer
1 TL Senf
¼ l Milch (0,3% Fett)
180–240 g Krabbenfleisch
120 g Chesterkäse (45% Fett i. Tr.)
40 g Paniermehl
Paprika
feingehackte Petersilie und Schnittlauch

Zubereitung: Zwiebeln schälen und würfeln. Champignons abtropfen lassen und blättrig schneiden. Margarine in einem Topf schmelzen und die Champignons und Zwiebeln darin 5 Minuten dünsten. Mit Mehl bestäuben und mit Salz, Pfeffer und Senf würzen. Unter ständigem Rühren nach und nach die Milch hinzufügen. Bei schwacher Hitze kochen lassen, bis die Masse leicht dicklich wird.
Die Krabben unterrühren und die Masse in eine Auflaufform geben. Den Käse reiben und auf die Krabbenmasse geben. Mit Paniermehl und Paprika bestreuen. Bei 200°C (Gasherd Stufe 4–5) etwa 20 Minuten backen, bis der Käse zerlaufen und leicht bräunlich geworden ist.
Vor dem Servieren mit Petersilie und Schnittlauch bestreuen.

Pro Portion: 1221 Kilojoule, 292 Kalorien, 23 g Eiweiß, 15 g Fett, 15 g Kohlenhydrate

Gemüsegerichte

Apfel-Rotkohl

Menüplan 1. Woche

Zutaten für 2 Portionen

600 g Rotkohl
100 g Zwiebeln
2 TL Margarine
125 g säuerliche Äpfel
Salz, 1 Lorbeerblatt, 1 Nelke
⅛ l Rotwein
Zitronensaft
kalorienarmes Johannisbeergelee (40 kcal)

Zubereitung: Rotkohl putzen und fein schneiden. Zwiebeln schälen und fein würfeln. Margarine in einem Topf erhitzen, Zwiebeln darin glasig dünsten. Äpfel schälen, würfeln, mit dem Rotkohl und den Gewürzen hinzufügen. Bei offenem Topf ca. 10 Minuten dünsten, dann Rotwein und Zitronensaft zugeben. Topf schließen. Bei schwacher Hitze ca. 30–40 Minuten schmoren. Zuletzt Johannisbeergelee hinzufügen. Abschmecken und servieren.

Pro Portion: 1046 Kilojoule, 250 Kalorien, 6 g Eiweiß, 5 g Fett, 33 g Kohlenhydrate

Gemüse-Allerlei

Menüplan 12. Woche

Zutaten für 2 Portionen

100 g Zwiebeln
150 g Porree
250 g Möhren
200 g Kartoffeln
100 g Rosenkohl
200 g Blumenkohl
2 TL Öl
2 kleine Brühwürfel
Salz, Pfeffer, Muskat
Petersilie

Zubereitung: Zwiebeln schälen und in Ringe schneiden. Porree waschen und in Ringe schneiden. Möhren und Kartoffeln schälen und in Scheiben schneiden. Rosenkohl putzen, waschen und die Strünke unten über Kreuz einschneiden, damit die Kohlköpfe schneller garen. Blumenkohl putzen, waschen und in kleine Röschen teilen. Zwiebeln in einem Schnellkochtopf in heißem Öl glasig dünsten. Die Gemüse hinzufügen, mit ½ Liter Wasser auffüllen und die Brühwürfel darin auflösen. Im Schnellkochtopf 10 Minuten garen. Mit Salz, Pfeffer und Muskat abschmecken. Vor dem Servieren mit feingehackter Petersilie bestreuen.

Tip: Den Gemüsetopf kann man auch in einem normalen Kochtopf zubereiten. In diesem Falle verlängert sich die Garzeit um 15 Minuten.

Pro Portion: 1132 Kilojoule, 270 Kalorien, 11 g Eiweiß, 6 g Fett, 41 g Kohlenhydrate

Gurken-Paprika-Gemüse

Menüplan 35. Woche

Zutaten für 2 Portionen

400 g Gurke
100 g grüne Paprikaschoten
1 EL Weinessig, Salz
2 TL Margarine
¼ TL gehackte Ingwerwurzel (ersatzweise auch Ingwerpulver)
½ Knoblauchzehe
Pfeffer, Petersilie

Zubereitung: Gurke schälen, längs halbieren, die Kerne entfernen und in Stücke schneiden. Paprikaschoten waschen, entkernen und in breite Streifen schneiden. Beides zusammen mit 1 Eßlöffel Wasser, Essig und Salz bei schwacher Hitze 15 Minuten garen. Währenddessen die Margarine schmelzen. Ingwer, zerdrückten Knoblauch und Pfeffer darin rösten und anschließend über das Gemüse geben. Vor dem Servieren mit feingehackter Petersilie bestreuen.

Pro Portion: 320 Kilojoule, 77 Kalorien, 2 g Eiweiß, 5 g Fett, 6 g Kohlenhydrate

Steckrüben in Käsesauce

Menüplan 43. Woche

Zutaten für 2 Portionen
je 200 g Steckrüben und Kartoffeln
⅛ l ungesüßter Apfelsaft
1 TL Instantbrühe
20 g Rosinen
¼ l Milch (0,3% Fett)
60 g Schmelzkäse (45% Fett i. Tr.)
60 g Camembert (45% Fett i. Tr.)
2 TL Weißwein
Muskat, Pfeffer, Salz

Zubereitung: Steckrüben und Kartoffeln waschen, putzen und in kleine Würfel schneiden. Apfelsaft und ⅛ l Wasser zum Kochen bringen und die Brühe darin auflösen. Steckrüben, Kartoffeln und Rosinen hineingeben und 20 Minuten zugedeckt bei sehr schwacher Hitze garen.
Inzwischen die Milch zum Kochen bringen. Den Käse in kleine Stücke schneiden und darin auflösen. Zur Suppe geben und weitere 10 Minuten zugedeckt bei sehr schwacher Hitze garen. Mit Weißwein, Muskat, Pfeffer und Salz abschmecken.

Pro Portion: 1567 Kilojoule, 375 Kalorien, 18 g Eiweiß, 15 g Fett, 46 g Kohlenhydrate

Provençalische Gemüsepfanne

Menüplan 41. Woche

Zutaten für 2 Portionen
je 200 g Auberginen und grüne Paprikaschoten
100 g Zwiebeln
100 g Artischockenherzen (in Wasser konserviert)
200 g Tomaten
150 g Zucchini
2 TL Olivenöl
Salz, Pfeffer, Knoblauchpulver,
Kräuter der Provence
3 Eier

Zubereitung: Auberginen waschen und in Scheiben schneiden. Paprika entkernen, waschen und in Ringe schneiden. Zwiebeln schälen, ebenfalls und in Ringe schneiden. Artischocken abtropfen lassen. Tomaten waschen und vierteln, Zucchini waschen und in Scheiben schneiden.
Öl in einer beschichteten Pfanne erhitzen und das Gemüse bei geschlossenem Deckel ca. 10 Minuten schmoren lassen (eventuell etwas Wasser zugießen), anschließend würzen und weitere 5 Minuten schmoren lassen. Eier mit Salz und Pfeffer verquirlen und über das Gemüse gießen. Zugedeckt bei schwacher Hitze stocken lassen.

Pro Portion: 1287 Kilojoule, 308 Kalorien, 17 g Eweiß, 16 g Fett, 25 g Kohlenhydrate

Spinat-Thunfisch-Pfanne

Menüplan 4. Woche

Zutaten für 2 Portionen
2 TL Margarine
50 g Zwiebeln
600 g Spinat (Tiefkühlware)
Salz, Pfeffer, Muskat
25 g Magermilchpulver
180–240 g Thunfisch (in Wasser konserviert)
4 TL geriebener Käse

Zubereitung: Margarine in einem Topf erhitzen und die geschälten und gehackten Zwiebeln darin goldgelb rösten. Spinat zugeben, unter Rühren auftauen, würzen und abschmecken. Mit Magermilchpulver verfeinern. In eine feuerfeste Form füllen, den abgetropften Thunfisch in die Mitte geben, mit geriebenem Käse bestreuen und bei 200°C (Gasherd Stufe 4–5) überbacken, bis Käse geschmolzen ist.

Pro Portion: 1995 Kilojoule, 477 Kalorien, 41 g Eiweiß, 25 g Fett, 17 g Kohlenhydrate

Spinattorte

Menüplan 40. Woche

Zutaten für 2 Portionen
100 g Zwiebeln
1–2 Knoblauchzehen
2 TL Öl
200 g Spinat
Salz, Pfeffer, Muskat
3 Eier
30 g geriebener Käse (45% Fett i. Tr.), z. B. Emmentaler
120 g gekühlter Frischteig (kein Blätterteig)
2 TL geriebener Käse

Zubereitung: Zwiebeln schälen und kleinhacken. Knoblauch schälen und zerdrücken. Öl in einem Topf erhitzen und Zwiebeln und Knoblauch darin glasig dünsten.

Spinat waschen, verlesen und zu den Zwiebeln geben. Mit Salz, Pfeffer und Muskat würzen, eventuell noch etwas Wasser dazugeben. Wenn der Spinat zusammengefallen ist, vom Herd nehmen und in einem Sieb gut abtropfen lassen. Eier mit etwas Wasser, Salz, und Pfeffer verquirlen und ebenso wie den Käse unter den Spinat rühren. Nun eine kleine flache, feuerfeste Form (ca. 25 cm ∅) mit Backtrennpapier auslegen und den Frischteig als Boden darin verteilen. Die Spinat-Ei-Masse auf den Teig geben und mit geriebenem Käse bestreuen. Im vorgeheizten Backofen bei 200°C (Gasherd Stufe 4–5) ca. 30 Minuten backen, bis der Käse braun wird und das Ei fest ist.

Pro Portion: 1920 Kilojoule, 459 Kalorien, 24 g Eiweiß, 21 g Fett, 42 g Kohlenhydrate

Blumenkohl mit Schinken-Käse-Sauce

Menüplan 51. Woche

Zutaten für 2 Portionen
400 g Blumenkohl
90 g magerer geräucherter Schinken
60 g Schmelzkäse (45% Fett i. d. Tr.)
2 TL Margarine
20 g Weizenvollkornmehl
20 g Zwieback
Muskat, weißer Pfeffer
Rauchsalz
Süßstoff

Zubereitung: Blumenkohl putzen, in Röschen teilen und waschen. Gut ¼ Liter Wasser erhitzen, die Kohlröschen hineingeben und bei sehr schwacher Hitze zugedeckt 30 Minuten garen, dann abgießen, das Kochwasser aber aufbewahren. Schinken und Käse in Stücke schneiden. Margarine in einem Topf erhitzen, das Weizenvollkornmehl hineingeben und bei schwacher Hitze unter ständigem Rühren 3 Minuten anschwitzen. Das Blumenkohlwasser langsam mit dem Schneebesen einrühren und zum Kochen bringen. Die Käsestückchen in der Sauce auflösen, dann Zwieback hineinreiben und mit den Gewürzen und Süßstoff kräftig abschmecken. Nun Blumenkohlröschen und Schinkenstücke vorsichtig unterrühren und alles bei sehr schwacher Hitze 5 Minuten zugedeckt heiß werden lassen.

Pro Portion: 1771 Kilojoule, 423 Kalorien, 19 g Eiweiß, 28 g Fett, 22 g Kohlenhydrate

Beschwipster Kohlrabiauflauf

Menüplan 19. Woche

Zutaten für 2 Portionen
500 g Kohlrabi
Salz, ½ TL Zucker
150–180 g Tatar (Beefsteakhack/Rohgewicht)
Pfeffer, Knoblauchsalz
1 TL milder Senf
1 EL Tomatenmark
Muskat
50 g Zwiebel
6 EL Kohlrabiwasser
60 g Schweizer Käse (45% Fett i. d. Tr.)
1 TL Pflanzencreme
60 ml Weißwein
15 g saure Sahne

Zubereitung: Kohlrabi waschen, schälen, in Streifen schneiden, dann in ½ Liter kochendes Wasser mit Salz und Zucker geben und bei schwacher Hitze 10 Minuten zugedeckt garen.
Inzwischen das Hack mit Pfeffer, Knoblauchsalz, Senf, Tomatenmark, Muskat, der geschälten fein, gewürfelten Zwiebel mischen. Die gegarten Kohlrabistreifen aus dem Wasser nehmen und abtropfen lassen. 6 Eßlöffel Kohlrabiwasser mit dem Hack verrühren. Den Käse reiben. Eine Auflaufform mit Pflanzencreme ausstreichen und die Hälfte der Kohlrabi einfüllen. Das Hack darübergeben, die restlichen Kohlrabi darauflegen und mit Wein übergießen. Die saure Sahne aufstreichen, mit dem Käse bestreuen und den Auflauf im Backofen bei 200°C (Gasherd Stufe 4–5) auf unterer Schiebeleiste 40 Minuten backen.

Pro Portion: 1590 Kilojoule, 380 Kalorien, 33 g Eiweiß, 16 g Fett, 19 g Kohlenhydrate

Tomaten mit Kartoffelberg

Menüplan 13. Woche

Zutaten für 2 Portionen:
200 g Kartoffeln
1 EL Meerrettich
50 ml Milch (1,5% Fett)
2 TL Halbfettmargarine
2 TL feingehackte Petersilie
Salz, Pfeffer
3 Tomaten (à 100 g)
Muskat

Zubereitung: Kartoffeln kochen, pellen und zu Brei zerdrücken. Meerrettich, Milch, Margarine und die feingehackte Petersilie zu der Kartoffelmasse geben, alles gut vermengen und mit Salz und Pfeffer abschmecken. Tomaten halbieren und in eine Auflaufform geben. Die Kartoffelmasse auf den Tomatenhälften verteilen und mit etwas Muskat bestreuen. Bei 200 °C (Gasherd Stufe 4–5) auf der mittleren Schiene 5 bis 10 Minuten backen.

Pro Portion: 583 Kilojoule, 139 Kalorien, 5 g Eiweiß, 3 g Fett, 24 g Kohlenhydrate

Auberginenschiffchen mit Kalbfleischfülle

Menüplan 30. Woche

Zutaten für 2 Portionen
300 g Auberginen (2 Stück)
Salz, Zitronensaft
300–360 g Kalbfleisch (Rohgewicht)
50 g Zwiebeln
30 g Graubrot
Petersilie, Rauchsalz, Pfeffer
2 TL Pflanzencreme
25 g Magermilchpulver
1 kleiner Brühwürfel
2 TL Weißwein
20 g Maismehl

Zubereitung: Die Auberginen putzen, waschen und längs halbiert mit Salz bestreuen und Zitronensaft beträufeln; zugedeckt ca. 25 Minuten stehen lassen. Inzwischen Kalbfleisch waschen, trockentupfen und in walnußgroße Würfel schneiden, geschälte Zwiebel und das Graubrot ebenfalls würfeln, die Petersilie fein hacken.
Das bittere Auberginenwasser abgießen, die Auberginen kalt abspülen und vorsichtig aushöhlen. Das ausgehöhlte Auberginenfleisch in kleine Stückchen schneiden und mit den Zwiebel- und Brotwürfel sowie der Petersilie vermischen, dann mit Rauchsalz und Pfeffer würzen.
Die Pflanzencreme in einer Pfanne erhitzen und darin die Kalbfleischwürfel unter ständigem Wenden 3 Minuten anbraten, die Auberginen-Brot-Mischung zufügen und alles zugedeckt bei schwacher Hitze 15 Minuten schmoren. Nun das Magermilchpulver mit 2 Eßlöffeln Wasser einrühren und die Füllung in die Auberginenhälften geben. In einer Kasserolle ¼ Liter Wasser erhitzen, den Brühwürfel darin auflösen, Wein dazugeben und die gefüllten Auberginen. Die Kasserolle zudecken und die Auberginen bei schwacher Hitze 30 Minuten garen, dann auf zwei vorgewärmte Teller verteilen. Das Maismehl in etwas Wasser anrühren und den Kochsud damit binden. Die Sauce über die angerichteten Auberginen gießen.

Pro Portion: 1874 Kilojoule, 448 Kalorien, 43 g Eiweiß, 17 g Fett, 30 g Kohlenhydrate

Zwiebelhäuschen (Foto Seite 191)

Menüplan 31. Woche

Zutaten für 2 Portionen
200 g Zwiebeln (2 Stück)
150–180 g Tatar (Beefsteakhack/Rohgewicht)
Pfeffer, Salz, Thymian
2 kleine Brühwürfel
200 g Tomaten
20 g Vollkornmehl
Pfeffer, Rauchsalz
Estragon

Zubereitung: Die Zwiebeln schälen und aushöhlen. Das Hackfleisch mit Pfeffer, Salz, Thymian und den in Würfel geschnittenen Innenteilen der Zwiebeln verkneten und damit die Zwiebeln füllen. ½ Liter Wasser erhitzen und die Brühwürfel darin auflösen. Tomaten waschen, in Scheiben schneiden und mit den Zwiebeln in die Brühe geben. Alles bei schwacher Hitze 35 Minuten zugedeckt garen. Die Brühe mit Mehl andicken, einmal aufwallen lassen und mit den Gewürzen pikant abschmecken.

Pro Portion: 869 Kilojoule, 208 Kalorien, 24 g Eiweiß, 4 g Fett, 18 g Kohlenhydrate

Gefüllte Zucchini (Foto Seite 192)

Menüplan 25. Woche

Zutaten für 2 Portionen
2 mittelgroße Zucchini (à 150 g)
100 g Champignons
1 Knoblauchzehe
2 TL Olivenöl
120 g Edamer (45% Fett i. d. Tr.)
Basilikum, Salz, Pfeffer, Muskat, Petersilie
2 TL geriebener Käse

Zubereitung: Zucchinis waschen, die Enden entfernen und längs halbieren. Mit einem Teelöffel aushöhlen, die Schalen aufbewahren. Das Zucchinifleisch würfeln. Champignons waschen und blättrig schneiden. Zucchinifleisch und Champignons zusammen mit der zerdrückten Knoblauchzehe in Öl weich dünsten. Währenddessen den Käse fein würfeln und mit den Gewürzen und der feingehackten Petersilie vermengen. Zu dieser Mischung das gedünstete Gemüse geben und nochmals gut vermengen. Die Zucchinischalen mit der Käse-Gemüsemischung füllen, mit geriebenen Käse bestreuen und bei 200°C (Gasherd Stufe 4–5) in einer abgedeckten Auflaufform 30 Minuten backen. Anschließend den Deckel entfernen und weitere 15 Minuten überbacken.

Pro Portion: 1289 Kilojoule, 308 Kalorien, 18 g Eiweiß, 23 g Fett, 5 g Kohlenhydrate

Pichelsteiner Eintopf

Menüplan 45. Woche
Die in Klammern genannten Gemüsemengen sind für nicht ganz so Hungrige gedacht.

Zutaten für 2 Portionen
je 100 g (50 g) Zwiebeln, Sellerie, Petersilienwurzel
je 200 g (150 g) Weißkohl und Wirsing
je 200 g (100 g) Möhren und Porree
200 g Kartoffeln
je 100–120 g mageres Rind-, Schweine- und Hammelfleisch (Rohgewicht)
1 kleiner Brühwürfel
Salz, Pfeffer, Majoran, gemahlener Kümmel, Lorbeerblätter
2 Bund gehackte Petersilie

Zubereitung: Alle Gemüse putzen bzw. waschen, schälen und in Scheiben oder Streifen schneiden. Das vorbereitete Gemüse miteinander vermischen. Alle Fleischsorten trockentupfen und würfeln. 100 ml Wasser und Brühwürfel in einen großen Topf geben und nun abwechselnd Gemüse und Fleisch einschichten; jede Lage mit den Gewürzen, einem Lorbeerblatt und Petersilie bestreuen (das Fleisch möglichst in die untere Hälfte des Topfes legen, damit es weich wird). Die oberste Schicht sollte Gemüse sein. Nun den Eintopf bei schwacher bis mittlerer Hitze 1 ½ Stunden köcheln lassen; dabei nicht umrühren, sondern – falls nötig – etwas heißes Wasser nachgießen.

Pro Portion: 2244 Kilojoule, 536 Kalorien, 49 g Eiweiß, 16 g Fett, 48 g Kohlenhydrate

Lauchschnitten

Menüplan 46. Woche

Zutaten für 2 Portionen
300 g Lauch
2 Eier
60 g Schmelzkäse
60 g gekühlter Frischteig
Pfeffer, Salz, Muskat
2 Portionen Sauce Hawaii (siehe Rezept S. 248)

Zubereitung: Lauch putzen, waschen, in Ringe schneiden und in 100 ml Wasser 15 Minuten zugedeckt bei sehr schwacher Hitze dünsten.
Eier hart kochen. Schmelzkäse in kleine Stücke schneiden und mit dem Frischteig verkneten. Den Lauch abtropfen lassen, den Sud aufbewahren. Die Eier pellen und feinhacken. Lauch mit den Eiern vermischen und mit Pfeffer, Salz und Muskat abschmecken. Das Gemüsewasser unterrühren.
Den Teig ausrollen, in zwei Stücke teilen, mit der Lauch-Eier-Masse belegen und zu zwei »Schnitten« zusammenklappen. Auf ein mit Backtrennpapier ausgelegtes Backblech legen und im Backofen auf mittlerer Schiene bei 200°C (Gasherd Stufe 4–5) 20 Minuten backen. Auf zwei Teller legen und mit Sauce Hawaii übergießen.

Pro Portion: 1755 Kilojoule, 419 Kalorien, 18 g Eiweiß, 20 g Fett, 38 g Kohlenhydrate

Elsässer Linsentopf

Menüplan 4. Woche

Zutaten für 2 Portionen
360 g Linsen (Dosenware)
⅛ l Rotwein
2 TL Margarine
je 200 g Zwiebeln, Porree, Kartoffeln und Möhren
½ Lorbeerblatt
1 Gewürznelke, Salz
¼ TL Cayenne-Pfeffer
25 g süße Sahne

Zubereitung: Linsen abgießen, ⅛ Liter der Flüssigkeit auffangen. Die Linsen in eine Schüssel geben, Rotwein und das Linsenwasser darüber gießen und beiseite stellen.
Margarine in einer Kasserolle erhitzen und die geschälten und in Scheiben geschnittenen Zwiebeln sowie den geputzten, in Ringe geschnittenen Porree darin goldgelb dünsten. Kartoffeln und Möhren

schälen und in kleine Würfel schneiden. Mit etwas Wasser, dem Lorbeerblatt und der Gewürznelke zu der Zwiebel-Porree-Mischung geben und zugedeckt ca. 20–25 Minuten garen. Die Linsen mit der Flüssigkeit hinzufügen und kräftig abschmecken. Zuletzt mit Sahne verfeinern.

Pro Portion: 2648 Kilojoule, 633 Kalorien, 30 g Eiweiß, 10 g Fett, 94 g Kohlenhydrate

Gefüllte Paprikaschoten »Provence«

Menüplan 1. Woche

Zutaten für 2 Personen
2 Paprikaschoten (ca. 300 g)
300–360 g Tatar (Beefsteakhack/Rohgewicht)
Salz, Pfeffer, Paprika
1 EL gehackte Petersilie
100 g Zwiebeln
120 g gegarter Reis
2 TL geriebener Käse
200 g Tomaten (Dosenware)
Kräuter der Provence

Zubereitung: Paprikaschoten halbieren, Trennwände und Kerne entfernen. Tatar würzen, mit Petersilie, geschälter und gehackter Zwiebel sowie Reis mischen, in die Paprikaschoten füllen und mit geriebenem Käse bestreuen. Tomaten zerkleinern, in einen Topf geben, mit Salz, Pfeffer und Kräutern der Provence abschmecken. Gefüllte Paprikaschoten zu den Tomaten geben und zugedeckt ca. 30–35 Minuten garen.

Pro Portion: 1515 Kilojoule, 362 Kalorien, 44 g Eiweiß, 8 g Fett, 28 g Kohlenhydrate

Frankfurter Gemüsepfanne

Menüplan 13. Woche

Zutaten für 2 Portionen
50 g grüne Paprikaschoten
50 g Zwiebeln
2 TL Öl
50 g Bleichsellerie
180 g Frankfurter Brühwürstchen
200 g Möhren (Dosenware)
200 g Ananas (ohne Zucker konserviert)
4 EL Ananassaft
2 TL Sojasauce
2 TL Speisestärke

Zubereitung: Paprikaschoten entkernen, waschen und in Streifen schneiden. Zwiebeln schälen, würfeln und mit den Paprikaschoten in einer Pfanne im Öl glasig dünsten. Sellerie waschen und würfeln. Würstchen in Scheiben schneiden und zusammen mit Möhren und Sellerie zu den Zwiebeln geben. Alles etwa 3 Minuten bei schwacher Hitze dünsten lassen. Währenddessen die Ananas in Stückchen schneiden und mit dem Saft in die Pfanne geben. Alles gut durchmengen, mit Sojasauce würzen und mit der in 3 Eßlöffel Gemüsewasser angerührten Speisestärke binden.

Pro Portion: 1616 Kilojoule, 386 Kalorien, 14 g Eiweiß, 24 g Fett, 27 g Kohlenhydrate

Wirsing »Surprise« mit Zwiebacksauce

Menüplan 30. Woche

Zutaten für 2 Portionen
500 g Wirsing (ca. 1 Kopf)
Salz
1 ½ EL Mineralwasser
Flüssigwürze, Basilikum, Pfeffer,
Zwiebelsalz, mittelscharfer Senf
300–360 g Tatar (Beefsteakhack/Rohgewicht)
Für die Zwiebacksauce:
½ l Gemüsewasser
2 TL Instantbrühe
40 g Zwieback

Zubereitung: Wirsing putzen und im Ganzen in ½ Liter Salzwasser bei schwacher Hitze 10 Minuten garen. Inzwischen Mineralwasser, Gewürze und Tatar zu einem pikanten Teig vermengen. Den Kohl aus dem Wasser heben, abtropfen lassen. Das Kochwasser aufbewahren. Den Kohlkopf aushöhlen, die herausgelösten Blätter kleinhacken und diese unter den Hackteig kneten. Die Masse in den Kohl füllen, den Kohl mit einem Küchenfaden umwickeln und in dem Gemüsewasser bei schwacher Hitze ca. 35 Minuten garziehen lassen. Den fertigen Kohl abgetropft auf eine Platte geben und warmhalten.
Für die Zwiebackmasse die Instantbrühe im Kohlwasser auflösen, Zwieback hineinreiben und die Sauce einmal aufwallen lassen, dann über den Kohl gießen und sofort servieren.

Pro Portion: 1568 Kilojoule, 375 Kalorien, 48 g Eiweiß, 9 g Fett, 26 g Kohlenhydrate

Gemüserouladen (Foto Seite 210)

Menüplan 23. Woche

Zutaten für 2 Portionen
100 g Auberginen
Salz
4 große Kohlblätter (100 g)
150 g Champingons (Dosenware)
140 g Mais (Dosenware)
Pfeffer
200 g Tomaten (Dosenware)

Zubereitung: Auberginen schälen und würfeln. Mit Salz bestreuen und auf einem Küchentuch 20 Minuten stehen lassen. Währenddessen den Kohl 2 Minuten in reichlich Wasser kochen, abschrecken und abtropfen lassen. Die Auberginen in eine beschichtete Pfanne geben, 2 Eßlöffel Wasser hinzufügen und andünsten. Pilze und Mais dazugeben, mit Pfeffer abschmecken und die Gemüsemasse auf die Kohlblätter geben. Diese aufrollen und mit einem Bindfaden umwickeln. Tomaten pürieren und mit den Rouladen in einem Topf bei schwacher Hitze 20–30 Minuten garen.
Vor dem Servieren die Bindfäden vorsichtig entfernen.

Pro Portion: 583 Kilojoule, 139 Kalorien, 6 g Eiweiß, 2 g Fett, 25 g Kohlenhydrate

Auflauf »Angela«

Menüplan 52. Woche

Zutaten für 2 Portionen
¼ l ungesüßter Apfelsaft
1 TL Instantbrühe
40 g Buchweizengrütze
90 g Weißwurst
½ TL Kümmelsamen
300 g Sauerkraut (Dosenware)
Süßstoff
60 g geriebener Parmesankäse
2 TL Butter

Zubereitung: Den Apfelsaft erhitzen und die Instantbrühe darin auflösen. Buchweizengrütze hineingeben und zugedeckt bei sehr schwacher Htze 30 Minuten ausquellen lassen. Inzwischen Weißwurst in Scheiben schneiden, Sauerkraut etwas abtropfen lassen und auseinanderzupfen. Nach dem Ausquellen Weißwurst, Sauerkraut und Kümmelsamen unter die Grütze mischen und mit Süßstoff abschmecken. Die Masse in eine Auflaufform füllen, mit Parmesankäse bestreuen und mit Butterflöckchen belegen. Im Backofen auf der mittleren Schiene bei 175°C (Gasherd Stufe 3–4) 30 Minuten backen.

Pro Portion: 1590 Kilojoule, 380 Kalorien, 20 g Eiweiß, 23 g Fett, 36 g Kohlenhydrate

Kohlrouladen

Menüplan 34. Woche

Zutaten für 2 Portionen
25 g Zwiebel
300–360 g Tatar (Beefsteakhack/Rohgewicht)
2 EL Tomatenmark
10 g Paniermehl
Salz, Pfeffer, Paprika edelsüß
4 große Weißkohlblätter (ca. 100 g)
gemahlener Kümmel
1 TL Instantbrühe
2 EL Crème fraîche

Zubereitung: Zwiebeln schälen und fein reiben. Mit Hackfleisch, 1 Eßlöffel Tomatenmark und Paniermehl vermengen und mit Salz, Pfeffer und Paprika abschmecken. Kohlblätter kurz in kochendem Wasser blanchieren und abtropfen lassen. Anschließend mit Kümmel bestreuen, die Hackfleischmasse darauf verteilen, Kohlblätter aufrollen und mit einem Bindfaden umwickeln. ⅛ Liter Wasser mit Instantbrühe und dem Rest Tomatenmark aufkochen und darin die Kohlrouladen bei schwacher Hitze 20 Minuten schmoren. Vor dem Servieren Crème fraîche unter die Sauce rühren.

Pro Portion: 1319 Kilojoule, 315 Kalorien, 41 g Eiweiß, 13 g Fett, 9 g Kohlenhydrate

Chinakohl »Awiwa«

Menüplan 51. Woche

Zutaten für 2 Portionen
1 kleiner Chinakohl (ca. 300 g)
¼ l ungesüßter Apfelsaft
150–180 g Kalbsfilet (Rohgewicht)
2 TL Margarine
60 g Schmelzkäse (45% Fett i. d. Tr.)
1 TL Instantbrühe
2 g Nestargel

Zubereitung: Den Chinakohl putzen und halbieren. Apfelsaft in einem Topf erhitzen, die Kohlhälften

hineingeben und bei sehr schwacher Hitze 25 Minuten zugedeckt garen. Inzwischen das Kalbfleisch in kleine Würfel schneiden. Margarine in einer Pfanne erhitzen und darin das Kalbfleisch bei starker Hitze 2 Minuten unter ständigem Wenden von allen Seiten bräunen, dann bei sehr schwacher Hitze 10 Minuten zugedeckt garen.
Den Käse in kleine Stücke schneiden, Chinakohl abtropfen lassen; die Instantbrühe im Apfelsaft auflösen, Käsestücke dazugeben und bei mittlerer Hitze unter ständigem Rühren schmelzen, dann mit Nestargel andicken. Das Fleisch in die Sauce geben und bei sehr schwacher Hitze 5 Minuten zugedeckt ziehen lassen. Den Kohl auf 2 Tellern anrichten und mit der Fleischsauce übergossen servieren.

Pro Portion: 1028 Kilojoule, 246 Kalorien, 25 g Eiweiß, 13 g Fett, 18 g Kohlenhydrate

Kohleintopf

Menüplan 47. Woche

Zutaten für 2 Portionen
400 g Wirsingkohl
200 g Grünkohl
2 TL Margarine
40 g Zwieback
2 TL Zwiebelflocken
¼ l Milch (0,3% Fett)
300–360 g mageres Rindfleisch (Rohgewicht)
Muskat, frisch gemahlener Pfeffer, Rauchsalz

Zubereitung: Wirsing putzen, waschen und in Streifen schneiden, den Grünkohl von den Stielen streifen und waschen. Gut ¼ Liter Wasser zum Kochen bringen, den Grünkohl 2 Minuten darin kochen, dann auf einem Sieb abtropfen lassen und fein hacken (das Kochwasser aufbewahren).
Margarine in einem Topf erhitzen, Zwieback hineinreiben, das Kochwasser und die Zwiebelflocken unterrühren und die Milch angießen. Nach dem Aufkochen Wirsing und Grünkohl hineingeben und alles bei sehr schwacher Hitze 20 Minuten zugedeckt garen.
Inzwischen das Rindfleisch in walnußgroße Würfel schneiden, ebenfalls zum Kohl geben und alles weitere 40 Minuten garen. Den Eintopf mit den Gewürzen kräftig abschmecken und servieren.

Pro Portion: 2261 Kilojoule, 540 Kalorien, 55 g Eiweiß, 19 g Fett, 36 g Kohlenhydrate

Chinakohleintopf

Menüplan 18. Woche

Zutaten für 2 Portionen
300–360 g mageres Rind- oder Schweinefleisch (Rohgewicht)
Salz
200 g Kartoffeln
500 g Chinakohl
je 100 g Porree, Möhren, Sellerie
Salz, Pfeffer, Chinagewürz
ca. 2 EL Soyasoße

Zubereitung: Das Fleisch am Vortag in ½ Liter kaltem Salzwasser aufsetzen und ca. 40 Minuten kochen. Das Fleisch herausnehmen und die Brühe erkalten lassen. Am nächsten Tag das Fett abschöpfen und 360 ml Brühe abmessen. Das Fleisch und die geschälten Kartoffeln in Würfel schneiden, Chinakohl in Streifen, Porree waschen und in Ringe schneiden. Möhren und Sellerie schälen und würfeln. Fleisch, Kartoffeln und die Gemüse in die Brühe geben, vorsichtig würzen und alles etwa 40 Minuten köcheln lassen. Den Eintopf vor dem Anrichten eventuell nachwürzen.

Pro Portion: 1834 Kilojoule, 438 Kalorien, 46 g Eiweiß, 14 g Fett, 31 g Kohlenhydrate

Herbstlicher Eintopf

Menüplan 42. Woche

Zutaten für 2 Portionen
300–360 g mageres Schweinefleisch (Rohgewicht)
100 g Birne
125 g Apfel
1 TL Instantbrühe
20 g Zwieback
400 g Brechbohnen (Dosenware)
¼ l Bohnenwasser
Pfeffer, Rauchsalz, Süßstoff

Zubereitung: Schweinefleisch waschen, trockentupfen, dann in walnußgroße Würfel schneiden und in einer beschichteten Pfanne 20 Minuten zugedeckt bei sehr schwacher Hitze garen.
Das Obst schälen, Kerngehäuse entfernen und in kleine Stücke schneiden. ⅛ Liter Wasser erhitzen und die Instantbrühe darin auflösen. Birnen- und Apfelstückchen hinzufügen und 10 Minuten zugedeckt bei sehr schwacher Hitze garen.
Den Zwieback reiben und unter das Obst rühren.

Nun Brechbohnen mit Bohnenwasser hinzufügen, ebenfalls das Fleisch und alles weitere 10 Minuten zugedeckt bei sehr schwacher Hitze garen. Mit Pfeffer, Rauchsalz und Süßstoff abschmecken.

Pro Portion: 1514 Kilojoule, 362 Kalorien, 42 g Eiweiß, 7 g Fett, 31 g Kohlenhydrate

Möhreneintopf mit Graupen

Menüplan 37. Woche

Zutaten für 2 Portionen
50 g Zwiebeln
300–360 g mageres Rindfleisch (Rohgewicht)
1 kleiner Brühwürfel
1 Lorbeerblatt
1 TL schwarze Pfefferkörner
300 g Möhren
40 g Graupen
Salz, Pfeffer
gehackte Petersilie und Schnittlauch

Zubereitung: Zwiebeln schälen, Fleisch trockentupfen und beides würfeln. ½ Liter Wasser mit Brühwürfel in einem Topf aufsetzen und darin Fleisch- und Zwiebelwürfel mit Lorbeerblatt und Pfefferkörner (diese in ein Teesieb geben) 15 Minuten garen. Inzwischen Möhren putzen und in Scheiben schneiden. Möhren und Graupen zum Fleisch geben und alles weitere 20 Minuen bei schwacher Hitze garen. Das Teesieb mit den Gewürzen herausnehmen. Den Eintopf mit Salz und Pfeffer abschmecken und vor dem Servieren mit den Kräutern bestreuen.

Pro Portion: 1729 Kilojoule, 413 Kalorien, 42 g Eiweiß, 14 g Fett, 30 g Kohlenhydrate

Mitternachtseintopf

Menüplan 49. Woche

Zutaten für 2 Portionen
300–360 g mageres Rindfleisch (Rohgewicht)
200 g Zwiebeln
2 TL Öl, 1 Knoblauchzehe
Pfeffer, Salz, scharfes Paprikapulver
2 EL Tomatenmark
2 kleine Brühwürfel
4 schwarze Oliven
100 g Kartoffeln
200 g grüne Paprikaschoten, Pfeffersauce

Zubereitung: Das Rindfleisch würfeln, Zwiebeln schälen und ebenfalls würfeln. Rindfleisch in heißem Öl kräftig anbraten, dann Zwiebelwürfel und die zerdrückte Knoblauchzehe zufügen. Mit Pfeffer, Salz und Paprika würzen. Nun Tomatenmark, ¾ Liter Wasser und die Brühwürfel zufügen und alles bei schwacher Hitze 45 Minuten kochen lassen. Währenddessen die Oliven in Scheiben schneiden, die geschälten Kartoffeln würfeln und die geputzten, entkernten Paprikaschoten waschen und in Stücke schneiden. Alles zum Fleisch geben und weitere 15 Minuten garen. Den Eintopf vor dem Servieren nochmals scharf abschmecken.

Pro Portion: 1878 Kilojoule, 449 Kalorien, 43 g Eiweiß, 20 g Fett, 22 g Kohlenhydrate

Bohneneintopf

Menüplan 11. Woche

Zutaten für 2 Portionen
300–360 g mageres Rindfleisch (Rohgewicht)
Salz, Pfeffer
½ TL Bohnenkraut
2 TL Instantbrühe
200 g Kartoffeln
500 g tiefgekühlte grüne Bohnen
gehackte Petersilie

Zubereitung: Rindfleisch würfeln und in ¾ Liter Wasser zusammen mit Salz, Pfeffer, Bohnenkraut und der Instantbrühe ca. 30 Minuten garen. Inzwischen die Kartoffeln schälen und klein würfeln. Bohnen und Kartoffelwürfel in die Suppe geben und das Ganze weitere 10–15 Minuten garen. Den Eintopf vor dem Servieren abschmecken und mit Petersilie bestreuen.

Pro Portion: 1821 Kilojoule, 435 Kalorien, 47 g Eiweiß, 15 g Fett, 29 g Kohlenhydrate

Kartoffel-Tomaten-Auflauf

Menüplan 16. Woche

Zutaten für 2 Portionen
200 g Kartoffeln
400 g Tomaten
4 Eier
4 TL geriebener Parmesankäse
200 g Zwiebeln, 2 TL Öl
Salz, Pfeffer, Basilikum

Zubereitung: Kartoffeln in der Schale kochen, abpellen und in Scheiben schneiden. Tomaten waschen und in Scheiben schneiden, die Eier mit Parmesankäse verquirlen. Zwiebeln schälen, hakken und bei milder Hitze in 1½ Teelöffeln Öl goldgelb braten.
Eine Auflaufform mit Öl auspinseln. Kartoffeln, Tomaten und Zwiebeln abwechselnd in die Form schichten und kräftig salzen und pfeffern. Die verquirlten Eier darüber gießen, mit Basilikum bestreuen und im vorgeheizten Backofen bei 200–220°C (Gasherd Stufe 4–5) ca. 45 Minuten backen, bis das Ei gestockt ist und braun zu werden beginnt. Den Auflauf heiß in der Form servieren.

Pro Portion: 1634 Kilojoule, 390 Kalorien, 21 g Eiweiß, 19 g Fett, 32 g Kohlenhydrate

Kartoffeleintopf

Menüplan 8. Woche

Zutaten für 2 Portionen
100 g Zwiebeln
400 g Kartoffeln
100 g Porree
2 TL Öl
2 EL Suppengrün (25 g)
Pfeffer, Selleriesalz, Majoran
2 TL Instantbrühe
90 g Brühwürstchen
90 g deutsches Corned beef
Petersilie

Zubereitung: Zwiebeln und Kartoffeln schälen und würfeln. Porree waschen und in Ringe schneiden. Zwiebeln in Öl andünsten, Kartoffelwürfel, Porreeringe und Suppengrün zu den Zwiebeln geben, mit Wasser auffüllen und würzen. Instantbrühe einrühren und nochmals kurz aufkochen lassen. Alles bei schwacher Hitze 20 Minuten garen.
Würstchen in Scheiben schneiden, Corned beef würfeln und beides in der Suppe erwärmen. Den Eintopf vor dem Servieren nochmal abschmecken und mit feingehackter Petersilie bestreuen.

Pro Portion: 1855 Kilojoule, 443 Kalorien, 22 g Eiweiß, 22 g Fett, 39 g Kohlenhydrate

Gemüseeintopf mit Reis

Menüplan 6. Woche

Zutaten für 2 Portionen
300–360 g mageres Rindfleisch (Rohgewicht)
Salz
2 TL Instantbrühe
100 g Porree
100 g Möhren
200 g Bohnen (Tiefkühlware)
100 g Erbsen (Tiefkühlware)
100 g Blumenkohl
40 g Reis (Rohgewicht)
Petersilie

Zubereitung: Rindfleisch waschen und in 1 Liter Wasser mit Salz und Instantbrühe sowie dem geputztem und zerkleinertem Porree und Möhren ca. 40 Minuten kochen. Geputzte und zerkleinerte Bohnen, Erbsen und zerteilten Blumenkohl sowie den Reis zugeben. In weiteren 20 Minuten fertig garen. Fleisch herausnehmen, kleinschneiden, wieder in die Suppe geben und diese abschmecken. Mit gehackter Petersilie bestreut servieren.

Pro Portion: 1965 Kilojoule, 470 Kalorien, 48 g Eiweiß, 14 g Fett, 37 g Kohlenhydrate

Kartoffelpuffer mit Quark-Schinken-Füllung

Menüplan 45. Woche

Zutaten für 2 Portionen
Für die Kartoffelpuffer:
300 g Kartoffeln
50 g Zwiebeln
Salz
1 Ei
3 ½ TL Mehl
½–1 Bund Schnittlauch
2 TL Öl
Für die Füllung:
175 g Speisequark (Magerstufe)
2–3 EL Mineralwasser
je 1 Bund Schnittlauch und Petersilie
1 Knoblauchzehe
Salz, Pfeffer
90 g gekochter, sehr magerer Schinken

Zubereitung: Für die Puffer Kartoffeln und Zwiebeln schälen. Anschließend auf der Reibe oder in der Küchenmaschine feinreiben und mit Salz, Ei, Mehl und dem in kleine Röllchen geschnittenen Schnitt-

lauch in einer Schüssel vermischen. Einen Teelöffel Öl in einer beschichteten Pfanne erhitzen und mit einem Löffel Kartoffelteig für 4 kleine Kartoffelpuffer (= die Hälfte des Teiges) in die Pfanne geben und von beiden Seiten goldbraun braten. Sie werden gewendet, wenn die Ränder braun zu werden beginnen. Das restliche Öl in die Pfanne geben und auf die gleiche Weise 4 weitere Kartoffelpuffer braten. Anschließend warm stellen.
Für die Füllung Quark mit Mineralwasser glattrühren. Schnittlauch in kleine Röllchen schneiden, Petersilie feinhacken, Knoblauchzehe schälen und zerdrücken. Alle Zutaten unter den Quark rühren, mit Salz und Pfeffer abschmecken. Nun den gekochten Schinken in ganz kleine Würfel schneiden und unter den Quark heben.
Jeweils einen Kartoffelpuffer dick mit der Quarkmasse bestreichen und einen zweiten darauf setzen.

Pro Portion: 1821 Kilojoule, 435 Kalorien, 32 g Eiweiß, 18 g Fett, 34 g Kohlenhydrate

Kartoffelpuffer »Williams Christ«

Menüplan 36. Woche

Zutaten für 2 Portionen
200 g Kartoffeln
25 g Zwiebeln
1 Ei
20 g Mehl
Salz, Pfeffer
2 TL Öl
200 g Birnen
60 g Edelpilzkäse (45% Fett i. d. Tr.)
2 große Salatblätter zum Garnieren

Zubereitung: Kartoffeln und Zwiebeln schälen und sehr fein reiben. Mit Ei und Mehl gut verrühren und mit Salz und Pfeffer abschmecken. In einer beschichteten Pfanne in heißem Öl 4 Puffer backen. Währenddessen die Birnen schälen, das Kerngehäuse entfernen, und in Scheiben schneiden.
Nun den Käse auf 2 Kartoffelpuffer verteilen, darauf die Birnenscheiben legen. Mit den restlichen Kartoffelpuffern bedecken. Eine Platte mit den Salatblättern belegen und darauf die gefüllten Kartoffelpuffer anrichten. Sofort servieren.

Pro Portion: 1590 Kilojoule, 380 Kalorien, 14 g Eiweiß, 18 g Fett, 38 g Kohlenhydrate

Zwiebel-Safran-Reis

Menüplan 44. Woche

Zutaten für 2 Portionen
1–2 EL getrocknete Zwiebelflocken
Salz
2 cm Zimtstange
1–2 Gewürznelken
¼ TL Safranfäden
gemahlener Kardamom
Süßstoff
40 g parboiled Reis (Rohgewicht)

Zubereitung: Ca. ⅛ Liter Wasser mit Zwiebelflokken, den Gewürzen und Süßstoff aufkochen und dann den Reis hineinstreuen. Bei schwacher Hitze 20–35 Minuten im offenen Topf garen lassen, bis alles Wasser verdampft ist.

Pro Portion: 295 Kilojoule, 70 Kalorien, 1 g Eiweiß, 16 g Kohlenhydrate

Gerichte mit Eiern, Käse und Quark

Gefüllte Käse-Eier
Menüplan 4. Woche

<u>Zutaten für 2 Portionen</u>
4 Eier
4 TL Halbfettbutter
2 TL Kondensmilch (4% Fett)
Salz, Paprikapulver, Senf
2 TL geriebener Käse

Zubereitung: Eier hart kochen, pellen und halbieren. Die Eigelb herausnehmen, mit Butter, Kondensmilch, den Gewürzen, Senf und geriebenem Käse vermischen und die Creme mit dem Spritzbeutel in die Eiweißhälften füllen.

<u>Pro Portion:</u> 948 Kilojoule, 227 Kalorien, 16 g Eiweiß, 17 g Fett, 1 g Kohlenhydrate

Eier im Spinatbett (Foto rechts)
Menüplan 10. Woche

<u>Zutaten für 2 Portionen</u>
450 g tiefgekühlter Blattspinat
Salz, Muskat
3 EL Essig
4 Eier
4 TL Tomatenketchup
2 TL geriebener Käse

Zubereitung: Den Spinat nach Vorschrift auf der Packung zubereiten und mit Salz und Muskat abschmecken. Währenddessen 1 Liter mit Salz und Essig versetztes Wasser aufkochen. Die Eier einzeln in einer Suppenkelle aufschlagen, vorsichtig ins Wasser gleiten und stocken lassen. Nach etwa 4 Minuten mit einer Schaumkelle herausnehmen. Die Eier auf dem Spinat anrichten, etwas Tomatenketchup darübergeben und mit geriebenen Käse bestreuen.

<u>Pro Portion:</u> 1146 Kilojoule, 274 Kalorien, 22 g Eiweiß, 14 g Fett, 13 g Kohlenhydrate

Wachteleier im Nest
Menüplan 19. Woche

<u>Zutaten für 2 Portionen</u>
200 g frische Artischocken
Saft 1 Zitrone
8 kleine Radieschen (ca. 50 g)
Salz
4 Wachteleier im Glas
2 TL Mayonnaise (80% Fett)
Kresse, Kräutersauce

Zubereitung: Die Stiele der Artischocken kürzen, die schlechten Blätter entfernen und bei den übrigen die Spitzen abschneiden. Unter fließendem kalten Wasser abspülen und mit dem Stiel nach unten in einen Topf legen. Mit Zitronensaft beträufeln und mit Salz bestreuen. Soviel kochendes Wasser zugießen, daß die Artischocken bedeckt sind. Im offenen Topf aufkochen und bei schwacher Hitze etwa 40 Minuten garziehen lassen (wenn sich die Blätter leicht herausziehen lassen, sind die Artischocken gar).
Inzwischen die Radieschen waschen und abtrocknen. Die Wachteleier halbieren und auf jede Hälfte etwas Mayonnaise geben und mit einem Radieschen verzieren. Die Kresse waschen und abtropfen lassen. Die gegarten Artischocken mit dem Stiel nach oben abtropfen lassen, die Böden abschneiden und auf zwei Tellern anrichten. Die Eihälften hineinsetzen, die Kresse darüber verteilen und mit den Artischockenblättchen umlegen. Dazu schmeckt die Kräutersauce von Seite 246.

<u>Pro Portion:</u> 709 Kilojoule, 169 Kalorien, 8 g Fett, 7 g Eiweiß, 19 g Kohlenhydrate

Eier im Spinatbett (Rezept linke Seite)
<u>Seite 210:</u> Gemüserouladen (Rezept S. 203)

Eierfrikassee mit Broccoli

Menüplan 6. Woche

Zutaten für 2 Portionen
600 g Broccoli
2 TL Margarine
20 g Mehl
Pfeffer
4 Eier
Zitronensaft
1 EL Kapern
4 TL Kondensmilch (4% Fett)

Zubereitung: Broccoli putzen, waschen und in 300 ml Salzwasser garen, dann abgießen und das Gemüsewasser aufbewahren. Margarine in einer Kasserolle erhitzen, das Mehl darin anschwitzen und unter ständigem Rühren mit ¼ Liter Gemüsewassers ablöschen. Würzen und abschmecken. Eier hart kochen, pellen, grob hacken und unter die Sauce rühren. Mit Zitronensaft und Kapern abschmecken, mit Kondensmilch verfeinern und über den Broccoli gießen.

Pro Portion: 1509 Kilojoule, 361 Kalorien, 26 g Eiweiß, 18 g Fett, 22 g Kohlenhydrate

Tomaten-Rühreier

Menüplan 20. Woche

Zutaten für 2 Portionen
100 g Tomaten
3 Eier
Salz, Pfeffer, Oregano

Zubereitung: Tomaten überbrühen, enthäuten und würfeln. Eier, 3 Eßlöffel Wasser und Tomatenwürfel gut miteinander verschlagen, mit Salz, Pfeffer und Oregano abschmecken und in eine erhitzte, beschichtete Pfanne geben. Wenn die Ränder beginnen, festzuwerden, die Eimasse mit einem Pfannenmesser zerteilen und bei schwacher Hitze stocken lassen. Sofort servieren.

Pro Portion: 595 Kilojoule, 142 Kalorien, 11 g Eiweiß, 10 g Fett, 2 g Kohlenhydrate

Tomaten-Käse-Eier (Rezept rechte Seite)
Seite 211: Käsefondue »Goldener Oktober« (Rezept S. 220)

Tomaten-Käse-Eier (Foto links)

Menüplan 5. Woche

Zutaten für 2 Portionen:
4 große Tomaten (ca. 600 g)
Salz, Pfeffer
4 Eier
4 TL geriebener Käse
200 g Blumenkohl

Zubereitung: Von den Tomaten einen Deckel abschneiden und das Fruchtfleisch herauslösen. Die ausgehöhlten Tomaten von innen salzen und pfeffern und in jede ein Ei geben. Mit geriebenem Käse bestreuen und den Deckel wieder aufsetzen. In eine feuerfeste Form stellen, etwas Wasser zugießen und im Backofen bei 180 °C (Gasherd Stufe 3–4) ca. 20 Minuten backen. Den Blumenkohl putzen, waschen und in Röschen zerpflücken. In Salzwasser garkochen und die Tomateneier damit umlegen.

Pro Portion: 1174 Kilojoule, 281 Kalorien, 21 g Eiweiß, 15 g Fett, 16 g Kohlenhydrate

Eier in Gelee

Menüplan 26. Woche

Zutaten für 2 Portionen
4 Eier
200 g Champignons (Dosenware)
100 g eingelegte Paprikaschoten
200 g Spargelköpfe (Dosenware)
½ Bund Petersilie
2 kleine Brühwürfel
6 Blatt weiße Gelatine
Salz, Pfeffer, Süßstoff, Essig

Zubereitung: Die Eier hartkochen, pellen und in Scheiben schneiden. Champignons, Paprikaschoten und die Spargelköpfe gut abtropfen lassen. Petersilie waschen und zerpflücken. Nun die Champignons in Scheiben und die Paprikaschoten in feine Streifen schneiden. ½ Liter Wasser aufkochen und die Brühwürfel darin auflösen. Die Gelatine einweichen, gut ausdrücken und in der heißen, nicht mehr kochenden Brühe auflösen. Mit Salz, Pfeffer, Süßstoff und Essig pikant abschmecken.
In eine kalt ausgespülte Schüssel einen Geleespiegel gießen, erstarren lassen und mit einer Schicht Ei- und Champignonscheiben, Paprikastreifen und Spargelköpfen sowie der Petersilie hübsch belegen. Wieder mit der Geleemasse begießen und

erstarren lassen. Diesen Vorgang wiederholen, bis alle Zutaten verbraucht sind. Zuletzt noch einmal mit Geleemasse begießen und erstarren lassen. Vor dem Servieren die Schüssel kurz in heißes Wasser tauchen und das Gelee auf eine Platte stürzen. Mit der restlichen Petersilie garnieren.

Pro Portion: 1054 Kilojoule, 252 Kalorien, 23 g Eiweiß, 14 g Fett, 9 g Kohlenhydrate

Eier-Tomaten-Quark

Menüplan 33. Woche

Zutaten für 2 Portionen
4 Eier
je ½ Bund Petersilie, Schnittlauch und Dill
200 g Speisequark (Magerstufe)
Mineralwasser
300 g Tomaten
Salz, Pfeffer, Zwiebelsalz, Knoblauchpulver

Zubereitung: Eier hart kochen. Währenddessen die Kräuter waschen und fein hacken. Mit Quark vermengen und mit Mineralwasser glattrühren. Tomaten waschen und ebenso wie die hartgekochten, abgepellten Eier würfeln. Vorsichtig unter den Quark heben. Mit Salz, Pfeffer, Zwiebelsalz und Knoblauchpulver kräftig abschmecken.

Pro Portion: 1215 Kilojoule, 290 Kalorien, 33 g Eiweiß, 14 g Fett, 7 g Kohlenhydrate

Artischockeneier

Menüplan 47. Woche

Zutaten für 2 Portionen
200 g Artischocken
Saft 1 Zitrone
Salz
2 TL Butter
40 g Zwieback
4 Eier
2 Portionen Kräutersauce, (siehe Rezept S. 246)

Zubereitung: Artischocken putzen, mit dem Stiel nach unten in einen Topf legen, mit Zitronensaft beträufeln und mit Salz bestreuen. Soviel kochendes Wasser darübergießen, daß die Artischocken bedeckt sind, und im offenen Topf bei schwacher Hitze 40 Minuten garen. Die Artischocken anschließend mit dem Stiel nach oben abtropfen lassen. Die Böden herauslösen und in kleine Stücke schneiden, die Blätter aufbewahren.
Butter in einer Pfanne erhitzen, die Artischockenstücke hineingeben und bei schwacher Hitze unter gelegentlichem Wenden 10 Minuten schmoren. Den Zwieback hineinreiben. Die Eier verquirlen, mit Salz abschmecken und ebenfalls in die Pfanne geben. Bei sehr schwacher Hitze garen, bis die Eier gestockt sind (etwa 5 Minuten).
Auf 2 Tellern anrichten und mit den Artischockenblättern garnieren, die vor dem Verzehr in die Kräutersauce getaucht werden.

Pro Portion: 1585 Kilojoule, 379 Kalorien, 21 g Eiweiß, 18 g Fett, 33 g Kohlenhydrate

Gefüllte Eierkuchen mit Champignonsauce

Menüplan 17. Woche

Zutaten für 2 Portionen
Für die Eierkuchen:
2 Eier
1 Prise Salz
40 g Vollkornmehl
2 TL Pflanzencreme
Für die Füllung:
150–180 g Tatar (Rohgewicht)
je 1 TL Sojasauce und mittelscharfer Senf
1 TL luftgetrocknete Zwiebelflocken
1 EL Tomatenmark
Pfeffer, Salz
Für die Champignonsauce:
300 g Champignons in Scheiben (Dosenware)
⅛ l Champignonwasser
60 g saure Sahne
1 Prise Rauchsalz
2 TL Mehl
frisch gemahlener schwarzer Pfeffer
Süßstoff
1 Bund gehackte Petersilie

Zubereitung: Die Eier mit 50 ml Wasser und Salz schaumig schlagen, das Mehl löffelweise einrühren und den Teig ½ Stunde zugedeckt ruhen lassen.
In der Zwischenzeit die Füllung zubereiten. Dafür das Hackfleisch in eine Schüssel geben und mit Sojasauce, Senf, Zwiebelflocken, Tomatenmark, Pfeffer und Salz vermischen. Eine beschichtete Pfanne erhitzen, das Hackfleisch hineingeben und bei mittlerer Hitze unter ständigem Rühren 5 Minuten garen. Einen Deckel aufsetzen und warm halten.

Die Champignons abtropfen lassen, in einen Kochtopf geben und mit Champignonwasser auffüllen. Erhitzen und die saure Sahne und das Rauchsalz einrühren. Das Mehl darüber stäuben und unter kräftigem Rühren einmal aufwallen lassen. Mit Pfeffer und Süßstoff abschmecken und ebenfalls warm stellen.
Je 1 Teelöffel Pflanzencreme in einer Pfanne erhitzen und aus dem Teig bei mittlerer Hitze nacheinander zwei Pfannkuchen backen (von jeder Seite etwa 2 Minuten). Die Hackfleischmischung auf den Eierkuchen verteilen, übereinanderklappen, mit der Champignonsauce übergießen und mit Petersilie garnieren.

Pro Portion: 1621 Kilojoule, 387 Kalorien, 34 g Eiweiß, 18 g Fett, 22 g Kohlenhydrate

Eier-Spinat-Pastete

Menüplan 37. Woche

Zutaten für 4 Portionen
80 g Mehl
8 TL Margarine
50 g Joghurt (0,3% Fett)
100 g Zwiebeln
160 g Spinat (Tiefkühlware)
120 g Gouda (45% Fett i. d. Tr.)
Muskat
4 Eier
50 ml Milch (1,5% Fett)
Salz
Pfeffer

Zubereitung: Mehl mit Margarine verkneten, Joghurt hinzufügen. Den Teig zwischen zwei Bogen Klarsichtfolie ausstreichen, so daß er in eine flache Form von 18–20 cm ∅ paßt. Den Teig an den Rändern leicht hochziehen.
Zwiebeln schälen und würfeln. Mit dem aufgetauten Spinat vermengen. Den Käse reiben und die Hälfte davon auf dem Teig verteilen. Darauf das Gemüse geben und mit etwas Muskat bestreuen. Eier mit Milch verschlagen, mit Salz und Pfeffer würzen und über das Gemüse gießen. Mit dem restlichen Käse bestreuen. Die Pastete bei 200°C (Gasherd Stufe 4–5) 50–60 Minuten backen und sofort in Stücke geschnitten servieren.

Pro Portion: 1579 Kilojoule, 377 Kalorien, 19 g Eiweiß, 24 g Fett, 20 g Kohelnhydrate

Eier in Senfsauce

Menüplan 7. Woche

Zutaten für 2 Portionen
4 Eier
4 TL Margarine
20 g Mehl
1 TL Instantbrühe
4 TL Kondensmilch (4% Fett)
Salz, Paprika, Senf

Zubereitung: Eier hartkochen, dann abpellen. Die Margarine in einem Topf schmelzen und das Mehl hinzufügen. Unter ständigem Rühren nach und nach 200 ml Wasser zugießen. Anschließend die Instantbrühe einrühren, Kondensmilch hinzufügen und mit Salz, Paprika und reichlich Senf abschmecken. Über die Eier geben und servieren.

Pro Portion: 1251 Kilojoule, 299 Kalorien, 16 g Eiweiß, 21 g Fett, 10 g Kohlenhydrate

Mais-Omelett mit Tomaten

Menüplan 48. Woche

Zutaten für 2 Portionen
100 g Zwiebeln
2 TL Margarine
4 Eier
100 ml Milch (1,5% Fett)
140 g Mais (Dosenware)
Salz, Pfeffer
200 g Tomaten
2 EL Tomatenmark
Petersilie

Zubereitung: Zwiebeln schälen, würfeln und in Margarine glasig dünsten. Eier mit Milch verschlagen, den abgetropfen Mais unterrühren und mit Salz und Pfeffer abschmecken. Die Hälfte der Eimasse in einer beschichteten Pfanne bei mittlerer Hitze anbraten. Die Tomaten würfeln, mit den gedünsteten Zwiebeln und Tomatenmark vermengen und die Hälfte dann auf die Mitte des Omeletts geben. Mit geschlossenen Deckel bei schwacher Hitze etwa 5 Minuten backen. Anschließend warm stellen.
Das zweite Omelett auf die gleiche Weise herstellen. Vor dem Servieren die Ränder der Omeletts mit feingehackter Petersilie bestreuen.

Pro Portion: 1421 Kilojoule, 340 Kalorien, 19 g Eiweiß, 18 g Fett, 25 g Kohlenhydrate

Eier-Ragout mit Champignons

Menüplan 3. Woche

Zutaten für 2 Portionen
4 Eier
400 g Champignons (Dosenware)
4 TL Margarine
20 g Mehl
¼ l Pilzwasser
Salz, Pfeffer, Essig
2 TL Kondensmilch (4% Fett)

Zubereitung: Eier hart kochen, pellen und vierteln. Champignons abgießen, den Saft auffangen. Margarine in einem Topf erhitzen, Mehl zugeben und unter ständigem Rühren die Pilzflüssigkeit zufügen. Pikant abschmecken und mit Kondensmilch verfeinern. Zuletzt die Champignons unterheben und die Eiviertel darauf anrichten.

Pro Portion: 1383 Kilojoule, 331 Kalorien, 20 g Eiweiß, 22 g Fett, 14 g Kohlenhydrate

Frühstückspfannkuchen

Menüplan 29. Woche

Zutaten für 2 Portionen
Für die Pfannkuchen
20 g Schmelzflocken
⅛ l lauwarme Milch (0,3% Fett)
2 Eier
1 Prise Salz, Süßstoff
2 TL Öl
Für die Füllung:
100 g Speisequark (Magerstufe)
100 g Joghurt (0,3% Fett)
Zitronensaft
Süßstoff
40 g Rosinen

Zubereitung: Für die Pfannkuchen Schmelzflocken mit Milch übergießen. Die Eier mit Salz und etwas Süßstoff verquirlen und unter die Schmelzflocken rühren. Eine beschichtete Pfanne mit etwas Öl ausstreichen und aus der Masse 4 kleine Pfannkuchen backen.
Für die Füllung Quark mit Joghurt glattrühren. Mit Zitronensaft und Süßstoff abschmecken und die gewaschenen Rosinen unterheben. Die Pfannkuchen mit der Quarkmasse füllen.

Pro Portion: 1277 Kilojoule, 305 Kalorien, 22 g Eiweiß, 13 g Fett, 25 g Kohlenhydrate

Sonntagstoast mit Ei

Menüplan 32. Woche

Zutaten für 2 Portionen
2 Eier
4 TL Halbfettmargarine
1 ½ TL Mehl
⅛ l Milch (0,3% Fett)
Schnittlauch
½ TL Worcestersauce
60 g Toastbrot
Paprika, Petersilie

Zubereitung: Eier hart kochen, abpellen und die Eigelb herauslösen. Das Eiweiß hacken. Margarine vorsichtig schmelzen, und das Mehl zugeben. Die Milch unter ständigem Rühren hinzufügen und leise kochen lassen, bis die Sauce dicklich wird. Feingeschnittenen Schnittlauch, Worcestersauce und Eiweißwürfel hinzufügen. Die Toastbrotscheiben rösten und mit der Sauce übergießen. Darauf die Eigelb geben und mit Paprika und feingehackter Petersilie bestreuen.

Pro Portion: 1001 Kilojoule, 239 Kalorien, 13 g Eiweiß, 12 g Fett, 20 g Kohlenhydrate

Frühlingsquark

Menüplan 27. Woche

Zutaten für 2 Portionen
300 g Speisequark (Magerstufe)
100 ml Milch (1,5% Fett)
1 EL Tomatenmark
50 g Zwiebeln
je 100 g Gewürzgurke und Tomaten
je 1 Bund Petersilie, Dill, Schnittlauch
1 TL Edelsüß-Paprika
Salz, Pfeffer
Kresse

Zubereitung: Den Quark durch ein Sieb streichen. Mit Milch und Tomatenmark zu einer feinen Creme verrühren. Zwiebeln schälen und fein hacken. Die Gewürzgurke und die Tomaten in kleine Würfel schneiden. Petersilie, Dill und Schnittlauch waschen und fein hacken. Alles zusammen unter den Quark mischen. Mit Paprika, Salz und Pfeffer würzen und pikant abschmecken. Mit gewaschener Kresse bestreuen und servieren.

Pro Portion: 1017 Kilojoule, 243 Kalorien, 23 g Eiweiß, 8 g Fett, 10 g Kohlenhydrate

Süßsaure Eier

Menüplan 35. Woche

Zutaten für 2 Portionen

4 Eier
4 TL Margarine
4 TL Mehl
¼ l Milch (0,3% Fett)
je 100 g Gewürzgurke und eingelegte Paprikaschoten
1 Bund Schnittlauch
Salz, Pfeffer, Senf

Zubereitung: Eier hart kochen und abpellen. Margarine in einem Topf schmelzen und das Mehl dazugeben. Unter ständigem Rühren nach und nach die Milch angießen. Gewürzgurken und Paprikaschoten fein würfeln. Schnittlauch fein schneiden. Alles in die Sauce geben und mit Salz, Pfeffer und Senf abschmecken. Die Sauce über die Eier geben und servieren.

Pro Portion: 1451 Kilojoule, 347 Kalorien, 20 g Eiweiß, 21 g Fett, 18 g Kohlenhydrate

Traubenknäcke

Menüplan 20. Woche

Zutaten für 2 Portionen

60 g Schmelzkäse (45% Fett i. Tr.)
2 EL saure Sahne
25 g Zwiebeln
40 g Roggenknäckebrot
150 g blaue Trauben

Zubereitung: Schmelzkäse mit der Sahne und der geschälten, feingewürfelten Zwiebel verrühren und auf die Knäckebrotscheiben streichen. Die Trauben halbieren, entkernen und auf die Käsemasse geben.

Pro Portion: 992 Kilojoule, 237 Kalorien, 8 g Eiweiß, 9 g Fett, 28 g Kohlenhydrate

Käserösti

Menüplan 1. Woche

Zutaten für 2 Portionen

je 200 g Zwiebeln und Kartoffeln
2 TL Olivenöl, Salz
120 g Hartkäse (z. B. Emmentaler)

Zubereitung: Zwiebeln und Kartoffeln schälen, Zwiebeln grob hacken, Kartoffeln in dünne Scheiben schneiden. Öl in einer Pfanne erhitzen. Zwiebeln hineingeben und goldgelb rösten. Nach 5 Minuten die Kartoffelscheiben hinzufügen und unter ständigem Wenden braten. Salzen. Den Käse reiben. Nach weiteren 5 Minuten den Käse hinzufügen. Bei schwacher Hitze zugedeckt rösten, bis die Kartoffeln gar sind und der Käse geschmolzen ist.

Pro Portion: 1660 Kilojoule, 397 Kalorien, 20 g Eiweiß, 23 g Fett, 24 g Kohlenhydrate

Käsebrötchen

Menüplan 4. Woche

Zutaten für 1 Portion

60 g Brötchen
2 TL Halbfettmargarine
kalorienreduzierter Käse (200 kcal)
4 mittelgroße Oliven
25 g Salatblätter

Zubereitung: Brötchen halbieren, mit Halbfettmargarine bestreichen und mit Käsescheiben belegen. Oliven in Scheiben schneiden und das Brötchen damit verzieren. Auf Salatblättern angerichtet servieren.

Pro Portion: 1857 Kilojoules, 444 Kalorien, 26 g Eiweiß, 21 g Fett, 36 g Kohlenhydrate

Südländisches Omlett

Menüplan 9. Woche

Zutaten für 2 Portionen

100 g Zwiebeln
200 g Paprikaschoten
2 TL Öl
120 g Bananen
Salz, Curry
4 Eier

Zubereitung: Zwiebeln schälen und in Streifen schneiden. Paprikaschoten entkernen, waschen und ebenfalls in Streifen schneiden. Beides in heißem Öl in einer beschichteten Pfanne gar dünsten. Die Bananen schälen, in Scheiben schneiden und hinzufügen. Mit Salz und Curry würzen. Die mit 4 Eßlöffeln Wasser verquirlten Eier darübergießen und bei geschlossenem Deckel und schwacher Hitze stocken lassen.

Pro Portion: 1349 Kilojoule, 322 Kalorien, 17 g Eiweiß, 18 g Fett, 22 g Kohlenhydrate

Eierpfannkuchen mit Blaubeeren

Menüplan 15. Woche

<u>Zutaten für 2 Portionen</u>
4 Eier
4 TL Kondensmilch (4% Fett)
40 g Mehl
Salz
kalorienreduzierte Blaubeeren (100 kcal)
2 TL Margarine

Zubereitung: Eier und Milch zusammen verschlagen. Dann nach und nach das Mehl mit einer Prise Salz unterrühren. Blaubeeren gut abtropfen lassen. Margarine in einer Pfanne erhitzen und aus dem Teig zwei große Pfannkuchen backen. Mit Blaubeeren füllen und servieren.

<u>Pro Portion:</u> 1425 Kilojoule, 341 Kalorien, 18 g Eiweiß, 17 g Fett, 27 g Kohlenhydrate

Quark-Schinken-Rollen

Menüplan 4. Woche

<u>Zutaten für 2 Portionen</u>
200 g Speisequark (Magerstufe)
2 EL feingehackte frische Kräuter
Salz, Pfeffer, Paprika
180 g magerer gekochter Schinken
50 g Salatblätter
200 g Tomaten

Zubereitung: Quark mit etwas Wasser cremig rühren, dann die Kräuter und Gewürze unterziehen und pikant abschmecken. Die Schinkenscheiben mit der Quarkcreme bestreichen und aufrollen. Die gewaschenen Salatblätter auf zwei Tellern auslegen, die Schinken-Rollen darauflegen und mit den geachtelten Tomaten verzieren.

<u>Pro Portion:</u> 1448 Kilojoule, 346 Kalorien, 36 g Eiweiß, 19 g Fett, 5 g Kohlenhydrate

Überraschungsauflauf

Menüplan 21. Woche

<u>Zutaten für 2 Portionen</u>
2 Eier
200 g Speisequark (Magerstufe)
100 ml Milch (1,5% Fett)
2 TL Speisestärke
Salz
Pfeffer
90 g magerer gekochter Schinken
1 TL Öl
20 g Paniermehl
3 TL Butter
200 g Tomaten

Zubereitung: Die Eier trennen. Quark mit Milch, Speisestärke und Eigelb gut verrühren, mit Salz und Pfeffer würzen. Das Eiweiß sehr steif schlagen und zusammen mit dem gewürfelten Schinken unter die Quarkmasse heben.
Eine Auflaufform mit Öl einfetten, die Quark-Schinken-Masse einfüllen, glattstreichen und mit Paniermehl und Butterflocken bestreut sofort in den vorgeheizten Backofen auf die mittlere Schiene stellen. Den Auflauf bei 200°C (Gasherd Stufe 4–5) 25 Minuten backen und mit geachtelten Tomaten garniert sofort servieren.

<u>Pro Portion:</u> 1960 Kilojoule, 468 Kalorien, 37 g Eiweiß, 27 g Fett, 17 g Kohlenhydrate

Rigatoni

Menüplan 50. Woche

<u>Zutaten für 4 Portionen</u>
160 g Rigatoni (große Nudelrollen)
600 g Speisequark (Magerstufe)
Petersilie
4 TL geriebener Käse
Salz, Pfeffer
1 TL Öl
2 Knoblauchzehen
400 g Tomaten (Dosenware)
Basilikum

Zubereitung: Rigatoni in reichlich Salzwasser garen. Quark mit feingehackter Petersilie und Käse vermengen und abschmecken. In die gegarten Nudeln füllen und in eine Auflaufform geben.
Öl erhitzen und die zerdrückten Knoblauchzehen darin andünsten. Tomaten pürieren und hinzufügen, mit Basilikum und Salz abschmecken.
Die Sauce über die gefüllten Rigatoni geben und bei 200°C (Gasherd Stufe 4–5) 30 Minuten backen. Vor dem Servieren mit feingehackter Petersilie bestreuen.
<u>Tip:</u> Das Gericht läßt sich auch mit Lasagnenudeln, die aufgerollt werden, oder auch mit Bandnudeln, die abwechselnd mit dem Quark in eine Auflaufform geschichtet werden, zubereiten.

<u>Pro Portion:</u> 1287 Kilojoule, 308 Kalorien, 33 g Eiweiß, 4 g Fett, 32 g Kohlenhydrate

Käseragout

Menüplan 35. Woche

Zutaten für 2 Portionen
120 g Edamer (45% Fett i. Tr.)
8 Kapern
je 4 TL Margarine und Mehl
¼ l Milch (0,3% Fett)
2 EL Tomatenmark
Salz, Pfeffer

Zubereitung: Den Käse grob würfeln, Kapern fein hacken. Margarine in einem Topf schmelzen, Mehl einrühren und unter ständigem Rühren die Milch hinzufügen. Bei schwacher Hitze kochen lassen, bis die Sauce leicht eindickt. Anschließend Tomatenmark, die gehackten Kapern und die Käsewürfel unterrühren. Mit Salz und Pfeffer abschmecken.

Pro Portion: 1575 Kilojoule, 376 Kalorien, 21 g Eiweiß, 25 g Fett, 14 g Kohlenhydrate

Bananen-Ingwer-Hüttenkäse

Menüplan 34. Woche

Zutaten für 2 Portionen
120 g Bananen
150 g Hüttenkäse
Ingwer, Süßstoff

Zubereitung: Bananen schälen und würfeln. Mit Hüttenkäse vermengen und mit Ingwer und Süßstoff abschmecken.

Pro Portion: 597 Kilojoule, 143 Kalorien, 12 g Eiweiß, 4 g Fett, 15 g Kohlenhydrate

Schlemmergraupen

Menüplan 51. Woche

Zutaten für 2 Portionen
200 g Tomaten und Sellerie
40 g Rosinen
2 TL Butter
40 g Graupen
Schnittlauch, Petersilie, Dill
300 g Speisequark
Pfeffer, Salz, Süßstoff

Zubereitung: Die Tomaten überbrühen, enthäuten und achteln. Sellerie putzen und würfeln. Rosinen waschen und trockentupfen. Butter in einem Topf erhitzen, die Graupen hineingeben und bei mittlerer Hitze unter ständigem Rühren 3 Minuten bräunen. Gemüse und Rosinen dazugeben, mit ½ l Wasser auffüllen und erhitzen. Bei sehr schwacher Hitze 25 Minuten zugedeckt garen. Schnittlauch, Petersilie und Dill kleinschneiden und mit dem Quark in die Suppe rühren. Mit Pfeffer, Salz und Süßstoff abschmecken.

Pro Portion: 1442 Kilojoule, 345 Kalorien, 31 g Eiweiß, 6 g Fett, 39 g Kohlenhydrate

Käsepuffer

Menüplan 2. Woche

Zutaten für 2 Portionen
400 g Kartoffeln
100 g Zwiebeln
60 g Edamer (45% Fett i. Tr.)
2 Eier
6 TL Mehl
Salz
3 TL Öl
200 g Speisequark (Magerstufe)
Pfeffer
2 EL frische Kräuter (Schnittlauch, Kerbel etc.)

Zubereitung: Kartoffeln schälen und reiben. Zwiebeln schälen und fein hacken. Käse grob raffeln. Eier, Mehl, Zwiebeln, etwas Salz, Kartoffeln und Käse vermengen. Öl in einer Pfanne erhitzen und 6 kleine Pfannkuchen darin backen. Quark mit etwas Wasser glattrühren, würzen, die Kräuter unterheben und zu den Pfannkuchen servieren.

Pro Portion: 2304 Kilojoule, 551 Kalorien, 38 g Eiweiß, 23 g Fett, 45 g Kohlenhydrate

Käse-Reis-Pfanne

Menüplan 34. Woche

Zutaten für 2 Portionen
200 g Zwiebeln
2 TL Öl
80 g Reis (Rohgewicht)
Curry
1 TL Instantbrühe
200 g Tomaten
120 g Gouda (45% Fett i. Tr.)
Petersilie

Zubereitung: Zwiebeln schälen und in Scheiben schneiden. In einer Pfanne in Öl glasig dünsten. Reis hinzufügen und kurz mit anrösten. Mit Curry bestreuen, mit 200 ml Wasser ablöschen und die Brühe einrühren. Abgedeckt bei ganz schwacher Hitze 15–20 Minuten quellen lassen. Währenddessen die Tomaten überbrühen, enthäuten und in Scheiben schneiden; den Käse reiben. Die Tomatenscheiben auf den Reis legen, darüber den Käse streuen und abgedeckt bei schwacher Hitze weitergaren, bis der Käse zerlaufen ist. Vor dem Servieren mit feingehackter Petersilie bestreuen.

Pro Portion: 2025 Kilojoule, 484 Kalorien, 21 g Eiweiß, 23 g Fett, 44 g Kohlenhydrate

Käsefondue »Goldener Oktober«

(Foto Seite 211)
Menüplan 43. Woche

Zutaten für 2 Portionen
85 g Pflaumen
75 g Trauben
100 g Birnen
125 g Äpfel
100 g Kiwi
100 g Mandarinen und 2 EL Saft
¼ l Milch (0,3% Fett)
120 g Schmelzkäse (45% Fett i. Tr.)
7 g Nestargel
1 TL Johannisbeergelee
Ingwerpulver, Knoblauchpulver, frisch gemahlener Pfeffer, Salz, Süßstoff

Zubereitung: Pflaumen, Trauben, Birnen und Äpfel waschen. Die Pflaumen halbieren und entsteinen. Birnen und Äpfel vom Kerngehäuse befreien und in kleine Stücke schneiden. Kiwi schälen, in Scheiben schneiden und diese halbieren. Die Mandarinen abtropfen lassen und 2 Eßlöffel Saft aufbewahren. Das Obst in Schüsselchen anrichten.
Nun die Milch zum Kochen bringen. Den Käse in kleine Stücke schneiden und in der Milch auflösen. Mit Nestargel andicken, Mandarinensaft- und Johannisbeergelee unterrühren und mit den Gewürzen pikant abschmecken. In einen Fonduetopf füllen und auf dem Rechaud warmhalten. Das Obst auf Fonduegabeln spießen und in die Sauce tauchen.

Pro Portion: 1662 Kilojoule, 397 Kalorien, 15 g Eiweiß, 15 g Fett, 45 g Kohlenhydrate

Käse-Nudel-Laib

Menüplan 33. Woche

Zutaten für 2 Portionen
80 g Makkaroni (Rohgewicht)
120 g Chesterkäse (45% Fett i. Tr.)
100 g Joghurt (0,3% Fett)
4 TL Mayonnaise (80% Fett)
1 TL Senf
je 50 g grüne und rote Paprikaschoten

Zubereitung: Makkaroni in etwa 5 cm lange Stücke brechen und garen. Den Käse reiben und mit den noch heißen Nudeln vermengen. Joghurt, Mayonnaise und Senf verrühren und unter die Nudeln mengen. Paprikaschoten waschen, entkernen und in feine Streifen schneiden (einige Streifen zum Garnieren beiseite legen). Ebenfalls unter die Nudeln rühren und alles in eine mit Alufolie ausgelegte Kastenform (16 × 19 cm) pressen. Abdecken und gut festdrücken. Im Kühlschrank mehrere Stunden durchkühlen lassen.
Vor dem Servieren auf eine Platte stürzen und mit Paprikastreifen garnieren.

Pro Portion: 2074 Kilojoule, 496 Kalorien, 24 g Eiweiß, 19 g Fett, 34 g Kohlenhydrate

Käsetoast

Menüplan 22. Woche

Zutaten für 2 Portionen
60 g Emmentaler (45% Fett i. d. Tr.)
50 g Zwiebeln
2 TL Margarine
1 TL Worcestersauce
Pfeffer
60 g Toastbrot
100 g Tomaten
Petersilie

Zubereitung: Den Käse grob reiben. Zwiebeln schälen und sehr fein würfeln. Beides mit Margarine, Worcestersauce und Pfeffer vermengen. Toastbrot von einer Seite rösten. Auf die andere Seite die Käsemischung geben und unter dem vorgeheizten Grill schieben, bis der Käse geschmolzen und leicht gebräunt ist. Vor dem Servieren den Toast mit den in Scheiben geschnittenen Tomaten und Petersilie garnieren.

Pro Portion: 1082 Kilojoule, 259 Kalorien, 12 g Eiweiß, 14 g Fett, 19 g Kohlenhydrate

Ananas-Hüttenkäse

Menüplan 24. Woche

Zutaten für 2 Portionen
150 g Hüttenkäse
2 TL Honig
Süßstoff (entsprechend 2 TL Zucker)
½ TL gemahlene Gelatine
4 EL Ananassaft
200 g Ananas (ohne Zucker konserviert)

Zubereitung: Hüttenkäse, Honig und Süßstoff im Mixer zu einer glatten Masse pürieren. Die Gelatine in einem kleinen Gefäß in Ananassaft einweichen. Das Gefäß dann in heißes Wasser stellen, und so lange rühren, bis sich die Gelatine aufgelöst hat. Anschließend den Hüttenkäse hinzufügen. Ananas in Stückchen schneiden und in zwei Schälchen verteilen. Darauf den Hüttenkäse geben. Im Kühlschrank fest werden lassen.

Pro Portion: 649 Kilojoule, 155 Kalorien, 12 g Eiweiß, 4 g Fett, 19 g Kohlenhydrate

Quarkplinsen

Menüplan 25. Woche

Zutaten für 2 Portionen
4 TL Margarine
Süßstoff, Salz
abgeriebene Schale einer unbehandelten Zitrone
2 Eier
200 g Speisequark (Magerstufe)
40 g Mehl
kalorienarme Marmelade (40 kcal)

Zubereitung: Alle Zutaten bis auf die Marmelade zu einem glatten Teig verrühren und in einer beschichteten Pfanne 8 Plinsen backen Anschließend mit Marmelade bestreichen und sofort servieren.

Pro Portion: 1386 Kilojoule, 331 Kalorien, 26 g Eiweiß, 15 g Fett, 20 g Kohlenhydrate

Dänische Smörebröd

Menüplan 49. Woche

Zutaten für 2 Portionen
Für Smörebröd »Lars Hendrik«:
20 g Knäckebrot
2 TL Halbfettmargarine
60 g Edelpilzkäse
50 g Gewürzgurke (2 Stück)
1 TL Mayonnaise (80% Fett)
Senf, Petersilie
Für Smörebröd »Andersen«:
60 g Vollkornbrot
2 TL Margarine
60 g dänischer Käse in Scheiben (45% Fett i. Tr.)
2 Radieschen
50 g Ananas
Petersilie
Für Smörebröd »Anna«:
60 g Graubrot
100 g Magerquark (Magerstufe)
Paprikapulver, Salz, Pfeffer
2 grüne, mit Paprika gefüllte Oliven

Zubereitung: Für Smörebröd »Lars Hendrik« das Knäckebrot mit Margarine bestreichen und mit Edelpilzkäse belegen. Gurken längs fast bis zum Ende 4- bis 5mal einschneiden und als »Fächer« auf den Käse legen. Mit Mayonnaise, einem Tupfer Senf und Petersilie verzieren.
Für Smörebröd »Andersen« Brot mit Margarine bestreichen und mit Käse belegen. Radieschen in der Mitte quer im Zickzack einschneiden, so daß zwei Hälften in »Röschenform« entstehen. Die Brote mit den Radieschen, einem Stückchen Ananas und Petersilie garnieren.
Für Smörebröd »Anna« Brot mit Magerquark bestreichen. Diesen mit Paprika, Salz und Pfeffer würzen. Die Oliven halbieren und auf die Brote legen.

Pro Portion: 2086 Kilojoule, 498 Kalorien, 23 g Eiweiß, 26 g Fett, 39 g Kohlenhydrate

Salate

Knackiger Kopfsalat
Menüplan 48. Woche

Zutaten für 2 Portionen
200 g Kopfsalat
200 g Sojabohnenkeimlinge (Dosenware)
Marinade:
2 TL Öl
2 EL Zitronensaft
Süßstoff
Salz, Pfeffer

Zubereitung: Kopfsalat putzen, waschen und in mundgerechte Teile zupfen. In zwei Salatschälchen verteilen. Die Zutaten für die Marinade verrühren, abschmecken und mit den Sojabohnenkeimlingen vermengen. Anschließend über den Salat geben.

Pro Portion: 407 Kilojoule, 97 Kalorien, 3 g Eiweiß, 6 g Fett, 7 g Kohlenhydrate

Feldsalat mit Chicorée und Kresse
Menüplan 3. Woche

Zutaten für 2 Portionen
100 g Feldsalat
50 g Radicchio
200 g Chicorée
Kresse
Marinade:
2 TL Olivenöl
Essig
Salz, Pfeffer

Zubereitung: Feldsalat und Radicchio putzen und waschen. Chicorée putzen, dabei den bitteren Keil herausschneiden; waschen und in feine Streifen schneiden. Kresse mit der Schere abschneiden. Alles gut miteinander vermischen. Aus Öl, Essig und Pfeffer eine Marinade bereiten. Über den Salat gießen und gut untermengen.

Pro Portion: 325 Kilojoule, 78 Kalorien, 3 g Eiweiß, 5 g Fett, 4 g Kohlenhydrate

Grüner Salat
Menüplan 20. Woche

Zutaten für 2 Portionen
250 g Äpfel
200 g Kopfsalat
Marinade:
Saft einer Zitrone
Salz, Pfeffer, Edelsüß-Paprika, Süßstoff
je 2 TL Meerrettich und Öl

Zubereitung: Aus Zitronensaft, den Gewürzen, Meerrettich und Öl eine Marinade bereiten. Äpfel schälen, das Kerngehäuse entfernen, in dünne Scheiben schneiden und in die Marinade geben. Den Salat putzen, waschen, in mundgerechte Stükke zupfen und ebenfalls zur Marinade geben. Alles gut miteinander vermengen und sofort servieren.

Pro Portion: 638 Kilojoule, 153 Kalorien, 2 g Eiweiß, 6 g Fett, 22 g Kohlenhydrate

Chinakohl mit Orangen
Menüplan 8. Woche

Zutaten für 2 Portionen
300 g Chinakohl
100 g Orangen
175 g Joghurt (1,5% Fett)
⅛ l Orangensaft
2 TL Öl
Süßstoff, Salz, Kresse

Zubereitung: Chinakohl putzen, waschen und in feine Streifen schneiden. Die Orange schälen und in kleine Stückchen schneiden. Aus Joghurt, Orangensaft, Öl, Süßstoff und Salz eine Marinade bereiten.
Chinakohlstreifen und Orangenstückchen mit der Marinade übergießen, vorsichtig vermengen. Mit feingehackter Kresse garnieren.

Pro Portion: 710 Kilojoule, 170 Kalorien, 6 g Eiweiß, 7 g Fett, 20 g Kohlenhydrate

Bunter Chinakohlsalat

Menüplan 43. Woche

Zutaten für 2 Portionen
150 g Chinakohl
100 g grüne Paprikaschoten
50 g eingelegte Tomatenpaprika
Saft 1 Zitrone
1 TL Senf
frisch gemahlener Pfeffer, Salz, Süßstoff

Zubereitung: Den Chinakohl putzen und in Ringe schneiden. Die Paprikaschote waschen, entkernen und in Streifen schneiden. Tomatenpaprika abtropfen lassen. Das Gemüse in einer Schüssel anrichten. Zitronensaft mit Senf verrühren. Mit Pfeffer, Salz und Süßstoff abschmecken und über das Gemüse gießen.

Pro Portion: 186 Kilojoule, 44 Kalorien, 2 g Eiweiß, 1 g Fett, 8 g Kohlenhydrate

Endiviensalat

Menüplan 36. Woche

Zutaten für 2 Portionen
300 g Endiviensalat
100 g Tomaten
Marinade:
2 EL Estragonessig
2 EL Zitronensaft
1 TL Senf
3 TL Öl
weißer Pfeffer, Süßstoff, Kresse

Zubereitung: Endiviensalat putzen, waschen und in feine Streifen schneiden. Tomaten waschen und achteln. Mit dem Salat vermengen. Die Zutaten für die Marinade gut verrühren und über den Salat geben. Mit feingehackter Kresse bestreuen.

Pro Portion: 490 Kilojoule, 117 Kalorien, 3 g Eiweiß, 8 g Fett, 7 g Kohlenhydrate

Frühlingssalat

Menüplan 13. Woche

Zutaten für 2 Portionen
je 100 g Chinakohl, Sellerie, Möhren und Tomaten
Joghurt-Tomaten-Dressing (siehe Rezept S. 247)

Zubereitung: Chinakohl waschen und in feine Streifen schneiden. Sellerie und Möhren schälen und raspeln. Tomaten waschen und in Achtel schneiden. Alle Zutaten auf einer Platte anrichten und mit dem Dressing übergießen.

Pro Portion: 658 Kilojoule, 157 Kalorien, 6 g Eiweiß, 7 g Fett, 17 g Kohlenhydrate

Chicoréesalat »Honolulu«

Menüplan 48. Woche

Zutaten für 2 Portionen
je 200 g Chicorèe und Orangen
Marinade:
⅛ l ungesüßter Orangensaft
3 EL Kondensmilch (4% Fett)
2 TL Senf, Salz, Pfeffer

Zubereitung: Chicorée putzen, waschen und in Streifen schneiden. Orangen schälen und in kleine Stücke schneiden. Anschließend gut miteinander vermengen. Die Zutaten für die Marinade verrühren und abschmecken, danach über den Salat geben.

Pro Portion: 552 Kilojoule, 132 Kalorien, 5 g Eiweiß, 2 g Fett, 24 g Kohlenhydrate

Griechischer Salat

Menüplan 5. Woche

Zutaten für 2 Portionen
je 200 g Salatgurke und Tomaten
150 g Zwiebeln
3–4 Peperoni
8 mit Paprika gefüllte Oliven
300 g Hüttenkäse
Marinade:
4 TL Olivenöl
Salz, Pfeffer, Essig

Zubereitung: Salatgurke schälen und würfeln. Tomaten waschen und in Achtel schneiden, die Zwiebeln schälen und in halbe Ringe schneiden. Peperoni fein würfeln, Oliven in Scheiben schneiden. Alles gut miteinander vermengen. Die Zutaten für die Marinade verrühren und pikant abschmecken. Über den Salat geben und darauf den Hüttenkäse verteilen.

Pro Portion: 1519 Kilojoule, 363 Kalorien, 26 g Eiweiß, 22 g Fett, 17 g Kohlenhydrate

Spinatsalat mit Äpfeln

Menüplan 22. Woche

Zutaten für 2 Portionen
200 g frischen Spinat
50 g Zwiebeln
250 g Äpfel
100 g Tomaten
2 Eier
Marinade:
3 TL Öl
4 TL Apfelessig
2 EL Wasser
Salz, Pfeffer, Süßstoff
1 zerdrückte Knoblauchzehe

Zubereitung: Den Spinat verlesen, waschen und abtropfen lassen. Zwiebeln schälen und fein hakken. Äpfel schälen, entkernen und in Würfel schneiden. Tomaten überbrühen, enthäuten und achteln. Eier hart kochen, pellen und ebenfalls in Achtel schneiden. Alle Zutaten vorsichtig miteinander vermengen. Aus den restlichen Zutaten eine Marinade bereiten und über den Salat geben. Nochmals alles vorsichtig vermengen und sofort servieren.

Pro Portion: 1212 Kilojoule, 290 Kalorien, 11 g Eiweiß, 16 g Fett, 25 g Kohlenhydrate

Eisbergsalat »Hawaii«

Menüplan 20. Woche

Zutaten für 2 Portionen
250 g Pfirsiche (ohne Zucker konserviert)
300 g Eisbergsalat
Marinade:
2 EL Zitronensaft
4 EL Pfirsichsaft (ohne Zucker)
je 2 TL Weißwein und Öl
Zimt, Rosmarin
Süßstoff

Zubereitung: Für die Marinade Zitronensaft, Pfirsichsaft, Weißwein und Öl miteinander verrühren und mit Zimt, Rosmarin und Süßstoff abschmecken. Pfirsiche würfeln. Eisbergsalat putzen, waschen und in Streifen schneiden. Anschließend mit den Pfirsichwürfeln vermengen und die Marinade darübergeben.

Pro Portion: 637 Kilojoule, 152 Kalorien, 7 g Eiweiß, 5 g Fett, 20 g Kohlenhydrate

Chicoréesalat

Menüplan 40. Woche

Zutaten für 2 Portionen
400 g Chicorée
100 g Gemüsezwiebeln
Marinade:
175 g Joghurt (1,5% Fett)
1 EL Zitronensaft
Edelsüß-Paprika, Thymian, Majoran, Salz
1 EL gehackte Petersilie

Zubereitung: Chicorée putzen, waschen und in feine Ringe schneiden. Zwiebeln schälen und ebenfalls in feine Ringe schneiden. Für die Marinade die restlichen Zutaten miteinander verrühren und abschmecken. Mit Chicorée und Zwiebeln vermischen und gut durchziehen lassen.

Pro Portion: 405 Kilojoule, 97 Kalorien, 7 g Eiweiß, 2 g Fett, 13 g Kohlenhydrate

Süßer Eisbergsalat

Menüplan 7. Woche

Zutaten für 2 Portionen
300 g Eisbergsalat
120 g Bananen
Marinade:
200 ml Kefir (1,5% Fett)
Zitronensaft, Süßstoff

Zubereitung: Eisbergsalat putzen, waschen und in Streifen schneiden, Bananen schälen und in Scheiben schneiden. Beides miteinander vermengen und mit der aus den übrigen Zutaten bereiteten Marinade übergießen.

Pro Portion: 651 Kilojoule, 156 Kalorien, 11 g Eiweiß, 2 g Fett, 24 g Kohlenhydrate

Waldorfsalat

Menüplan 6. Woche

Zutaten für 2 Portionen
200 g Ananas
250 g säuerliche Äpfel
200 g Knollensellerie
Zitronensaft, Salz
50 g süße Sahne
175 g Joghurt (1,5% Fett)
2 TL Mayonnaise (80% Fett)

Zubereitung: Ananas schälen und in kleine Stückchen schneiden. Äpfel und Sellerie schälen und grob raffeln, mit Zitronensaft beträufeln und leicht salzen. Die Sahne halbsteif schlagen und mit Joghurt und Mayonnaise verrühren. Alle Zutaten gut miteinander vermischen und kaltstellen.
Auf zwei Glasschalen verteilen und servieren.

Pro Portion: 1372 Kilojoule, 328 Kalorien, 6g Eiweiß, 15g Fett, 43g Kohlenhydrate

Spinatsalat (Foto Seite 230)

Menüplan 16. Woche

Zutaten für 2 Portionen
je 200 g junger, frischer Spinat und Salatgurke
100 g Radieschen
150 g frische Champignons
50 g Gewürzgurken (mit Süßstoff eingelegt)
8 mit Paprika gefüllte Oliven
Marinade:
175 g Joghurt (1,5% Fett)
1 TL Öl
1–2 EL Essig
Zitronensaft, Süßstoff, Salz, Pfeffer
1–2 EL gehackter Schnittlauch

Zubereitung: Spinat verlesen, waschen und gut abtropfen lassen. Gurke, Radieschen und Champignons waschen und in feine Scheiben schneiden. Gewürzgurken und Oliven ebenfalls in feine Scheiben schneiden. Alles vorsichtig vermengen. Aus den übrigen Zutaten eine Marinade bereiten, über den Salat geben und nochmals vorsichtig mischen. Sofort servieren.

Pro Portion: 768 Kilojoule, 184 Kalorien, 10g Eiweiß, 9g Fett, 15g Kohlenhydrate

Roter Salat

Menüplan 11. Woche

Zutaten für 2 Portionen
300 g Radicchio
je 50 g rote Zwiebeln und Rote Bete (aus dem Glas)
Marinade:
Essig
je 1 TL scharfer und süßer Senf
Pfeffer, Salz, Basilikum, Worcestersauce, Süßstoff
4 TL Öl

Zubereitung: Radicchio waschen und in kleine Teile zupfen. Zwiebeln schälen und hacken. Rote Bete in Würfel schneiden. Alles gut miteinander vermengen. Aus den übrigen Zutaten eine Marinade bereiten und über den Salat geben.

Pro Portion: 627 Kilojoule, 150 Kalorien, 4g Eiweiß, 11g Fett, 8g Kohlenhydrate

Relish-Salat

Menüplan 23. Woche

Zutaten für 2 Portionen
100 g Tomaten
50 g Radieschen
100 g rote Paprikaschoten
50 g grüne Paprikaschoten
100 g Gurke
Marinade:
1 ½ EL Zitronensaft
2 TL Olivenöl
Salz, Pfeffer, Süßstoff
Petersilie

Zubereitung: Tomaten waschen und in Würfel schneiden. Radieschen waschen und hacken. Paprikaschoten entkernen, waschen und würfeln. Gurke waschen und in hauchdünne Scheiben schneiden. Alles gut miteinander vermengen. Zitronensaft, Öl, Salz, Pfeffer und Süßstoff verrühren und über den Salat geben.
Im Kühlschrank etwa 1 Stunde ziehen lassen. Vor dem Servieren den Salat nochmals vermengen und mit feingehackter Petersilie bestreuen.

Pro Portion: 373 Kilojoule, 89 Kalorien, 2g Eiweiß, 5g Fett, 8g Kohlenhydrate

Rohkost

Menüplan 10. Woche

Zutaten für 2 Portionen
je 200 g Möhren und Sellerie
250 g Äpfel
Kresse
Marinade:
4 EL Zitronensaft
2 TL Öl
Salz, Süßstoff, Zwiebelpulver

Zubereitung: Möhren und Sellerie schälen und raspeln. Äpfel schälen, entkernen und ebenfalls raspeln. Alles gut miteinander vermengen. Die Zutaten für die Marinade verrühren und pikant abschmekken. Über die Möhren-Sellerie-Apfel-Mischung gießen und mit feingehackter Kresse garnieren.

Pro Portion: 891 Kilojoule, 213 Kalorien, 3 g Eiweiß, 6 g Fett, 35 g Kohlenhydrate

Bunter Salat

Menüplan 6. Woche

Zutaten für 2 Portionen
100 g Gewürzgurken
200 g Möhren
Zitronensaft
je 150 g rote Paprikaschoten und Blumenkohl
100 g kleine Silberzwiebeln
Marinade:
2 TL Öl
2–3 TL Senf
Essig
Salz, Pfeffer
frische feingehackte Kräuter

Zubereitung: Gewürzgurken würfeln. Möhren schaben, grob raffeln und sofort mit Zitronensaft beträufeln. Paprikaschoten putzen, von der weißen Innenhaut und den Kernen befreien und in Streifen schneiden. Blumenkohl fast gar kochen und in kleine Röschen zerpflücken. Das Gemüse mit den Silberzwiebeln vermengen. Öl mit Senf, Essig, den Gewürzen und Kräutern verrühren und unter den Salat mischen. Zugedeckt gut durchziehen lassen.

Pro Portion: 627 Kilojoule, 150 Kalorien, 5 g Eiweiß, 6 g Fett, 18 g Kohlenhydrate

Bunter Selleriesalat

Menüplan 38. Woche

Zutaten für 2 Portionen
200 g Sellerieknollen
50 g Gewürzgurke
100 g Tomaten
60 g Banane
125 g Äpfel
Marinade:
175 g Joghurt (1,5% Fett)
Zitronensaft
Salz, Pfeffer, Süßstoff
Petersilie

Zubereitung: Sellerie schälen und in etwas Salzwasser garen. Anschließend abtropfen lassen und in Würfel schneiden. Gewürzgurken ebenfalls würfeln. Tomaten überbrühen, enthäuten und in Würfel schneiden. Die Banane schälen und würfeln. Äpfel schälen, das Kerngehäuse entfernen und ebenfalls in Würfel schneiden. Alles in einer großen Schüssel gut vermischen. Für die Marinade Joghurt mit Zitronensaft verrühren und mit Salz, Pfeffer und Süßstoff abschmecken. Über den Salat gießen und gut untermischen. Kalt stellen und durchziehen lassen, anschließend mit feingehackter Petersilie garnieren.

Pro Portion: 684 Kilojoule, 163 Kalorien, 6 g Eiweiß, 2 g Fett, 29 g Kohlenhydrate

Möhren-Trauben-Salat

Menüplan 37. Woche

Zutaten für 2 Portionen
250 g Möhren
150 g grüne Trauben
Marinade:
175 g Joghurt (1,5% Fett)
2 TL Mayonnaise (80% Fett)
Zitronensaft
Salz, Pfeffer, Süßstoff
Worcestersauce
2 TL Weißwein

Zubereitung: Möhren schälen und raspeln. Trauben waschen, halbieren und entkernen. Beides miteinander vermengen. Die übrigen Zutaten verrühren, pikant abschmecken und über den Salat geben. Gut durchziehen lassen.

Pro Portion: 789 Kilojoule, 189 Kalorien, 5 g Eiweiß, 6 g Fett, 28 g Kohlenhydrate

Melonensalat

Menüplan 25. Woche

Zutaten für 2 Portionen
400 g Honigmelone
200 g Gurke
je 100 g Zucchini und grüne Paprikaschoten
25 g Zwiebel
Marinade:
2 EL Zitronensaft
4 TL Öl
Süßstoff, Ingwer, Pfeffer

Zubereitung: Melone entkernen, schälen und das Fruchtfleisch in Würfel schneiden. Gurke und Zucchinis waschen und in hauchdünne Scheiben schneiden. Paprikaschoten entkernen, waschen und in dünne Streifen schneiden. Zwiebeln schälen und fein würfeln. Alles gut miteinander vermengen. Die Zutaten der Marinade verrühren, pikant abschmecken und über den Salat geben. Etwa 15 Minuten ziehen lassen. Eventuell noch einmal nachwürzen und servieren.

Pro Portion: 743 Kilojoule, 177 Kalorien, 3 g Eiweiß, 10 g Fett, 17 g Kohlenhydrate

Kohlrabi-Rohkost

Menüplan 40. Woche

Zutaten für 2 Portionen
400 g junger Kohlrabi
1 kleine Zwiebel (25 g)
1 Bund Schnittlauch
Marinade:
4 TL Tomatenketchup
175 g Joghurt (1,5% Fett)
Kräutersalz

Zubereitung: Kohlrabi schälen und in feine Streifen schneiden oder raspeln. Zwiebel schälen und sehr fein hacken. Den Schnittlauch waschen und ebenfalls feinhacken. Alles miteinander vermischen, etwas Schnittlauch zum Garnieren übriglassen. Tomatenketchup und Joghurt zu einer Marinade verrühren und mit Kräutersalz abschmecken. Über den Kohlrabi geben und ½ Stunde – nicht länger! – kalt stellen. Mit Schnittlauch bestreut servieren.

Pro Portion: 548 Kilojoule, 131 Kalorien, 8 g Eiweiß, 2 g Fett, 21 g Kohlenhydrate

Süßer Paprikasalat

Menüplan 49. Woche

Zutaten für 2 Portionen
je 100 g rote und grüne Paprikaschoten
125 g Äpfel
25 g Zwiebeln
60 g Banane
Marinade:
4 EL Zitronensaft
2 TL Öl
Salz, Süßstoff

Zubereitung: Paprikaschoten entkernen, waschen und in dünne Streifen schneiden. Äpfel schälen, das Kerngehäuse entfernen und raspeln. Zwiebeln schälen und fein würfeln. Banane schälen und in Scheiben schneiden. Alles vorsichtig miteinander vermengen. Die Zutaten für die Marinade verrühren, pikant abschmecken und über den Salat geben. Sofort servieren.

Pro Portion: 637 Kilojoule, 152 Kalorien, 2 g Eiweiß, 6 g Fett, 23 g Kohlenhydrate

Sommertraum-Salat

Menüplan 29. Woche

Zutaten für 2 Portionen
200 g Cantaloup-Melone
125 g Äpfel
120 g Banane
je 100 g Eisbergsalat, Salatgurke, Tomaten, grüne Paprikaschoten und Möhren
Marinade:
175 g Joghurt (1,5% Fett)
Zitronensaft,
Salz, Pfeffer, Süßstoff

Zubereitung: Melone entkernen und das Fruchtfleisch in Würfel schneiden. Äpfel mit der Schale grob reiben. Banane schälen und in Scheiben schneiden. Eisbergsalat waschen und in Streifen schneiden. Salatgurke und Tomaten waschen und in Scheiben schneiden. Paprikaschote waschen, entkernen und in kleine Stücke schneiden. Möhren schälen und wie die Äpfel raspeln. Alles gut miteinander vermengen. Für die Marinade Joghurt mit Zitronensaft und den Gewürzen verrühren und über den Salat geben. Vorsichtig untermischen.

Pro Portion: 932 Kilojoule, 223 Kalorien, 9 g Eiweiß, 2 g Fett, 42 g Kohlenhydrate

Gurkensalat mit Minze

Menüplan 9. Woche

Zutaten für 2 Portionen
300 g Salatgurke
Marinade:
175 g Joghurt (1,5% Fett)
2 TL Öl
Zitronensaft, Salz, Pfeffer
1 Bund Dill, 1 Zweig Minze

Zubereitung: Gurke waschen und in hauchdünne Scheiben schneiden. Aus Joghurt, Öl, Zitronensaft, Gewürzen und den gewaschenen, gehackten Kräutern eine Marinade bereiten und über die Gurkenscheiben gießen.

Pro Portion: 451 Kilojoule, 108 Kalorien, 4 g Eiweiß, 7 g Fett, 7 g Kohlenhydrate

Fantasie-Salat (Foto rechts)
Menüplan 35. Woche

Zutaten für 2 Portionen
100 g Ananas (ohne Zucker konserviert)
100 g eingelegte Paprikaschoten
125 g Grapefruit
200 g Kopfsalat
Marinade:
2 EL Ananassaft
2 EL Zitronensaft
2 TL Öl
Süßstoff

Zubereitung: Ananas in Stücke, Paprikaschoten in Streifen schneiden. Grapefruit schälen und in Stückchen schneiden. Kopfsalat putzen, waschen und in mundgerechte Teile zupfen. Alles vorsichtig vermengen. Die Zutaten für die Marinade verrühren, abschmecken und über den Salat geben. Sofort servieren.

Pro Portion: 578 Kilojoule, 138 Kalorien, 2 g Eiweiß, 5 g Fett, 20 g Kohlenhydrate

Rotkohlsalat mit Obst (Foto Seite 231)
Menüplan 44. Woche

Zutaten für 2 Portionen
300 g Rotkohl
125 g Äpfel
100 g Orangen
120 g Banane
40 g Rosinen
Marinade:
je 2 TL Öl und Honig
Saft von 1–2 Zitronen
Salz, Pfeffer, Süßstoff

Zubereitung: Rotkohl putzen, den Strunk herausschneiden, waschen und fein hobeln. Äpfel schälen, entkernen und in Stücke schneiden. Orange schälen und in Stücke schneiden. Banane schälen und in Scheiben schneiden. Rosinen waschen. Für die Marinade alle übrigen Zutaten verrühren und pikant abschmecken. Über die Salatzutaten geben und alles gut miteinander vermischen. Zugedeckt 1 Stunde ziehen lassen.

Pro Portion: 1217 Kilojoule, 291 Kalorien, 4 g Eiweiß, 6 g Fett, 54 g Kohlenhydrate

Rettichsalat
Menüplan 30. Woche

Zutaten für 2 Portionen
400 g Rettich
Marinade:
200 g Joghurt (0,3% Fett)
Pfeffer, Salz, Süßstoff, Zitronensaft

Zubereitung: Den Rettich waschen, schälen und raspeln. Joghurt mit Pfeffer, Salz, Süßstoff und Zitronensaft abschmecken und über den Rettich geben.

Pro Portion: 320 Kilojoule, 76 Kalorien, 6 g Eiweiß, 0 g Fett, 12 g Kohlenhydrate

Sauerkrautsalat
Menüplan 45. Woche

Zutaten für 2 Portionen
300 g mildes Sauerkraut
100 g Ananasstücke (ohne Zucker konserviert)
200 g Mandarinen (ohne Zucker konserviert)
125 g rote oder grüne Äpfel
Marinade:
2 EL Ananassaft
4 EL Mandarinensaft
2 EL Zitronensaft
2 TL Öl
2–3 Spritzer Worcestersauce
Süßstoff, frisch gemahlener schwarzer Pfeffer

Zubereitung: Sauerkraut zerpflücken und mit Ananas und Mandarinen vermischen. Äpfel waschen,

Fantasie-Salat (Rezept linke Seite)
Seite 230: Spinatsalat (Rezept S. 225)

WATCHERS
200
300

entkernen und in Stücke schneiden. Vorsichtig unter das Sauerkraut heben. Aus Ananas-, Mandarinen- und Zitronensaft, Öl und Worcestersauce eine Marinade rühren, mit etwas Süßstoff abschmecken und mit dem Salat vermischen.
Anschließend kräftig mit schwarzem Pfeffer würzen, alles noch einmal gut vermischen und kühlgestellt ziehen lassen.

Pro Portion: 835 Kilojoule, 200 Kalorien, 3 g Eiweiß, 6 g Fett, 33 g Kohlenhydrate

Diplomatensalat

Menüplan 50. Woche

Zutaten für 2 Portionen
3 Eier
30 g Edamer
je 100 g Tomaten und Chinakohl
200 g Möhrensalat (Glaskonserve ohne Fett)
100 g eingelegte Rote Bete
100 g Rotkohl (Dosenware)
8 schwarze Oliven, Kresse
Marinade:
2 TL Öl
350 g Joghurt (0,3% Fett)
2 TL Senf
1 TL Meerettich
Salz, Pfeffer

Zubereitung: Eier hart kochen, abpellen und in Scheiben schneiden. Den Käse reiben, die Tomaten waschen und in Scheiben schneiden. Chinakohl putzen und in Streifen schneiden.
Tomaten, Chinakohl, Möhrensalat, Rote Bete und Rotkohl auf zwei großen Salattellern anrichten und den Käse darauf verteilen. Aus Öl, Joghurt, Senf und Meerrettich eine Marinade zubereiten, mit Pfeffer und Salz abschmecken und über den Salat geben. Mit Eierscheiben, Oliven und Kresse garnieren.

Pro Portion: 1799 Kilojoule, 430 Kalorien, 25 g Eiweiß, 24 g Fett, 27 g Kohlenhydrate

Salat »Südsee« (Rezept rechte Seite)
Seite 231: Rotkohlsalat mit Obst (Rezept S. 228)

Salat »Südsee« (Foto links)

Menüplan 30. Woche

Zutaten für 2 Portionen
3 Eier
100 g Lauch
200 g Palmenherzen (Dosenware)
100 g eingelegter Tomatenpaprika
200 g Orangen
Marinade:
1 Ei
2 TL Kondensmilch (4% Fett)
Süßstoff, Zitronensaft
Knoblauchsalz, Pfeffer
1 TL Kokosraspeln

Zubereitung: Die Eier hartkochen. Den Lauch putzen und 3 Minuten dünsten. Palmenherzen und Tomatenpaprika abtropfen lassen, die Orangen schälen und in Spalten zerteilen. Den Lauch in Stücke schneiden. Gemüse und Orangen vermischen und in zwei Schüsseln geben.
Für die Marinade Ei mit Kondensmilch, Süßstoff und Zitronensaft schaumig rühren. Mit Knoblauchsalz und Pfeffer abschmecken und über den Salat gießen. Die Eier pellen und halbieren. Auf den Salat setzen und mit Kokosraspeln bestreuen.

Pro Portion: 1363 Kilojoule, 326 Kalorien, 19 g Eiweiß, 14 g Fett, 31 g Kohlenhydrate

Champignonsalat

Menüplan 9. Woche

Zutaten für 2 Portionen
200 g frische Champignons
2 EL Weinessig
2 TL Öl
Salz, Pfeffer, Süßstoff
100 g Tomaten
100 g Salatgurke
Schnittlauch

Zubereitung: Champignons waschen und in feine Scheiben schneiden. Essig, Öl, Salz, Pfeffer und Süßstoff miteinander verrühren, erhitzen und über die Pilze gießen. Abkühlen lassen. Tomaten und Gurke waschen und fein würfeln. Mit den Champignons vermengen, nochmals abschmecken und mit feingehacktem Schnittlauch bestreuen.

Pro Portion: 398 Kilojoule, 95 g Kalorien, 4 g Eiweiß, 5 g Fett, 6 g Kohlenhydrate

Indischer Salat

Menüplan 44. Woche

Zutaten für 2 Portionen
250 g Gurke
1–2 TL Salz
100 g Zwiebeln
150 g Tomaten
200 g Joghurt (0,3% Fett)
1 EL feingehackte Petersilie
1 TL gemahlener Kreuzkümmel (Kumin)

Zubereitung: Gurke schälen und der Länge nach halbieren. Mit einem Löffel die Kerne entfernen, anschließend in feine Streifen schneiden und mit Salz bestreuen. Zwiebeln schälen und fein hacken. Zu den Gurken geben und gut vermischen. Bei Zimmertemperatur 5 Minuten ziehen lassen. Dann die Flüssigkeit mit den Fingern vorsichtig aus der Gurkenmischung herauspressen und diese anschließend in eine Schüssel geben.
Tomaten waschen, fein würfeln und zu der Gurke geben. Mit Joghurt und Petersilie vermischen. Kreuzkümmel in einer beschichteten Pfanne ca. 30 Sekunden rösten und unter den Salat rühren. Zugedeckt im Kühlschrank mindestens 1 Stunde ziehen lassen.

Pro Portion: 377 Kilojoule, 90 Kalorien, 7 g Eiweiß, 1 g Fett, 14 g Kohlenhydrate

Bunter Wurstsalat

Menüplan 10. Woche

Zutaten für 2 Portionen
100 g Möhren
90 g Bierschinken
90 g magerer gekochter Schinken
50 g Zwiebeln
125 g Äpfel
100 g Gewürzgurke
Marinade:
je 2 TL Öl, Essig und Wasser
2 TL Senf, Salz, Pfeffer

Zubereitung: Die geputzten Möhren im Ganzen in etwas Salzwasser garen, dann in Scheiben schneiden. Bierschinken und den gekochten Schinken in 2–3 cm lange Streifen schneiden, die geschälte Zwiebel fein würfeln. Apfel schälen, entkernen und würfeln, ebenfalls die Gurke.
Die Zutaten für die Marinade vermischen und abschmecken, dann in einer Schüssel mit den Salatzutaten vermischen und alles gut durchziehen lassen.

Pro Portion: 1490 Kilojoule, 356 Kalorien, 17 g Eiweiß, 24 g Fett, 16 g Kohlenhydrate

Kartoffelsalat

Menüplan 14. Woche

Zutaten für 2 Portionen
200 g Kartoffeln
Essig, Salz, Pfeffer
50 g Zwiebeln
50 g Gewürzgurken
4 TL Mayonnaise (80% Fett)
Süßstoff

Zubereitung: Die Kartoffeln in der Schale garen, abpellen und in Scheiben schneiden. Essig, etwas Wasser, Salz und Pfeffer gut verrühren. Zwiebeln schälen und fein würfeln. Gewürzgurken fein würfeln und mit den Kartoffelscheiben, den Zwiebelwürfeln und der Essig-Mischung vermengen. Die Mayonnaise mit Süßstoff abschmecken und über den Salat geben. Alles gut vermengen und etwa 1 Stunde ziehen lassen.

Pro Portion: 667 Kilojoule, 159 Kalorien, 3 g Eiweiß, 8 g Fett, 19 g Kohlenhydrate

Blumenkohlsalat

Menüplan 32. Woche

Zutaten für 2 Portionen
200 g Blumenkohl
½ TL Salz
4 TL Weinessig
4 schwarze Oliven
50 g eingelegte Tomatenpaprika
2 TL Olivenöl
Salz, Pfeffer, Süßstoff

Zubereitung: Blumenkohl putzen, waschen und in kleine Röschen teilen. In Salzwasser 5–10 Minuten garen. Wasser abgießen. Blumenkohl mit Essig übergießen und 30 Minuten kühl stellen.
Inzwischen Oliven in Scheiben, Tomatenpaprika in Streifen schneiden. Oliven und Tomatenpaprika mit den Blumenkohlröschen mischen, dann das Öl und die Gewürze unterziehen.

Pro Portion: 417 Kilojoule, 100 Kalorien, 3 g Eiweiß, 7 g Fett, 6 g Kohlenhydrate

Eiersalat
Menüplan 14. Woche

Zutaten für 2 Portionen
4 Eier
100 g Tomaten
100 g Sellerie (konserviert)
50 g Paprikaschoten
Marinade:
je 2 TL Essig und Öl
1 TL Senf
Salz, Pfeffer
Petersilie

Zubereitung: Eier hart kochen, abpellen und in Scheiben schneiden. Tomaten ebenfalls waschen und in Scheiben schneiden, Sellerie und die gewaschenen, entkernten Paprikaschoten würfeln und alles in eine Schüssel geben. Für die Marinade Essig, Öl, Senf, Salz und Pfeffer gut verrühren. Über den Salat gießen, vorsichtig vermengen und mit feingehackter Petersilie bestreuen. Im Kühlschrank ca. 2 Stunden gut durchziehen lassen, danach eventuell etwas nachwürzen.

Pro Portion: 1096 Kilojoule, 262 Kalorien, 16 g Eiweiß, 18 g Fett, 7 g Kohlenhydrate

Eiersalat »Hongkong«
Menüplan 11. Woche

Zutaten für 2 Portionen
4 Eier
200 g Tomaten
50 g eingelegte rote Paprikaschoten
100 g Sojabohnenkeimlinge (Dosenware)
Marinade:
1 TL Sojasauce
Essig
4 TL Öl
Salz, Pfeffer
Chinagewürz, Süßstoff

Zubereitung: Eier hart kochen, pellen und in Scheiben schneiden. Die Tomaten überbrühen, enthäuten und ebenfalls in Scheiben schneiden, Paprikaschoten in Streifen schneiden. Eier, Gemüse und die Sojabohnenkeimlinge gut miteinander vermengen. Aus den übrigen Zutaten eine Marinade bereiten und über den Salat gießen. Gut durchziehen lassen und eventuell noch einmal nachwürzen.

Pro Portion: 1298 Kilojoule, 310 Kalorien, 16 g Eiweiß, 23 g Fett, 8 g Kohlenhydrate

Süßsaurer Fleischsalat
Menüplan 10. Woche

Zutaten für 2 Portionen
180–240 g gekochtes Rindfleisch
100 g eingelegter Kürbis
50 g eingelegte Paprikaschote
25 g Zwiebel
Marinade:
2 TL Öl
Estragonessig
Salz, Pfeffer
Süßstoff
Schnittlauch

Zubereitung: Das gekochte Rindfleisch in feine Würfel, Kürbis und Paprikaschote in Streifen schneiden. Zwiebel schälen und fein würfeln. Alles gut vermengen. Alle Zutaten für die Marinade mischen und über den Salat geben. Vor dem Servieren gut durchziehen lassen.

Pro Portion: 1399 Kilojoule, 334 Kalorien, 39 g Eiweiß, 18 g Fett, 4 g Kohlenhydrate

Nudelsalat mit Schinken
Menüplan 6. Woche

Zutaten für 2 Portionen
40 g Hörnchennudeln (Rohgewicht)
100 g Tiefkühlerbsen
180 g magerer gekochter Schinken
100 g Zwiebeln
200 g Paprikaschoten
8 Oliven (mit Paprika gefüllt)
Marinade aus Salz, Pfeffer, Essig, 2 TL Öl

Zubereitung: Die Nudeln nach Vorschrift in Salzwasser kochen, Erbsen in wenig Wasser garen. Schinken in Streifen, geschälte Zwiebel in halbe Ringe schneiden, Paprikaschoten putzen, waschen und in Streifen schneiden, die Oliven in Scheiben. Aus den Marinadenzutaten eine Sauce rühren. Die abgetropften Nudeln und Erbsen sowie alle anderen Salatzutaten mit der Sauce in einer Schüssel vermengen und den Salat bis zum Servieren gut durchziehen lassen.

Pro Portion: 1993 Kilojoule, 476 Kalorien, 25 g Eiweiß, 28 g Fett, 29 g Kohlenhydrate

Linsensalat

Menüplan 44. Woche

Zutaten für 2 Portionen
200 g Kartoffeln
180 g Linsen (eingeweicht)
90–120 g gegrilltes Putenfleisch
300 g rote Paprikaschoten
100 g grüne Paprikaschoten
50 g Zwiebeln
200 g Gewürzgurken
Marinade:
2 TL Öl
Weinessig
Salz, Pfeffer, ½–1 EL Senf

Zubereitung: Kartoffeln in der Schale garen. Anschließend pellen und würfeln. Die Linsen abtropfen lassen, Putenfleisch in kleine Stücke schneiden. Paprikaschoten waschen, entkernen und in kleine Würfel schneiden. Die Zwiebel schälen und hacken. Für die Marinade Öl, Essig, Salz, Pfeffer und Senf verrühren. Die Linsen und die übrigen Zutaten unterrühren und 1–2 Stunden ziehen lassen. Mit in Fächer geschnittenen Gewürzgurken verzieren.
Tip: Mit etwas Wasser verlängert und aufgewärmt, schmeckt dieser Salat auch als Eintopf vorzüglich.

Pro Portion: 1933 Kilojoule, 462 Kalorien, 40 g Eiweiß, 8 g Fett, 57 g Kohlenhydrate

Nudelsalat mit Würstchen

Menüplan 27. Woche

Zutaten für 2 Portionen
120 g gekochte Hörnchennudeln
je 200 g Erbsen und gewürfelte Karotten (Dosenware)
150 g Spargelabschnitte (Dosenware)
180 g Würstchen
Marinade:
4 TL Mayonnaise (80% Fett)
4 TL Kondensmilch (4% Fett)
weißer Pfeffer, Salz, Süßstoff
je 1 Bund Petersilie und Dill (feingehackt)
2 TL Kräuteressig

Zubereitung: Die Hörnchennudeln mit den abgetropften Erbsen, Karotten und Spargelabschnitten in eine große Schüssel geben. Die in Scheiben geschnittenen Würstchen dazugeben. Für die Marinade Mayonnaise mit der Kondensmilch verrühren, mit Pfeffer, Salz und Süßstoff abschmecken. Petersilie und Dill in die Marinade geben und mit Kräuteressig abschmecken. Die Marinade über die Salatzutaten gießen, alles gut mischen und im Kühlschrank durchziehen lassen. Vor dem Servieren nochmals mit Salz und Pfeffer abschmecken.

Pro Portion: 2301 Kilojoule, 550 Kalorien, 19 g Eiweiß, 37 g Fett, 34 g Kohlenhydrate

Pikante Zunge im Salatnest

Menüplan 17. Woche

Zutaten für 2 Portionen
40 g parboiled Reis (Rohgewicht)
1 Prise Salz
180 g gepökelte Zunge
250 g Äpfel
100 g Zwiebeln
100 g Mandarinen aus der Dose (ohne Zucker konserviert)
2 EL Mandarinensaft
100 g Joghurt (0,3% Fett)
2 TL Mayonnaise (80% Fett)
Pfeffer, Selleriesalz
Süßstoff
100 g Kopfsalat
4 Stengel Petersilie

Zubereitung: Knapp ⅛ Liter Wasser mit Salz zum Kochen bringen, den Reis hineingeben und bei ganz schwacher Hitze 25 Minuten bedeckt ausquellen lassen. Inzwischen die Zunge waschen und in kleine Würfel schneiden. Die Äpfel waschen, von Kerngehäuse und Stiel befreien und in Scheibchen schneiden. Die Zwiebeln schälen und in Ringe schneiden. Mandarinen auswiegen und 2 Eßlöffel Saft abmessen. Joghurt mit Mayonnaise vermischen, den Mandarinensaft hinzufügen und alles miteinander glattrühren. Mit den Gewürzen abschmecken. Zunge, Äpfel und Zwiebeln in einer Schüssel mischen und die Sauce darübergießen. Den Kopfsalat waschen und 2 Teller vollständig damit belegen. Den Reis in die Mitte der Teller geben und den Zungensalat um den Reis verteilen. Die Mandarinenscheiben auf den äußeren Rand der Teller als Garnierung legen. Die Petersilie waschen, kleinzupfen und darauf verteilen.

Pro Portion: 1844 Kilojoule, 441 Kalorien, 20 g Eiweiß, 20 g Fett, 46 g Kohlenhydrate

Party-Salat

Menüplan 35. Woche

Zutaten für 2 Portionen
300 g Kartoffeln
je 100 g Porree und Radieschen
50 g Gewürzgurke
25 g Zwiebeln
1 TL Instantbrühe
Essig
Süßstoff, Salz, Pfeffer
½ Bund Schnittlauch, Kresse
180 g magerer gekochter Schinken

Zubereitung: Kartoffeln kochen, pellen und in Scheiben schneiden. Porree putzen, waschen und in Ringe schneiden. Radieschen waschen und in hauchdünne Scheiben schneiden. Gewürzgurke würfeln. Zwiebel schälen und fein würfeln. Alles gut miteinander vermengen. ⅛ Liter Wasser aufkochen, Brühe einrühren und mit Essig, Süßstoff, Salz und Pfeffer abschmecken. Die Brühe über die Salatzutaten geben. Gut durchziehen lassen. Kräuter feinhacken, den Schinken würfeln. Beides über den Salat geben und servieren.

Pro Portion: 1614 Kilojoule, 386 Kalorien, 23 g Eiweiß, 19 g Fett, 30 g Kohlenhydrate

Rindfleischsalat

Menüplan 39. Woche

Zutaten für 2 Portionen
180–240 g magerer gekochter Rinderbraten
100 g grüne Paprikaschoten
50 g rote Paprikaschoten
140 g Mais (Dosenware)
100 g Gewürzgurken
100 g kleine Zwiebeln
Marinade:
2 TL Öl
3 TL Essig
2 TL Chilisoße, Salz

Zubereitung: Rindfleisch in gleichgroße Würfel schneiden und in eine große Schüssel geben. Paprikaschoten putzen, waschen und in Streifen schneiden. Maiskörner abtropfen lassen, Gewürzgurken würfeln, Zwiebeln schälen und hacken. Das Gemüse und die Zwiebeln zum Fleisch geben und gut miteinander vermengen. Für die Marinade Öl, Essig und Chilisoße gut verrühren und mit Salz abschmecken. Über den Salat gießen und gut durchmischen. Zugedeckt gut 2 Stunden im Kühlschrank durchziehen lassen. Dann nochmals pikant abschmecken.

Pro Portion: 1842 Kilojoule, 440 Kalorien, 42 g Eiweiß, 19 g Fett, 23 g Kohlenhydrate

Orientalischer Salat

Menüplan 35. Woche

Zutaten für 2 Portionen
400 g Broccoli (Tiefkühlware)
180–240 g magerer gekochter Rinderbraten
50 g Porree
25 g Zwiebeln
Marinade:
4 TL Reisessig
2 TL Sesamöl
2 TL Sojasauce
2 TL Wasser
¼ TL gehackte frische Ingwerwurzel (ersatzweise auch Ingwerpulver)

Zubereitung: Broccoli in etwas Wasser garkochen, anschließend in Röschen teilen, Rindfleisch in Würfel schneiden. Porree waschen und in Ringe schneiden, Zwiebeln schälen und fein würfeln. Alles vorsichtig vermengen. Die Zutaten der Marinade verrühren und über den Salat geben. Gut durchziehen lassen.

Pro Portion: 1658 Kilojoule, 396 Kalorien, 46 g Eiweiß, 18 g Fett, 11 g Kohlenhydrate

Sauerkrautsalat mit Kassler

Menüplan 30. Woche

Zutaten für 2 Portionen
180 g mageres gekochtes Kassler
100 g Zwiebeln
100 g Aprikosen
75 g Trauben
300 g Sauerkraut (Dosenware)
Marinade:
2 EL saure Sahne
⅛ l Orangensaft
Pfeffer, Salz, Süßstoff

Zubereitung: Das Kassler in Streifen schneiden, Zwiebeln schälen und in Ringe schneiden. Aprikosen und Trauben waschen. Die Aprikosen entsteinen und in Stücke schneiden. Alles mit dem Sauerkraut vermischen. Für die Marinade die saure Sahne mit dem Orangensaft glattrühren und mit Pfeffer, Salz und Süßstoff abschmecken. Über die Sauerkrautmischung gießen und gut vermischen. Den Salat bis zum Servieren 15 Minuten ziehen lassen.

Pro Portion: 1829 Kilojoule, 437 Kalorien, 21 g Eiweiß, 26 g Fett, 30 g Kohlenhydrate

Geflügelsalat mit Käse

Menüplan 6. Woche

Zutaten für 2 Portionen
90–120 g gekochte Hähnchenbrust
fettreduzierter Käse (200 kcal)
400 g Honigmelone
200 g Spargelabschnitte (Dosenware)
2 TL Kokosflocken
Marinade:
175 g Joghurt (1,5% Fett)
2 TL Mayonnaise (80% Fett)
Salz, Pfeffer
Zitronensaft, Süßstoff

Zubereitung: Hähnchenfleisch würfeln, Käse in Streifen schneiden, die Melone vierteln, entkernen, schälen und in Würfel schneiden. Spargelabschnitte abgießen und alles mischen. Für die Marinade Joghurt und Mayonnaise verquirlen, würzen und unter die vorbereiteten Zutaten mischen. Pikant abschmecken. Mit Kokosflocken bestreut servieren.

Pro Portion: 1445 Kilojoule, 345 Kalorien, 37 g Eiweiß, 14 g Fett, 18 g Kohlenhydrate

Geflügelsalat mit Melone

Menüplan 26. Woche

Zutaten für 2 Portionen
90–120 g gekochte Hühnerbrust (ohne Haut und Knochen)
90–120 g Krabbenfleisch
200 g Honigmelone
75 g blaue Trauben
je 125 g Pfirsich und Äpfel
Marinade:
4 TL Mayonnaise (80% Fett)
100 g Joghurt (0,3% Fett)
Süßstoff, Zitronensaft, Salz, Pfeffer

Zubereitung: Das Fleisch in Würfel schneiden und mit den Krabben mischen. Melone würfeln, Trauben waschen und halbieren, dabei die Kerne entfernen. Pfirsiche überbrühen, enthäuten und in kleine Stükke schneiden, den Apfel schälen, das Kerngehäuse entfernen und würfeln; alles unter das Fleisch und die Krabben mischen. Die übrigen Zutaten zu einer Marinade verrühren, diese unter die Salatzutaten mengen und alles 30 Minuten zugedeckt im Kühlschrank durchziehen lassen; vor dem Servieren nochmals abschmecken.

Pro Portion: 1436 Kilojoule, 343 Kalorien, 34 g Eiweiß, 10 g Fett, 29 g Kohlenhydrate

Hähnchensalat Caracas

Menüplan 19. Woche

Zutaten für 4 Portionen
300–360 g Hähnchenfleisch ohne Knochen (Rohgewicht)
Salz, Ingwerpulver
125 g frische Ananas
200 g Tomatenpaprika (aus dem Glas)
100 g Dosenpfifferlinge
2 TL Mayonnaise (80% Fett)
100 g Joghurt (0,3% Fett)
gehackte Petersilie
Pfeffer, Curry- und Knoblauchpulver, Zwiebelsalz
20 g Rosinen
Süßstoff
60 g Roggentoast
2 TL Margarine
100 g Radieschen

Zubereitung: Das Hähnchenfleisch waschen, trocknen, mit Salz und Ingwer einreiben und in ½ Liter kochendem Salzwasser zugedeckt bei schwacher Hitze 30 Minuten kochen.
Inzwischen die Ananas der Länge nach halbieren, das Fruchtfleisch mit einem Löffel vorsichtig herauslösen und davon 125 g abwiegen und würfeln (den Rest einfrieren, die Schalen zum Servieren aufbewahren). Tomatenpaprika und Pfifferlinge abtropfen lassen. Nun Mayonnaise mit Joghurt und Petersilie verrühren und mit den Gewürzen abschmecken. In die Marinade die gewaschenen Rosinen, Ananas, Tomatenpaprika, Pfifferlinge und das in kleine Würfel geschnittene Hähnchenfleisch geben, alles gut vermischen, nach Geschmack mit Süßstoff abschmecken, und den Salat kühlgestellt 10 Minuten ziehen lassen.

Die Ananasschalen auf zwei Teller in die Mitte legen, das getoastete Brot mit Margarine bestreichen, in Eckchen schneiden und um die Ananasschalen anrichten. Den Hähnchensalat in die Schalen füllen und die gewaschenen Radieschen auf das Toastbrot legen.

Pro Portion: 1954 Kilojoule, 467 Kalorien, 48 g Eiweiß, 12 g Fett, 42 g Kohlenhydrate

Mexikanischer Salat

Menüplan 5. Woche

Zutaten für 2 Portionen
140 g Mais (Dosenware)
180 g rote Bohnen (Dosenware)
90–120 g gegrilltes Putenfleisch
je 200 g rote und grüne Paprikaschoten
100 g Zwiebeln
4 mit Paprika gefüllte Oliven
Marinade:
2 TL Öl
Salz, Pfeffer, Knoblauchsalz, Essig
1 TL Senf

Zubereitung: Mais und Bohnen abtropfen lassen, Putenfleisch in feine Streifen schneiden. Paprikaschoten waschen, die weiße Innenhaut entfernen, entkernen und würfeln, Zwiebeln schälen und in feine Ringe, Oliven in Scheiben schneiden. Aus den restlichen Zutaten eine Marinade rühren und mit den Salatzutaten mischen. Salat gut durchziehen lassen.

Pro Portion: 1978 Kilojoule, 473 Kalorien, 38 g Eiweiß, 10 g Fett, 56 g Kohlenhydrate

Hühner-Gemüse-Salat

Menüplan 18. Woche

Zutaten für 2 Portionen
180–240 g gekochtes Hühnerfleisch (ohne Haut und Knochen)
je 200 g Champignons, Spargelabschnitte und Erbsen (Dosenware)
70 g Mais (Dosenware)
200 g Joghurt (0,3% Fett)
1 TL Mayonnaise (80% Fett)
4 TL Curry-Ketchup
Salz, Pfeffer, Curry
Süßstoff, Zitronensaft
100 g Kopfsalat zum Garnieren

Zubereitung: Das Hühnerfleisch in mundgerechte Stücke schneiden und mit den abgetropften Champignons, Spargelabschnitten, Erbsen und dem Mais in einer Schüssel mischen. Aus Joghurt, Mayonnaise und den Gewürzen eine Marinade rühren und mit Süßstoff und Zitronensaft abschmecken. Die Marinade über die Zutaten gießen und alles gut durchmischen. Den Salat auf den gewaschenen Salatblättern anrichten.

Pro Portion: 1716 Kilojoule, 410 Kalorien, 51 g Eiweiß, 9 g Fett, 31 g Kohlenhydrate

Geflügelsalat España

Menüplan 47. Woche

Zutaten für 2 Portionen
300–360 g Hähnchenfilet (Rohgewicht)
150 g Ananas (ohne Zucker konserviert)
je 200 g Erbsen, Champignons und Spargelabschnitte (Dosenware)
Marinade:
200 g Joghurt (0,3% Fett)
4 TL Mayonnaise (80% Fett)
3 EL Ananassaft
Ingwerpulver
Curry
Knoblauchpulver
Estragon
Salz, frisch gemahlener Pfeffer
Zitronensaft
Süßstoff
50 g Orange
Petersiliensträußchen zum Garnieren

Zubereitung: Das Hähnchenfilet in walnußgroße Würfel schneiden und zugedeckt in wenig Wasser bei schwacher Hitze 30 Minuten kochen. Inzwischen Ananas, Erbsen, Champignons und Spargel abtropfen lassen (3 Eßlöffel Ananassaft abnehmen); Ananas und Champignons in Stücke schneiden.
Für die Marinade Joghurt mit Mayonnaise und Ananassaft glattrühren und mit den Gewürzen pikant abschmecken. Das ausgekühlte Hähnchenfleisch mit den anderen Salatzutaten in eine Schüssel geben und mit der Marinade gut vermischen; 30 Minuten ziehen lassen. Vor dem Servieren mit Orangenfilets und Petersilie garnieren.

Pro Portion: 2209 Kilojoule, 528 Kalorien, 53 g Eiweiß, 19 g Fett, 35 g Kohlenhydrate

Sommer-Matjes
Menüplan 32. Woche

Zutaten für 2 Portionen
180 g Matjesfilets
200 g Gurke
100 g Radieschen
50 g Zwiebeln
2 TL Mayonnaise (80% Fett)
200 g Joghurt (0,3% Fett)
Dill, Petersilie, Schnittlauch
Salz, Pfeffer, Paprika

Zubereitung: Die Matjesfilets wässern. Anschließend trockentupfen und in mundgerechte Stücke schneiden. Gurke und Radieschen waschen und in hauchdünne Scheiben schneiden. Zwiebeln schälen und in Ringe schneiden. Die Mayonnaise und Joghurt vermischen, die gewaschenen, feingehackten Kräuter hinzufügen und mit Salz, Pfeffer und Paprika abschmecken. Die Matjesfiletstückchen auf eine Platte legen. Darauf das Gemüse geben und alles mit der Joghurtsauce übergießen.

Pro Portion: 1183 Kilojoule, 283 Kalorien, 22 g Eiweiß, 17 g Fett, 11 g Kohlenhydrate

Thunfischsalat
Menüplan 14. Woche

Zutaten für 2 Portionen
180–240 g Thunfisch (in Wasser konserviert)
100 g Tomaten
50 g Zwiebeln
200 g Champignons (Dosenware)
125 g Äpfel
100 g Kopfsalat
Marinade:
4 TL Mayonnaise (80% Fett)
100 g Joghurt (0,3% Fett)
Zitronensaft
Salz, Pfeffer
4 TL Chilisauce
Süßstoff

Zubereitung: Thunfisch abtropfen lassen und zerpflücken. Die Tomaten überbrühen, enthäuten und in Scheiben schneiden. Zwiebeln schälen und würfeln. Champignons abtropfen lassen und in Scheiben schneiden. Die Äpfel schälen, entkernen und würfeln. Alles in eine Schüssel geben und gut vermengen. Mayonnaise und Joghurt verrühren, mit Zitronensaft, Salz, Pfeffer, Chilisauce und Süßstoff abschmecken und über den Salat gießen. Alles miteinander vermengen und gut durchziehen lassen. Auf gewaschenen, trockengetupften Salatblättern anrichten.

Pro Portion: 1965 Kilojoule, 470 Kalorien, 32 g Eiweiß, 28 g Fett, 18 g Kohlenhydrate

Roter Heringssalat
Menüplan 33. Woche

Zutaten für 2 Portionen
100 g Kartoffeln
175 g eingelegte Rote Bete
25 g Zwiebeln
125 g Äpfel
180 g Matjesfilets
50 g Gewürzgurken
100 g Joghurt (0,3% Fett)
4 TL Mayonnaise (80% Fett)
Pfeffer, getrockneter Dill

Zubereitung: Kartoffeln mit der Schale garen, pellen und würfeln. Die Rote Bete ebenfalls in Würfel schneiden. Zwiebeln schälen und hacken. Äpfel schälen, das Kerngehäuse entfernen, und würfeln. Matjesfilets in mundgerechte Stücke schneiden. Gewürzgurken würfeln. Alles gut miteinander vermengen. Joghurt mit Mayonnaise verrühren, mit Pfeffer und Dill abschmecken und über den Salat geben. Gut durchziehen lassen und eventuell noch einmal nachwürzen.

Pro Portion: 1621 Kilojoule, 387 Kalorien, 21 g Eiweiß, 22 g Fett, 26 g Kohlenhydrate

Bunter Heringssalat
Menüplan 49. Woche

Zutaten für 2 Portionen
180 g Salzheringfilets
200 g Kartoffeln
50 g Gewürzgurke
100 g Tomaten
125 g Äpfel
50 g Zwiebel
100 g Paprikaschoten
175 g Joghurt (1,5% Fett)
2 TL Mayonnaise (80% Fett)
Salz, Paprika
Worcestersauce

Zubereitung: Die Heringe wässern. Kartoffeln mit der Schale garen, pellen und würfeln. Die gewässerten Heringe in mundgerechte Stücke schneiden. Gewürzgurke und die gewaschenen Tomaten würfeln. Äpfel schälen, das Kerngehäuse entfernen und ebenfalls in Würfel schneiden. Zwiebeln schälen und hacken. Paprikaschoten entkernen, waschen und würfeln. Alle Zutaten mit Joghurt und Mayonnaise vermengen und mit Salz, Paprika und Worcestersauce abschmecken. Gut durchziehen lassen, dann eventuell noch einmal nachwürzen.

Pro Portion: 1724 Kilojoule, 412 Kalorien, 23 g Eiweiß, 20 g Fett, 35 g Kohlenhydrate

Räucherfischsalat »Pastorenart«

Menüplan 16. Woche

Zutaten für 2 Portionen
180 g verschiedene geräucherte Fischsorten (z. B. Fischplatte aus der Dose)
je 50 g rote und grüne Paprikaschoten
100 g gelbe Paprikaschoten
1–2 Knoblauchzehen
4 mit Paprika gefüllte Oliven
50 g Schalotten (oder Frühlingszwiebeln bzw. Zwiebeln)
200 g Tomaten
1 Bund Dill
Marinade:
1–2 EL Essig
1 TL Öl
etwas Wasser
Süßstoff
je ½ TL Curry und Cayennepfeffer
1 TL Edelsüß-Paprika

Zubereitung: Den Fisch in mundgerechte Stücke zerteilen. Paprikaschoten entkernen, waschen und in feine Streifen schneiden. Knoblauchzehen zerdrücken. Oliven in feine Scheiben schneiden, Schalotten bzw. Zwiebeln schälen und in feine Ringe schneiden. Die Marinade anrühren und mit Knoblauch, Oliven und Zwiebeln vermengen. Fisch und Paprika unter diese Mischung heben und alles zugedeckt im Kühlschrank 24 Stunden ziehen lassen. Nochmals durchmischen und mit Tomatenachteln und Dill garniert servieren.

Pro Portion: 817 Kilojoule, 195 Kalorien, 24 g Eiweiß, 6 g Fett, 10 g Kohlenhydrate

Fischsalat

Menüplan 7. Woche

Zutaten für 2 Portionen
200 g Sellerieknolle
200 g Orangen
8 mit Paprika gefüllte Oliven
180–240 g Rotbarschfilet (in einem Sud aus Wasser, Salz, Zitronensaft, 1 Lorbeerblatt und 3 Pfefferkörnern gekocht)
Marinade:
4 TL Öl
2 EL Zitronensaft
Salz, Pfeffer
Sojasauce
Pfeffersauce
Süßstoff (entsprechend 2 TL Zucker)

Zubereitung: Sellerieknolle schälen und in etwas Salzwasser garen; dann in Würfel schneiden. Orangen schälen und ebenfalls würfeln. Oliven in Scheiben schneiden. Alles vorsichtig mit dem in kleine Stücke zerteilten Fisch vermengen, darüber die aus den übrigen Zutaten bereitete Marinade geben und gut durchziehen lassen.

Pro Portion: 1740 Kilojoule, 416 Kalorien, 36 g Eiweiß, 21 g Fett, 21 g Kohlenhydrate

Krabbencocktail

Menüplan 11. Woche

Zutaten für 2 Portionen
200 g Chicorrée
350 g Joghurt (1,5% Fett)
2 TL Mayonnaise (80% Fett)
6 TL Tomatenketchup
Pfeffer, Salz, Zitronensaft
2 TL Weißwein
180–240 g Krabben
Dill

Zubereitung: Chicorée putzen (das bittere Herz entfernen) und in feine Ringe schneiden. Joghurt, Mayonnaise und Ketchup zu einer Sauce verrühren und mit Gewürzen, Zitronensaft und Wein abschmecken. Chicorée, Krabben und Sauce vermengen und in zwei Gläser füllen. Mit Dill garniert servieren.

Pro Portion: 1098 Kilojoule, 262 Kalorien, 28 g Eiweiß, 9 g Fett, 17 g Kohlenhydrate

Fischsalat »Rosana«

Menüplan 21. Woche

Zutaten für 2 Portionen
180–240 g Rotbarschfilet (gekocht in einem Sud aus Wasser, Essig, Salz, Süßstoff, Fischgewürz)
100 g Orangen
125 g Äpfel
100 g Ananas
100 g Joghurt (0,3% Fett)
2 TL Mayonnaise
2 TL Zitronensaft
Salz, Pfeffer, Süßstoff
Kresse

Zubereitung: Den Fisch in mundgerechte Stücke teilen. Orangen schälen und in kleine Stücke schneiden. Apfel schälen, entkernen und würfeln. Ananas ebenfalls in kleine Stücke schneiden. Alles vorsichtig miteinander vermengen. Aus Joghurt, Mayonnaise, Zitronensaft, Salz, Pfeffer und Süßstoff eine Sauce bereiten und über den Salat geben. Nochmals vorsichtig durchmischen und etwa 1 Stunde durchziehen lassen. Vor dem Servieren mit Kresse bestreuen.

Pro Portion: 1420 Kilojoule, 339 Kalorien, 36 g Eiweiß, 11 g Fett, 24 g Kohlenhydrate

Krabben-Käse-Salat

Menüplan 32. Woche

Zutaten für 2 Portionen
40 g Edamer (45% Fett i. Tr.)
20 g Edelpilzkäse (45% Fett i. Tr.)
100 g Kiwi
35 g grüne Trauben
40 g blaue Trauben
90–120 g Krabbenfleisch
2 TL Mayonnaise (80% Fett)
2 EL Crème fraîche
4 TL Tomatenketchup
Salz

Zubereitung: Den Käse würfeln, Kiwi schälen und in Scheiben schneiden. Weintrauben waschen, halbieren und entkernen. Alles vorsichtig mit den Krabben vermengen. Mayonnaise, Crème fraîche und Ketchup verrühren. Mit Salz abschmecken und über den Salat geben.

Pro Portion: 1294 Kilojoule, 309 Kalorien, 19 g Eiweiß, 18 g Fett, 16 g Kohlenhydrate

Meeressalat

Menüplan 48. Woche

Zutaten für 2 Portionen
je 100 g Tomaten und Champignons
50 g rote Zwiebeln
150 g Zucchini oder Gurke
je 100 g rote Paprikaschoten und Endiviensalat
180–240 g Thunfisch (in Wasser konserviert)
2 EL Zitronensaft, Süßstoff
2 Portionen Joghurt-Tomaten-Dressing (Rezept Seite 247)

Zubereitung: Tomaten waschen und achteln, Champignons waschen und blättrig schneiden. Zwiebeln schälen und in Ringe schneiden, Zucchini waschen und in Scheiben schneiden. Paprikaschoten waschen, entkernen und in Streifen schneiden. Endiviensalat putzen, waschen und ebenfalls in Streifen schneiden. Den Thunfisch in mundgerechte Stücke teilen. Alles gut vermengen. Zitronensaft mit Süßstoff verrühren und darüber geben. Mit einem Joghurt-Tomaten-Dressing servieren.

Pro Portion: 1920 Kilojoule, 459 Kalorien, 34 g Eiweiß, 26 g Fett, 17 g Kohlenhydrate

Krabbeneier mit Frühlingssalat

Menüplan 19. Woche

Zutaten für 2 Portionen
400 g mitteldicker frischer Spargel
Salz, 1 Prise Zucker
2 Eier
90–120 g Krabben
½ Bund Schnittlauch
50 g Speisequark (Magerstufe)
2 TL Sojasauce
1 Prise Curry
Pfeffer, Knoblauchsalz
4 Kapern
je 100 g Kopfsalat und Tomaten
50 g Zwiebeln
Marinade:
1 EL Kräuteressig
2 TL Öl
Pfeffer, Selleriesalz, Süßstoff
je ½ Bund Petersilie und Dill
Kresse

Zubereitung: Den Spargel waschen, schälen (holzige Stücke entfernen) und einmal durchschneiden.

In ½ Liter Wasser mit Salz und Zucker zum Kochen bringen und bei schwacher Hitze etwa 30 Minuten köcheln lassen.
Inzwischen Eier in 10 Minuten hart kochen. Krabben und Schnittlauch feinhacken. Die Eier pellen, der Länge nach halbieren und das Eigelb vorsichtig herausnehmen. Eigelb mit dem Quark durch ein Sieb streichen und mit Sojasauce, Curry, Pfeffer und Knoblauchsalz abschmecken. Krabben und Schnittlauch hineinrühren, in die Eihälften füllen und mit je einer Kaper garnieren.
Den Kopfsalat waschen, die Tomaten waschen und in Scheiben schneiden. Zwiebeln schälen und in Ringe schneiden. Den abgetropften Kopfsalat in mundgerechte Stücke zupfen. Den Kräuteressig mit Öl, Pfeffer, Selleriesalz und Süßstoff verrühren.
Kopfsalat, Tomaten, Zwiebeln und den abgekühlten Spargel in zwei Schüsseln anrichten. Die Marinade erst unmittelbar vor dem Verzehr darüber gießen und vorsichtig untermischen. Die gefüllten Eier darauf legen und mit Petersilie, Dill und Kresse bestreuen.

Pro Portion: 1234 Kilojoule, 295 Kalorien, 28 g Eiweiß, 13 g Fett, 15 g Kohlenhydrate

Krabbensalat mit Ei

Menüplan 1. Woche

Zutaten für 2 Portionen
2 Eier
je 100 g Tomaten, Champignons und Gewürzgurken
90–120 g Krabbenfleisch
100 g Römischer Salat
Marinade:
175 g Joghurt (1,5% Fett)
Salz, Pfeffer, Essig, Senf
4 TL Mayonnaise (80% Fett)

Zubereitung: Eier halbweich kochen, pellen und vierteln. Tomaten, Champignons und Gurken in dünne Scheiben schneiden. Krabben und Eier hinzufügen und gut vermengen. Aus Joghurt, den Gewürzen und Mayonnaise eine pikante Marinade rühren. Den Römischen Salat in Streifen schneiden und auf zwei Glasschalen verteilen. Den Eier-Krabbensalat darauf anrichten, mit der Soße übergießen und gut durchziehen lassen.

Pro Portion: 1210 Kilojoule, 289 Kalorien, 24 g Eiweiß, 17 g Fett, 11 g Kohlenhydrate

Forellensalat

Menüplan 45. Woche

Zutaten für 2 Portionen
200 g Gurken
je 100 g Bleichsellerie und Radieschen
50 g Zwiebeln
180 g geräucherte Forellenfilets
100 g Erbsen (Dosenware)
Kresse
Marinade:
175 g Joghurt (1,5% Fett)
Salz, gemahlener Rosmarin, Nelken, Pfeffer
Süßstoff, Zitronensaft

Zubereitung: Gurke, Sellerie und Radieschen waschen und in Scheiben schneiden. Zwiebeln schälen und ebenfalls in Scheiben schneiden. Die Forellenfilets in mundgerechte Stücke zerteilen und alles vorsichtig miteinander vermengen.
Für die Marinade Joghurt mit den Gewürzen, Süßstoff und Zitronensaft verrühren, abschmecken und vorsichtig unter den Salat mischen. Mindestens 30 Minuten ziehen lassen. Mit Kresse bestreut servieren.

Pro Portion: 1317 Kilojoule, 315 Kalorien, 23 g Eiweiß, 17 g Fett, 16 g Kohlenhydrate

Meeresfrüchtesalat

Menüplan 26. Woche

Zutaten für 2 Portionen
250 g Grapefruit
150 g Champignons (Dosenware)
90–120 g Krabbenfleisch
90–120 g Hummer- oder Langustenfleisch
Zitronensaft, Salz, Pfeffer
Marinade:
4 TL Mayonnaise (80% Fett)
100 g Joghurt (0,3% Fett)
4 TL Ketchup
1 TL Senf
2 TL geriebener Meerrettich
1 Spritzer Pfeffersauce
25 g süße Sahne

Zubereitung: Grapefruit schälen, filetieren und in Stücke schneiden (es darf keine weiße Schale mehr daran sein). Die Champignons in Scheiben schneiden. Krabben und das gewürfelte Hummerfleisch mit Grapefruit und Champignon in einer Schüssel vermischen. Mit Zitronensaft, Salz und Pfeffer würzen. Noch einmal durchmischen und darüber die aus den übrigen Zutaten bereitete Marinade gießen. Gut durchziehen lassen und gekühlt servieren.

Pro Portion: 1352 Kilojoule, 323 Kalorien, 25 g Eiweiß, 15 g Fett, 22 g Kohlenhydrate

Käsesalat

Menüplan 12. Woche

Zutaten für 2 Portionen
120 g gegarter Reis
140 g Mais
120 g Edamer (45% Fett i. d. T.)
100 g Spargelabschnitte (Dosenware)
je 100 g Fruchtcocktail und Ananas (ohne Zucker konserviert)
Für die Marinade:
4 TL Öl
2 TL Essig
2 EL Ananassaft (ohne Zucker)
2 EL Fruchtcocktailsaft (ohne Zucker)
2 EL Spargelwasser
Salz, Pfeffer, Paprika, Curry

Zubereitung: Für die Marinade Öl, Essig, Obst- und Gemüsewasser und die Gewürze verrühren. Dann Reis, Mais, den in Würfel geschnittenen Käse, Spargelabschnitte, Fruchtcocktail und die ebenfalls in Würfel geschnittene Ananas hinzufügen. Alles gut durchziehen lassen und noch einmal abschmecken.

Pro Portion: 2187 Kilojoule, 523 Kalorien, 20 g Eiweiß, 43 g Kohlenhydrate

Dreiländer-Käsesalat (Foto Seite 249)

Menüplan 17. Woche

Zutaten für 2 Portionen
200 g grüne Paprikaschoten
100 g rote Paprikaschoten
50 g Zwiebel
1 Bund Schnittlauch
120 g Emmentaler (45% Fett i. Tr.)
4 Oliven
Marinade:
Knoblauchsalz
1 EL Kräuteressig
1 TL milder Senf
Pfeffer, Paprikapulver, Süßstoff
1 TL Öl

Zubereitung: Paprikaschoten waschen, entkernen und in schmale Streifen von etwa 4 cm Länge schneiden. Zwiebeln schälen und in feine Ringe schneiden. Schnittlauch waschen, trockentupfen und kleinhacken. Den Käse in kleine Würfel schneiden und mit dem Gemüse vermischen.
Die Zutaten für die Marinade verrühren, darübergießen und den Salat mit den Oliven garnieren. Bis zum Servieren noch etwas durchziehen lassen.

Pro Portion: 1391 Kilojoule, 332 Kalorien, 19 g Eiweiß, 23 g Fett, 9 g Kohlenhydrate

Fischsalat Neptun

Menüplan 38. Woche

Zutaten für 2 Portionen
180–240 g Kabeljaufilet
(gekocht in einem Sud aus:
Wasser, Salz, Essig
Zwiebel, Pfefferkörnern und
Lorbeerblatt)
250 g Äpfel
Marinade:
4 TL Öl
3 TL Estragonessig
1 TL zerriebene Estragonblätter
2 TL Kerbel
½ Bund Petersilie
4 Kapern
50 g Zwiebeln
Salz, weißer Pfeffer
Süßstoff

Zubereitung: Den Fisch in den angegebenen Zutaten garziehen lassen und abgekühlt vorsichtig zerpflücken und in eine große Schüssel geben. Öl und Essig mit den Estragonblättern und Kerbel verrühren. Die Petersilie waschen, feinhacken und ebenfalls hinzufügen. Die Kapern in Stücke schneiden und zugeben. Zwiebeln schälen und darüber reiben. Alles gut verrühren und mit Salz, Pfeffer und Süßstoff abschmecken. Die Äpfel schälen, das Kerngehäuse entfernen, grob würfeln und unter den Fisch mengen. Die Marinade darüber geben, vorsichtig untermischen und den Salat im Kühlschrank 30 Minuten gut durchziehen lassen. Nochmals abschmecken.

Pro Portion: 1273 Kilojoule, 304 Kalorien, 31 g Eiweiß, 11 g Fett, 19 g Kohlenhydrate

Krabben-Trauben-Salat

Menüplan 26. Woche

Zutaten für 2 Portionen
180–240 g Krabbenfleisch
150 g blaue und weiße Trauben
200 g kleine Tomaten
Petersilie
2 Zitronenscheiben
Marinade:
4 TL Mayonnaise (80% Fett)
200 g Joghurt (0,3% Fett)
4 TL Ketchup
Zitronensaft, Salz, Pfeffer, Süßstoff

Zubereitung: Das Krabbenfleisch in eine große Schüssel geben. Die Trauben waschen und halbieren, falls nötig, die Kerne entfernen. Die Tomaten waschen und grob würfeln. Alles gut miteinander vermengen.
Sämtliche Zutaten für die Marinade verrühren und pikant abschmecken. Die Sauce über den Salat gießen und vorsichtig vermischen. Mit Petersilie und Zitronenscheiben garnieren. Den Salat 30 Minuten im Kühlschrank durchziehen lassen und dann erst servieren.

Pro Portion: 1256 Kilojoule, 300 Kalorien, 27 g Eiweiß, 10 g Fett, 25 g Kohlenhydrate

Saucen und Pikantes

Andalusische Sauce
Menüplan 32. Woche

Zutaten für 2 Portionen
100 g Zwiebeln
1 Knoblauchzehe
4 TL Öl
300 g Tomaten
Salz, Pfeffer, Paprika, Pfeffersauce

Zubereitung: Zwiebeln schälen und würfeln. Knoblauchzehe fein hacken. Beides in Öl glasig dünsten. Inzwischen Tomaten überbrühen, enthäuten und pürieren. Zu den Zwiebeln geben, aufkochen und bei offenem Deckel bei mittlerer Hitze kochen lassen, bis die Sauce etwas eingedickt ist. Mit Salz, Pfeffer, Paprika und Pfeffersauce scharf abschmecken.

Pro Portion: 603 Kilojoule, 144 Kalorien, 2 g Eiweiß, 10 g Fett, 10 g Kohlenhydrate

Eingelegte Zwiebeln
Menüplan 31. Woche

Zutaten für 2 Portionen
100 g Zwiebeln
100 ml Weißweinessig
Wacholderbeeren
Selleriesalz
Pfefferkörner
1 zerriebenes Lorbeerblatt
getrockneter Dill

Zubereitung: Zwiebeln schälen und in Stücke schneiden. Den Essig mit 200 ml Wasser, den Gewürzen und Dill verrühren und zum Kochen bringen. Die Zwiebelstücke hineingeben und bei sehr schwacher Hitze 15 Minuten garen. Auskühlen lassen und in ein Glas füllen.

Pro Portion: 84 Kilojoule, 20 Kalorien, 1 g Eiweiß, 0 g Fett, 4 g Kohlenhydrate

Mango-Chutney
Menüplan 44. Woche

Zutaten für 2 Portionen
200 g frische Mango
1 frische Chilischote
1 EL glattblättrige Petersilie
3–4 Prisen Cayennepfeffer

Zubereitung: Mango waschen und trockentupfen. Den Kern herausschneiden, das Fruchtfleisch mit Schale in ganz dünne Scheiben schneiden. Die Chilischote waschen, entstielen, der Länge nach halbieren und die Kerne nach Belieben entfernen (sie sind der schärfste Teil der Chilischote), dann in hauchdünne Scheiben schneiden. Petersilie hakcen. Alles vorsichtig in einer Schüssel miteinander vermischen, abschmecken und 1–2 Stunden im Kühlschrank ziehen lassen.

Pro Portion: 258 Kilojoule, 62 Kalorien, 1 g Eiweiß, 15 g Kohlenhydrate

Kräutersauce
Menüplan 19. Woche

Zutaten für 2 Portionen
100 g Joghurt (0,3% Fett)
½ TL milder Senf
2 TL Kapern
je ½ Bund Petersilie und Schnittlauch
je ½ TL getrocknetes Estragon und Kerbel
weißer Pfeffer, Selleriesalz, Süßstoff

Zubereitung: Joghurt mit Senf glattrühren. Die Kapern feinhacken und untermischen. Petersilie und Schnittlauch waschen, trockentupfen, kleinschneiden und in die Sauce geben. Estragon und Kerbel hinzufügen und mit Pfeffer, Selleriesalz und Süßstoff abschmecken.

Pro Portion: 112 Kilojoule, 27 Kalorien, 3 g Eiweiß, 0 g Fett, 3 g Kohlenhydrate

Käsesauce
Menüplan 20. Woche

Zutaten für 2 Portionen
60 g Emmentaler (45% Fett i. Tr.)
2 TL Margarine
2 TL Mehl
200 ml Milch (1,5% Fett)
Muskat

Zubereitung: Den Käse reiben. Margarine in einem Topf schmelzen und das Mehl einrühren. Dann nach und nach die Milch unterrühren. Alles unter ständigem Rühren so lange kochen, bis die Sauce dicklich wird. Den Käse hinzufügen und mit Muskat abschmecken.

Pro Portion: 903 Kilojoule, 216 Kalorien, 12 g Eiweiß, 15 g Fett, 8 g Kohlenhydrate

Rote Sauce
Menüplan 51. Woche

Zutaten für 2 Portionen
1 EL Tomatenmark
1 TL Instantbrühe
2 g Nestargel
Estragon, Pfeffer, Zwiebelsalz, Süßstoff

Zubereitung: ¼ Liter Wasser in einem Topf erhitzen, Tomatenmark unterrühren und die Brühe darin auflösen. Mit Nestargel andicken und pikant abschmecken.

Pro Portion: 41 Kilojoule, 10 Kalorien, 1 g Eiweiß, 1 g Kohlenhydrate

Altdeutsche Senfsauce
Menüplan 14. Woche

Zutaten für 2 Portionen
200 ml Milch (1,5% Fett)
2 EL scharfer Senf
1 Prise Salz, etwas Süßstoff

Zubereitung: Die Milch mit dem Senf verrühren und aufkochen. Salz und etwas Süßstoff hinzufügen und bei schwacher Hitze sieden lassen, bis die Sauce sämig wird. Eventuell noch etwas Senf hinzufügen.

Pro Portion: 412 Kilojoule, 95 Kalorien, 11 g Eiweiß, 13 g Fett, 6 g Kohlenhydrate

Aprikosensauce »Pikanta«
Menüplan 17. Woche

Zutaten für 2 Personen
½ l Milch (0,3% Fett)
40 g Vollkornhaferflocken
2 TL Zwiebelflocken
kalorienreduzierte Aprikosen (50 kcal)
½ TL Meerrettich
Pfeffer, Salz, Knoblauchpulver, Süßstoff

Zubereitung: Die Milch erhitzen, Vollkornhaferflocken hineinrühren, einmal aufwallen lassen und die Zwiebelflocken hinzufügen; abkühlen lassen. Aprikosen kleinschneiden und ebenfalls hineingeben. Mit Meerrettich, Pfeffer, Salz, Knoblauchpulver und Süßstoff abschmecken.

Pro Portion: 764 Kilojoule, 183 Kalorien, 11 g Eiweiß, 2 g Fett, 31 g Kohlenhydrate

Joghurt-Tomaten-Dressing
Menüplan 13. Woche

Zutaten für 2 Portionen
175 g Joghurt (1,5% Fett)
2 TL Öl
2 EL Tomatenmark
1 TL frisches oder getrocknetes Basilikum
Selleriesalz

Zubereitung: Alle Zutaten mit 60 ml Wasser gut vermengen und pikant abschmecken.

Pro Portion: 411 Kilojoule, 98 Kalorien, 4 g Eiweiß, 6 g Fett, 6 g Kohlenhydrate

Joghurtdip
Menüplan 34. Woche

Zutaten für 2 Portionen
50 g grüne Paprikaschoten
½ Bund Schnittlauch
175 g Joghurt (1,5% Fett)
Salz, Knoblauchpulver, Pfeffer

Zubereitung: Paprikaschote waschen und in feine Würfel schneiden. Schnittlauch fein schneiden. Beides mit Joghurt vermengen und mit Salz, Knoblauchpulver und Pfeffer abschmecken.

Pro Portion: 212 Kilojoule, 51 Kalorien, 4 g Eiweiß, 2 g Fett, 6 g Kohlenhydrate

Sauce Hawaii
Menüplan 17. Woche

Zutaten für 2 Portionen
1 TL Weißweinessig
Pfeffer, Paprikapulver
2 TL Senf
8 Kapern
4 TL Kondensmilch (4% Fett)
4 EL Ananassaft (ohne Zucker)
2 TL Öl
½ TL Salz, Süßstoff
200 g Ananas (konserviert ohne Zucker)

Zubereitung: Weinessig mit Pfeffer, Paprikapulver und Senf verrühren. Kapern kleinschneiden und hinzufügen. Mit Kondensmilch, Ananassaft und Öl glattrühren, mit Salz und Süßstoff abschmecken. Die Ananas zerkleinern und unterrühren.

Pro Portion: 513 Kilojoule, 123 Kalorien, 2 g Eiweiß, 6 g Fett, 15 g Kohlenhydrate

Holländische Sauce
Menüplan 25. Woche

Zutaten für 2 Portionen
2 Eier
Petersilie
je 2 TL Meerrettich, Senf und Wasser
1 TL Zitronensaft
4 TL Öl
Salz, Pfeffer
Süßstoff

Zubereitung: Eier hart kochen, abpellen und grob hacken. Petersilie waschen und fein hacken. Die restlichen Zutaten verrühren und abschmecken. Vorsichtig mit den Eierwürfeln und der Petersilie vermengen.

Pro Portion: 801 Kilojoule, 191 Kalorien, 8 g Eiweiß, 17 g Fett, 1 g Kohlenhydrate

Süße Pfefferminzsauce
Menüplan 52. Woche

Zutaten für 2 Portionen
⅛ l Milch (0,3% Fett)
1 Beutel Pfefferminztee
2 g Nestargel
Süßstoff

Zubereitung: Die Milch zum Kochen bringen. Von der Kochstelle nehmen, den Teebeutel hineinhängen und 20 Minuten ziehen lassen. Mit Nestargel andicken und mit Süßstoff abschmecken. Vor dem Servieren mindestens 60 Minuten ins Gefrierfach stellen.

Pro Portion: 90 Kilojoule, 22 Kalorien, 2 g Eiweiß, 3 g Kohlenhydrate

Mixed Pickles
Menüplan 31. Woche

Zutaten für 2 Portionen
100 g Rosenkohl (Dosenware)
150 g Blumenkohl
150 g Möhren
100 ml Weißweinessig
Salz, Pfeffer, Süßstoff
2 zerriebene Lorbeerblätter
getrockneter Dill

Zubereitung: Das Gemüse waschen und putzen. Den Blumenkohl in kleine Röschen zerteilen, die Möhren in Scheiben schneiden. Alles mit wenig Wasser bei sehr schwacher Hitze 10 Minuten dünsten. Abtropfen und abkühlen lassen. Den Essig mit den Gewürzen und Dill verrühren und mit ¼ Liter Wasser auffüllen. Das Gemüse in Gläser füllen und mit der Marinade übergießen.

Pro Portion: 323 Kilojoule, 77 Kalorien, 5 g Eiweiß, 1 g Fett, 13 g Kohlenhydrate

Dreiländer-Käsesalat (Rezept S. 244)
Seite 250: Ananasmousse (Rezept S. 257)

Süßspeisen und Gebäck

Müslis

Frühstücks-Müsli
Menüplan 18. Woche

Zutaten für 2 Portionen
250 g Äpfel
40 g kernige Haferflocken
350 g Joghurt (1,5% Fett)
2 EL Kleie
Zitronensaft, Zimt, Süßstoff

Zubereitung: Die Äpfel waschen und vierteln, das Kerngehäuse entfernen und die Äpfel mit der Schale grob reiben. Mit den übrigen Zutaten mischen und mit Zitronensaft, Zimt und Süßstoff abschmecken.

Pro Portion: 1019 Kilojoule, 243 Kalorien, 10 g Eiweiß, 5 g Fett, 39 g Kohlenhydrate

Kefir-Müsli
Menüplan 1. Woche

Zutaten für 2 Portionen
100 g Birnen
20 g Rosinen
40 g Haferflocken
400 ml Kefir (1,5% Fett)
Süßstoff

Zubereitung: Birne schälen und würfeln. Zusammen mit den Rosinen und Haferflocken unter den Kefir heben und nach Geschmack süßen.

Pro Portion: 1004 Kilojoule, 240 Kalorien, 11 g Eiweiß, 6 g Fett, 36 g Kohlenhydrate

Kirschsuppe mit Zimtgrießklößchen (Rezept S. 262)
Seite 251: Weingelee (Rezept S. 259)

Bircher Müsli
Menüplan 6. Woche

Zutaten für 2 Portionen
80 g Haferflocken
⅛ l ungesüßter, möglichst frisch gepreßter Orangensaft
125 g Äpfel
20 g Rosinen
400 ml Dickmilch (1,5% Fett)
2 TL Honig
Süßstoff, Zitronensaft

Zubereitung: Haferflocken über Nacht in Orangensaft quellen lassen. Am nächsten Tag Äpfel entkernen, reiben und zusammen mit Rosinen und Dickmilch verrühren. Mit Honig, Süßstoff und Zitronensaft abschmecken.

Pro Portion: 1381 Kilojoule, 330 Kalorien, 13 g Eiweiß, 5 g Fett, 59 g Kohlenhydrate

Frühstück für zwei
Menüplan 45. Woche

Zutaten für 2 Portionen
250 g Himbeeren (Tiefkühlware)
Süßstoff
250 g Speisequark (Magerstufe)
etwas Zitronensaft und abgeriebene Zitronenschale
Süßstoff
40 g Cornflakes

Zubereitung: Himbeeren über Nacht auftauen lassen. Am Morgen mit einer Gabel zerdrücken und mit Süßstoff süßen. Magerquark mit Zitronensaft, etwas abgeriebener Zitronenschale und Süßstoff abschmecken. Nun Himbeeren, Quark und Cornflakes schichtweise in eine Schüssel füllen (mit einer Schicht Cornflakes abschließen) und sofort servieren.

Pro Portion: 978 Kilojoule, 234 Kalorien, 25 g Eiweiß, 1 g Fett, 28 g Kohlenhydrate

Himbeerfrühstück
Menüplan 41. Woche

Zutaten für 2 Portionen
250 g Himbeeren (Tiefkühlware)
Zitronensaft, Süßstoff
150 g Hüttenkäse
100 g Speisequark (Magerstufe)
kalorienreduzierte Pfirsiche (50 kcal)

Zubereitung: Himbeeren auftauen lassen, mit Zitronensaft und Süßstoff abschmecken. Hüttenkäse und Magerquark unter die Himbeeren rühren (einige Himbeeren zum Garnieren zurückbehalten). Die Pfirsiche in 2 große Gläser geben, darauf die Himbeermasse. Mit Himbeeren garniert servieren.

Pro Portion: 875 Kilojoule, 209 Kalorien, 21 g Eiweiß, 5 g Fett, 20 g Kohlenhydrate

Ananas-Aprikosen-Müsli
Menüplan 8. Woche

Zutaten für 2 Portionen
40 g Haferflocken
200 g Ananas
40 g getrocknete Aprikosen
2 TL Zitronensaft
200 g Joghurt (0,3% Fett)
Süßstoff

Zubereitung: Haferflocken, die in kleine Stücke geschnittene Ananas und die feingewürfelten Aprikosen vermengen. Zitronensaft und Joghurt vermischen, mit Süßstoff abschmecken und unter die Fruchtmasse heben.

Pro Portion: 956 Kilojoule, 228 Kalorien, 9 g Eiweiß, 2 g Fett, 45 g Kohlenhydrate

Früchte-Müsli
Menüplan 12. Woche

Zutaten für 2 Portionen
10 g getrocknete Aprikosen
125 g Äpfel
10 g Rosinen
je 20 g Haferflocken und Cornflakes
100 ml Joghurt (0,3% Fett)
⅛ l Milch (0,3% Fett)
2 TL Sesamkörner

Zubereitung: Aprikosen würfeln. Äpfel schälen, entkernen und ebenfalls in Würfel schneiden. Aprikosen- und Apfelwürfel mit Rosinen, Haferflocken und Cornflakes vermengen. Joghurt mit Milch verrühren und über das Müsli geben. Das Ganze mit Sesamkörnern bestreuen.

Pro Portion: 851 Kilojoule, 203 Kalorien, 8 g Eiweiß, 3 g Fett, 36 g Kohlenhydrate

Flockencrossies
Menüplan 52. Woche

Zutaten für 2 Portionen
60 g Vollkornhaferflocken
Rumaroma, Süßstoff
je 2 TL Kakao und Kokosraspeln
1 TL Honig
40 g Magermilchpulver
3 TL Mineralwasser

Zubereitung: Haferflocken mit Rumaroma und Süßstoff mischen und 30 Minuten einziehen lassen. Kakao, Kokosraspeln, Honig und Magermilchpulver untermischen. Mineralwasser einrühren und in einer beschichteten Pfanne bei mittlerer Hitze 10 Minuten unter ständigem Wenden rösten.

Pro Portion: 915 Kilojoule, 219 Kalorien, 12 g Eiweiß, 5 g Fett, 33 g Kohlenhydrate

Haferflocken-Müsli
Menüplan 2. Woche

Zutaten für 1 Portion
100 g Speisequark (Magerstufe)
Zitronensaft
60 g Banane
1 TL Butter
20 g Haferflocken
Süßstoff, Zimt

Zubereitung: Magerquark mit etwas Wasser und Zitronensaft glattrühren, Banane schälen, würfeln und untermischen. Butter in einer kleinen Pfanne erhitzen, Haferflocken darin anrösten. Anschließend über den Quark geben. Mit Süßstoff und Zimt bestreut servieren.

Pro Portion: 1046 Kilojoule, 250 Kalorien, 21 g Eiweiß, 6 g Fett, 27 g Kohlenhydrate

Pudding und Cremes

Schokoladenpudding
Menüplan 29. Woche

Zutaten für 2 Portionen
400 ml Milch (1,5% Fett)
Süßstoff
20 g Speisestärke
4 TL Kakao

Zubereitung: Von der Milch 5 EL abnehmen. Den Rest kräftig mit Süßstoff süßen und zum Kochen bringen. Die abgenommene Milch mit der Speisestärke und dem Kakao gut verrühren. Die kochende Milch von der Kochstelle nehmen und die Kakaomischung hineinrühren. Kurz aufkochen lassen und in eine kalt ausgespülte Schüssel geben. Abkühlen lassen und servieren.

Pro Portion: 742 Kilojoule, 177 Kalorien, 8 g Eiweiß, 5 g Fett, 25 g Kohlenhydrate

Joghurt-Frucht-Pudding
Menüplan 21. Woche

Zutaten für 2 Portionen
¼ l ungesüßter Apfelsaft
1 TL Honig
6 Blatt Gelatine
400 g Joghurt (0,3% Fett)
Süßstoff, Vanillearoma
125 g Erdbeeren
kalorienreduzierte Blaubeeren (50 kcal)

Zubereitung: 100 ml Apfelsaft, 150 ml Wasser und Honig erwärmen. Die eingeweichte Gelatine unterrühren, bis sie sich aufgelöst hat. Joghurt mit dem restlichen Apfelsaft verschlagen und mit Süßstoff und Vanillearoma abschmecken. Diese Mischung nach und nach in die Apfelsaft-Gelatine-Lösung geben. In den Kühlschrank stellen, bis die Speise halbfest ist.
Erdbeeren in Scheiben schneiden. Dann einen Teil der Erdbeeren und die Blaubeeren vorsichtig unterheben und alles in eine Schale geben. Wieder in den Kühlschrank stellen und ganz fest werden lassen. Vor dem Servieren die Schale kurz in heißes Wasser setzen und den Pudding auf eine Platte stürzen. Mit den restlichen Erdbeeren verzieren.

Pro Portion: 636 Kilojoule, 152 Kalorien, 13 g Eiweiß, 1 g Fett, 36 g Kohlenhydrate

Gegrillter Schokoladenpudding
Menüplan 20. Woche

Zutaten für 2 Portionen
3 Blatt Gelatine
¼ l Milch (0,3% Fett)
1 TL Kakao
1 Eigelb
Süßstoff
1 Eiweiß
2 TL Zucker

Zubereitung: Gelatine in kaltem Wasser einweichen. Milch mit Kakao und Eigelb verrühren und mit Süßstoff abschmecken. Die gequollene Gelatine hinzufügen und alles erwärmen, bis sich die Gelatine aufgelöst hat. Die Speise im Kühlschrank fest werden lassen. Das Eiweiß sehr steif schlagen, dann unter ständigem Schlagen den Zucker einrieseln lassen. Die Eiweißmasse über den festgewordenen Pudding geben und unter dem vorgeheizten Grill leicht anbräunen lassen. Sofort servieren.

Pro Portion: 495 Kilojoule, 118 Kalorien, 10 g Eiweiß, 4 g Fett, 11 g Kohlenhydrate

Pflaumenpudding
Menüplan 38. Woche

Zutaten für 4 Portionen
340 g Pflaumen ohne Steine
1 Stange Zimt
3 Nelken
Zitronenschale
8 TL Weißwein
Agar-Agar, Süßstoff

Zubereitung: Die entsteinten, gewaschenen Pflaumen in einen Topf geben. Zimtstange, Nelken, Zitronenschale und ¼ Liter Wasser zugeben und 15 Minuten kochen lassen. Zimtstange, Nelken und Zitronenschale entfernen. Nun die Pflaumen durch ein Haarsieb streichen oder im Mixer pürieren. Dann wieder in den Topf geben. Weißwein mit Agar-Agar verrühren und die Pflaumen damit binden; nochmals aufwallen lassen. Mit Süßstoff süßen und sofort in eine mit kaltem Wasser ausgespülte Puddingform füllen und abkühlen lassen. Etwa 90 Minuten im Kühlschrank vollkommen erkalten lassen. Anschließend auf eine Platte stürzen und servieren.

Pro Portion: 271 Kilojoule, 65 Kalorien, 1 g Eiweiß, 14 g Kohlenhydrate

Schokoladenpudding mit Rum-Aprikosen-Sauce

Menüplan 25. Woche

Zutaten für 2 Portionen
20 g Rosinen
4 TL Weißwein
kalorienreduzierte Aprikosen mit Saft (100 kcal)
Süßstoff, Rumaroma
400 g kalorienarmer Schokoladenpudding (nach Packungsvorschrift zubereitet)

Zubereitung: Rosinen in Wein einweichen. Aprikosen pürieren. Mit Süßstoff und Rumaroma abschmecken. Die Rosinen hinzufügen, alles über den Pudding geben und servieren.

Pro Portion: 703 Kilojoule, 168 Kalorien, 6 g Eiweiß, 1 g Fett, 32 g Kohlenhydrate

Grießflammeri

Menüplan 36. Woche

Zutaten für 2 Portionen
400 ml Milch (1,5% Fett)
Süßstoff
abgeriebene Schale einer unbehandelten Zitrone
40 g Grieß
1 Ei

Zubereitung: Milch mit Süßstoff und Zitronenschale zum Kochen bringen. Grieß hinzufügen und ausquellen lassen. Das Ei trennen. Eigelb mit etwas Wasser verrühren und in den heißen Grießbrei geben. Auskühlen lassen. Eiweiß sehr steif schlagen und vorsichtig unterheben.

Pro Portion: 853 Kilojoule, 205 Kalorien, 12 g Eiweiß, 6 g Fett, 24 g Kohlenhydrate

Frucht-Brot-Pudding

Menüplan 34. Woche

Zutaten für 4 Portionen
4 Scheiben Toastbrot (à 30 g)
4 TL Margarine
20 g Rosinen
20 g getrocknete Aprikosen
½ l Milch (0,3% Fett)
4 Eier
Süßstoff, Zimt

Zubereitung: Jede Scheibe Brot mit Margarine bestreichen. Dann die Brotscheiben vierteln und mit den Rosinen und den in Würfel geschnittenen Aprikosen in eine Auflaufform schichten. Die Milch erwärmen und mit den Eiern verschlagen, mit Süßstoff abschmecken. Über das Brot und die Früchte geben und mit Zimt bestreuen. Bei 200°C (Gasherd Stufe 4–5) 30–45 Minuten backen, bis die Masse durch und durch fest und an der Oberfläche leicht gebräunt ist.

Pro Portion: 1156 Kilojoule, 276 Kalorien, 14 g Eiweiß, 12 g Fett, 28 g Kohlenhydrate

Vanilleflammeri

Menüplan 50. Woche

Zutaten für 2 Portionen
2 Eier
½ l Milch (0,3% Fett)
40 g Speisestärke
Süßstoff, Vanillextrakt

Zubereitung: Eier trennen. Eigelb mit etwas Milch und Speisestärke verrühren. Den Rest der Milch zusammen mit Süßstoff und Vanilleextrakt zum Kochen bringen. Die Eigelbmasse unter Rühren hinzufügen. Abkühlen lassen. Eiweiß sehr steif schlagen und vorsichtig unter den ausgekühlte Flammeri heben.

Pro Portion: 1017 Kilojoule, 243 Kalorien, 16 g Eiweiß, 7 g Fett, 30 g Kohlenhydrate

Rotweinspeise

Menüplan 21. Woche

Zutaten für 2 Portionen
¼ l Rotwein
Zimt, Süßstoff
3 Blatt rote Gelatine
120 g Bananen

Zubereitung: Rotwein in einem Topf leicht erwärmen und mit Zimt und Süßstoff abschmecken. Die eingeweichte Gelatine im warmen Rotwein auflösen, diesen in zwei Gläser verteilen und im Kühlschrank so lange kühlen, bis die Speise sirupartig angedickt ist. Zuletzt die geschälten, in Scheiben geschnittenen Bananen unterheben. Anschließend im Kühlschrank ganz fest werden lassen.

Pro Portion: 661 Kilojoule, 158 Kalorien, 3 g Eiweiß, 0 g Fett, 14 g Kohlenhydrate

Früchtegrieß
Menüplan 46. Woche

Zutaten für 2 Portionen
¼ l Milch (0,3% Fett)
40 g Grieß
Süßstoff, Vanillearoma
2 TL Butter
kalorienreduzierte Kirschen (100 kcal)

Zubereitung: Die Milch zum Kochen bringen, Grieß einrieseln lassen und unter ständigem Rühren bei starker Hitze 3 Minuten ausquellen lassen. Mit Süßstoff und Vanillearoma abschmecken. Die Butter in einer Pfanne heiß werden lassen, den Grießbrei hineingeben und 5 Minuten bei schwacher Hitze braten, dabei gelegentlich wenden.
Auf zwei Tellern verteilen und die Kirschen darübergeben.

Pro Portion: 844 Kilojoule, 202 Kalorien, 7 g Eiweiß, 4 g Fett, 33 g Kohlenhydrate

Ananasmousse (Foto Seite 250)
Menüplan 23. Woche

Zutaten für 4 Portionen
100 g Ananas (ohne Zucker konserviert)
2 EL Ananassaft
50 ml Zitronensaft
1 Prise Salz
4 Blatt Gelatine
¼ l Milch (0,3% Fett)
Süßstoff (entsprechend 10 TL Zucker)
Vanillearoma
125 g Erdbeeren
100 g Kiwi

Zubereitung: Ananas und Ananassaft mit Zitronensaft und Salz im Mixer pürieren. Die Gelatine in kaltem Wasser einweichen, dann in 50 ml Wasser erwärmen, bis sie sich aufgelöst hat. Die gekühlte Milch mit Süßstoff und Vanillearoma verrühren und unter ständigem Schlagen nach und nach zu der Gelatinelösung geben. Weitere 5 Minuten schlagen, bis die Masse schaumig ist. Anschließend unter ständigem Rühren zum Ananaspüree geben. Das Ananasmousse im Kühlschrank gut durchkühlen lassen. Vor dem Servieren mit Erdbeeren und Kiwi verzieren.

Pro Portion: 271 Kilojoule, 65 Kalorien, 3 g Eiweiß, 0 g Fett, 12 g Kohlenhydrate

Christkindlpudding
Menüplan 52. Woche

Zutaten für 2 Portionen
20 g Vollkornhaferflocken
1 TL Kakao
Rumaroma
Süßstoff
1 TL Margarine
200 g kalorienarmer Vanillepudding (nach Vorschrift zubereitet)

Zubereitung: Die Haferflocken mit Kakao vermischen und mit Rumaroma und Süßstoff abschmekken. Margarine in einer Pfanne erhitzen, die Haferflockenmischung hineingeben und bei mittlerer Hitze unter ständigem Rühren 5 Minuten rösten. Etwas auskühlen lassen und unter den fertigen Pudding mischen.
Tip: Der Pudding schmeckt auch als »Eiscreme«. Hierzu wird der Pudding in zwei Schälchen gefüllt, über Nacht ins Gefrierfach gestellt und 5 Minuten vor dem Servieren herausgenommen.

Pro Portion: 423 Kilojoule, 101 Kalorien, 5 g Eiweiß, 3 g Fett, 14 g Kohlenhydrate

Bananencreme
Menüplan 23. Woche

Zutaten für 2 Portionen
2 TL Speisestärke
¼ l Milch (0,3% Fett)
25 g Magermilchpulver
1 TL Honig
120 g Bananen
¼ TL Zitronensaft
Süßstoff (entsprechend 1 TL Zucker)
Vanillearoma

Zubereitung: Speisestärke in 2 Eßlöffeln Milch anrühren. Den Rest der Milch mit Magermilchpulver und Honig verrühren. Bananen mit Zitronensaft pürieren und zur Milch geben. Mit Süßstoff und Vanillearoma abschmecken. Diese Mischung zum Kochen bringen. Das angerührte Mehl unter ständigem Rühren hinzufügen und alles nochmals kurz aufkochen lassen.
Die Creme bis zum Servieren 2 Stunden in den Kühlschrank stellen.

Pro Portion: 701 Kilojoule, 168 Kalorien, 10 g Eiweiß, 0 g Fett, 31 g Kohlenhydrate

Erdbeer-Mango-Creme
Menüplan 21. Woche

Zutaten für 2 Portionen
100 g Mango
125 g Erdbeeren
Saft einer halben Zitrone, Süßstoff
175 g Joghurt (1,5% Fett)
3 Blatt Gelatine
2 TL Kokosraspeln

Zubereitung: Mango schälen und entkernen. Zusammen mit den Erdbeeren, von denen zwei zum Verzieren beiseitegelegt werden, Zitronensaft und Süßstoff im Mixer pürieren. Joghurt und die eingeweichte und aufgelöste Gelatine unterrühren. Anschließend in zwei Gläser füllen und im Kühlschrank fest werden lassen. Vor dem Servieren mit den beiden Erdbeeren verzieren und mit Kokosraspeln bestreuen.

Pro Portion: 504 Kilojoule, 121 Kalorien, 6 g Eiweiß, 3 g Fett, 18 g Kohlenhydrate

Mokkadessert
Menüplan 31. Woche

Zutaten für 2 Portionen
2 Eier
3 Blatt Gelatine
1 TL Süßstoff
½ TL Kaffeepulver

Zubereitung: Die Eier trennen. Gelatine einweichen, dann in ¼ Liter warmem Wasser auflösen. Süßstoff und Kaffeepulver in 30 ml Wasser rühren und mit Eigelb schaumig schlagen. Gelatine hinzufügen. Eiweiß steif schlagen und vorsichtig unterheben. Das Dessert bis zum Servieren für 1 Stunde in den Kühlschrank stellen.

Pro Portion: 396 Kilojoule, 95 Kalorien, 9 g Eiweiß, 6 g Fett, 0 g Kohlenhydrate

Pflaumenmus »Boris«
Menüplan 30. Woche

Zutaten für 2 Portionen
170 g Pflaumen
20 g Zwieback
Zimt, Süßstoff, Rumaroma

Zubereitung: Die Pflaumen waschen, entsteinen, kleinschneiden und 10 Minuten bei sehr schwacher Hitze in 2 Eßlöffeln Wasser dünsten. Den Zwieback reiben. Die Pflaumen durch ein Sieb rühren, mit dem Zwieback vermischen und mit Zimt, Süßstoff und Rumaroma abschmecken. Bei sehr schwacher Hitze 10 Minuten garen.

Pro Portion: 398 Kilojoule, 95 Kalorien, 2 g Eiweiß, 0 g Fett, 21 g Kohlenhydrate

Milchgelee mit Himbeeren
Menüplan 27. Woche

Zutaten für 2 Portionen
400 ml Milch (1,5% Fett)
Süßstoff, Salz
Rumaroma
6 Blatt weiße Gelatine
250 g Himbeeren

Zubereitung: Milch, Süßstoff und Salz in einem Topf aufkochen. Rumaroma hinzufügen und 10 Minuten durchziehen lassen. Gelatine in einem Becher mit Wasser einweichen, ausdrücken und in der heißen Milch unter Rühren auflösen. In eine kalt ausgespülte Schüssel gießen und abkühlen lassen. Dann zugedeckt im Kühlschrank vollkommen erstarren lassen, anschließend auf eine Platte stürzen. Himbeeren mit Süßstoff süßen, über das Milchgelee geben und servieren.

Pro Portion: 664 Kilojoule, 159 Kalorien, 11 g Eiweiß, 4 g Fett, 21 g Kohlenhydrate

Sauerkirschcreme
Menüplan 37. Woche

Zutaten für 2 Portionen
6 Blatt Gelatine
⅛ l Weißwein
350 g Joghurt (1,5% Fett)
200 g entkernte Sauerkirschen
Süßstoff

Zubereitung: Gelatine einweichen. Wein leicht erwärmen und die Gelatine darin auflösen. Joghurt und Sauerkirschen pürieren, unter den Wein rühren und mit Süßstoff abschmecken. Im Kühlschrank fest werden lassen.

Pro Portion: 883 Kilojoule, 211 Kalorien, 11 g Eiweiß, 3 g Fett, 24 g Kohlenhydrate

Stachelbeercreme
Menüplan 32. Woche

Zutaten für 2 Portionen
250 g Stachelbeeren
2 TL Honig
abgeriebene Schale einer unbehandelten Zitrone
200 g Speisequark (Magerstufe)
Süßstoff
2 TL Kokosraspeln

Zubereitung: Stachelbeeren waschen. ⅛ Liter Wasser, Honig und Zitronenschale verrühren und die Stachelbeeren darin 5 Minuten garen. Anschließend abkühlen lassen. Mit Quark verrühren und mit Süßstoff abschmecken. Vor dem Servieren mit Kokosraspeln bestreuen.

Pro Portion: 643 Kilojoule, 154 Kalorien, 18 g Eiweiß, 2 g Fett, 14 g Kohlenhydrate

Himbeercreme
Menüplan 18. Woche

Zutaten für 2 Portionen
190 g Himbeeren (Tiefkühlware)
60 ml Orangensaft
¼ l Buttermilch (1% Fett)
200 g Joghurt (0,3% Fett)
Süßstoff
6 Blatt Gelatine

Zubereitung: Himbeeren, Orangensaft, Buttermilch, Joghurt und Süßstoff mit dem Handrührgerät zu einer cremigen Masse rühren. Gelatine nach Vorschrift einweichen, auflösen und lauwarm unter die Masse rühren. Falls die Creme geliert, noch einmal kurz mit dem Handrührgerät aufschlagen. In Portionsschalen geben, kalt stellen, und mit einer Himbeere verziert servieren.

Pro Portion: 680 Kilojoule, 163 Kalorien, 14 g Eiweiß, 2 g Fett, 22 g Kohlenhydrate

Stachelbeergelee
Menüplan 37. Woche

Zutaten für 2 Portionen
125 g Stachelbeeren
3 Blatt Gelatine
Süßstoff

Zubereitung: Stachelbeeren waschen und in ¼ Liter Wasser weich kochen (sie dürfen jedoch nicht zerfallen). Währenddessen die Gelatine einweichen. Stachelbeerwasser mit Süßstoff süßen. Die Gelatine darin auflösen. Alles in eine Schale füllen und im Kühlschrank fest werden lassen.

Pro Portion: 131 Kilojoule, 31 Kalorien, 2 g Eiweiß, 5 g Kohlenhydrate

Weingelee (Foto Seite 251)
Menüplan 7. Woche

Zutaten für 2 Portionen
75 g Trauben
3 Blatt Gelatine
je ⅛ l ungesüßter Apfelsaft und Weißwein
Süßstoff
25 g süße Sahne

Zubereitung: Trauben halbieren, entkernen und in Gläser füllen. Gelatine einweichen. Apfelsaft erwärmen und die Gelatine darin auflösen. Dann den Wein hinzufügen, eventuell mit Süßstoff süßen, und auf die Trauben in den Gläsern gießen.
Im Kühlschrank fest werden lassen. Mit steifgeschlagener und mit Süßstoff gesüßter Schlagsahne verzieren.

Pro Portion: 517 Kilojoule, 124 Kalorien, 2 g Eiweiß, 4 g Fett, 16 g Kohlenhydrate

Gelee Pink Panther
Menüplan 40. Woche

Zutaten für 2 Portionen
250 g rosafarbene Grapefruit
¼ l Grapefruitsaft (ungesüßt)
Süßstoff
je 2 Blatt rote und weiße Gelatine

Zubereitung: Grapefruit schälen, das Fruchtfleisch vorsichtig herauslösen und in Stücke schneiden. Grapefruitsaft erhitzen und mit Süßstoff abschmekken. Gelatine nach Vorschrift einweichen und ausdrücken. Im Saft auflösen. Grapefruitstücke unterrühren und in eine kalt ausgespülte Schüssel geben. Im Kühlschrank erstarren lassen. Vor dem Servieren die Schüssel kurz in heißes Wasser tauchen und das Gelee auf eine Platte stürzen.

Pro Portion: 486 Kilojoule, 116 Kalorien, 4 g Eiweiß, 24 g Kohlenhydrate

Knusperquark
Menüplan 19. Woche

Zutaten für 2 Portionen
20 g Zwieback
je 3 Tropfen Zitronen- und Vanilleextrakt
3 Tropfen Rumaroma, Süßstoff
150 g Speisequark (Magerstufe)
40 g Rosinen

Zubereitung: Den Zwieback zerbröseln, mit Zitronen- und Vanilleextrakt, Rumaroma und Süßstoff beträufeln und zugedeckt 20 Minuten ziehen lassen. Dann mit dem Quark und den Rosinen vermengen.

Pro Portion: 640 Kilojoule, 153 Kalorien, 14 g Eiweiß, 1 g Fett, 20 g Kohlenhydrate

Honig-Joghurt
Menüplan 9. Woche

Zutaten für 2 Portionen
350 g Joghurt (1,5% Fett)
abgeriebene Schale einer unbehandelten Zitrone
2 TL Honig
Ingwerpulver, Süßstoff

Zubereitung: Joghurt mit Zitronenschale und Honig glattrühren. Mit Ingwerpulver und eventuell etwas Süßstoff abschmecken.

Pro Portion: 408 Kilojoule, 97 Kalorien, 6 g Eiweiß, 3 g Fett, 11 g Kohlenhydrate

Buttermilch-Zitronen-Speise
Menüplan 16. Woche

Zutaten für 2 Portionen
¼ l Buttermilch (1% Fett)
Saft und Schale von ½–1 unbehandelten Zitrone
Süßstoff
3 Blatt Gelatine

Zubereitung: Buttermilch mit dem Saft und der abgeriebenen Schale der Zitrone sowie dem Süßstoff verrühren und säuerlich abschmecken. Gelatine nach Vorschrift einweichen, auflösen und unter die Buttermilch rühren. Erkalten lassen.

Pro Portion: 275 Kilojoule, 66 Kalorien, 7 g Eiweiß, 1 g Fett, 7 g Kohlenhydrate

Rosinen-Quark
Menüplan 1. Woche

Zutaten für 2 Portionen
200 g Speisequark (Magerstufe)
Zitronensaft, Süßstoff
40 g Rosinen
Rumextrakt
1 TL Zucker, Zimt

Zubereitung: Quark mit Zitronensaft und etwas Wasser glattrühren. Mit Süßstoff abschmecken. Rosinen mit etwas Rumextrakt beträufeln und unterrühren. Mit Zucker und Zimt bestreuen.

Pro Portion: 599 Kilojoule, 143 Kalorien, 18 g Eiweiß, 1 g Fett, 15 g Kohlenhydrate

Johannisbeer-Quarkspeise
Menüplan 26. Woche

Zutaten für 2 Portionen
250 g rote Johannisbeeren
Süßstoff
200 g Speisequark (Magerstufe)
1 TL Zucker, Vanilleextrakt
4 TL Kondensmilch (4% Fett)

Zubereitung: Johannisbeeren entstielen, mit einer Gabel in einer Schüssel zerdrücken und süßen. Etwa eine halbe Stunde im Kühlschrank durchziehen lassen. Quark mit Zucker, Vanilleextrakt und Milch cremig rühren. Nun die Johannisbeeren unterheben. Nochmals abschmecken und gut gekühlt servieren.

Pro Portion: 655 Kilojoule, 157 Kalorien, 19 g Eiweiß, 1 g Fett, 15 g Kohlenhydrate

Himbeertraum
Menüplan 10. Woche

Zutaten für 2 Portionen
250 g Himbeeren (Tiefkühlware)
175 g Joghurt (1,5% Fett)
200 ml Milch (1,5% Fett)
Süßstoff

Zubereitung: Himbeeren fast völlig auftauen lassen, dann mit Joghurt und Milch im Mixer verquirlen und mit Süßstoff abschmecken.

Pro Portion: 605 Kilojoule, 145 Kalorien, 8 g Eiweiß, 3 g Fett, 20 g Kohlenhydrate

Quarkspeise »Mandarin«

Menüplan 39. Woche

Zutaten für 2 Portionen
200 g Speisequark (Magerstufe)
Zitronensaft
2 EL Mandarinensaft
Süßstoff, Vanilleextrakt
1 TL Zucker
etwas Mineralwasser
100 g Mandarinen (ohne Zucker konserviert)

Zubereitung: Quark in einer Schüssel mit Zitronen- und Mandarinensaft gut verrühren. Mit Süßstoff, Vanilleextrakt und Zucker abschmecken. Einen kleinen Schuß Mineralwasser hinzufügen, damit die Masse cremiger wird. Ein paar Mandarinen für die Garnitur beiseitelegen, die anderen unter den Quark rühren. 20 Minuten zugedeckt kalt stellen.

Pro Portion: 468 Kilojoule, 112 Kalorien, 18 g Eiweiß, 1 g Fett, 7 g Kohlenhydrate

Mango-Aprikosen-Joghurt

Menüplan 34. Woche

Zutaten für 2 Portionen
100 g sehr reife Mango
100 g Aprikosen
350 g Joghurt (1,5% Fett)
1 EL Zitronensaft
Süßstoff (entsprechend 2 TL Zucker)

Zubereitung: Mango schälen, entkernen und grob würfeln. Aprikosen waschen und entkernen. Zusammen mit Joghurt und Zitronensaft pürieren und mit Süßstoff abschmecken. Gekühlt servieren.

Pro Portion: 607 Kilojoule, 145 Kalorien, 7 g Eiweiß, 3 g Fett, 23 g Kohlenhydrate

Vanillesauce

Menüplan 16. Woche

Zutaten für 2 Portionen
400 ml Milch (1,5% Fett)
3 TL Speisestärke
½ Stange Vanille
Süßstoff
1–2 Tropfen gelbe Lebensmittelfarbe nach Belieben

Zubereitung: Von der Milch 3 Eßlöffel abnehmen und mit der Speisestärke verrühren. Die restliche Milch mit der längs aufgeschnittenen Vanilleschote und Süßstoff zum Kochen bringen (Lebensmittelfarbe unterrühren). Die angerührte Speisestärke in die Milch einrühren und aufkochen lassen. Vanilleschote herausnehmen und unter gelegentlichem Umrühren abkühlen lassen.

Pro Portion: 466 Kilojoule, 111 Kalorien, 7 g Eiweiß, 3 g Fett, 15 g Kohlenhydrate

Quark-Banane

Menüplan 5. Woche

Zutaten für 2 Portionen
40 g Rosinen
Rumaroma
120 g Banane
Zitronensaft
200 g Speisequark (Magerstufe)
Süßstoff
1 TL Zucker, Zimt

Zubereitung: Rosinen mit Rumaroma beträufeln und ca. 20 Minuten stehen lassen. Banane mit der Schale längs halbieren, mit Zitronensaft beträufeln und etwas aushöhlen. Das Fruchtfleisch zerdrücken. Quark mit etwas Wasser und Zitronensaft glattrühren und süßen. Die zerdrückte Banane und Rosinen unterrühren. Dann in die Bananenhälften füllen und mit dem mit Zimt vermischten Zucker bestreuen.

Pro Portion: 840 Kilojoule, 201 Kalorien, 18 g Eiweiß, 1 g Fett, 28 g Kohlenhydrate

Mokka-Cremespeise

Menüplan 14. Woche

Zutaten für 2 Portionen
200 g Speisequark (Magerstufe)
4 TL Kondensmilch (4% Fett)
1 TL Zucker
Vanilleextrakt, Süßstoff
3 EL starker kalter Kaffee

Zubereitung: Den Magerquark mit der Kondensmilch verrühren. Zucker mit Vanilleextrakt vermischen und in die Quarkmasse geben. Süßstoff und den kalten Kaffee hinzufügen, gut durchrühren, und durchziehen lassen.

Pro Portion: 420 Kilojoule, 100 Kalorien, 18 g Eiweiß, 19 g Fett, 3 g Kohlenhydrate

Erdbeeren mit Joghurtsauce

Menüplan 29. Woche

Zutaten für 2 Portionen
250 g Erdbeeren
Streusüße
Zitronensaft, Süßstoff
175 g Joghurt (1,5% Fett)
Vanilleextrakt

Zubereitung: Erdbeeren waschen, entstielen und klein schneiden. Mit Streusüße süßen und ziehen lassen. Für die Soße ca. 50 g gesüßte Erdbeeren mit einer Gabel zerdrücken. Mit Zitronensaft und etwas Süßstoff unter den Joghurt mischen. Kräftig durchschlagen, nach Belieben mit Vanilleextrakt abschmecken und über die Erdbeeren geben.

Pro Portion: 369 Kilojoule, 88 Kalorien, 4 g Eiweiß, 2 g Fett, 13 g Kohlenhydrate

Apfel-Käse-Mousse

Menüplan 13. Woche

Zutaten für 2 Portionen
4 Blatt Gelatine
2 rote Äpfel (ca. 250 g)
Zitronensaft
300 g Hüttenkäse
150 ml Buttermilch (1% Fett)
60 g Weißbrot
1 TL Zucker
1 Zitronenscheibe

Zubereitung: Gelatine in 60 ml kaltem Wasser einweichen. Dann 60 ml kochendes Wasser hinzufügen und solange rühren, bis sich die Gelatine aufgelöst hat. Äpfel halbieren. Drei Hälften schälen, entkernen und hacken. Die vierte ebenfalls entkernen, mit Zitronensaft beträufeln und zum Garnieren aufbewahren. Die gehackten Äpfel, Gelatinelösung, Hüttenkäse, Buttermilch, das fein zerkrümelte Brot und Zucker miteinander vermengen, in eine Schale füllen und im Kühlschrank fest werden lassen.
Die Schale vor dem Servieren kurz in heißes Wasser stellen, dann das Apfel-Käse-Mousse auf eine Platte stürzen und mit der in Scheiben geschnittenen vierten Apfelhälfte und der Zitronenscheibe garnieren.

Pro Portion: 1563 Kilojoule, 374 Kalorien, 31 g Eiweiß, 10 g Fett, 41 g Kohlenhydrate

Warme und kalte Desserts

Kirschsuppe mit Zimtgrießklößchen

(Foto Seite 252)
Menüplan 35. Woche

Zutaten für 2 Portionen
Für die Suppe:
400 g Sauerkirschen ohne Kerne
Süßstoff
Nelkenpulver
Für die Klößchen:
300 ml Milch (1,5% Fett)
40 g Gries
Süßstoff
Zimt

Zubereitung: Für die Suppe Kirschen in ½ Liter Wasser weich kochen. Mit einem Pürierstab pürieren und mit Süßstoff und Nelkenpulver abschmekken. Im Kühlschrank gut durchkühlen lassen.
Für die Klößchen die Milch zum Kochen bringen. Anschließend den Grieß einrühren und bei sehr schwacher Hitze kochen lassen, bis die Masse eindickt. Mit Süßstoff und Zimt abschmecken. In eine Schüssel füllen und abkühlen lassen.
Die gekühlte Kirschsuppe in tiefe Teller füllen. Mit einem Eßlöffel von der Grießmasse kleine Klöße abstechen und in der Suppe servieren.

Pro Portion: 1098 Kilojoule, 262 Kalorien, 9 g Eiweiß, 3 g Fett, 49 g Kohlenhydrate

Apfelsuppe

Menüplan 40. Woche

Zutaten für 2 Portionen
250 g Äpfel
40 g Rosinen
Zitronensaft, Süßstoff, Zimt
4 TL Speisestärke

Zubereitung: Äpfel schälen, entkernen und in kleine Stücke schneiden. Rosinen gut waschen. Beides mit kaltem Wasser aufsetzen und zum Kochen bringen. Ca. 10 Minuten schwach kochen lassen. Mit Zitronensaft, Süßstoff und Zimt abschmecken. Die Speisestärke mit etwas Wasser verquirlen und unter die Suppe rühren. Noch einmal kurz aufkochen. Suppe gut gekühlt servieren.

Pro Portion: 656 Kilojoule, 157 Kalorien, 1 g Eiweiß, 1 g Fett, 37 g Kohlenhydrate

Sommerliche Frucht-Kaltschale

Menüplan 28. Woche

Zutaten für 2 Portionen
200 g Cantaloup-Melone
75 g Weintrauben
je 125 g Äpfel und Erdbeeren
⅛ l Zitronensaft, Süßstoff
1 TL Speisestärke
2 TL Kokosraspeln

Zubereitung: Alle Früchte waschen. Das Fruchtfleisch der Melone in Würfel schneiden, Weintrauben halbieren und entkernen, Äpfel schälen, entkernen und in feine Scheiben schneiden; Erdbeeren halbieren.
⅔ der Melonenstücke zusammen mit den anderen Früchten in einen Topf geben, Zitronensaft und ¼–½ Liter Wasser dazugeben und das Ganze zum Kochen bringen. Ca. 20 Minuten kochen lassen. Dann die Suppe durch ein feines Sieb pürieren, mit Süßstoff abschmecken. Inzwischen die Speisestärke mit etwas Wasser anrühren. Die Suppe noch einmal aufkochen lassen und mit der Speisestärke binden. Die übrigen Melonenstücke hineingeben und die Suppe im Kühlschrank kalt werden lassen. Mit Kokosraspeln bestreut servieren.

Pro Portion: 630 Kilojoule, 151 Kalorien, 2 g Eiweiß, 2 g Fett, 31 g Kohlenhydrate

Ananas mit Haube

Menüplan 11. Woche

Zutaten für 2 Portionen
2 Scheiben Ananas (je 100 g)
2 TL Zucker
120 g Bananen
1 TL Zitronensaft
50 g süße Sahne
Süßstoff
1 TL Erdbeermarmelade

Zubereitung: Ananasscheiben mit Zucker bestreuen. Bananen schälen, mit einer Gabel zu Brei zerdrücken und mit Zitronensaft vermischen. Die steifgeschlagene, mit Süßstoff gesüßte Sahne vorsichtig unterheben. Die Bananensahne auf die Ananasscheiben häufen und mit Marmelade verzieren.

Pro Portion: 893 Kilojoule, 213 Kalorien, 2 g Eiweiß, 8 g Fett, 33 g Kohlenhydrate

Rhabarber-Kirsch-Grütze

Menüplan 16. Woche

Zutaten für 2 Portionen
250 g Rhabarber
kalorienreduzierte Kirschen mit Saft (50 kcal)
Süßstoff, Vanilleextrakt, Zitronensaft
6 Blatt Gelatine

Zubereitung: Rhabarber waschen und in 2 cm große Stücke schneiden. Mit dem Saft der Kirschen, Süßstoff und Vanilleextrakt zum Kochen bringen. Nur so lange kochen, bis der Rhabarber zu zerfallen beginnt. Kirschen hinzufügen, mit Süßstoff und Zitronensaft abschmecken. Eventuell mit etwas Wasser auf ½ Liter auffüllen. Kurz erhitzen. Die Gelatine nach Vorschrift einweichen, auflösen und unter die Obstmasse rühren. In eine kalt ausgespülte Schüssel geben und abkühlen lassen.

Pro Portion: 261 Kilojoule, 62 Kalorien, 4 g Eiweiß, 0 g Fett, 11 g Kohlenhydrate

Birnen mit Zimtschaum

Menüplan 45. Woche

Zutaten für 2 Portionen
kalorienreduzierte Birnen (100 kcal)
⅛ l Milch (0,3% Fett)
½–1 TL Kardamom
2–3 Prisen Zimt
Süßstoff
1 Ei
1 TL Speisestärke

Zubereitung: Birnen in zwei Portionsschüsseln verteilen und kühl stellen. Für den Schaum Milch mit Kardamom, Zimt und Süßstoff erhitzen, aber nicht aufkochen. Ei trennen und das Eigelb in die warme, nicht zu heiße Milch rühren. Langsam erhitzen, bis das Eigelb die Milch andickt. (Auf keinen Fall kochen lassen, da das Eigelb sonst gerinnt!) Wenn die Milch dick zu werden beginnt, die Speisestärke mit etwas Wasser verquirlen und in die heiße Milch geben. Bis kurz vor den Siedepunkt erhitzen und dann zum Abkühlen von der Kochstelle nehmen. Eiweiß schnittfest schlagen und unter die abgekühlte Masse heben. Kalt stellen. Den Schaum über die Birnen geben und eventuell noch mit einer Prise Zimt bestäuben.

Pro Portion: 700 Kilojoule, 167 Kalorien, 6 g Eiweiß, 3 g Fett, 29 g Kohlenhydrate

Obstsalat »Erntedank«
Menüplan 39. Woche

Zutaten für 2 Portionen
125 g Äpfel
100 g Birnen und Brombeeren
125 g Pfirsiche
75 g blaue Trauben
60 g Banane
100 g Mandarinen (ohne Zucker konserviert)
100 g Kiwi
Saft einer Zitrone
2 EL Mandarinensaft
Streusüße

Zubereitung: Äpfel und Birnen schälen, das Kerngehäuse entfernen und in grobe Würfel schneiden. Brombeeren waschen und abtropfen lassen. Pfirsiche halbieren, entkernen und in Würfel schneiden. Trauben waschen und abtropfen lassen. Banane schälen und in Scheiben schneiden. Mandarinen abtropfen lassen. Kiwi schälen und in dünne Scheiben schneiden. Alle Zutaten in eine große Schüssel geben und mit Zitronen- und Mandarinensaft übergießen. Mit Streusüße bestreuen und vorsichtig mischen. 2 Stunden im zugedeckten Behälter im Kühlschrank durchziehen lassen. Eventuell noch etwas nachsüßen.

Pro Portion: 986 Kilojoule, 236 Kalorien, 3 g Eiweiß, 2 g Fett, 52 g Kohlenhydrate

Exotische Bananen
Menüplan 10. Woche

Zutaten für 2 Portionen
120 g Bananen
2 TL Butter
2 TL Kokosraspeln
1 TL Zucker
Zimt, Zitronensaft

Zubereitung: Bananen schälen, längs halbieren und in einer beschichteten Pfanne in heißer Butter bei mittlerer Hitze von beiden Seiten goldbraun braten. Auch die Kokosraspeln in der Butter leicht anbräunen. Die Bananen mit Zucker, Zimt und den Kokosraspeln bestreuen und mit etwas Zitronensaft beträufeln. Heiß servieren.

Pro Portion: 483 Kilojoule, 115 Kalorien, 1 g Eiweiß, 6 g Fett, 16 g Kohlenhydrate

Apfelkompott
Menüplan 8. Woche

Zutaten für 2 Portionen
375 g Äpfel
Zitronensaft
20 g Rosinen
Zimt, Süßstoff

Zubereitung: Äpfel schälen, das Kerngehäuse entfernen und die Äpfel in kleine Stücke schneiden. Die Apfelstückchen mit etwas Wasser und Zitronensaft bei mittlerer Hitze so lange garen, bis sie zerfallen. Dann Rosinen hinzufügen und mit Zimt und Süßstoff abschmecken. Der Apfelkompott schmeckt warm und kalt.

Pro Portion: 582 Kilojoule, 139 Kalorien, 1 g Eiweiß, 1 g Fett, 32 g Kohlenhydrate

Orangen-Zwieback
Menüplan 5. Woche

Zutaten für 2 Portionen
200 g Orangen
Süßstoff
4 TL Weißwein
1 TL Ingwerpulver
40 g Zwieback
200 g Speisequark (Magerstufe)

Zubereitung: Orangen schälen (die weiße Haut entfernen) und in Stücke schneiden. Mit Süßstoff und Weißwein beträufeln und mit Ingwer bestäuben. Ca. 10 Minuten ziehen lassen. Die Orangenstückchen mit einer Gabel etwas zerdrücken. Den ausgetretenen Saft über die Zwiebäcke träufeln. Den Quark mit den Orangenstückchen verrühren, abschmecken und auf die Zwiebäcke häufen.

Pro Portion: 914 Kilojoule, 219 Kalorien, 20 g Eiweiß, 2 g Fett, 27 g Kohlenhydrate

Bratapfel »Pamela«
Menüplan 52. Woche

Zutaten für 2 Portionen
190 g Äpfel
2 TL Margarine
1 TL Honig
Zimt
kalorienarme Marmelade (40 kcal)

Zubereitung: Backofen auf 220°C (Gasherd Stufe 5–6) vorheizen. Äpfel waschen und das Kerngehäuse ausstechen. In eine feuerfeste Form setzen und diese auf ein Backblech stellen. Margarine schmelzen und in die Äpfel gießen. Auf mittlerer Schiene 10 Minuten braten. Mit Honig übergießen und mit Zimt bestreuen. Weitere 5 Minuten braten. Marmelade darübergeben und heiß servieren.

Pro Portion: 499 Kilojoule, 119 Kalorien, 5 g Fett, 19 g Kohlenhydrate

Pfirsich »Astrid«
Menüplan 30. Woche

Zutaten für 2 Portionen
2 Pfirsiche (ca. 250 g)
4 TL Halbfettmargarine
1 TL Kakao
Süßstoff, Rumaroma
85 g Pflaumen
½ TL brauner Zucker

Zubereitung: Die Pfirsiche waschen, halbieren und entsteinen. Halbfettmargarine mit Kakao, Süßstoff und Rumaroma verrühren und in die Steinhöhlungen füllen. Pflaumen waschen, halbieren, entsteinen und auf die Kakaomasse legen. Mit braunem Zucker bestreuen. Einen Rost mit Backtrennpapier belegen und die Pfirsichhälften darauf setzen. Im Backofen auf mittlerer Schiene bei 175°C (Gasherd Stufe 3) 7 Minuten backen.

Pro Portion: 563 Kilojoule, 135 Kalorien, 2 g Eiweiß, 5 g Fett, 21 g Kohlenhydrate

Adventsbratapfel (Foto Seite 269)
Menüplan 48. Woche

Zutaten für 2 Portionen
20 g Rosinen
2 TL Weißwein
Rumaroma
2 TL Butter
20 g Haferflocken
3 TL Kokosraspeln
1 TL Zucker
2 Äpfel (à 125 g)

Zubereitung: Rosinen in Wein und etwas Rumaroma einweichen. Butter in einer beschichteten Pfanne schmelzen, Haferflocken, Kokosraspeln und Zucker darin braun rösten. Mit den Rosinen vermengen. Das Kerngehäuse der Äpfel ausstechen. Die Äpfel mit der Rosinen-Mischung füllen, in eine Auflaufform setzen und bei 200°C (Gasherd Stufe 4–5) etwa 30 Minuten backen.

Pro Portion: 863 Kilojoule, 206 Kalorien, 2 g Eiweiß, 8 g Fett, 32 g Kohlenhydrate

Gegrillte Ananas
Menüplan 41. Woche

Zutaten für 2 Portionen
400 g möglichst frische Ananas in Scheiben
1 TL weiche Margarine
Zimt, Rumaroma

Zubereitung: Die Ananasscheiben mit der weichen Margarine bestreichen und mit Zimt bestreuen. Nach Geschmack noch etwas Rumaroma darauf träufeln. Die Ananas im vorgeheizten Grill von jeder Seite 2 Minuten grillen und sofort servieren.

Pro Portion: 568 Kilojoule, 136 Kalorien, 1 g Eiweiß, 3 g Fett, 27 g Kohlenhydrate

Salzburger Nockerln
Menüplan 24. Woche

Zutaten für 2 Portionen
200 g Speisequark (Magerstufe)
100 ml Milch (1,5% Fett)
2 TL Speisestärke
2 Eigelb
Süßstoff, Vanilleextrakt, Zimt
2 Eiweiß
1 TL Öl
10 g Paniermehl
1 TL Zucker
2 TL Butter

Zubereitung: Speisequark, Milch, Speisestärke und Eigelb gut verrühren. Mit Süßstoff, Vanilleextrakt und Zimt abschmecken. Eiweiß sehr steif schlagen und unter die Quark-Ei-Mischung heben. In eine mit Öl ausgefettete Auflaufform geben. Mit Paniermehl und Zucker bestreuen und mit Butterflöckchen belegen. Bei 200°C (Gasherd Stufe 4–5) auf mittlerer Schiene 25 Minuten backen.

Pro Portion: 1240 Kilojoule, 296 Kalorien, 27 g Eiweiß, 15 g Fett, 12 g Kohlenhydrate

Auflauf »Jonny Apfelkern«
Menüplan 28. Woche

Zutaten für 2 Portionen
250 g Äpfel
2 Eier
Süßstoff, Vanilleextrakt
abgeriebene Schale einer ½ Zitrone
250 g Speisequark (Magerstufe)
40 g und 4 ½ TL Grieß
¼–½ TL Backpulver
1 Prise Salz
Zitronensaft
2 TL Margarine oder Öl

Zubereitung: Äpfel schälen und vierteln, das Kerngehäuse entfernen. Dann in dünne Scheiben schneiden oder mit einem Gurkenhobel hobeln.
Eier trennen. Eigelb mit Süßstoff, wenig Vanilleextrakt und der abgeriebenen Zitronenschale mit dem Handrührgerät 3–4 Minuten schaumig rühren. Dann Magerquark, Grieß und Backpulver darunterrühren. Eiweiß mit Salz und etwas Zitronensaft schnittfest schlagen und unter den Quark heben. Das Ganze in eine mit Margarine oder Öl ausgefettete Auflaufform geben und im vorgeheizten Backofen bei 200°C (Gasherd Stufe 4–5) auf mittlerer Schiene ca. 35–45 Minuten backen. Der Auflauf ist gar, wenn beim Einstecken mit einem Holzstäbchen nichts mehr am Stäbchen hängen bleibt.
Heiß servieren.

Pro Portion: 1708 Kilojoule, 408 Kalorien, 32 g Eiweiß, 12 g Fett, 39 g Kohlenhydrate

Pflaumenknödel
Menüplan 43. Woche

Zutaten für 2 Portionen
40 g Kartoffelkloßpulver
85 g Pflaumen (ohne Zucker konserviert) und
2 EL Saft

Zubereitung: Das Kartoffelkloßpulver nach Vorschrift in Wasser einrühren, dabei 2 Eßlöffel Wasser durch 2 Eßlöffel Pflaumensaft ersetzen. Die Pflaumen in kleine Stücke schneiden und unter den Brei rühren. Klöße formen und nach Vorschrift in Wasser garen.

Pro Portion: 412 Kilojoule, 98 Kalorien, 1 g Eiweiß, 22 g Kohlenhydrate.

Süßer Früchtereis
Menüplan 17. Woche

Zutaten für 2 Portionen
1 Prise Salz
60 g parboiled Reis (Rohgewicht)
250 g Rhabarber
Saft 1 Zitrone, Süßstoff
20 g Rosinen
je 4 Tropfen Vanilleextrakt und Rumaroma
Zimt
1 TL Pflanzencreme
1 TL Puderzucker

Zubereitung: 180 ml Wasser mit Salz zum Kochen bringen, den Reis hineingeben und bei sehr schwacher Hitze 25 Minuten bei geschlossenem Deckel quellen lassen. Den Rhabarber waschen, putzen und in kleine Stücke schneiden. Zitronensaft und Süßstoff hinzufügen und bei schwacher Hitze 15 Minuten dünsten. Inzwischen Rosinen waschen.
Den Reis mit Rosinen, Vanilleextrakt, Rumaroma und Zimt vermischen, mit Süßstoff abschmecken. Den Rhabarber unterheben. Eine Auflaufform mit der Pflanzencreme ausstreichen, die Masse hineinfüllen und im Backofen bei 200°C (Gasherd Stufe 4–5) auf mittlerer Schiene 20 Minuten backen.
Danach mit Puderzucker bestäuben und noch einmal für 5 Minuten in den Backofen schieben.
Sofort servieren.

Pro Portion: 786 Kilojoule, 188 Kalorien, 3 g Eiweiß, 2 g Fett, 39 g Kohlenhydrate

Süße Knödel mit Kirschen
Menüplan 40. Woche

Zutaten für 2 Portionen
80 g Kartoffelkloßpulver (Fertigprodukt)
100 ml Milch (1,5% Fett)
1 Ei
150 g Hüttenkäse
Süßstoff
abgeriebene Zitronenschale
1 Prise Salz
kalorienreduzierte Kirschen (100 kcal)
Zimt
1 TL Speisestärke
2 TL Butter
3 TL Kokosraspeln

Zubereitung: Das Kartoffelkloßpulver in eine Schüssel geben, Milch, Ei und den Hüttenkäse hinzufügen

und gut verrühren. Mit Süßstoff abschmecken. Abgeriebene Zitronenschale und Salz dazugeben und 10 Minuten quellen lassen. Inzwischen in einem Topf reichlich Wasser mit etwas Salz zum Kochen bringen. Mit nassen Händen walnußgroße Klöße aus dem Kloßteig formen, in das Wasser geben und ca. 10 Minuten ziehen, aber nicht kochen lassen.
Währenddessen die Kirschen mit Zimt (und etwas Süßstoff) erhitzen und abschmecken. Die Speisestärke mit etwas Wasser oder Kirschsaft verquirlen, zu den Kirschen geben und kurz aufkochen.
Die Klöße aus dem Wasser nehmen und gut abtropfen lassen. Butter in einer Pfanne schmelzen und die Kokosraspeln darin 2–3 Minuten rösten. Über die Klöße streuen und diese zusammen mit den Kirschen servieren. Wer's mag, kann die Klöße auch noch mit etwas Zimt bestreuen.

Pro Portion: 1721 Kilojoule, 411 Kalorien, 19 g Eiweiß, 14 g Fett, 52 g Kohlenhydrate

Orangen-Crêpes

Menüplan 11. Woche

Zutaten für 2 Portionen
Für die Crêpes:
40 g Mehl
1 Ei
Vanillearoma
Für die Füllung:
1 Eigelb Süßstoff (der Menge von 4 TL Zucker entsprechend)
2 TL Mehl
100 ml warme Milch (1,5% Fett)
1 TL abgeriebene Orangenschale
Zitronenaroma
1 Eiweiß, Salz
Für die Sauce:
⅛ l ungesüßter Orangensaft
kalorienarme Orangenmarmelade (20 kcal)

Zubereitung: Für die Crêpes Mehl, Ei, Vanillearoma und 50 ml Wasser zu einem cremigen Teig verrühren. Anschließend 20 Minuten ruhen lassen (während dieser Zeit die Füllung zubereiten). Jeweils ¼ des Teiges in eine beschichtete Pfanne geben und bei mittlerer Hitze (ohne Fettzugabe!) vier Crêpes goldgelb backen.
Für die Füllung Eigelb und Süßstoff in einen kleinen beschichteten Kochtopf geben und gut verrühren. Unter ständigem Rühren das Mehl und nach und nach die Milch zugeben, bis eine cremige Masse entstanden ist. Bei mittlerer Hitze etwa 2 Minuten aufkochen und dabei mit einem Schneebesen kräftig schlagen. Nun Orangenschale und Zitronenaroma einrühren und den Topf von der Kochstelle nehmen. Eiweiß mit einer Prise Salz sehr steif schlagen und unter die erkaltete Orangencreme heben.
Für die Orangensauce Orangensaft zusammen mit der Marmelade in eine Pfanne geben und unter ständigem Rühren solange kochen, bis die Masse auf die Hälfte reduziert ist.
Nun jeweils ein Viertel der Füllung auf die Mitte der Crêpes geben und diese von beiden Seiten über der Füllung zusammenklappen Mit Orangensauce übergießen und servieren.

Pro Portion: 980 Kilojoule, 234 Kalorien, 12 g Eiweiß, 7 g Fett, 30 g Kohlenhydrate

Apfelpfannkuchen

Menüplan 12. und 18. Woche

Zutaten für 2 Portionen
40 g Mehl
200 ml Milch (1,5% Fett)
1 Prise Salz
Süßstoff
2 Eier
250 g Äpfel
Zimt, Süßstoff
2 TL Öl
3 TL Streusüße

Zubereitung: Mehl mit Milch, Salz und Süßstoff verquirlen und ½ Stunde ruhen lassen. Dann die verquirlten Eier darunterrühren. Der Teig sollte die Konsistenz von flüssiger Sahne haben. Wenn er zu dick ist, noch etwas Wasser unterrühren.
In der Zwischenzeit die Äpfel schälen, entkernen, vierteln und in kleine Stücke schneiden. 125 g Äpfel mit wenig Wasser, Zimt und Süßstoff zu nicht zu weichem Apfelkompott einkochen. Die restlichen Äpfel unter den Teig rühren.
Eine beschichtete Pfanne mit ganz wenig Öl ausstreichen und mit einer Schöpfkelle Teig hineingeben. Je nach Dicke 4–6 Pfannkuchen backen. Streusüße mit Zimt vermischen und mit dem Apfelkompott zu den Pfannkuchen servieren.

Pro Portion: 1357 Kilojoule, 324 Kalorien, 13 g Eiweiß, 14 g Fett, 37 g Kohlenhydrate

Gebackene Apfelmedaillons
Menüplan 50. Woche

<u>Zutaten für 4 Portionen</u>
2 Eier
80 g Mehl
⅛ l Milch (0,3% Fett)
Salz, Zimt, Süßstoff
250 g Äpfel
4 TL Öl

Zubereitung: Eier mit Mehl und Milch zu einem flüssigen Teig verrühren. Mit Salz, Zimt und Süßstoff würzen. Äpfel schälen, das Kerngehäuse ausstechen, und in 8 etwa 1–2 cm dicke Scheiben schneiden. Die Apfelringe im Teig wenden und je 4 Stück in einer beschichteten Pfanne in 2 TL Öl braten. Dabei über jede Apfelscheibe zusätzlich etwas Teig gießen. Heiß servieren.

<u>Pro Portion:</u> 868 Kilojoule, 207 Kalorien, 7 g Eiweiß, 9 g Fett, 25 g Kohlenhydrate

Honig-Kokosnuß-Toast
Menüplan 23. Woche

<u>Zutaten für 2 Portionen</u>
2 Eier
25 ml Milch (0,3% Fett)
Süßstoff (entsprechend 2 TL Zucker)
Vanillearoma
⅛ TL Zimt
2 Scheiben Toastbrot (je Scheibe 30 g)
2 TL Margarine
1 TL Honig
2 TL Kokosraspeln

Zubereitung: Eier mit Milch, Süßstoff, Vanillearoma und Zimt verschlagen. Die Masse in einen tiefen Teller geben und das Brot darin einweichen, bis die Eimasse beinahe völlig aufgesogen ist.
Margarine in einer beschichteten Pfanne schmelzen. Die Brote hineingeben, eventuell übriggebliebene Eimasse darauf gießen. Die Brote von beiden Seiten bei mittlerer Hitze goldgelb braten. Anschließend auf eine feuerfeste Platte setzen, mit Honig bestreichen, mit Kokosraspeln bestreuen und 2–3 Minuten unter dem vorgeheizten Grill schieben. Sofort servieren.

<u>Pro Portion:</u> 955 Kilojoule, 228 Kalorien, 10 g Eiweiß, 13 g Fett, 18 g Kohlenhydrate

Eis und Sorbets

Bananen-Apfel-Joghurt-Eis
Menüplan 24. Woche

<u>Zutaten für 4 Portionen</u>
250 g Äpfel
2 TL Zitronensaft
120 g Bananen
200 ml Sauermilch (1,5% Fett)
25 g Magermilchpulver
2 TL Honig, Vanilleextrakt
Süßstoff (entsprechend 4 TL Zucker)
1 Prise Salz, Zimt
175 g Joghurt (1,5% Fett)

Zubereitung: Äpfel schälen, das Kerngehäuse entfernen und würfeln. In Zitronensaft weich dünsten, dann abkühlen lassen. Die anderen Zutaten, außer dem Joghurt, im Mixer zu einer glatten Masse pürieren. Zuletzt Joghurt unterrühren. In eine flache Schale (nicht aus Aluminium!) geben, abdecken und in den Tiefkühlschrank oder das Tiefkühlfach des Kühlschranks stellen, bis die Masse durch und durch geforen ist. Dann das Eis leicht auftauen lassen, in Würfel schneiden und diese Würfel nochmals im Mixer pürieren, bis eine glatte Masse entsteht. Sofort servieren.

<u>Pro Portion:</u> 583 Kilojoule, 139 Kalorien, 6 g Eiweiß, 2 g Fett, 24 g Kohlenhydrate

Meloneneis
Menüplan 30. Woche

<u>Zutaten für 2 Portionen</u>
200 g Melone
100 g Speisequark (Magerstufe)
Süßstoff

Zubereitung: Das Melonenfleisch herauslösen, in kleine Würfel schneiden und einfrieren.
Den Quark mit Süßstoff abschmecken und mit den gefrorenen Melonenstückchen im Mixer pürieren.

<u>Pro Portion:</u> 283 Kilojoule, 68 Kalorien, 9 g Eiweiß, 1 g Fett, 6 g Kohlenhydrate

Adventsbratapfel (Rezept S. 265)
<u>Seite 270:</u> Faschingswaffeln (Rezept S. 275)

Orangensorbet
Menüplan 41. Woche

Zutaten für 2 Portionen
1 Ei
abgeriebene Schale von 1 ungespritzten Orange
2 EL Orangensaftkonzentrat (z. B. tiefgekühlt)
175 g Joghurt (1,5% Fett)
Süßstoff
100 g Orangen

Zubereitung: Das Ei trennen. Eiweiß zu sehr steifem Schnee schlagen. Eigelb mit Orangenschale, Orangensaftkonzentrat und Joghurt gut verrühren und mit Süßstoff abschmecken. Eischnee sehr vorsichtig unterheben. Die Masse im Gefrierfach des Kühlschrankes oder in der Gefriertruhe gefrieren lassen. Dabei gelegentlich (vorsichtig!) umrühren, damit das Sorbet nicht zu hart wird.
Orangen schälen, das Weiße entfernen und in dünne Scheiben schneiden. Abwechselnd Sorbet und Orangenscheiben in Portionsgläser füllen.
Tip: Das Sorbet kann auch mit anderen pürierten Früchten hergestellt werden.

Pro Portion: 616 Kilojoule, 147 Kalorien, 8 g Eiweiß, 5 g Fett, 18 g Kohlenhydrate

Erdbeer-Apfel-Frost
Menüplan 33. Woche

Zutaten für 2 Portionen
175 g Joghurt (1,5% Fett)
125 g Erdbeeren
⅛ l ungesüßter Apfelsaft
Süßstoff, Vanilleextrakt
1 TL Zucker
4 Eiswürfel

Zubereitung: Alle Zutaten, außer 2 Erdbeeren, in einem Mixer schaumig rühren. In zwei Cocktailgläser füllen. Die beiden übriggelassenen Erdbeeren etwas einschneiden und als Verzierung auf den Rand der Gläser stecken.

Pro Portion: 319 Kilojoule, 76 Kalorien, 4 g Eiweiß, 2 g Fett, 18 g Kohlenhydrate

Nachtschwärmerbowle (Rezept S. 284)
Seite 271: *Erdbeer-Käse-Torte (Rezept S. 280)*

Eisbecher mit Erdbeeren und Sahne
Menüplan 29. Woche

Sie benötigen an Geräten:
1 runde Plastikschüssel
1 runde Edelstahlschüssel, die ca. 5 cm kleiner ist als die Plastikschüssel
1 Küchenschaber mit Holzgriff
Für die Kühlmischung:
Eiswürfel aus 1–2 l Wasser (oder 1–2 l Wasser)
180–260 g Kochsalz pro Liter Wasser

Zubereitung: Geben Sie die Eiswürfel zusammen mit dem Salz in die Plastikschüssel. Falls die Mischung nicht kalt genug werden sollte, geben Sie noch etwas Salz und wenig kaltes Wasser dazu (die Mischung läßt sich in der Gefriertruhe in einem verschlossenen Plastikgefäß gut halten und immer wieder verwenden).
Wenn Sie statt der Eiswürfel Wasser benutzen, muß das Wasser mit Salz verrührt und in einem verschlossenen Plastikgefäß 2–3 Tage in der Gefriertruhe gekühlt werden. Der Eisanteil der Mischung sollte bei Gebrauch etwa ¾ betragen. (Auch diese Mischung kann wieder verwendet werden.)

Zutaten für 2 Portionen
½ Vanilleschote
¼ l Milch (0,3% Fett) oder 200 ml Milch (1,5% Fett)
1 TL flüssiger Süßstoff
1 Ei
1 Prise Salz
250 g Erdbeeren
Streusüße
50 g geschlagene ungesüßte Sahne
Süßstoff nach Belieben

Zubereitung: Vanilleschote der Länge nach aufschneiden und das Mark herauskratzen. Vanillemark in die Edelstahlschüssel geben. Die Milch mit der Vanilleschote und dem Süßstoff aufkochen, anschließend abkühlen lassen. Sie muß vor der weiteren Zubereitung ganz abgekühlt sein.
Das Ei mit dem Vanillemark in der Edelstahlschüssel gut schaumig rühren (5–10 Minuten), dann nach und nach die Milch dazugeben. Salz hinzufügen. Die Mischung weitere 2–3 Minuten rühren. Wenn sich die Mischung wieder erwärmt hat, muß sie im Eisfach oder in der Tiefkühltruhe wieder auf etwa 5–10 Grad abgekühlt werden, bevor die eigentliche Eiszubereitung beginnt.
Für die Eiszubereitung die Kühlmischung in die Plastikschüssel geben. Die Edelstahlschüssel mit

der vorgekühlten Eismischung hineindrücken, so daß die Edelstahlschüssel am Boden und an den Seiten von der Kühlmischung umgeben ist.
Sobald die Eismischung durch die Kühlmischung am Boden der Edelstahlschüssel zu frieren beginnt, muß sie mit einem Holzschaber immer wieder vom Boden und von den Wänden abgestreift werden. Falls die Eismischung nach 2–3 Minuten nicht zu frieren beginnt, etwas Salz und eventuell etwas kaltes Wasser in die Kühlmischung geben. Nach ca. 10 Minuten ständigen Mischens erhalten Sie eine lockere Vanilleeismasse.
Erdbeeren vorsichtig waschen und halbieren, mit Streusüße süßen und ziehen lassen.
Vanilleeis mit einem Eisportionierer oder einem Löffel in zwei hohen Gläsern anrichten, Erdbeeren mit ihrem eigenen Saft darübergeben (zwei besonders schöne zum Garnieren zurücklassen). Die Sahne auf die Erdbeeren geben und mit einer Erdbeere verzieren.

Pro Portion: 876 Kilojoule, 209 Kalorien, 9 g Eiweiß, 12 g Fett, 16 g Kohlenhydrate

Eiscafé

Menüplan 45. Woche

Benötigte Geräte siehe Rezept »Eisbecher mit Erdbeeren und Sahne« Seite 273.

Zutaten für 2 Portionen

½ Vanilleschote
¼ l Milch (0,3% Fett)
1 TL flüssiger Süßstoff
1 Ei
1 Prise Salz
¼ l starker, kalter schwarzer Kaffee
Süßstoff
100 ml Milch (1,5% Fett)
50 g süße Sahne
Instant-Kaffeepulver

Zubereitung: Vanilleschote der Länge nach aufschneiden. Das Vanillemark herauskratzen und in die Edelstahlschüssel geben. Die Milch mit der Vanilleschote und dem Süßstoff aufkochen und dann abkühlen lassen. Sie muß vor der weiteren Zubereitung gut gekühlt sein. Das Ei mit dem Vanillemark in der Edelstahlschüssel gut schaumig rühren (5–10 Minuten). Nach und nach die Milch dazugeben. Salz hinzufügen und weitere 2–3 Minuten rühren. Falls sich die Mischung wieder erwärmt hat, muß sie im Eisfach oder in der Tiefkühltruhe wieder auf etwa 5–10 Grad abgekühlt werden, bevor die eigentliche Eiszubereitung beginnt (Eiszubereitung siehe Rezept »Eisbecher mit Erdbeeren und Sahne« S. 273).
Kaffee mit Süßstoff süßen und die Milch hineinrühren. Kalt stellen. Sahne steif schlagen und mit Süßstoff abschmecken.
Vanilleeis in zwei große Portionsgläser füllen, Kaffee daraufgießen und mit Schlagsahne garnieren. Das Eis mit Löffel und Strohhalm servieren. Nach Belieben die Sahne mit etwas Instant-Kaffeepulver bestreuen.

Pro Portion: 777 Kilojoule, 186 Kalorien, 10 g Eiweiß, 12 g Fett, 9 g Kohlenhydrate

Fruchteis

Menüplan 44. Woche

Benötigte Geräte siehe Rezept »Eisbecher mit Erdbeeren und Sahne« Seite 273.

Zutaten für 2 Portionen

1 Ei
ca. 1 TL Süßstoff
1 Prise Salz
Zitronensaft
1–2 Tropfen Rumaroma
250 g Himbeeren oder Erdbeeren (Tiefkühlware)

Zubereitung: Alle Zutaten müssen vor der Verarbeitung gut gekühlt sein. Das Ei in einer Edelstahlschüssel schaumig rühren (5–10 Minuten), Süßstoff dazugeben. Nach und nach 200–250 ml Wasser unterrühren. Salz, Zitronensaft und Rumaroma ebenfalls gut unterrühren. Die Mischung gegebenenfalls noch etwas kühlen. (Vor der eigentlichen Eiszubereitung sollte die Mischung eine Temperatur von 5–10 Grad haben.) Die aufgetauten Früchte ganz fein pürieren und sorgfältig unter die Eismischung rühren.
Weitere Eiszubereitung siehe Rezept »Eisbecher mit Erdbeeren und Sahne« Seite 273.
Tip: Dieses Fruchteis läßt sich auch mit anderen frischen, geforenen oder konservierten Früchten zubereiten.

Pro Portion: 419 Kilojoule, 100 Kalorien, 5 g Eiweiß, 4 g Fett, 12 g Kohlenhydrate

Himbeersorbet
Menüplan 35. Woche

Zutaten für 4 Portionen
250 g Himbeeren
Süßstoff
50 g süße Sahne
je ¼ l Sekt und Mineralwasser

Zubereitung: Himbeeren pürieren, durch ein Sieb streichen und mit Süßstoff abschmecken. Schlagsahne steif schlagen und vorsichtig unter das Obst heben. In 4 Sektschalen verteilen und mit Sekt und Mineralwasser auffüllen. Mit einem Strohhalm servieren.

Pro Portion: 497 Kilojoule, 119 Kalorien, 1 g Eiweiß, 4 g Fett, 8 g Kohlenhydrate

Obstsülze
Menüplan 45. Woche

Zutaten für 2 Portionen
75 g Trauben
60 g Bananen
100 g Ananas und 2 EL Saft (ohne Zucker konserviert)
100 g Kiwi
kalorienreduzierte Kirschen (50 kcal)
⅛ l klarer ungesüßter Apfelsaft
Zitronensaft, Süßstoff
3 Blatt weiße Gelatine

Zubereitung: Trauben halbieren und entkernen. Bananen schälen und in Scheiben schneiden. Ananas in Stücke schneiden, Kiwi schälen und in Sücke schneiden, Kirschen halbieren und entkernen. Apfelsaft mit Zitronensaft, Ananassaft und dem Saft der Kirschen (und eventuell etwas Wasser) auf ½ Liter auffüllen und leicht erwärmen. Mit Süßstoff abschmecken. Gelatine nach Vorschrift einweichen, auflösen und unter den erhitzen Saft mischen.
Eine Schicht Obst in eine Schüssel geben, mit Saft auffüllen, so daß das Obst gerade bedeckt ist. Im Kühlschrank erstarren lassen. Obst und Saft so schichtweise weiterverarbeiten, bis das gesamte Obst und der Saft verbraucht sind. Wenn die Obstsülze fest ist, die Schüssel kurz in heißes Wasser tauchen und auf eine Platte stürzen.

Pro Portion. 612 Kilojoule, 146 Kalorien, 3 g Eiweiß, 1 g Fett, 39 g Kohlenhydrate

Kuchen, Torten & Co.

Faschingswaffeln (Foto Seite 270)
Menüplan 10. Woche

Zutaten für 4 Portionen
Für die Waffeln:
4 TL Margarine
Süßstoff (der Menge von 4 TL Zucker entsprechend)
Vanillearoma
80 g Mehl
2 Eier
100 g Speisequark (Magerstufe)
1 Messerspitze Backpulver
Für den Belag:
400 g Ananas
50 g süße Sahne
Süßstoff
2 TL Kakao

Zubereitung: Für die Waffeln alle Zutaten zu einem geschmeidigen Teig verrühren. Dann in einem beschichteten Waffeleisen nacheinander 4 Waffeln backen.
Für den Belag Ananas schälen und in fingerdicke Scheiben schneiden. Mit einer Ausstechform oder mit einem Messer den harten Kern in der Mitte entfernen. Die Sahne steif schlagen und mit Süßstoff abschmecken.
Die Waffeln mit den Ananasscheiben belegen. Obenauf die Schlagsahne geben und mit Kakao bestreuen.

Pro Portion: 1152 Kilojoule, 175 Kalorien, 11 g Eiweiß, 12 g Fett, 30 g Kohlenhydrate

Apfelstrudel
Menüplan 45. Woche

Zutaten für 5 Portionen
160 g Mehl
5 TL Öl
1 Prise Salz
50–100 ml lauwarmes Wasser
625 g Äpfel
100 g Rosinen
1 TL Zimt
5 TL Zucker
Rumaroma, Süßstoff
je 20 g Mehl und Paniermehl

Zubereitung: Mehl mit Öl und Salz vermischen. Soviel Wasser dazugeben, daß ein fester, nicht klebriger, elastischer Teig entsteht. Diesen gut durchkneten, dann locker in einen Plastikbeutel einbinden und an einem warmen Ort mindestens 1 Stunde ruhen lassen. Inzwischen für die Füllung Äpfel schälen und entkernen. Dann in dünne Scheiben schneiden. Rosinen waschen und abtropfen lassen. Beides in eine große Schüssel geben, mit Zimt und Zucker bestreuen mit etwas Rumaroma beträufeln. Eventuell etwas nachsüßen. Zugedeckt ziehen lassen.

Auf einem Tisch ein sauberes Geschirrtuch ausbreiten und mit Mehl bestreuen. (Besser als ein Geschirrtuch ist ein für diesen Zweck bestimmtes, im Handel erhältliches Antihaft-Tuch geeignet.) Das Mehl gleichmäßig auf dem Tuch verteilen, damit der Teig nicht anklebt. Nun den Teig mit einem leicht bemehlten Nudelholz nach allen Seiten zu einem hauchdünnen Rechteck ausrollen. Dabei vorsichtig unter den Teig greifen und ihn über dem Handrükken vorsichtig ausziehen.

Zwei Drittel des Teigs mit Paniermehl bestreuen und die Apfelfüllung darauf verteilen. Nun alle Teigränder etwa 3 cm einschlagen und den Strudel durch Anheben des Tuches vorsichtig einrollen und auf ein mit Backtrennpapier ausgelegtes Backblech legen. Mit etwas Wasser bestreichen und im vorgeheizten Ofen bei 200°C (Gasherd Stufe 4–5) etwa 30–45 Minuten backen, bis der Strudel goldbraun ist. Sofort servieren.

Pro Portion: 1389 Kilojoule, 332 Kalorien, 5 g Eiweiß, 6 g Fett, 63 g Kohlenhydrate

Windbeutel mit Erdbeersauce

Menüplan 7. Woche

Zutaten für 6 Portionen

Für die Windbeutel:
6 TL Margarine
100 ml Wasser
120 g Mehl
3 Eier

Für die Füllung:
600 g kalorienarmer Vanillepudding
3 Eier
6 TL Kokosraspeln

Für die Sauce:
750 g Erdbeeren (Tiefkühlware)
Zitronensaft, Süßstoff

Zubereitung: Für die Windbeutel Margarine in einen mittelgroßen Topf geben, Wasser hinzufügen und aufkochen lassen. Dann das Mehl auf einmal in den Topf geben und kräftig rühren, bis sich die Masse vom Topfboden löst. Den Topf von der Kochstelle nehmen und nach und nach die Eier hinzufügen. Nach jedem Ei kräftig schlagen, bis der Teig geschmeidig ist. Mit einem Eßlöffel 12 Teighäufchen auf ein mit Backtrennpapier belegtes Backblech setzen. Zwischen den Teighäufchen 5–7 cm Zwischenraum lassen. Bei 225°C (Gasherd Stufe 5–6) auf mittlerer Schiene 30 Minuten lang backen; dabei auf keinen Fall die Backofentür öffnen. Nach dem Backen sofort aufschneiden und auskühlen lassen.

Für die Füllung Vanillepudding mit Eigelb vermengen. Eiweiß sehr steif schlagen und unter den Pudding heben; Kokosraspeln ebenfalls vorsichtig unterheben.

Für die Sauce Erdbeeren auftauen lassen, pürieren und mit Zitronensaft und Süßstoff abschmecken.

Die Windbeutel kurz vor dem Servieren mit der Füllung füllen und mit der Sauce begießen.

Pro Portion: 1219 Kilojoule, 291 Kalorien, 13 g Eiweiß, 12 g Fett, 31 g Kohlenhydrate

Pflaumenkuchen

Menüplan 29. Woche

Zutaten für 6 Portionen
120 g Mehl (Typ 1050)
120 ml Milch (1,5% Fett)
1 TL Trockenhefe
je 1 Prise Salz und Muskatblüte
abgeriebene Schale ¼ Zitrone
Süßstoff
3 TL Butter
510 g Pflaumen
11 TL Mehl (Typ 1050)
Zimt, Streusüße

Zubereitung: Mehl in eine Schüssel sieben. Die Milch erhitzen, bis sie lauwarm ist, und die Trockenhefe damit verrühren. Salz, Muskatblüte, Zitronenschale und Süßstoff unter das Mehl mischen. Die Milch-Hefe-Mischung daruntermengen und gut verrühren, dann die weiche Butter dazugeben. Kräftig rühren, bis der Teig Blasen wirft. Anschließend zugedeckt an einem warmen Ort 30–40 Minuten gehen lassen.

Währenddessen die Pflaumen waschen, halbieren

und entkernen. An der Oberkante der Länge nach leicht einritzen. Eine Springform (ca. 26 cm Ø) mit Backtrennpapier auslegen. Das Mehl unter den aufgegangenen Teig rühren und diesen auf den Boden der Springform streichen. Noch einmal 10 Minuten ruhen lassen, dann die Pflaumen gleichmäßig auf dem Boden verteilen und mit viel Zimt bestreuen. Den Kuchen im vorgeheizten Backofen bei 190–200 °C (Gasherd Stufe 4) auf der mittleren Schiene ca. 35–45 Minuten backen. Noch warm mit einer Mischung aus Streusüße und Zimt bestreuen.

Pro Portion: 734 Kilojoule, 175 Kalorien, 4 g Eiweiß, 3 g Fett, 33 g Kohlenhydrate

Käsetorte

Menüplan 14. Woche

Zutaten für 5 Portionen
5 TL Margarine
5 Eier
2–2 ½ TL Süßstoff
200 g Mehl
½ Päckchen Backpulver
Zitronensaft
875 g Speisequark (Magerstufe)
5 TL Maismehl
3 TL Süßstoff
2 ½ TL Zucker
Vanilleextrakt, Zitronensaft

Zubereitung: Margarine mit 2 Eiern und dem Süßstoff schaumig rühren. Nach und nach das Mehl unterrühren, ebenso das Backpulver und den Zitronensaft. Gut durchkneten. Den Teig anschließend in eine beschichtete Springform (22–24 cm Ø) geben und in den Kühlschrank stellen.
In der Zwischenzeit die Quarkmasse herstellen. Dafür den Quark in eine große Schüssel geben, die restlichen Eier hinzufügen und gut verrühren. Maismehl und Süßstoff ebenfalls unterrühren. Zucker und Zimt vermischen und in die Quarkmasse geben. Nochmals gut durchrühren und mit Zitronensaft abschmecken.
Den kaltgestellten Kuchen aus dem Kühlschrank nehmen und die Quarkmasse darauf verteilen. Im vorgeheizten Backofen bei 190 °C (Gasherd Stufe 3–4) 70–80 Minuten auf der untersten Schiene backen.

Pro Portion: 1796 Kilojoule, 429 Kalorien, 42 g Eiweiß, 12 g Fett, 35 g Kohlenhydrate

Bananenkuchen

Menüplan 18. Woche

Zutaten für 6 Portionen
240 g Toastbrot
4 EL Kokosraspeln
150 ml Milch (0,3% Fett)
ca. 75 ml Wasser
1 ½ TL Süßstoff
360 g Bananen

Zubereitung: Das Toastbrot fein zerkrümeln, die Kokosraspeln daruntermischen. Milch und Wasser erhitzen, den Süßstoff einrühren und unter die Toastbrotmasse mengen. Die Bananen in Scheiben schneiden und drei Viertel davon vorsichtig unter die Toastbrotmasse heben.
Eine kleine Backform (25 × 25 cm) mit Backtrennpapier auslegen und die Bananenmasse daraufstreichen. Mit den restlichen Bananenscheiben belegen und im vorgeheizten Backofen bei 225 °C (Gasherd Stufe 5–6) ca. 30 Minuten lang backen. (Die Hitze eventuell etwas reduzieren, damit die Bananen nicht schwarz werden.) Anschließend im ausgeschalteten Ofen noch 5–10 Minuten ruhen lassen, dann in kleine Rechtecke schneiden.

Pro Portion: 832 Kilojoule, 199 Kalorien, 5 g Eiweiß, 4 g Fett, 35 g Kohlenhydrate

Biskuitkuchen

Menüplan 33. Woche

Zutaten für 4 Portionen
4 Eier
120 ml Wasser
50 g Magermilchpulver
4 TL Zucker
abgeriebene Schale einer unbehandelten Zitrone
Vanilleextrakt
40 g Mehl
500 g rote Johannisbeeren
kalorienreduzierte Johannisbeermarmelade (80 kcal)
etwas Streusüße

Zubereitung: Den Backofen auf 180 °C (Gasherd Stufe 3–4) vorheizen. Die Eier trennen. Eigelb cremig schlagen und nach und nach unter ständigem Rühren das Wasser hinzufügen. Dann das Milchpulver, die Hälfte des Zuckers, Zitronenschale und Vanilleextrakt dazugeben, dabei immer kräftig wei-

ter schlagen. Zuletzt vorsichtig das Mehl untersieben. Eiweiß zu sehr steifem Schnee schlagen, dann den restlichen Zucker einrieseln lassen. Die Masse vorsichtig unter den Eigelbteig heben, in eine mit Backtrennpapier ausgelegte Springform (24–25 cm Ø) streichen und 35 Minuten backen. Anschließend auskühlen lassen.
Inzwischen Johannisbeeren pürieren und mit der Marmelade verrühren. In einem Topf zum Kochen bringen und bei schwacher Hitze köcheln lassen, bis die Früchte leicht gelieren. Diese Masse auf den Kuchen streichen. Sollte sie nicht süß genug sein, noch etwas Streusüße darüber streuen.

Pro Portion: 1075 Kilojoule, 257 Kalorien, 14 g Eiweiß, 7 g Fett, 35 g Kohlenhydrate

Bunte Obsttorte

Menüplan 17. Woche

Zutaten für 10 Portionen
200 g Mehl
5 TL Trockenhefe
20 EL Fruchtcocktailsaft (ohne Zucker)
10 TL Pflanzencreme
Süßstoff
15 TL Kakao, Vanilleextrakt
500 g Speisequark (Magerstufe)
1 kg Fruchtcocktail (ohne Zucker konserviert)

Zubereitung: Das Mehl mit der Trockenhefe mischen. 10 Eßlöffel Obstsaft etwas erwärmen, unter das Mehl rühren und alles gut durchkneten. Den Teig 15 Minuten gehen lassen.
Inzwischen die Pflanzencreme mit Süßstoff schaumig schlagen und Kakao und Vanilleextrakt hineinrühren. Anschließend unter den aufgegangenen Teig kneten. Den Teig in eine Springform füllen und an den Rändern etwas hochdrücken. Mit einem Tuch bedecken und weitere 15 Minuten an einem warmen Ort gehen lassen (vor der Zugluft schützen). Den Teig im vorgeheizten Backofen bei ca. 210°C (Gasherd Stufe 5) auf der untersten Schiene 30 Minuten backen.
In der Zwischenzeit den Magerquark mit gut der Hälfte des Fruchtcocktails und den restlichen Obstsaft mischen. Den Tortenboden nach dem Auskühlen damit belegen und mit dem Rest des Fruchtcocktails verzieren.

Pro Portion: 959 Kilojoule, 229 Kalorien, 13 g Eiweiß, 6 g Fett, 29 g Kohlenhydrate

Zwiebacktörtchen

Menüplan 42. Woche

Zutaten für 2 Portionen
40 g Zwieback
⅛ l Milch (0,3% Fett)

Zubereitung: Den Zwieback zerreiben und mit der Milch verkneten. 2 Törtchen von etwa 10 cm Durchmesser formen und die Ränder etwas hochziehen. Auf ein mit Backtrennpapier ausgelegtes Backblech setzen und im Backofen auf mittlerer Schiene bei 175°C (Gasherd Stufe 3) 30 Minuten backen.

Pro Portion: 409 Kilojoule, 98 Kalorien, 4 g Eiweiß, 1 g Fett, 18 g Kohlenhydrate

Rhabarbertörtchen mit Sahne

Menüplan 19. Woche

Zutaten für 2 Portionen
250 g Rhabarber
Saft einer Zitrone
2 TL Honig, Süßstoff
Für den Teig:
2 TL Pflanzencreme
½ TL Süßstoff, Vanillearoma
½ TL Backpulver
40 g Vollkornhaferflocken
1 Prise Zimt
Zum Garnieren:
50 g süße Sahne
kalorienarme Dessertsauce (40 kcal)

Zubereitung: Rhabarber waschen, putzen und in kleine Stücke schneiden. Zitronensaft unterrühren und den Rhabarber zugedeckt bei schwacher Hitze 15 Minuten dünsten, mit Honig und Süßstoff abschmecken. Abkühlen lassen.
Die Pflanzencreme mit 2 Eßlöffeln Wasser, Süßstoff und Vanillearoma schaumig schlagen. Das Backpulver unter die Haferflocken mischen und in die Pflanzencreme einrühren. Mit Zimt abschmecken. Den Teig in zwei Förmchen füllen, diese auf ein Backblech stellen und auf mittlerer Schiene im vorgeheizten Backofen bei 175°C (Gasherd Stufe 3–4) 20 Minuten backen.
Den ausgekühlten Rhabarber auf die noch warmen Törtchen geben, darüber die steifgeschlagene Schlagsahne. Zuletzt mit Dessertsauce übergießen.

Pro Portion: 1012 Kilojoule, 242 Kalorien, 4 g Eiweiß, 13 g Fett, 26 g Kohlenhydrate

Käsekuchen

Menüplan 4. Woche

Zutaten für 2 Portionen
40 g Cornflakes
2 EL Halbfettmargarine
Süßstoff, Zimt
1 EL gemahlene Gelatine
200 g Speisequark (Magerstufe)
350 g Joghurt (1,5% Fett)
Zitronensaft, Vanille-Extrakt
40 g Rosinen

Zubereitung: Cornflakes in einem sauberen Küchentuch mit der Nudelrolle zerdrücken, Margarine, Süßstoff und Zimt unterkneten. Als Boden in eine runde Kuchenform (ca. 16 cm Durchmesser) drükken und nochmals mit Zimt bestäuben. Die gemahlene Gelatine in etwas Wasser einweichen, anschließend im heißen Wasserbad flüssig werden lassen. Etwas abkühlen lassen. Magerquark mit Joghurt verrühren. Zitronensaft, Vanille-Extrakt und Süßstoff unterrühren, Rosinen unterheben und die Gelatine untermischen. Alles auf den Cornflakes-Boden füllen und im Kühlschrank erstarren lassen.

Pro Portion: 1535 Kilojoule, 367 Kalorien, 30 g Eiweiß, 10 g Fett, 38 g Kohlenhydrate

Ananas-Quark-Torte »St. Martin«

Menüplan 44. Woche

Zutaten für 8 Portionen
4 Eier
8 TL Margarine
800 g Speisequark (Magerstufe)
Saft und abgeriebene Schale 1 Zitrone
1 Paket Backpulver
2–3 TL Süßstoff
Vanilleextrakt
2 EL Kondensmilch (4% Fett)
80 g Grieß und 2 EL Grieß
2 EL Speisestärke
400 g Ananas u. 8 EL Saft (ohne Zucker konserviert)
Zitronensaft, Süßstoff nach Belieben
3 Blatt weiße Gelatine

Zubereitung: Eier trennen, Eiweiß zu steifem Schnee schlagen. Eigelb mit der Margarine und dem Quark verrühren. Zitronenschale und -saft hinzufügen. Backpulver unterrühren. Mit Süßstoff und Vanilleextrakt abschmecken. Kondensmilch dazugeben. Grieß und Speisestärke ebenfalls unterrühren. Ananas gut abtropfen lassen (8 Eßlöffel Saft aufheben). Eine Springform (26 cm ∅) mit Backtrennpapier auslegen und die Ananas darauf verteilen. Eischnee vorsichtig unter die Quarkmasse heben und auf die Ananas geben. Den Teig in der Mitte der Springform etwas höher schichten. Im vorgeheizten Backofen bei 175 °C (Gasherd Stufe 3) ca. 75 Minuten backen (Nadelprobe).
Den abgekühlten Kuchen stürzen, das Backpapier abziehen. Den Ananassaft mit Wasser und etwas Zitronensaft auf ¼ Liter auffüllen und evtl. mit etwas Süßstoff abschmecken. Gelatine nach Vorschrift einweichen und in dem Ananassaft auflösen. Etwas abkühlen lassen und als Guß über die Torte geben.

Pro Portion: 1086 Kilojoule, 260 Kalorien, 23 g Eiweiß, 8 g Fett, 21 g Kohlenhydrate

Hülsenfrüchtetorte

Menüplan 39. Woche

Zutaten für 5 Portionen
900 g eingeweichte weiße Bohnen
5 Eigelb
3 ½ TL Süßstoff
Saft und Schale einer unbehandelten Zitrone
3 Tropfen Bittermandelaroma
1 Tropfen Zitronenaroma
1 Päckchen Backpulver
5 Eiweiß
5 TL Kondensmilch (4% Fett)
Vanilleextrakt

Zubereitung: Bohnen in Wasser garen; anschließend abgießen und durch eine feine Mühle drehen oder ganz fein reiben. Eigelb und Süßstoff schaumig rühren. Zitronensaft und -schale hinzufügen und mit Bittermandel- und Zitronenaroma würzen. Das Backpulver unter die Bohnen mischen und unter die Eigelbmasse ziehen. Eiweiß steif schlagen und vorsichtig darunterheben. Den Teig in eine mit Backtrennpapier ausgelegte Springform (24–26 cm) füllen und im vorgeheizten Backofen auf der unteren Schiene bei 200 °C (Gasherd Stufe 5) etwa 90 Minuten backen. 5 Minuten vor dem Ende der Backzeit mit der mit Vanilleextrakt vermischten Kondensmilch bestreichen.

Pro Portion: 1792 Kilojoule, 428 Kalorien, 29 g Eiweiß, 8 g Fett, 60 g Kohlenhydrate

Erdbeer-Käse-Torte (Foto Seite 271)

Menüplan 24. Woche

Zutaten für 4 Portionen
8 TL Margarine
80 g einfache Kekse
4 Eier
Süßstoff (entsprechend 6 TL Zucker)
2 TL Zucker
400 g Speisequark (Magerstufe)
80 g Mehl
100 ml Milch (1,5% Fett)
Vanilleextrakt
Schale einer unbehandelten Zitrone
250 g Erdbeeren
kalorienarme Erdbeermarmelade (80 kcal)

Zubereitung: 7 Teelöffel Margarine schmelzen. Die Kekse fein zerkrümeln und mit der Margarine vermengen. Auf den Boden einer Springform (Ø 20 cm) drücken. Mit dem Rest der Margarine den Springformrand einfetten. Eier schaumig schlagen, Süßstoff und Zucker hinzufügen und weitere 3 Minuten schlagen. Dann unter ständigem Rühren den Speisequark, nach und nach Mehl und Milch und zuletzt Vanilleextrakt und Zitronenschale hinzufügen. Die Masse in die Springform geben und bei 175°C (Gasherd Stufe 2–3) auf mittlerer Schiene 60 Minuten backen. Die Backofentür darf während des Backens nicht geöffnet werden. Anschließend den Kuchen im ausgestellten Backofen 1 Stunde abkühlen lassen, damit er nicht zusammenfällt.
Den Kuchen mit den zuvor halbierten Erdbeeren belegen. Die Marmelade erwärmen, bis sie flüssig wird, und über die Erdbeeren geben. Gekühlt servieren.

Pro Portion: 1950 Kilojoule, 466 Kalorien, 31 g Eiweiß, 18 g Fett, 42 g Kohlenhydrate

Ananastorte

Menüplan 48. Woche

Zutaten für 10 Portionen
300 g gekühlter Frischteig
250 g Speisequark (Magerstufe)
200 g Ananas u. 4 EL Saft (ohne Zucker konserviert)
Vanilleextrakt, Süßstoff
60 g Erdbeeren (Tiefkühlware)
30 g Banane

Zubereitung: Den Frischteig ausrollen und in eine mit Backtrennpapier ausgelegte Springform geben, dabei die Ränder des Teiges hochziehen. Quark mit Ananassaft glattrühren und mit Vanilleextrakt und Süßstoff abschmecken. Die Masse auf dem Teig verteilen. Darauf die Ananas geben. Bei 200°C (Gasherd Stufe 4–5) auf mittlerer Schiene 30–40 Minuten backen. Den Kuchen mit den aufgetauten Erdbeeren und der geschälten, in Scheiben geschnittenen Banane belegen.

Pro Portion: 506 Kilojoule, 121 Kalorien, 7 g Eiweiß, 1 g Fett, 21 g Kohlenhydrate

Rosinenbrötchen

Menüplan 44. Woche

Zutaten für 10 Portionen
300 g am Vortag gekochte Pellkartoffeln
140 g Mehl
2 TL Trockenhefe
1 TL Zucker
50–100 ml Milch (1,5% Fett)
1 TL Salz
1 EL Kleie
50 g Rosinen
schwarzer Kaffee

Zubereitung: Die Kartoffeln fein reiben oder durch eine Kartoffelpresse drücken und mit dem Mehl vermischen. In die Mitte eine Mulde drücken. Hefe und Zucker in die Mulde geben und mit wenig lauwarmer Milch und etwas Mehl vom Rand verrühren. Dann alles gut verkneten. Zugedeckt an einem warmen Ort 20–30 Minuten gehen lassen. Den gegangenen Vorteig mit Salz, Kleie und etwas lauwarmer Milch zu einem elastischen Teig verkneten. Nur so viel Milch nehmen, daß der Teig gerade nicht mehr klebt. Zum Schluß die gewaschenen und trokkengetupften Rosinen unterkneten. 10 Brötchen formen und auf ein mit Backpapier ausgelegtes Backblech setzen. An einem warmen Ort zugedeckt weitere 25 Minuten gehen lassen, bis die Brötchen fast die doppelte Größe haben. Mit etwas schwarzem Kaffee bestreichen und im vorgeheizten Ofen bei 180–200°C (Gasherd Stufe 3–4) in ca. 15–20 Minuten goldgelb backen.
Tip: Die Brötchen und das Knusperbrot auf Seite 283 eignen sich zum Einfrieren und Aufbacken.

Pro Portion: 372 Kilojoule, 89 Kalorien, 3 g Eiweiß, 19 g Kohlenhydrate

Ananas-Kokosnuß-Plätzchen

Menüplan 13. Woche

Zutaten für 2 Portionen
100 g Ananas (ohne Zucker konserviert)
40 g Mehl
Süßstoff (der Menge von 2 TL Zucker entsprechend)
1 Messerspitze Backpulver
50 g Magermilchpulver
2 EL Ananassaft
Vanillearoma
2 TL Kokosnußraspeln

Zubereitung: Ananas in kleine Stückchen schneiden und mit den anderen Zutaten, außer den Kokosnußraspeln, gut vermengen. Ein Backblech mit Backtrennpapier auslegen. Den Teig in kleinen Häufchen darauf geben, mit Kokosnußraspeln bestreuen und bei 200 °C (Gasherd Stufe 4–5) auf der mittleren Schiene etwa 15 Minuten backen.

Pro Portion: 838 Kilojoule, 200 Kalorien, 11 g Eiweiß, 2 g Fett, 35 g Kohlenhydrate

Weihnachtstorte

Menüplan 52. Woche

Zutaten für 10 Portionen
10 TL Margarine
5 EL Mineralwasser
2 ½ TL Süßstoff
Vanillearoma
5 TL Kakao
50 g Vollkornhaferflocken
100 g Vollkornweizenmehl
1 Päckchen Backpulver
1 TL Spekulatiusgewürz
500 g Joghurt (0,3% Fett)
15 g Nestargel
Süßstoff, Bittermandelaroma
50 g Cornflakes
Streusüße
50 g Rosinen

Zubereitung: Margarine gut mit Mineralwasser, Süßstoff und Vanillearoma verrühren. Den Kakao hineinrühren und die Haferflocken unterheben. Mehl und Backpulver vermischen und dazugeben. Spekulatiusgewürz darüberstreuen. Den Teig 15 Minuten in einer Richtung kräftig rühren. Eine Springform mit Backtrennpapier auslegen, den Teig gleichmäßig darin verteilen und an den Rändern etwas hochdrücken. Im Backofen auf mittlerer Schiene bei 175 °C (Gasherd Stufe 3–4) 55 Minuten backen und noch 10 Minuten im ausgeschalteten Ofen lassen. Auf ein Kuchengitter setzen und auskühlen lassen. Joghurt mit Nestargel andicken, mit Süßstoff und Bittermandelaroma abschmecken und auf die Torte geben. Cornflakes mit Streusüße bestreuen, Rosinen untermischen und als Garnierung über den Joghurt geben.

Pro Portion: 620 Kilojoule, 148 Kalorien, 5 g Eiweiß, 5 g Fett, 20 g Kohlenhydrate

Heißwecken

Menüplan 36. Woche

Zutaten für 10 Portionen
200 g Mehl
1 TL Trockenhefe
100 ml Milch (1,5% Fett)
10 TL Margarine
50 g Rosinen
1 ½ TL Zucker
2 TL Kondensmilch (4% Fett)

Zubereitung: Alle Zutaten außer der Kondensmilch gut verkneten und abgedeckt an einem warmen Ort etwa 30 Minuten gehen lassen. Anschließend 10 kleine Brötchen formen und nochmals 15 Minuten gehen lassen. Mit Kondensmilch bepinseln und bei 210–225 °C (Gasherd Stufe 5–6) auf mittlerer Schiene 20–25 Minuten abbacken.

Pro Portion: 544 Kilojoule, 130 Kalorien, 3 g Eiweiß, 4 g Fett, 20 g Kohlenhydrate

Kirschtorte »Elisabeth«

Menüplan 47. Woche

Zutaten für 10 Portionen
300 g gekühlter Frischteig
Süßstoff
Vanillearoma
750 g Kirschen mit 20 EL Saft (ohne Zucker konserviert)
Rumaroma
4 g Nestargel
⅛ l süße Sahne
2 ½ TL Kakao

Zubereitung: Den Teig mit Süßstoff und Vanillearoma verkneten, ausrollen und in eine mit Backtrennpapier ausgelegte Springform geben. An den Rändern etwas hochdrücken. Im Backofen auf mittlerer Schiene bei 200 °C (Gasherd Stufe 4–5) 15 Minuten backen und anschließend noch 5 Minuten im ausgeschalteten Backofen lassen. Auskühlen lassen.
Die Kirschen abtropfen lassen. Den Saft mit Süßstoff, Rumaroma und Nestargel verrühren, zum Kochen bringen und bei starker Hitze unter ständigem Rühren in 2 Minuten dick werden lassen. Anschließend auf den ausgekühlten Tortenboden legen und den Saft darübergießen. 2 Stunden einziehen lassen. Die Sahne steif schlagen, mit Kakao und Süßstoff verrühren und über die Kirschen geben.

Pro Portion: 751 Kilojoule, 180 Kalorien, 4 g Eiweiß, 5 g Fett, 30 g Kohlenhydrate

Kaffee-Kokosnuß-Kugeln

Menüplan 20. Woche

Zutaten für 2 Portionen
50 g Magermilchpulver
Süßstoff (entsprechend 6 TL Zucker)
2 TL gefriergetrockneter Kaffee
Vanillearoma
2 TL Kokosraspeln

Zubereitung: Magermilchpulver, Süßstoff und Kaffee in einer kleinen Schüssel mischen. Nach und nach 3 Eßlöffel Wasser und Vanillearoma hinzugeben und solange rühren, bis die Masse zusammenhält. Mit angefeuchteten Händen kleine Kugeln formen und diese in den Kokosraspeln wälzen.
Vor dem Verzehr mindestens 40 Minuten in den Tiefkühlschrank stellen.

Pro Portion: 425 Kilojoule, 101 Kalorien, 9 g Eiweiß, 1 g Fett, 13 g Kohlenhydrate

Schokokugeln

Menüplan 10. und 49. Woche

Zutaten für 2 Portionen
40 g Cornflakes
2 TL Margarine
1 TL Kakao
Süßstoff, Rumaroma
2 TL Kokosraspeln

Zubereitung: Cornflakes fein zermahlen. Margarine schmelzen, Cornflakes und Kakao hinzufügen. Mit Süßstoff und Rumaroma abschmecken.
Mit soviel Wasser besprengen, daß eine grobkrümelige Masse entsteht, aus der mit den Händen zwei große Kugeln geformt werden. Die Kugeln in Kokosnußraspeln wälzen und im Kühlschrank 1 Stunde kühlstellen.

Pro Portion: 556 Kilojoule, 133 Kalorien, 2 g Eiweiß, 6 g Fett, 18 g Kohlenhydrate

Marienküchlein

Menüplan 52. Woche

Zutaten für 10 Portionen
10 TL Margarine
10 EL Kondensmilch (4% Fett)
Süßstoff, Zitronenaroma
200 g Weizenvollkornmehl
1 ½ TL Backpulver
kalorienreduzierte Aprikosen (250 kcal)
⅛ l süße Sahne

Zubereitung: Margarine mit Kondensmilch, Süßstoff und Zitronenaroma gut verrühren. Mehl und Backpulver mischen und hineinkneten. Den Teig 30 Minuten in den Kühlschrank stellen.
10 Törtchen von etwa 8 cm Durchmesser formen und auf ein mit Backtrennpapier ausgelegtes Backblech setzen. Im Backofen auf mittlerer Schiene bei 175 °C (Gasherd Stufe 3–4) 20 Minuten backen.
Aprikosen abtropfen lassen und in kleine Stücke schneiden. Die Küchlein auskühlen lassen und mit den Aprikosenstückchen belegen. Sahne steif schlagen, mit Süßstoff süßen und darübergeben.

Pro Portion: 752 Kilojoule, 180 Kalorien, 4 g Eiweiß, 9 g Fett, 20 g Kohlenhydrate

Rosinenflocken

Menüplan 30. Woche

Zutaten für 4 Portionen
100 g Speisequark (Magerstufe)
1 TL Süßstoff
6 Tropfen Rumaroma
80 g Vollkornhaferflocken
½ TL Backpulver
40 g Rosinen

Zubereitung: Quark mit 1 Eßlöffel Wasser, Süßstoff und Rumaroma glattrühren. Haferflocken mit Backpulver mischen und unter den Quark rühren. Mit den Rosinen vermischen. 8 Törtchen formen und auf ein mit Backtrennpapier ausgelegtes Backblech setzen. Auf mittlerer Schiene im Backofen bei 175°C (Gasherd Stufe 3) 25 Minuten backen. Noch 5 Minuten im ausgeschalteten Backofen lassen.

Pro Portion: 504 Kilojoule, 120 Kalorien, 7 g Eiweiß, 2 g Fett, 20 g Kohlenhydrate

Annettenkekse
Menüplan 51. Woche

Zutaten für 10 Portionen
10 TL Margarine
5 TL Mineralwasser
500 g Speisequark (Magerstufe)
10 TL Honig
5 TL Kokosraspeln
Süßstoff, Anis
200 g Weizenvollkornmehl
1 ½ TL Backpulver

Zubereitung: Margarine mit Mineralwasser verrühren. Speisequark, Honig und Kokosraspeln untermischen. Mit Süßstoff und Anis abschmecken. Mehl und Backpulver mischen und unterkneten. 30 Minuten in den Kühlschrank stellen.
30 runde Kekse formen und auf ein mit Backtrennpapier ausgelegtes Backblech setzen. Im Backofen auf mittlerer Schiene bei 175°C (Gasherd Stufe 3–4) 30 Minuten backen.

Pro Portion: 675 Kilojoule, 161 Kalorien, 11 g Eiweiß, 5 g Fett, 15 g Kohlenhydrate

Aprikosenplätzchen
Menüplan 49. Woche

Zutaten für 5 Portionen
50 g getrocknete Aprikosen
100 g Mehl
½ TL Backpulver
Salz
7 ½ TL Margarine
Süßstoff (entsprechend 2 TL Zucker)
1 EL Wasser
5 TL Puderzucker
1 TL Zitronensaft

Zubereitung: Aprikosen hacken. Mit den übrigen Zutaten zu einem geschmeidigen Teig verrühren. 15 runde Plätzchen formen und bei 200°C (Gasherd Stufe 4–5) auf einem mit Backtrennpapier ausgelegten Blech auf der mittleren Schiene 15 Minuten backen.

Pro Portion: 715 Kilojoule, 171 Kalorien, 3 g Eiweiß, 6 g Fett, 26 g Kohlenhydrate

Großmutters Knusperbrot
Menüplan 48. Woche

Zutaten für 10 Portionen
2 TL Trockenhefe
½ TL Zucker
450 g Mehl
150 g Haferflocken
¼ l Milch (0,3% Fett)
2 TL Kondensmilch (4% Fett)
1 TL geriebener Käse

Zubereitung: Hefe, Zucker, Mehl und Haferflocken vermengen. Die Milch zusammen mit 50 ml Wasser leicht erwärmen und hinzufügen. Alles gut verkneten und zu einem Brotlaib formen. An einem warmen Ort 30–45 Minuten gehen lassen. Mit Kondensmilch bepinseln, mit Käse bestreuen und bei 250°C (Gasherd Stufe 5–6) auf mittlerer Schiene 35–45 Minuten backen.

Pro Portion: 933 Kilojoule, 223 Kalorien, 8 g Eiweiß, 2 g Fett, 44 g Kohlenhydrate

Getränke

Würziger Appetizer
Menüplan 6. Woche

Zutaten für 2 Portionen
100 g Gurke
½ l Tomatensaft
Zitronensaft
Worcestersauce
Salz, Pfeffer
2 Gurkenscheiben zum Garnieren

Zubereitung: Gurke schälen und kleinwürfeln. Tomaten- und Zitronensaft verrühren, die Gurkenwürfel hineingeben und mit Worcestersauce, Salz und Pfeffer abschmecken. Anschließend kühlstellen. Den Drink in zwei hohe Gläser verteilen und mit den Gurkenscheiben garniert servieren. Eventuell noch mit Dillspitzen bestreuen.

Pro Portion: 215 Kilojoule, 51 Kalorien, 2 g Eiweiß, 0 g Fett, 10 g Kohlenhydrate

Nachtschwärmerbowle (Foto Seite 272)
Menüplan Sylvester

Zutaten für 8 Portionen
800 g Mandarinen und 16 EL Saft (ohne Zucker konserviert)
4 Fläschchen Rumaroma
Saft von 4 Zitronen
Streusüße
4 l Mineralwasser
½ l Sekt

Zubereitung: Mandarinen mit dem Saft in ein Bowlengefäß geben, mit Rumaroma beträufeln und mit Streusüße bestreuen. Zitronensaft darübergießen und alles 24 Stunden ziehen lassen. Am nächsten Tag mit Mineralwasser auffüllen und den Sekt dazugießen.

Pro Portion: 448 Kilojoule, 107 Kalorien, 1 g Eiweiß, 15 g Kohlenhydrate

Sportlerdrink
Menüplan 10. Woche

Zutaten für 2 Portionen
300 g Karotten
¼ l Buttermilch (1% Fett)
Zitronensaft, Salz

Zubereitung: Karotten im Entsafter auspressen. Den Saft mit der Buttermilch gut verrühren und mit Zitronensaft und Salz abschmecken.

Pro Portion: 473 Kilojoule, 113 Kalorien, 7 g Eiweiß, 2 g Fett, 18 g Kohlenhydrate

Teufelsdrink
Menüplan 12. und 14. Woche

Zutaten für 2 Portionen
½ l Tomatensaft
flüssige Zwiebelwürze
Salz, Pfeffer, Cayennepfeffer, Pfeffersauce
Majoran, Basilikum
Eiswürfel

Zubereitung: Tomatensaft mit den Gewürzen sehr scharf abschmecken, gut kühlen und mit einem Eiswürfel servieren.

Pro Portion: 188 Kilojoule, 45 Kalorien, 2 g Eiweiß, 0 g Fett, 9 g Kohlenhydrate

Tomatencocktail
Menüplan 41. Woche

Zutaten für 2 Portionen
¼ l Tomatensaft
¼ l Sauerkrautsaft
1 TL gemahlener Kümmel

Zubereitung: Alle Zutaten im Mixer gut mischen und eisgekühlt servieren.

Pro Portion: 144 Kilojoule, 34 Kalorien, 1 g Eiweiß, 6 g Kohlenhydrate

Olivencocktail
Menüplan 11. Woche

<u>*Zutaten für 2 Portionen*</u>
350 g Joghurt (1,5% Fett)
Dill, Petersilie
8 mit Paprika gefüllte Oliven
Salz, Cayennepfeffer
Worcestersauce

Zubereitung: Joghurt mit den gehackten Kräutern und sechs ebenfalls gehackten Oliven gut vermengen. Mit Salz, Cayennepfeffer und Worcestersauce scharf abschmecken. In Gläser füllen und 1 Stunde im Kühlschrank kühlen. Jedes Glas mit einer Olive und Petersilie garnieren.

<u>*Pro Portion:*</u> 500 Kilojoule, 120 Kalorien, 7 g Eiweiß, 6 g Fett, 9 g Kohlenhydrate

Johannisbeermilch
Menüplan 52. Woche

<u>*Zutaten für 2 Portionen*</u>
100 g schwarze Johannisbeeren (ohne Zucker konserviert)
2 EL Johannisbeersaft
¼ l Milch (0,3% Fett)
Süßstoff, Zitronenaroma

Zubereitung: Alle Zutaten gut miteinander verrühren und vor dem Servieren 30 Minuten in den Kühlschrank stellen.

<u>*Pro Portion:*</u> 292 Kilojoule, 70 Kalorien, 5 g Eiweiß, 12 g Kohlenhydrate

Gemüsecocktail
Menüplan 40. Woche

<u>*Zutaten für 2 Portionen*</u>
¼ l Gemüsesaft
¼ l Milch (0,3% Fett) oder 200 ml Milch (1,5% Fett)
1 TL Zitronensaft
Süßstoff, Paprika, Salz, Pfeffer

Zubereitung: Gemüsesaft mit der Milch gut verquirlen, mit Zitronensaft, Süßstoff und den Gewürzen pikant abschmecken und eisgekühlt mit Strohhalm servieren.

<u>*Pro Portion:*</u> 324 Kilojoule, 77 g Kalorien, 5 g Fett, 14 g Kohlenhydrate

Gemüse-Joghurt-Drink
Menüplan 8. Woche

<u>*Zutaten für 2 Portionen*</u>
½ l Gemüsesaft
350 g Joghurt (1,5% Fett)
Salz, Pfeffer, Paprika, Zwiebelpulver

Zubereitung: Gemüsesaft mit Joghurt verrühren, kräftig abschmecken und eisgekühlt servieren.

<u>*Pro Portion:*</u> 541 Kilojoule, 129 Kalorien, 8 g Eiweiß, 3 g Fett, 17 g Kohlenhydrate

Bananen-Dickmilch-Drink
Menüplan 9., 15. und 22. Woche

<u>*Zutaten für 2 Portionen*</u>
400 ml Dickmilch (1,5% Fett)
60 g weiche Banane
⅛ l ungesüßter Orangensaft
Vanillearoma, Süßstoff

Zubereitung: Alle Zutaten im Mixer verquirlen, abschmecken und eisgekühlt servieren.

<u>*Pro Portion:*</u> 570 Kilojoule, 136 Kalorien, 7 g Eiweiß, 2 g Fett, 22 g Kohlenhydrate

Petersilienmilch
Menüplan 8. Woche

<u>*Zutaten für 2 Portionen*</u>
2 Bund Petersilie
400 ml Milch (1,5% Fett)
Salz, Paprika

Zubereitung: Die gewaschene Petersilie im Mixer zerkleinern, die Milch zugießen und pikant abschmecken.

<u>*Pro Portion:*</u> 403 Kilojoule, 96 Kalorien, 7 g Eiweiß, 3 g Fett, 10 g Kohlenhydrate

Honigmilch
Menüplan 3. Woche

<u>*Zutaten für 2 Portionen*</u>
200 ml Milch (1,5% Fett)
1 TL Honig

Zubereitung: Milch erhitzen, den Honig darin auflösen und heiß servieren.

<u>*Pro Portion:*</u> 216 Kilojoule, 52 Kalorien, 3 g Eiweiß, 6 g Kohlenhydrate

Ananas-Bananen-Milchshake

Menüplan 21. und 36. Woche

Zutaten für 2 Portionen
60 g Banane
100 g Ananas u. 2 EL Saft (ohne Zucker konserviert)
400 ml Milch (1,5 % Fett)
2 EL Zitronensaft
2 Eiswürfel

Zubereitung: Banane schälen. Mit den restlichen Zutaten in einem Mixer pürieren. In 2 Gläser füllen und mit bunten Strohhalmen servieren.

Pro Portion: 640 Kilojoule, 153 Kalorien, 7 g Eiweiß, 3 g Fett, 24 g Kohlenhydrate

Ananas-Cocktail

Menüplan 2. Woche

Zutaten für 2 Portionen
1 mittelgroße Ananas
1 TL Zucker
125 g Himbeeren (Tiefkühlware)
¼ l Sekt

Zubereitung: Den oberen Teil der Ananas mit der Blattkrone abschneiden. Das Fruchtfleisch herauslösen, 100 g davon in Stücke schneiden (den Rest anderweitig verwenden). Mit Zucker und den gefrorenen Himbeeren in die Ananas füllen und mit Sekt auffüllen.

Pro Portion: 708 Kilojoule, 169 Kalorien, 1 g Eiweiß, 0 g Fett, 19 g Kohlenhydrate

Longdrink »Tobias«

Menüplan 52. Woche

Zutaten für 2 Portionen
⅛ l ungesüßter Orangensaft
375 ml Mineralwasser
4 Eiswürfel
½ TL Puderzucker
2 Zitronenscheiben

Zubereitung: Orangensaft und Mineralwasser vermischen, in zwei Gläser füllen und die Eiswürfel dazugeben. Den Puderzucker etwas anfeuchten und die Glasränder damit verzieren. Zitronenscheiben an einer Seite einschneiden und auf die Ränder stecken.

Pro Portion: 146 Kilojoule, 35 Kalorien, 8 g Kohlenhydrate

Tee-Punsch

Menüplan 7. Woche

Zutaten für 2 Portionen
½ l Tee
¼ l ungesüßter Apfelsaft
Saft und Schale einer unbehandelten Zitrone
2 Nelken, Süßstoff

Zubereitung: Tee, Apfelsaft, Zitronenschale und -saft sowie die Nelken bei schwacher Hitze 10 Minuten kochen lassen. Danach die Zitronenschale und die Nelken wieder entfernen. Nach Bedarf mit Süßstoff süßen. Den Punsch in Teegläser füllen und mit einem Stück Zitronenschale garnieren. Er schmeckt auch kalt sehr gut.

Pro Portion: 47 Kilojoule, 11 Kalorien, 0 g Eiweiß, 0 g Fett, 16 g Kohlenhydrate

Buttermilch-Drink

Menüplan 29. Woche

Zutaten für 2 Portionen
250 g rote Johannisbeeren
¼ l Buttermilch (1% Fett)
200 g Joghurt (0,3% Fett)
Zitronensaft, Süßstoff

Zubereitung: Johannisbeeren mit einem Pürierstab oder im Mixer zerkleinern. Die sehr kalte Buttermilch und den Joghurt dazugeben. Auf höchster Stufe im Mixer mischen und mit Zitronensaft und Süßstoff abschmecken. Durch ein feines Sieb gießen und gut gekühlt servieren.

Pro Portion: 610 Kilojoule, 146 Kalorien, 11 g Eiweiß, 2 g Fett, 22 g Kohlenhydrate

Zimtkaffee

Menüplan 9. Woche

Zutaten für 2 Portionen
50 g süße Sahne
2 große Tassen starker Kaffee
Süßstoff, Zimtpulver

Zubereitung: Die steifgeschlagene, mit Süßstoff gesüßte Sahne auf den Kaffee geben und mit einer Prise Zimtpulver bestreuen.

Pro Portion: 325 Kilojoule, 78 Kalorien, 1 g Eiweiß, 8 g Fett, 1 g Kohlenhydrate

Rezeptverzeichnis